V&R

Das Neue Testament Deutsch

Neues Göttinger Bibelwerk

In Verbindung mit Horst R. Balz, Jürgen Becker,
Peter Lampe, Friedrich Lang, Eduard Lohse, Ulrich Luz, Helmut Merkel,
Karl-Wilhelm Niebuhr, Eckart Reinmuth, Jürgen Roloff,
Wolfgang Schrage, Eduard Schweizer, August Strobel, Nikolaus Walter
und Ulrich Wilckens

herausgegeben von Peter Stuhlmacher und Hans Weder

Teilband 8/2

Die Briefe an die Philipper, Thessalonicher und an Philemon

18. Auflage
(Erstauflage dieser neuen Bearbeitung)

1998

Vandenhoeck & Ruprecht
in Göttingen

Die Briefe an die Philipper, Thessalonicher und an Philemon

Übersetzt und erklärt

von

Nikolaus Walter, Eckart Reinmuth
und Peter Lampe

1998

Vandenhoeck & Ruprecht
in Göttingen

Die Deutsche Bibliothek – CIP-Einheitsaufnahme

Das *Neue Testament deutsch:* neues Göttinger Bibelwerk / in Verbindung mit
Horst R. Balz ... hrsg. von Peter Stuhlmacher und Hans Weder. –
Göttingen: Vandenhoeck und Ruprecht
Teilw. hrsg. von Gerhard Friedrich und Peter Stuhlmacher. –
Teilw. hrsg. von Paul Althaus und Johannes Behm
Teilw. mit Nebent.: NTD. Testamentum novum

Teilbd. 8, 2. Die Briefe an die Philipper, Thessalonicher und an Philemon. –
18. Aufl. (Erstaufl. dieser neuen Bearb.). – 1998

Die *Briefe an die Philipper, Thessalonicher und an Philemon* / übers. und erkl.
von Nikolaus Walter, Eckart Reinmuth und Peter Lampe. –
18. Aufl. (Erstaufl. dieser neuen Bearb.). –
Göttingen: Vandenhoeck und Ruprecht, 1998
(Das Neue Testament deutsch; Teilbd. 8, 2)
ISBN 3-525-51381-X

Satz: Schriftsatzstudio Grohs, Landolfshausen.
Druck und Bindearbeit: Hubert & Co., Göttingen.

Inhalt

Der Brief an die Philipper
Übersetzt und erklärt von Nikolaus Walter

Der erste Brief an die Thessalonicher
Übersetzt und erklärt von Eckart Reinmuth

Der zweite Brief an die Thessalonicher
Übersetzt und erklärt von Eckart Reinmuth

Der Brief an Philemon
Übersetzt und erklärt von Peter Lampe

Thematische Ausführungen (Exkurse)

Der Brief an die Philipper

Übersetzt und erklärt von
Nikolaus Walter

Einleitung

1. Die Stadt Philippi und ihre Bewohner. Zur Zeit des Neuen Testaments war Philippi in Makedonien eine römische Stadt. Jahrhunderte früher hieß der ursprünglich thrakisch besiedelte Ort *Krenides* („Quellen"). König Philipp II. von Makedonien bemächtigte sich 358/357 v. Chr. der Siedlung und gründete sie neu als griechische Stadt mit dem Namen „Philippi". Nachdem die Römer den letzten König von Makedonien, Perseus, im Jahr 168 v. Chr. besiegt hatten, wurde Makedonien im Jahr 146 v. Chr. römische Provinz. Bald nach der berühmten Schlacht bei Philippi im Jahr 42 v. Chr., in der Antonius die beiden Cäsarmörder Cassius und Brutus schlug, machte er Philippi zu einer *Colonia* für römische Veteranen, also für ausgediente Soldaten. Diese Besiedelung verstärkte Octavianus nach der Schlacht bei Actium (31 v. Chr.); ab 27 v. Chr. (damals erhielt Octavianus den Ehrennamen Augustus) hieß die Stadt dann *Colonia Julia Augusta Philippensis.* Nach der Einteilung der römischen Provinz *Macedonia* gehörte sie zum „ersten Bezirk" (so ist wohl Apg 16,12 gemeint), war aber keineswegs Provinz- oder Bezirkshauptstadt in Makedonien. Vielmehr war Philippi eine römische Stadt, ausgestattet mit dem *Ius Italicum;* ihre Bürger waren großenteils römische Bürger (vgl. Apg 16,21), die als zur (römischen) *tribus Voltinia* zugehörig in Rom und in Philippi eingeschrieben waren (Pilhofer [1995], 121 f.) und direkt unter kaiserlichem Schutz standen. Die wirtschaftliche, aber auch strategische Bedeutung Philippis hängt mit ihrer Lage an der *Via Egnatia* zusammen, der (nördlichen) Hauptverbindungsstraße zwischen Rom und Kleinasien. Die erhaltenen Ruinen der Stadt lassen noch heute den römischen Charakter der Stadt erkennen, unter anderem auch dadurch, daß die überwiegende Zahl der gefundenen Inschriften lateinisch ist. Das bedeutet aber nicht, daß nicht nach wie vor auch viele Einwohner thrakischer und griechischer Abkunft in Philippi wohnten und daß man das Griechische dort nicht (mehr) verstanden hätte – jedenfalls schrieb Paulus ja griechisch an die dortigen Christen. Aber er redet sie auffälligerweise mit der Bezeichnung „*Philippêsioi*" an, die der griechischen *(Philippeis)* nicht entspricht, sondern eher der lateinischen *(Philippénses)* nachgebildet zu sein scheint (Phil 4,15; vgl. Pilhofer [1995], 116 ff.).

Dem Gemisch verschiedener Nationalitäten in Philippi entsprach auch die Verschiedenheit der religiösen Kulte in der Stadt (s. dazu Bormann [1995], Kap. 3; Pilhofer [1995], Kap. 1 § 4). Charakteristisch waren immer noch die von der ursprünglich thrakischen Bevölkerung verehrten Gottheiten, besonders der „Thrakische Reiter", der unter dem Namen „Heros Aulonites" verehrt wurde und dessen Kult in römischer Zeit sogar behördliche Förderung genoß, was seine Popularität belegt; daneben standen zum Beispiel der thrakische Dionysos und die Göttin Bendis, die etwa der römischen Diana entsprach. Auch die griechischen olympischen Götter waren vertreten, ebenso orientalische

Gottheiten wie Kybele und Isis. Viele Anhänger, vor allem unter den „kleinen Leuten" aus der im engeren Sinne römischen Bevölkerung, hatte der italische Waldgott Silvanus, dessen Kultgemeinschaft erkennbar organisiert war (und übrigens auch Sklaven anscheinend gleichberechtigt in den Listen führte), ihren Kultort aber außerhalb der Stadt hatte (haben mußte?, jedenfalls keine behördliche Förderung genoß); im makedonisch-griechischen Raum scheint er nur in Philippi verehrt worden zu sein (vgl. Pilhofer [1995], 108–113). Daß mit der römischen Zugehörigkeit Philippis auch der römische Kaiserkult in der Stadt Eingang fand, versteht sich von selbst (Genaueres bei Bormann [1995], 37–54).

Nicht ganz einfach zu beantworten ist die Frage, ob es zur Zeit des Paulus eine jüdische Synagogalgemeinde in Philippi gab. Archäologische oder inschriftliche Hinweise auf eine Synagoge in der Stadt sind nicht gefunden worden, auch keine Erwähnungen jüdischer Einwohner. In der Apostelgeschichte wird keine Synagoge, sondern eine „Gebetsstätte" außerhalb des Stadttores genannt (nach Pilhofer [1995], 169 ff.: des „dritten", erst 1937 wiederentdeckten Stadttores im Westen, vor dem in knapp 50 m Entfernung ein Fluß fließt). Auch Apg 16,20 f. klingt so, als ob es bisher entweder gar keine oder höchstens eine unauffällige Gruppe von Juden in der Stadt gegeben hätte. Und die Frauen, die sich an der erwähnten Gebetsstätte versammelten, werden als „Gottesfürchtige" bezeichnet (Apg 16,13 f.), waren also keine Jüdinnen, sondern heidnische Frauen, die – vielleicht schon an ihren eigentlichen Heimatorten (vgl. Lydia aus Thyatira in Kleinasien, 16,14) – sich der jüdischen Gottesverehrung gewissermaßen von außen her angenähert hatten; darauf weist auch hin, daß sie sich am Sabbat zusammenfanden. Jedenfalls ist es kaum wahrscheinlich, daß unter der „Gebetsstätte" (*proseuchê*) ein Synagogengebäude zu verstehen wäre (wie man zum Teil vermutet hat); das Wort ist zwar auch in diesem Sinne belegt, aber Lukas benutzt für das Gebäude sonst durchweg die Bezeichnung „Synagoge". Im übrigen bestärkt auch die Erzählung in Apg 16 den Eindruck, daß Feindschaft gegen die Christusverkündigung in Philippi nicht – wie sonst nach der Apg in den meisten Städten – von einer starken Synagogalgemeinde ausging.

2. Der Missionsaufenthalt des Paulus in Philippi und die Gründung der Gemeinde.

Daß Philippi die erste Stadt in Europa war, in der Paulus das Evangelium predigte, ist wohl eher für uns heutige Europäer als für die damaligen Bewohner der Stadt bedeutungsvoll. Immerhin markiert auch Lukas an dieser Stelle einen Einschnitt, insofern er hier wie nirgends sonst den Übergang in ein neues Gebiet durch einen im Traum in Troas ergangenen Auftrag begründet (Apg 16,9 f.). So entstand in Philippi – wohl im Jahre 49 – eine kleine, aber offenbar von Anfang an fest zusammengefügte Gemeinde, aus der wir einige Personen und Namen kennen: die wohlhabende „Gottesfürchtige" Lydia (s. oben; vielleicht: „die Lyderin"?, vgl. Auslegung zu Phil 4,2 f.); den städtischen Kerkermeister (Apg 16,23–34), vermutlich ein Römer; von der Sklavin, die Paulus von ihrem Wahrsagegeist befreit hatte (Apg 16,16–18), wissen wir nicht, ob sie sich den getauften Christ/innen angeschlossen hat. Aus dem Brief kennen wir die Namen Epaphroditus (gewiß ein Grieche), Euodia, Syntyche (auch diese wohl Griechinnen) sowie Clemens (wohl wieder ein Römer; vgl. zu Phil 4,2 f.). Einen thrakischen Namen finden wir nicht unter den uns bekannten Christ/innen in Philippi.

Paulus konnte sich wohl nicht sehr lange in der Stadt aufhalten; nach der Darstellung in Apg 16,16–40 führte die Austreibung des Wahrsagegeistes aus der Sklavin zu einem öffentlichen Tumult, so daß Paulus und sein Mitarbeiter Silas ins Gefängnis geworfen wurden, aus dem sie bald wieder frei kamen; danach aber mußten sie weiterziehen. Auch Paulus selbst spricht in 1. Thess 2,2 und Phil 1,30 davon, daß er in Philippi Mißhandlungen erdulden mußte. Aber die Beziehungen zu den Gläubigen in Philippi, die wohl im Haus der Lydia ihre Zusammenkünfte hielten (Apg 16,40), waren dadurch nicht nur nicht belastet, sondern es hatte sich ein geradezu freundschaftliches Verhältnis herausgebildet, das sich auch in der Folge bewährte.

3. Die Beziehungen der Gemeinde zu Paulus bis zum Philipperbrief und ihre jetzige Situation. Schon in der nächsten Station auf dieser Missionsreise, in Thessalonich, zeigte sich die Solidarität der Philipper: sie schickten ihm eine finanzielle Unterstützung dorthin, wohl weil sie vermuteten (oder durch Boten wußten), daß es auch in Thessalonich Schwierigkeiten für Paulus gab. Dort waren es nach Apg 17,2–10 vor allem Angehörige der jüdischen Synagogalgemeinde, die sich gegen die Predigt des Paulus empörten und einen längeren Aufenthalt unmöglich machten. Nach Phil 4,16 haben die Philipper zweimal eine Geldgabe zur Unterstützung des Paulus nach Thessalonich gesandt. Nach 2. Kor 11,9 hat Paulus auch in Korinth finanzielle Unterstützung aus Makedonien erhalten: noch einmal aus Philippi? oder aus Thessalonich bzw. Beröa? (Dann hätten diese anderen Gemeinden die Anregung aus Philippi aufgegriffen.) Nach Pilhofer ([1995], 147–152) sollte man dabei den Gedanken der Freundschaft nicht überbetonen, sondern erwägen, ob nicht die Philipper in Analogie zu anderen (religiösen) Vereinen Geldspenden für den „Vereinszweck", hier nun: für die Weiterverbreitung des Evangeliums sammelten. Sie hätten dann den Kommentar des Paulus vom „Geben und Nehmen" und von der gesuchten „Frucht" (Phil 4,15–17) recht gut verstanden; auch an der späteren Sammlung für die Gemeinde in Jerusalem haben sie sich ja offenbar vorbildlich beteiligt (2. Kor 8,1–5).

Zu der Zeit, in die uns der Philipperbrief führt, befindet sich Paulus an einem Ort, über den gleich zu sprechen sein wird, in Haft. Die Philipper haben davon gehört und nun Gelegenheit gefunden, wieder eine Geldsammlung für den Apostel zusammenzubringen, um ihn zu unterstützen – gewiß um ihm die Haftbedingungen erleichtern zu helfen. Sie senden Epaphroditus, einen der führenden Leute der Gemeinde, zu Paulus, um die Gabe zu überbringen. Paulus nennt ihn „euren Abgesandten und Beauftragten", aber zugleich auch „meinen Bruder, Mitarbeiter, ja sogar Mitstreiter" (2,25); er stellt ihm damit das Zeugnis aus, daß er seine Aufgabe nicht mit der Überbringung des Geldes als erledigt ansah, sondern sich dann ganz in den Dienst der apostolischen Arbeit des Paulus gestellt hat, wobei offenbar auch das Ertragen von Leiden um dieses Dienstes willen eingeschlossen war (2,30). Epaphroditus erkrankte in diesem Dienst so schwer, daß man mit seinem Tode rechnen mußte. Davon nun hatten die Philipper – nehmen wir an: durch einen uns unbekannten Boten – gehört, und jener Bote hatte, zu Paulus zurückgekehrt, von der Betroffenheit der Gemeinde berichtet, die sich um Epaphroditus Sorgen machte. So schickt Paulus nun ihn, den wieder Genesenen, nach Philippi (anstelle des Timotheus, den er wohl eigentlich hatte senden wollen) und gibt ihm einen Brief mit. Dieser läßt in Kap. 1 erkennen, daß es auch in Philippi inzwischen Widrigkeiten gibt (1,28–30), wohl von Seiten der nichtchristlichen Mitbewohner oder der römischen Behörden. So muß Paulus ihnen nun klar machen, daß dergleichen zum Christsein dazugehört und den Glauben an Christus eher befestigen als erschüttern sollte. Bei seinem ersten Aufenthalt in Philippi, bei dem sich die Mißhelligkeiten wohl erst zum Schluß hin eingestellt hatten, war keine Gelegenheit mehr, mit der Gemeinde über das Problem des Leidens um Christi willen zu sprechen (anders verfuhr Paulus dann sogleich in Thessalonich, vgl. 1. Thess 2,2 und 3,3 f.).

Andere Probleme zeigen sich in Kap. 3. Es ist möglich, daß Paulus mit diesem Kapitel erst auf eine etwas spätere Situation in Philippi reagiert, vielleicht nachdem er inzwischen ein zweites Mal dort gewesen war (vgl. Abschnitt 6). Jetzt geht es um konkurrierende Missionare, Juden oder Judenchristen, die für die Beschneidung und damit für die Aufnahme in das jüdische Gottesvolk als Vorbedingung des Zugangs zum Heil agitierten. Ob sie schon in Philippi aktiv waren oder ob Paulus diese Gefahr erst kommen sah, ist nicht ganz sicher auszumachen; jedenfalls warnt er nachdrücklich, ja aufgeregt vor diesen Leuten, da sie geeignet waren, den Glauben der Philipper an Jesus Christus als ihren alleinigen Heiland zu verunsichern (Weiteres s. im Exkurs nach Phil 3,18–4,1).

4. Die Situation des Paulus. Aus Kap. 1 geht klar hervor, daß sich Paulus im Gefängnis befindet, und zwar um seiner Christuspredigt willen. Dies ist am Ort jedem klar, der überhaupt davon etwas weiß, auch den Richtern, die ihn ins Gefängnis gebracht haben (1,13). Und die Anklage scheint derart schwerwiegend zu sein, daß Paulus mit einem tödlichen Ausgang des Verfahrens rechnen muß. Das geht aus seinen Überlegungen in 1,18b–24, in denen seine Erwartungen zwischen Tod und Leben schwanken, hervor. Es ist hier die einzige Stelle in seinen Briefen, an der er ausdrücklich nicht mehr damit rechnet, die Ankunft Jesu Christi vom Himmel her noch als Lebendiger zu erfahren, wie er es vorher (1. Thess 4,15; 1. Kor 15,51) und hinterher (nicht ganz eindeutig in 2. Kor 5,1–8, aber jedenfalls in Röm 13,11 f.) erwartet. Nach Kap. 1 hat er außerhalb des Gefängnisses in der Stadt sowohl Freunde als auch (christliche!) Nebenbuhler, die ihm teils solidarisch zur Seite stehen, teils aber auch Konkurrenz machen wollen und jetzt ihre Zeit gekommen sehen. Das ist natürlich im Gefängnis eine doppelte Last, aber Paulus ordnet sie dem höheren Zweck, „daß jedenfalls Christus verkündigt wird" (1,18), unter. Das immerhin scheint also auch bei ihnen zu geschehen. Aufgewogen wird dieser eher deprimierende Umstand durch die Treue seiner Mitarbeiter, vor allem des Timotheus (2,20–22;

vgl. auch 1,1), und durch die Geldsendung der Philipper, die ihm deren Verbundenheit mit ihm handgreiflich macht: Aber welche Stadt ist es, in der Paulus im Gefängnis sitzt? Dazu sogleich.

Zunächst ist noch Kap. 3 zu betrachten, das uns, wie es den Anschein hat, eine ganz andere Lage erkennen läßt. Von der Gefangenschaft ist nicht mehr die Rede; vielmehr zeigt eine Passage wie 3,20f., daß Paulus jetzt (wieder?) damit rechnet, die Ankunft Christi vom Himmel her noch zu erleben, ohne vorher zu sterben (er äußert sich hier wieder so wie in 1. Kor 15,51–53). Dagegen scheint es Anlaß zu geben, nun die Philipper vor Verfälschern oder gar Bekämpfern der Christusbotschaft zu warnen; das geschieht in 3,2 mit Schimpfwörtern, in denen Paulus eine Erregung erkennen läßt, die sich im vorangehenden Text noch gar nicht angedeutet hatte. Darauf ist in Abschnitt 6 zurückzukommen.

5. Der Ort der Gefangenschaft des Paulus. In welcher Stadt Paulus im Gefängnis saß, als er an die Philipper schrieb, ist seit langem umstritten. In den meisten (späteren) Handschriften des NT steht am Ende der Vermerk, der Brief sei „von Rom aus" geschrieben. Er wäre demnach der jüngste der (echten) erhaltenen Paulusbriefe. Diese Meinung hielt sich lange, wurde aber seit über 100 Jahren mehr und mehr bezweifelt. Doch wird sie auch in jüngster Zeit noch bzw. wieder vertreten (z. B. von U. Schnelle [1994], 159–162, und P. Wick [1994], 182–185). Gewiß scheint die Bezugnahme auf ein „Praetorium" (Phil 1,13) und auf „die Leute aus dem kaiserlichen Haus" gut zu Rom zu passen; aber auch in den Hauptorten der Provinzen konnten die Verwaltungsgebäude und die dort Bediensteten so bezeichnet werden (was freilich F. F. Bruce [Komm. 1989, 11] neuerdings in Frage gestellt hat; für die Hauptstadt einer senatorischen Provinz – im Unterschied zu einer kaiserlichen Provinz – gebe es keinen Beleg dafür. Aber welche Bezeichnung ist denn belegt?). Und was genau in Rom mit dem „Praetorium" in Phil 1,13 gemeint sein könnte (kommt die „Kaserne der Prätorianergarde" wirklich in Frage?), ist gar nicht so einfach zu sagen (vgl. F. F. Bruce, BHH III [1966], 1482). Untergebracht war Paulus in Rom offenbar – unter Bewachung – in einem Privathaus (Apg 28,16. 30). Diese Haftbedingungen, soweit wir sie aus Apg 28,16–31 erschließen können, lassen ohne weiteres Kontakte nach außen zu; aber von einer akuten Bedrohung mit dem Tod (in den Jahren um 60) spürt man in Apg 28 nichts. Fraglich ist auch, wie ein so oft hin- und hergehender Kontakt gerade mit einer so entfernt liegenden Gemeinde (für den Landweg gibt Schnelle 1084 km an!) zustande gekommen sein kann. Vor allem hätte Paulus von Rom aus den Philippern kaum versprochen, sie demnächst besuchen zu wollen (Phil 1,26; 2,24), obwohl seine Planung ja doch eigentlich vorsah, von Rom aus nach Spanien zu gehen (Röm 15,24). – Für manche Forscher spricht auch der Umstand für Rom (also für eine relativ späte Abfassungszeit des Phil), daß Paulus in diesem Brief (angeblich) einen Spätstand der Entwicklung seiner eschatologischen Erwartungen erreicht habe. Diese Auffassung wird mit Phil 1,21–24 begründet; dabei wird aber übersehen, daß Paulus in Phil 3,13f. 20f. wieder ganz die (frühere) Erwartung äußert, daß er die himmlische Ankunft Christi noch im irdischen Leib erleben wird. Jene „Spätstufe" ist also nur durch die Todesgefahr in der Haft bedingt. Und ansonsten spricht nichts dafür, den Phil erheblich später als die Korintherbriefe oder den Römerbrief anzusetzen.

Die zweite, seit dem 18. Jh. erwogene, vor allem von E. Lohmeyer [Komm.] vertretene, Möglichkeit ist die Haft des Paulus in Caesarea (wohl in den Jahren 56–58), über die in Apg 23–27 berichtet wird. Dort hatte der römische Prokurator für Judäa seinen Amtssitz. Auch unter dieser Voraussetzung wäre der Phil der jüngste der erhaltenen Paulusbriefe. Aber es gibt sonst kaum Gründe, die gerade für Caesarea sprechen würden. So ist die Entfernung nach Philippi noch weiter als von Rom aus. Die Haft in Caesarea war zwar lang genug für mehrere Botschaften hin und her. Aber andererseits kennen wir in Caesarea keine Situation, in der Paulus so nahe am Tod war, wie es nach Phil 1,21ff. aussieht; im Gegenteil: die Haft dort setzt ja (nach der Apg) gerade voraus, daß er durch die Berufung auf sein römisches Bürgerrecht von der Todesgefahr befreit ist. Andererseits sieht er in Caesarea Rom als nächstes Ziel vor Augen, als übernächstes dann Spanien, jedoch keinesfalls Makedonien (s. oben). Und die mehrfach im Phil erkennbare Voraussetzung (1,30; 4,15f.; anders klingt nur 3,18), daß Paulus zwischen seinem Gründungsaufenthalt und der Abfassung des Briefes noch nicht wieder in Philippi war, spricht gegen Caesarea ebenso wie gegen Rom; denn auf der sog. dritten Missionsreise hat er Philippi noch ein- oder zweimal besucht, als er von Ephesus auf dem Landweg nach Korinth und wieder zurück zog (Apg 20,1–3).

Damit ist die Stadt – und die Situation – genannt, die seit einigen Jahrzehnten stärker als möglicher Haftort des Paulus diskutiert wird: Ephesus, der Hauptort der Provinz Asia. (Genauere Diskussion dazu etwa bei U. B. Müller [Komm.], 16–21, der sich – wie viele Autoren seit W. Michaelis [Komm.] – für diese Lokalisierung einsetzt.) Es scheint zwar keinen literarischen oder inschriftlichen Beleg zu geben, in dem die dortige Residenz des römischen Prokonsuls als „Praetorium" bezeichnet wird (Asia ist eine senatorische Provinz; dazu vgl. schon oben zu Rom). Aber verfuhr die örtliche Bevölkerung so „exakt" mit ihren Bezeichnungen? Welche sind für Ephesus bekannt? Wieweit sind dem Paulus solche terminologischen Feinheiten vertraut? – Früher hatte man Ephesus in der Forschung vor allem deshalb nicht ins Auge gefaßt, weil die Apg von einem dortigen Gefängnisaufenthalt nichts berichtet. Doch aus den Briefen des Paulus selbst geht hervor, daß er sich in Ephesus mehrfach in tödlicher Gefahr befunden hat. In 1. Kor 15,32 spricht er – in Zusammenhang mit Todesgefahren – von einem Kampf „mit wilden Tieren", den er in Ephesus durchstehen mußte. Ob das nun ein Tierkampf im wörtlichen Sinne war (eine Strafe, zu der ein römischer Bürger freilich nicht verurteilt werden durfte – es sei denn, daß ihm zugleich dieses Bürgerrecht aberkannt wurde – und die ein nicht dafür Trainierter wohl kaum überstehen konnte), oder ob Paulus bildhaft davon redet (vgl. etwa Ps 22,13–22), können wir nicht sicher sagen. Aber dieses Ereignis liegt auch noch zu früh; denn als Paulus den 1. Kor schrieb, lag diese Gefahr hinter ihm, aber er war noch in Ephesus (mit dem Plan, dort noch „bis Pfingsten" zu bleiben und dann durch Makedonien nach Korinth zu ziehen:

16,8 u. 5). Dagegen spricht er in 2. Kor 1,8–10 von einer (neuerlichen!) lebens-
bedrohlichen Bedrängnis in der Provinz Asia, bei der anscheinend schon ein
Todesbescheid ergangen war (2. Kor 1,9; oder zielte jedenfalls die *Anklage* auf
die Todesstrafe?) – aber Gott hat ihn aus dieser Lage (in der er der „Leiden Christi" teilhaftig geworden war, 1,5) herausgeführt (vgl. noch allgemein 2. Kor
6,5; 11,23ff.). Paulus hält sich, als er dieses den Korinthern berichtet, offenbar
schon in Makedonien auf (2. Kor 2,12f./7,5ff.); die Gefährdung lag also kurz vor
dem Aufbruch aus Ephesus. Das könnte sehr gut mit der Haftsituation von
Phil 1–2 zusammenstimmen. Sodann liegt Ephesus wesentlich näher bei Philippi, so daß die mehrfachen Botenverbindungen (bei einem Reiseweg von 7–10
Tagen) leichter verständlich sind. Und das Versprechen, möglichst bald nach
Philippi zu kommen (Phil 2,24), paßt sehr gut in seine Zeit in Ephesus, von
wo er über Makedonien nach Korinth ziehen wollte (1. Kor 16,5). Schließlich
ist hier der Philemonbrief zu nennen, in dem wir über den Sklaven Onesimus
erfahren, daß er von Philemon in Kolossä geflohen war und nun bei Paulus
Unterstützung bei seinem Herrn sucht. Paulus ist in Haft, wo ihm Onesimus
Dienste geleistet hat. Er hatte Paulus wohl von seinem Herrn her schon gekannt,
aber nun ist er auch Christ geworden, und Paulus schickt ihn an Philemon
zurück, mit der Empfehlung, ihn wieder in sein Haus aufzunehmen. Dabei
scheint Paulus bereits mit seiner Freilassung zu rechnen, da er einen Besuch in
Kolossä ankündigt. Auch dieser ganze Vorgang paßt besser zu einer Haft im
nahen Ephesus als etwa in Caesarea oder Rom.

Es spricht also m. E. sehr viel für die Annahme, daß der Philipperbrief (oder
jedenfalls seine Kapitel 1–2) in Ephesus geschrieben ist, gegen Ende des dortigen
Aufenthalts des Paulus, also etwa im Jahre 55. Diese Annahme wird in der
Auslegung vorausgesetzt.

6. Die briefliche Kommunikation zwischen Paulus und den Philippern: ein *Brief?*
mehrere *Briefe?* Daß eine allseits befriedigende Lösung kaum wird gefunden
werden können, gilt auch für die Frage der Einheitlichkeit des uns im Kanon
erhaltenen Philipperbriefes. An verschiedenen Stellen der Erwägungen über
die Situation des Paulus, der Philipper und über den Ort der Gefangenschaft des
Paulus wurden zwischen den Kapp. 1–2 und dem Kap. 3 (und dann auch 4)
schon gewisse Unterschiede sichtbar, aus denen sich verschiedene Situationen
(in Philippi bzw. bei Paulus) erschließen ließen. Diese Annahme ist auch durch
neuere Untersuchungen mehrfach bestätigt worden, ohne daß deren Autoren
damit die These von der Zusammenfügung verschiedener Briefe verbinden wollten; so besonders ausführlich und sorgfältig von B. Mengel [1982] und ebenso
im Kommentar von U. B. Müller [1993]. Es fragt sich aber, ob man bei diesem
Befund mit der Erklärung durchkommt, daß zwar nicht die „Ganzheitlichkeit",
wohl aber die „Einheitlichkeit" des Phil anzunehmen sei (so unterscheidet Mengel [1982], 21f., wobei „Ganzheitlichkeit" die Gleichheit der in Kap. 1 bis 4
zugrundeliegenden Situation bei den Empfängern, „Einheitlichkeit" aber die
ursprüngliche literarische Zusammengehörigkeit aller Briefteile zu *einem* Brief
bedeuten soll), oder daß man jedenfalls zwischen 3,1 und 3,2 einen „gewissen

zeitlichen Abstand" und das Eintreffen von neuen Informationen über eine
veränderte Situation in Philippi, nämlich das Auftreten von gegnerischen Missionaren, annimmt (so U. B. Müller [Komm] 10–12. 137–139).

Es ist mir jedoch fraglich, ob man damit den literarkritischen Problemen,
die sich an dem schwierigen Übergang von 3,1 zu 3,2 ja nur entzündet haben (sie
werden seit dem 19. Jh. diskutiert; zur Forschungsgeschichte vgl. Mengel [1982],
31–221), wirklich gerecht wird. Denn bei 3,1/3,2 liegt ja nicht nur thematisch,
sondern eben auch stilistisch ein harter Bruch vor. Denkt man sich dazwischen
das Eintreffen neuer Nachrichten aus Philippi, so hätte der originale Briefschreiber wohl auch eine entsprechende Bemerkung eingeflochten, die eben darauf hinweist. Überdies müßte dann aber auch erklärt werden, warum hinter
4,1 oder 4,3 keine eindeutige Anspielung mehr auf diese ja doch offenbar für den
Glauben der Philipper gefährliche Situation vorliegt; sollte Paulus das Thema
dann „vergessen" haben? Müßte er nicht – wenn er seinen einleitenden Dank
an Gott für den guten Zustand der Gemeinde (1,3–11) noch einmal nachgele-
sen hätte – noch ein neues, ganz anderes Gebet angefügt haben?

Zudem fallen bei einer „Einheitlichkeits"-Lösung alle Beobachtungen unter
den Tisch, die darauf hinweisen, daß sich schon in Kap. 2 von V. 12, aber spätestens von V. 19 an die Signale häufen, daß der Brief seinem Ende entgegengeht. Dasselbe geschieht dann wieder in Kap. 4 (V. 8) – woran sich noch einmal ein ganz neues Thema anfügt: das Eingehen auf die Geldspende der
Philipper, die Epaphroditus überbracht hatte. Richtig gesehen ist das Thema gar
nicht so „neu"; denn diese Geldgabe wird schon in 2,25 – wo es um Epaphroditus geht – wie eine Sache erwähnt, über die schon früher alles Nötige, also
vor allem die dankende Bestätigung, gesagt bzw. geschrieben worden war.
Warum dann also, mitten im Zugehen auf den Briefschluß, noch einmal ein
Rückgriff auf dieses Thema? Paulus erläutert in 4,10–20 seine Situation als Empfänger der Geldspende und als Arbeiter im Dienste seines Herrn; darin steckt ein
gewisser innerer Konflikt. Warum sollte er diesen Zwiespalt plötzlich kurz
vor dem Ende eines späteren, lange nach der eigentlichen Eingangsbestätigung
geschriebenen Briefes noch einmal thematisieren? Hätten die Philipper irgendwie danach gefragt, würde er die Sache sicher an früherer Stelle im Brief ange-
gangen haben. Hier ergibt sich also noch ein weiterer Anlaß, die Integrität des
uns vorliegenden Brieftextes in Frage zu stellen – nicht um an der „Echtheit"
(also an der Herkunft der Aussagen von Paulus selbst) zu zweifeln, sondern
so, daß dabei die Vermutung entsteht, auch die Verse 4,10–20 könnten ein Ausschnitt aus einem anderen, nun aber: aus einem früheren Brief des Paulus nach
Philippi sein.

Es wird keine Lösung dieser Probleme um die literarische Einheit des Phil
geben, die wirklich *alle* möglichen Fragen befriedigend beantworten könnte. Als
charakteristisch erscheint mir ein Versuch, der im Zusammenhang dieser Debatte vorgetragen wurde: nämlich die Bemühung um den Aufweis der Struktur
des Philipperbriefes mit den Mitteln, die uns die spätantike Rhetorik bzw. Lehre
des Briefschreibens an die Hand gibt. Es ist meiner Meinung nach von vornherein unwahrscheinlich, daß sich Paulus in seiner aktuellen Korrespondenz mit

seinen Gemeinden um solche literarischen Formalitäten viel gekümmert hätte, von den ganz selbstverständlichen Konventionen über Briefeingang und Briefschluß einmal abgesehen. Aber eine Analyse des uns vorliegenden Textbestandes nach solchen Modellen kann natürlich aufschlußreich sein. So hat z. B. W. Schenk solche Gesichtspunkte in seinem Kommentar ([1984], bes. 334–336) mit dem das Ergebnis anzeigenden Titel „Die Philipperbriefe des Paulus" schon vorausgesetzt. Jüngst hat nun L. G. Bloomquist ([1993], 104–117) noch eine Analyse vorgelegt, die ergibt, daß in 1,12 – 2,30 ein vollständiges Briefkorpus mit Eröffnung, Hauptteil und Schlußteil vorliegt, sodann in 3,1–4,7 ein weiterer Brief-Hauptteil und in 4,8–20 ein dritter solcher; 1,1–11 und 4,21–23 bilden den brieflichen Rahmen. Bei der genauen Abgrenzung der einzelnen Stücke schwankt auch Bloomquist selbst; aber im ganzen stimmt das mit der Annahme derer überein, die den (kanonischen) Brief aus einem vollständigen und zwei fragmentarischen Briefen zusammengesetzt denken (während Bloomquist selbst für die Einheitsthese votiert). Auch andere jüngste Untersuchungen zum Phil kommen zu keinem einheitlichen Ergebnis. Einerseits plädiert P. Wick [1994] ausführlich für die ursprüngliche Einheit des Briefes, ebenso U. B. Müller [Komm.]. Als gesichert setzt diese Annahme auch H. Balz [1996] voraus, und M. Müller [1997] möchte sie in der Weise unterstützen, daß er ausgehend vom Schlußteil Kap. 4 den ganzen Brief als auf diesen Abschluß hinführend erweisen will. R. Brucker [1997] möchte – neben seiner auf die in der Forschung häufig als „hymnisch" bezeichneten Passagen in 2,6–11 und 3,20f. bezogenen These (dazu s. Exkurs zu 2,6–11) – mit den Unebenheiten des Briefes so zu Rande kommen, daß er sie als „Stilwechsel", wie er in antiker Literatur nicht selten sei, auffaßt (freilich ist damit der Wechsel der *Situationen* nicht genügend ernst genommen). Grundsätzlich lehnt etwa U. Schnelle ([1994], 164–167) eine Teilung des Philipperbriefes – wie der anderen Paulusbriefe – ab. Andererseits aber setzt sich z. B. L. Bormann ([1995], 87–118) erneut mit großem Nachdruck für die Annahme von ursprünglich drei Briefen ein, die redaktionell zu einem zusammengefaßt worden seien, wie denn auch andere Autoren (z. B. Th. Söding [1991/1997], 12–25, oder E. Lohse [1996], 129f.) mit sehr ernsthaften Begründungen für diese Auffassung eintreten. Von einigen wird auch eine „mittlere Lösung" vertreten, die zwei ursprüngliche Briefe annimmt, wobei der Text 4,10–20 mit zum Gefangenschaftsbrief gerechnet wird (so z. B. G. Friedrich [Komm.] oder J. Becker [1989], 325–332). Es muß freilich noch einmal wiederholt werden, daß es sich gegenüber dem Befund des kanonischen Textes, der den Brief ja als *einen* darbietet, bei der Annahme einer nachträglichen Kombination aus (zwei oder) drei Briefen um eine Hypothese handelt, von der immer wieder aufgewiesen werden muß, daß sie mehr Schwierigkeiten beim Verständnis des Textes erleichtert als erst neue zu schaffen. Die hier vorgelegte Auslegung des Briefes setzt jedenfalls diese Hypothese voraus und versucht, an den jeweils betroffenen Stellen die Gründe dafür noch einmal darzulegen.

Da die Auslegung aus praktischen Gründen dennoch der Reihenfolge des kanonischen Textes folgt, sei hier die vorausgesetzte Form der Hypothese noch einmal kurz zusammengefaßt:

Brief A (der früheste der drei Briefe, unmittelbar nach Eingang der Geldgabe
    der Philipper; zumindest am Anfang unvollständig): 4,10–20 + 21–23(?)
Brief B (der Brief aus dem Gefängnis): 1,1 – 3,1a; 4,4–7 + 8–9(?) (+ 21–23?)
Brief C (der späteste der drei Briefe; Warnung vor Verwirrungen in der
    Gemeinde; unvollständig): 3,2 – 4,3 (+ 4,8–9?)

Über die Zuweisung der Verse 4,2–9 + 21–23 an jeweils einen der drei Briefe
ist wohl kaum eine endgültige Entscheidung möglich. Als Zusätze der Redaktion sind die Verse 1,1c und 3,1b anzusehen (s. die Auslegung zu beiden Stellen).

Freilich bleibt die Aufgabe, eine Erklärung dafür zu suchen, wann und warum
die Zusammenfügung der verschiedenen Briefe erfolgte. Das kann hier nicht
ausführlich diskutiert werden (zu verweisen ist auf die grundlegende Arbeit von
G. Bornkamm [1962/1971] sowie auf L. Bormann [1995], 128–136). Jedenfalls
handelt es sich um einen Vorgang im Vorlauf zur Kanonisierung der Paulusbriefe, die noch vor oder bald nach 100 n. Chr., wahrscheinlich in Etappen, zu
einer Briefsammlung zusammengefaßt wurden. Als Redaktoren werden erwogen: Paulus selbst (sog. „Autorenrezension"; so D. Trobisch [1989], 121. 130),
die Gemeinde in Philippi (so L. Bormann [1995], 128–136) oder aber ein „zentraler" Redaktor, als dessen Sitz weithin Ephesus angesehen wird (so die meisten). Nicht sicher ist, ob man aus dem Brief des Polykarp an die Philipper
(nebenbei einem „Brief", der nach allgemeiner Ansicht aus zwei zusammengefügt wurde) entnehmen kann, daß er die noch unverbundenen Philipperbriefe des Paulus kannte (in PolykPhil 3,2 spricht er im Plural von ihnen); interessant ist immerhin auch die Beobachtung, daß der Verfasser des Paulus
untergeschobenen Laodizener-Briefs (2.–4. Jh.) vom Phil nur den Gefangenschaftsbrief (1,1–3,1 + 4,4–9 + 4,21–23) vor sich gehabt zu haben scheint (Ph.
Sellew [1994], referiert bei Bormann [1995], 114). In jedem Fall sollte man davon
ausgehen, daß es im Prozeß der Kanonisierung nicht mehr um die ursprünglichen Absichten des Paulus angesichts einer ganz bestimmten Gemeindesituation ging, sondern um die Frage, welche Stücke der paulinischen Korrespondenz
sich für einen allgemeinen, räumlich und zeitlich offenen Lesegebrauch in den
christlichen Gemeinden des beginnenden 2. Jh. eigneten. Daß da z. B. nicht
jede Brieferöffnung und jeder Briefschluß erhalten bleiben mußten, ist leicht
verständlich. Die Diskussion in dieser Perspektive müßte dann aber auch die
übrigen Paulusbriefe einbeziehen – darauf kann aber hier nicht näher eingegangen werden.

7. Wichtige theologische Themen im Brief an die Philipper

7.1. Apostelamt und Freundschaftsbrief.
Auffällig – und seit je aufgefallen
– ist, daß der Philipperbrief unter den als echt anzusehenden Paulusbriefen der
einzige ist, der nicht eigentlich durch Not- oder Mißstände in der angeredeten
Gemeinde oder durch Anfragen von ihr her veranlaßt ist, auf die der Apostel
hätte eingehen und so der Gemeinde zurechthelfen müssen. Derartiges kann
höchstens hinter Kap. 3 stehen – und dieses Kapitel fällt ja auch sonst in mancher
Hinsicht aus dem Rahmen von Phil 1–2 und 4 heraus (s. oben Abschn. 6). Hin-

ter Kap. 1–2 scheint vielmehr die besorgte Anfrage der Philipper zu stehen, wie es dem Apostel in seiner jetzigen Lage, in der Gefangenschaft, geht. Oh Wunder – möchte man geradezu sagen; eine Gemeinde sorgt sich einmal um Paulus (und nicht umgekehrt)! Und hinter Kap. 4,10–20 steht die Tatsache, daß diese Für-Sorge der Philipper auch ihren ganz konkreten Ausdruck in einer Geldgabe an Paulus gefunden hat, mit der eigens ein Bote – Epaphroditus – auf den Weg gebracht worden war; auch dies ein Vorgang, der dem Apostel von anderen Gemeinden offenbar nie widerfahren ist (Phil 4,15). Man kann also von einem unbelasteten Verhältnis zwischen Paulus und dieser Gemeinde sprechen, was etwa für die Gemeinde in Korinth keineswegs gelten kann. Man lese etwa 2. Kor 11–12 oder auch einen Stoßseufzer wie den im eigenhändig hinzugefügten Schluß des so beschwerlichen Galaterbriefes: „Hinfort mache mir niemand weiter Mühe!" (6,17). So kommt der Philipperbrief unter den Paulusbriefen einem „Freundschaftsbrief" am nächsten, und manche Autoren haben gerade auch in Phil 4,10–20 (= Brief A; vgl. die Auslegung dazu) Stichworte und Stilmerkmale des antiken Freundschaftsbriefes wiedergefunden. Hier jedenfalls kann der Apostel einmal von sich selbst schreiben, freilich nicht so sehr von den Ursachen und äußeren Bedingungen seiner Gefangenschaft (davon mochte Epaphroditus berichten), sondern von seiner Sicht auf diese Umstände, von seinen Erfahrungen, die er in dieser Situation macht. Ihn erfüllt geradezu eine ruhige Gelassenheit, die es ihm möglich macht, selbst die Verkündigung von Konkurrenten in seiner Umgebung positiv zu bewerten, sofern sie nur nicht gegen das Evangelium gerichtet ist (Phil 1,12–18b). Die Gemeinde in Ephesus war eben nicht allein seine Gründung; hier hatten schon andere vor ihm gelebt und gewirkt, wie z. B. Priskilla und Aquila sowie Apollos bzw. die durch sie zu Christen Gewordenen (Apg 18,24–19,9) – Paulus war für diese Gemeinde nicht in gleicher Weise der Hauptverantwortliche wie für die Christen in Philippi, Thessalonich oder Korinth. Man vergleiche etwa 1. Kor 9,1–2; die dort genannten „anderen", die nicht bereit sind, Paulus als „ihren" Apostel anzuerkennen, könnten durchaus Christen in Ephesus sein, von wo aus er auch den 1. Kor schreibt. Sein Begriff vom Apostel-Sein beinhaltet für ihn nicht eine absolute „Amts-Stellung", sondern leitet sich funktional von seinem missionarischen Wirken ab („Apostel" heißt nichts anderes als „Missionar") und bleibt darum auch auf bestimmte Gemeinden begrenzt.

7.2. Christus-Identität und eschatologische Hoffnung. Zwei wichtige Themen verbinden sich ferner mit der aktuellen Situation des Paulus: die Frage nach dem Leiden im Dienste Christi (s. 7.3) und eine besondere Weise eschatologischer Hoffnung. Von dieser spricht er zuerst (Phil 1,18c–24), und zwar mit großer innerer Entspanntheit. Noch muß er damit rechnen, daß der Prozeß, der ihn erwartet (in der Antike ist die Gefängnishaft meist die Haft vor dem Prozeß, seltener eine Strafhaft), mit einer Verurteilung zum Tode enden kann. Das bedrückt ihn, aber nicht im Blick auf sich selbst, sondern im Blick auf seine Gemeinden, die ihn noch brauchen, und besonders auch im Blick auf die Philipper, die er so gern wiedersehen möchte (Phil 1,25f.; 2,24). Wichtig ist hier, wie Paulus seine Lebensperspektive in dieser Situation eines möglichen gewaltsamen Todes sieht. Seine eschatologische Erwartung hat sonst (in früheren wie in späteren Briefen) die Vorstellung zum Inhalt, daß er bis zur himmlischen „Ankunft" („Parusie") Christi leben und bei diesem Geschehen mit den anderen noch lebenden Christen zusammen von Christus leiblich verwandelt werden wird, um fortan mit den bereits vorher Gestorbenen und Auferweckten „mit/bei Christus" in einer neuen, himmlischen Herrlichkeit zu leben (1. Thess 4,17b), die durch die Auferweckung des gekreuzigten Christus durch Gott, also im Ostergeschehen, erschlossen worden ist. Dies Geschehen wird bald stattfinden, so erwartet er; im Römerbrief (13,11 ff.) kann er sagen, daß „unser Heil" jetzt (also im Jahre 56) schon näher ist als zur Zeit des Gläubigwerdens (die für Paulus selbst etwa 24 Jahre zurückliegen mag, für die Christen in Rom sicher zumeist noch nicht so lange). Aber in Phil 1 muß er angesichts des möglichen baldigen, gewaltsamen Todes anders davon denken. Seine Hoffnung beinhaltet, daß er in jedem Falle, als Weiterlebender oder als jetzt schon Sterbender, Christus verherrlichen kann „an meinem Leibe". Das heißt: Auch wenn er jetzt sollte sterben müssen, so wäre gerade dieser sein leiblicher Tod ein Geschehen zur Verherrlichung Christi, das an seinem Verbundensein mit Christus nichts ändern könnte; denn Christus ist ja jetzt schon sein Leben (1,21a) – seine persönliche Identität ist schon jetzt mit der des erhöhten Herrn gewissermaßen „angefüllt" (vgl. Gal 2,20: „Christus lebt in mir"), und ein schneller Tod wäre somit „Gewinn" (Phil 1,21b); er könnte ja nur die letzte Scheidewand zwischen seinem leiblich-irdischen Ich und Jesus Christus abreißen und sein „Mit-Christus-Sein" unmittelbar erfahrbar machen. Für irgendeinen „Zwischenzustand", der die Entfernung zwischen Christus und ihm noch einmal für eine gewisse Zeit (nämlich bis zur Parusie) größer oder undurchdringlicher machen könnte, ist in seiner Sicht kein Raum (für eine „Aufrechnung" nach irdischer Zeit-Logik bestand hier für die Auslegung, die mit einem Zwischenzustand zwischen individuellem Tod und dem Weltende meinte rechnen zu sollen, immer eine Schwierigkeit). Damit ist aber die eschatologische Hoffnung des Paulus in der Substanz gar nicht wirklich „verändert", wie man oft meint. Vielmehr würde in diesem Falle auch auf ihn selbst nur das zutreffen, was er für bereits verstorbene Christen auch sonst erwartet hat (1. Thess 4,15 f.): nicht eine momentane „Verwandlung" (1. Kor 15,51 f.), sondern ein irdisches Sterben und ein Auferwecktwerden durch Gott, wodurch aber die Christusgemeinschaft keinesfalls unterbrochen werden kann. In der Forschung ist gerade angesichts von Phil 1,21 öfter von einem Nachlassen der Naherwartung der Parusie und einer damit zusammenhängenden Veränderung der eschatologischen Vorstellungen des Paulus die Rede, was bei manchen Autoren auch dazu geführt hat, den Philipperbrief möglichst spät, nämlich in die römische Gefangenschaft, anzusetzen, so daß hier eine Spät- oder Endstufe seiner eschatologischen Erwartung vorläge. Aber eine solche Annahme ist keineswegs nötig, wie denn auch in Phil 3,20 f. oder Röm 13,11 f. wieder die für Paulus sonst geläufige Parusie- und Verwandlungserwartung wie in 1. Thess. 4,13–18 und 1. Kor 15,12–57 erkennbar wird (abweichend nur 2. Kor 5,1–10). Die akute Todesbedrohung scheint in Phil 3 vorüber zu sein (eins der

Argumente für die Annahme, daß Phil 3 aus einem späteren Brief als Phil 1–2 stammt), so daß Paulus seine eschatologische Hoffnung nun wieder in der ihm sonst geläufigen Weise ausdrückt.

In Phil 3 kommt freilich noch ein neuer Gedanke dazu. Paulus führt – einmalig im Zusammenhang seiner eschatologischen Aussagen – ein „politisches" Stichwort ein, das die Spannung zwischen dem Jetzt der Christuszugehörigkeit und dem Noch-Nicht der offenbaren Herrlichkeit beschreibt: Das „Bürgerschaftsrecht" im Himmel, der so zur „Heimat" der Glaubenden wird, ist schon jetzt rechtsgültig (Phil 3,20), und das noch zu vollziehende irdische Leben wird erkennbar als ein Leben in der Fremde (vgl. die verwandte Beschreibung dieses Zustandes in 2. Kor 5,6–8). Das jüdische Verständnis von der Diaspora-Existenz der nicht in Jerusalem bzw. Judäa lebenden Juden wird hier in allegorischer Weise auf die Christen übertragen (so später auch in 1. Petr 1,1). So wie sich viele Diaspora-Juden darum bemühten, gegen Ende ihres Lebens wieder in die jüdische Heimat zu kommen, so erhält für den Christen das Leben auf Erden den Charakter des Vorläufigen, das man möglichst bald hinter sich lassen, „vergessen" möchte (Phil 3,12–13).

7.3. Glauben und Leiden. Ein weiteres wichtiges Thema im Phil ist das vom Leiden um des Glaubens willen, um des Herrn Jesus Christus willen. Paulus steht akut in solcher Leidenssituation, und es könnte sein, daß er es aus diesem Grunde als nötig ansieht, auch die Philipper auf eine solche Situation innerlich vorzubereiten. Davon, daß die Christen in Philippi bereits so etwas wie Anfeindung oder Bekämpfung um des Glaubens willen zu erdulden hätten, läßt die ausführliche Danksagung und Fürbitte für sie (1,3–11) noch nichts erkennen. Die Ausdrucksweise in 1,27–30 könnte – für sich gelesen – freilich so klingen, und insbesondere Ernst Lohmeyer hat diese Annahme zur Grundlage seiner Erklärung des ganzen Philipperbriefs (Komm. 1928/30) gemacht, indem er meinte zeigen zu können, daß im Phil „ein Märtyrer zu Märtyrern spricht" (ebd., 4f.). Geht man aber von dem eben zum Briefeingang (1,3–11) Gesagten aus, so wird man eher annehmen, daß der Apostel seine Gemeinde auf eine in Philippi noch nicht eingetretene, aber jederzeit mögliche Lage vorbereiten will. Im gleichen Römischen Reich, in dem ihm jetzt Gefangenschaft widerfährt, können auch in Philippi jederzeit Anfeindungen von heidnischen Mitbewohnern oder gar feindliche Maßnahmen von Seiten der Behörden eintreten, auch wenn – wie es für Philippi anscheinend anzunehmen ist – keine jüdische Synagogalgemeinde am Ort Unruhe gegen die „Konkurrenten" schürt. So hatte der Apostel den Philippern bei seinem missionarischen Erstbesuch noch nicht eine „Theologie des Leidens" entwickelt. Anders war es dann schon in Thessalonich, wozu ihm der gewaltsam erzwungene Weggang aus Philippi und einige Erfahrungen in Thessalonich selbst schon Anlaß gegeben hatten; der sehr bald nach dem ersten Aufenthalt in Thessalonich geschriebene 1. Thessalonicherbrief (1,5–7; 2,2) geht schon auf das Thema ein. – Nun ist es für heidnische Menscen, die mit der jüdischen Martyriums-Tradition nicht vertraut sind, damals – und gewiß auch heute – sehr befremdlich, daß man um des religiösen Glaubens an Götter willen auch Leiden und Anfeindungen müsse erdulden können; im heidnischen religiösen Erfahrungsbereich hatte das eigentlich keinen Platz (vgl. weiter die Auslegung zu 1,27–30 mit dem Exkurs dazu). So meint Paulus nun, daß seine jetzige Situation – eventuell sogar, um diese den Philippern erst richtig verständlich machen zu können – genügenden Anlaß zu diesem Thema gibt. Vielleicht hatten sogar die Philipper danach gefragt, wie sich denn die an Christus geknüpfte Heilszuversicht mit dem Leidenmüssen des Paulus vertrüge. Er versucht nun, sie zu dem ihnen ungewohnten Gedanken hinzuführen, daß „nicht nur das Glauben an Christus, sondern auch das Leidenmüssen um dieses Glaubens willen" zu der Gnade des Christseins („es ist euch geschenkt …") dazugehören kann (1,29). So kommt hier der Gedanke an das Vorbildhafte der Glaubensexistenz des Paulus ins Spiel (1,30), der auch hinter 2,12 steht und dann in Phil 3 (also wohl in dem späteren Brief) ganz wichtig wird (vgl. noch 4,9).

7.4. Christliche Mahnung und heidnische Ethik.   So kommen wir zu der ethischen Mahnung („Paränese"), die Paulus in Kap. 2,1–18 sehr tiefgründig und nachdrücklich darlegt. Nachdrücklich: das zeigt das vierfache Ansetzen in 2,1. Man könnte sich dadurch veranlaßt sehen, auf ganz drastische Vorkommnisse von Fehlverhalten in der Gemeinde zu schließen. Aber dergleichen wird von Paulus nicht konkret benannt; der Einzelfall, den er in 4,2 erwähnt, paßt zwar zum Thema von 2,2–4, steht aber – durch andere Passagen getrennt – ziemlich weit von unserer Stelle ab und verweist auch nicht erkennbar auf sie zurück. Die andere Möglichkeit: Die so nachdrückliche Grundlegung besagt, daß es Paulus in Kap. 2 gar nicht um spezielle Probleme der Gemeinde in Philippi geht, sondern daß er ganz generelle Ermahnungen formuliert, die überall – und insoweit natürlich auch für Philippi – gelten. „In Christus" – d. h. für alle, die sich als zu Jesus Christus Gehörende verstehen – gelten für das Miteinander in der Gemeinschaft neue Spielregeln: Von Herzen kommende Liebe, gegenseitige „Demut" (für Heiden eine ungewöhnliche, ja beleidigende Forderung einer als verächtlich geltenden Haltung) und das Achten auf die gemeinsamen Belange statt nur auf die eigenen werden jetzt erwartet. Gerade in einer Gemeinschaft, deren Glieder sicher auch in Philippi aus ganz verschiedenen gesellschaftlichen Schichten und Kreisen stammten, ist die Christusgemeinschaft, die Menschen auch im Alltag enger zusammenfügt als etwa in einer Mysteriengemeinschaft oder Kult-Sozietät, eine neue Erfahrung, die neue Verhaltensregeln erfordert. Und solche Forderung begründet Paulus mit dem eindringlichen Hinweis auf Christus selbst, nicht nur in 2,1, sondern dann noch (2,6–11) besonders nachdrücklich damit, daß er ein offenbar vollständiges Christus-Gedicht zitiert – ein sehr umfangreicher Einschub, den er sich in anderen Briefen, wo es um aktuelle, konkrete Mahnungen geht, wohl nicht geleistet hätte. Hier aber nimmt er sich die Muße, um vor allem mit den Versen 7–8 die tiefste Begründung für die Mahnung zur „Demut" (*tapeinophrosynê*) zu geben, die in Christi eigenem Verhalten (*etapeínôsen heautón* = er erniedrigte, „demütigte" sich selbst bis zur tiefsten Stelle menschlicher Existenz, zum Tode, V. 9) vor Augen steht. (Zum christologischen Gehalt des Gedichts im Ganzen vgl. Exkurs zu 2,6–11.) So mögen auch die darauf folgenden Verse (2,12–16) vielleicht gar nicht auf spezielle Vorkommnisse in Philippi gemünzt, sondern der Niederschlag von grundsätzlichen Erwägungen des Paulus zur christlichen Ethik sein.

Dazu würden auch die Gedanken im Schlußkapitel des Briefes (4,4–9; diese Verse würden nach der in Abschnitt 6 begründeten Auffassung wohl zum selben Brief gehören wie Kap. 1–2) gut passen. Darin wird die neue Weise christlichen Lebens mit der „Nähe" des Herrn Christus (4,5 b – „Nähe" im zeitlichen Sinne) und der daraus resultierenden Freude (4,4 wie schon 3,1 a als Abschluß zu Kap. 2; vgl. auch schon 1. Thess 5,16 ff.) begründet und als „selbstlose Güte" bezeichnet (4,5 a), eine quasi herrscherlich-souveräne Tugend, die jedoch dem anderen nicht „von oben herab", sondern sozusagen „von unten herauf" (vgl. das Stichwort „Demut" in 2,3 b) kommt. Und ebenso allgemeine Kriterien für christliches Lebensverhalten nennt Paulus anschließend in 4,8–9: Christliche Ethik ist offen zu alledem hin, was auch sonst unter Menschen für gut und anständig gilt und von jedermann gelobt wird. Der Christ muß keineswegs ständig „besserwissen", was recht und gut ist; er hat dafür die gleichen Maßstäbe der Vernunft, die auch von anderen Menschen anerkannt werden. Aber seine Einstellung zu dementsprechendem Tun soll eine andere sein als die allgemein übliche; sie soll die Güte und Barmherzigkeit Christi oder auch Gottes abbilden (4,7; vgl. auch Lk 6,35 f.). – Wie verhält sich aber eine solche zur „Welt" hin offene Ethik dazu, daß Paulus an anderen Stellen auch die Thora, das „Gesetz" des Mose, als Zusammenfassung der Ethik für Christen nennen kann (Gal 5,14; Röm 13,8 f.)? Vielleicht läßt sich mit Gal 5,22–23 so antworten: Was dort in V. 22 ähnlich wie in Phil 4,8–9 als die Verhaltensweise von Christen beschrieben wird, hat das Gesetz auf keinen Fall *gegen* sich (Gal 5,23) – aber (so möchte man fortfahren) die Mahnung zu einem Grundverhalten der Liebe, Milde und Barmherzigkeit gegenüber den Mitmenschen kommt im Gesetz nicht so eindeutig und grundsätzlich zum Ausdruck wie jetzt „in Christus Jesus". Und so ermahnt Paulus auch andere Gemeinden (schon 1. Thess 5,15.21 f., aber auch Röm 12,2 b), zu „prüfen, was Gottes Wille ist", ohne dabei die Thora als Maßstab zu nennen; er vertraut vielmehr auf ein „natürliches" Vermögen, zu beurteilen, was gut und was böse ist, und dann das Gute zu tun – ein Vermögen, das allerdings durch die „Erneuerung eures Sinnes" (so Röm 12,2), das heißt durch die Wirkung des Geistes (1. Thess 5,19) vom „Gott des Friedens" her (1. Thess 5,23; Phil 4,7 und 9) in den Christen lebendig wird. Jedenfalls ist es beachtenswert, daß Paulus bei der konkreten Ermahnung seiner Gemeinden nicht in erster oder gar letzter Instanz mit der Thora argumentiert, sondern auf allgemein anerkannte Grundsätze verweist.

7.5. Rechtfertigung und „fromme Werke". Phil 3 (nach der oben dargestellten Sicht zu dem etwas später – wohl von Korinth aus – geschriebenen „Warn- und Sorgenbrief" gehörig) verweist noch auf ein für die Theologie des Paulus entscheidend wichtiges Thema: auf die Rechtfertigungslehre. Er entfaltet sie bekanntlich vor allem im Römerbrief (der bei dem gleichen Aufenthalt in Korinth geschrieben wurde), und es hat den Anschein, daß er mit Phil 3,9 gewissermaßen einen Extrakt daraus in den Gedankengang von 3,3–11 einschiebt. Denn Vers 9 läßt sich tatsächlich ohne Schaden aus dem Satzgeflecht

von V. 8–11 herauslösen; er stellt eine Parenthese dar, deren Ausdrucksweise
aus den übrigen Versen herausfällt. Aber in der Sache entspricht er diesem seinem Zusammenhang sehr genau: all sein Sein und Verhalten als Jude, das dem
Paulus vor seiner Christusbegegnung wichtig war, wird von ihm jetzt als nichtig erkannt; all das führte nur zur „eigenen Gerechtigkeit", die der in Christus
erfahrenen Gottesgerechtigkeit nur im Wege stehen kann. Die Ausdrucksweise in V. 9 entspricht insbesondere dem Gedankengang von Röm 9,31–32+10,2–3.
Was Paulus dort dem Volk Israel einerseits bescheinigt, daß es sich nämlich
mit allem Eifer um das „Gesetz" bemüht (9,31; 10,2), das kritisiert er andererseits – nicht in scharfer Polemik, sondern eher wehmütigen Herzens (vgl. 10,1
und schon 9,1f.), aber sehr tiefgehend –, indem er feststellt, daß gerade dieser
„Eifer" nicht zur Gottesgerechtigkeit hindurchdringt (9,31 b/10,3). Genau um
den gleichen Gedanken handelt es sich in Phil 3,8–11, nun in Anwendung auf
Paulus selbst, der auch in dieser Beziehung ein rechter Repräsentant Israels
war, wie er in 3,4 b–6 darstellt. Aber die falsche Orientierung solchen frommen Strebens, die er „in Christus Jesus" erkannt hat und über die er in Phil 3,9
ebenso wie in Röm 9,31ff. sehr ruhig, trotz der radikalen Ausdrucksweise ganz
unpolemisch spricht, ist sehr tief im Menschen (keineswegs nur im Juden)
begründet, nicht in einer Mangelhaftigkeit der Thora und letztlich auch nicht
in der Unmöglichkeit, „das ganze Gesetz" in jeder Einzelheit „zu tun" (so
kann es Paulus in Gal 5,3–5 und besonders in Röm 2,13–25 erscheinen lassen).
Nein, der Hauptpunkt ist nicht der, daß die Thora mehr vom Menschen verlangt, als er erfüllen könnte, sondern daß ein Frommer, der meint, mit Hilfe
solchen Tuns zur Gottesgerechtigkeit gelangen zu können und zu sollen (statt
zu erkennen, daß Gottes Barmherzigkeit und Erwählung vor und über aller
Thora steht), sich auf den falschen Weg begibt, einen Weg, der ihn allenfalls
bis zur *eigenen* Gerechtigkeit führen kann, ihn aber in Gottes Augen nicht
gerecht macht (so übereinstimmend in Phil 3,9b und Röm 9,32 + 10,3). Vgl. zum
ganzen Thema den Exkurs von P. Stuhlmacher: „Gottes Gerechtigkeit bei Paulus"
(NTD 6, nach Röm 1,16–17). In Phil 3,2–3 stellt Paulus das in Christus Jesus
gegründete Rühmen dem „Vertrauen auf das eigene Fleisch", also auf alles
Eigene, Selbsterworbene – im Zusammenhang des Textes vor allem: auf die
Beschneidung – scharf gegenüber. Und auch an anderen Stellen legt er dar, daß
der Mensch in dieser Weise seinen eigenen Ruhm vor Gott aufbaut und sich
gerade damit gegen Gottes Majestät vergeht (1. Kor 1,29–31; Röm 4,2). Die
Schärfe der Absage an die eigenen Vorzüge und Leistungen (Phil 3,7: sie sind
„Dreck") besagt letztlich genau dasselbe: Die Gottesgerechtigkeit kann nur
im Glauben, d. h. im Vertrauen auf Gottes unserem Tun stets vorauslaufende
Liebe und gnädige Annahme, empfangen werden. Es ist dieselbe Liebe, die das
Volk Israel einst in der Bundeserwählung am Sinai oder schon „in Abraham" (vgl.
Röm 4,1–22 und 11,28 f.), die (Heiden-)Christen aber jetzt in Jesus Christus
erreicht hat (vgl. wieder Röm 4,23–25). Nur „Christo solo" („durch Christus
allein") und „sola gratia" („allein durch die Gnade") kommt die Gerechtigkeit
Gottes jetzt zur Welt. So sind für Paulus nach Phil 3,7–11 die Christus-Erkennt-
nis und die Erfahrung der Rechtfertigung zusammengebunden.

Ausgewählte Literatur zum Philipperbrief

Auf Kommentare wird mit dem Namen und dem Stichwort Komm. verwiesen (wo keine Seitenangaben gemacht werden, ist die Auslegung zur gerade behandelten Textstelle gemeint), auf Monographien bzw. Aufsätze mit dem Namen und der Jahreszahl des Erscheinens in eckigen Klammern [ ].

Wissenschaftliche Kommentare (chronologisch geordnet):

M. Dibelius, An die Thessalonicher I.II, An die Philipper, Tübingen ^{2}1925, ^{3}1937 (HNT 11)

E. Lohmeyer, Der Brief an die Philipper, Göttingen $^{(8)}$1928 (= 1930), $^{2(=9)}$1953, $^{7(=14)}$1974 (KEK 9/1); dazu: Beiheft von W. Schmauch, ebd. 1964

W. Michaelis, Der Brief des Paulus an die Philipper, Leipzig 1935 (ThHKNT 11)

J. Gnilka, Der Philipperbrief, Freiburg/Br. 1968, ^{4}1987 (HThKNT 10/3)

J.-F. Collange, L'Épître de Saint Paul aux Philippiens, Neuchâtel 1973 (CNT[N] 10a)

W. Schenk, Die Philipperbriefe des Paulus. Ein Kommentar, Stuttgart 1984

F. F. Bruce, Philippians, Peabody 1989 (NIBC)

U. B. Müller, Der Brief des Paulus an die Philipper, Leipzig 1993 (ThHNT 11/I)

[Neueste Kommentare, nicht gesehen:]

G. D. Fee, Paul's Letter to the Philippians, Grand Rapids 1995 (NIC.NT)

M. Bockmuehl, The Epistle to the Philippians, London 1997 (BNTC)

Allgemeinverständliche Auslegungen (chronologisch geordnet):

K. Barth, Erklärung des Philipperbriefes, Zürich 1928, ^{8}1959

F. W. Beare, A Commentary on the Epistle to the Philippians, London 1959, ^{3}1973 (BNTC) [nicht gesehen]

G. Friedrich, Der Brief an die Philipper, Göttingen $^{(14)}$1962, $^{4(=17)}$1990 (NTD 8/2)

J. Ernst, Die Briefe an die Philipper, an Philemon, an die Kolosser, an die Epheser, Regensburg 1974 (RNT 7/1)

G. Barth, Der Brief an die Philipper, Zürich 1979 (ZBK.NT 9)

W. Egger, Galaterbrief. Philipperbrief. Philemonbrief, Würzburg 1985, ^{3}1995 (NEB.NT 9/11/15)

B. Mayer, Philipperbrief. Philemonbrief, Stuttgart (o. J.) (SKK.NT 11)

Abhandlungen und Aufsätze (alphabetisch geordnet):

K. Aland, Die Christen und der Staat nach Phil. 3,20 [1978], in: ders., Supplementa zu den Neutestamentlichen ... Entwürfen, Berlin 1990, 192–204

Y. Amir, Die Begegnung des biblischen und des philosophischen Monotheismus als Grundthema des jüdischen Hellenismus, EvTh 38, 1978, 2–19

H. Balz, Philipperbrief, TRE 26, Berlin 1996, 504–513

G. Baumbach, Die von Paulus im Philipperbrief bekämpften Irrlehrer, in: K.-W. Tröger (Hrsg.), Gnosis und Neues Testament, Berlin 1973, 293–310

ders., Die Zukunftserwartung nach dem Philipperbrief, in: Die Kirche des Anfangs (FS H. Schürmann), Leipzig 1977 (EThSt 38), 438–457

J. Becker, Paulus. Der Apostel der Völker, Berlin 1989, ^{3}1998 (bes. 322–350)

K. Berger, Hellenistische Gattungen im Neuen Testament, in: Aufstieg und Niedergang der Römischen Welt (ANRW) II, Bd. 25/2, Berlin 1984, 1031–1432 (+ 1831–1885)

O. Betz, Paulus als Pharisäer nach dem Gesetz. Phil. 3,5–6 als Beitrag zur Frage des frühen Pharisäismus, in: Treue zur Thora (FS G. Harder), Berlin 1977, 54–64

L. G. Bloomquist, The Function of Suffering in Philippians, Sheffield 1993 (JSNT.S 78)

L. Bormann, Philippi. Stadt und Christengemeinde z. Zeit d. Paulus, Leiden 1995 (NT.S 78)

G. Bornkamm, Der Philipperbrief als paulinische Briefsammlung [1962], in: ders., Geschichte und Glaube II, München 1971, 195–205

ders., Zum Verständnis des Christushymnus Phil. 2,6–11, in: ders., Studien zu Antike und Christentum, München ²1963, 177–187

ders., Paulus, Stuttgart 1969, ²1970 (UrbanTB 119)

R. Brucker, ‚Christushymnen‘ oder ‚epideiktische Passagen‘?, Göttingen 1997 (FRLANT 176) (bes. 289–357)

R. Deichgräber, Gotteshymnus und Christushymnus in der frühen Christenheit, Göttingen 1967 (StUNT 5) (bes. 118–133. 189–196)

W. Elliger, Paulus in Griechenland, Stuttgart 1978 (SBS 92/93) (bes. 23–77)

O. Hofius, Der Christushymnus Phil. 2,6–11, Tübingen 1976, ²1991 (WUNT 16)

E. Käsemann, Exegetische Versuche und Besinnungen I/II, Göttingen 1960/64

G. Kennel, Frühchristliche Hymnen?, Neukirchen 1995 (WMANT 71) (bes. 185–224)

H. Koester, The Purpose of the Polemic of a Pauline Fragment (Phil 3), NTS 8, 1961/62, 317–332

E. Lohmeyer, Kyrios Jesus. Eine Untersuchung zu Phil. 2,5–11, Heidelberg 1928, ²1961 (SAHW.PH 1927/28, 4)

E. Lohse, Paulus. Eine Biographie, München 1996

I. H. Marshall, The Theology of Philippians, in: K. P. Donfried – I. H. Marshall, The Theology of the Shorter Pauline Letters, Cambridge 1993, 115–174

B. Mengel, Studien zum Philipperbrief, Tübingen 1982 (WUNT II/8)

W. Michaelis, Die Gefangenschaft des Paulus in Ephesus und das Itinerar des Timotheus, Gütersloh 1925 (NTF I/3)

M. Müller, Vom Schluß zum Ganzen. Zur Bedeutung des paulinischen Briefkorpus-abschlusses, Göttingen 1997 (FRLANT 172) (bes. 131–205)

U. B. Müller, Der Christushymnus Phil 2,6–11, ZNW 79, 1988, 17–44

ders., Die Menschwerdung des Gottessohnes, Stuttgart 1990 (SBS 140) (bes. 20–28)

ders., „Sohn Gottes“ – ein messianischer Hoheitstitel Jesu, ZNW 87, 1996, 1–32

J. Müller-Bardorff, Zur Frage der literarischen Einheit des Philipperbriefs, WZ(Jena) 7, 1957/58, 591–604

K.-W. Niebuhr, Heidenapostel aus Israel, Tübingen 1992 (WUNT 62) (bes. 79–111)

W. H. Ollrog, Paulus und seine Mitarbeiter, Neukirchen 1979 (WMANT 50)

G. W. Peterman, Paul's Gift From Philippi, Cambridge 1997 (MSSNTS)

P. Pilhofer, Philippi. Bd. I: Die erste christliche Gemeinde Europas, Tübingen 1995 (WUNT 87); Bd. II: Katalog der Inschriften von Philippi, Manuskript (Habil.-Schrift Münster 1995)

L. Portefaix, Sisters Rejoice. Paul's Letter to the Philippians and Luke-Acts as Seen by First-Century Philippian Women, Uppsala 1988 (CB.NT 20)

B. D. Rathjen, The Three Letters of Paul to the Philippians, NTS 6, 1960, 167–173

J. T. Reed, A Discourse Analysis of Philippians. Method and Rhetoric in the Debate over Literary Integrity, Sheffield 1997 (JSNT.S 136) [noch nicht gesehen]

J. Reumann, Contributions of the Philippian Community to Paul and to Earliest Christianity, NTS 39, 1993, 438–457

H. Riesenfeld, Unpoetische Hymnen im Neuen Testament? Zu Phil 2,1–11, in: Glaube und Gerechtigkeit (In memoriam R. Gyllenberg), Helsinki 1983 (SESJ/SFEG 38), 155–168

W. Schenk, Der Philipperbrief in der neueren Forschung (1945–1985), in: Aufstieg und Niedergang der Römischen Welt (ANRW) II, Bd. 25/4, Berlin 1987, 3280–3313

W. Schmithals, Die Irrlehrer des Philipperbriefs [1957], in: ders., Paulus und die Gnostiker, Hamburg 1965 (ThF 35), 47–88

U. Schnelle, Einleitung in das Neue Testament, Göttingen 1994 (UTB 1830)

J. Schoon-Janßen, Umstrittene „Apologien" in den Paulusbriefen. Studien zur rhetorischen Situation des 1. Thessalonicherbriefes, des Galaterbriefes und des Philipperbriefes, Göttingen 1991 (GTA 45) (bes. 119–161 zu Phil 3,4–6 und 4,17)

Ph. Sellew, Laodiceans and the Philippian Fragments Hypothesis, HTR 87, 1994, 17–28

Th. Söding, Zur Chronologie der paulinischen Briefe [1991], in: ders., Das Wort vom Kreuz, Tübingen 1997 (WUNT 93), 3–30

ders., Erniedrigung und Erhöhung. Zum Verhältnis von Christologie und Mythos nach dem Philipperhymnus (Phil 2,6–11) [1992], in: ders. (wie zuvor), 104–131

ders., Das Liebesgebot bei Paulus, Münster 1995 (NTA NF 26) (bes. 166–186)

W. Stegemann, Zwischen Synagoge und Obrigkeit. Zur historischen Situation der lukanischen Christen, Göttingen 1991 (FRLANT 152) (bes. 211–226 u. 249–253)

G. Strecker, Redaktion und Tradition im Christushymnus Phil 2,6–11 [1964], in: ders., Eschaton und Historie, Göttingen 1979, 142–157

A. Suhl, Paulus und seine Briefe, Gütersloh 1975 (StNT 11) (bes. 144–200)

H.-G. Sundermann, Der schwache Apostel und die Kraft der Rede, Frankfurt/M. 1996 (EHS.T 575), darin Exkurs: Paulus und das Geld. Phil 4,10–20(23), 228–240

J. Taylor, The Roman Empire in the Acts of the Apostles, in: ANRW II Bd. 26/3, Berlin 1996, 2436–2500 (bes. 2442–2462)

D. Trobisch, Die Entstehung der Paulusbriefsammlung. Studien zu den Anfängen christlicher Publizistik, Freiburg(Schweiz)/Göttingen 1989 (NTOA 10)

N. Walter, Die Philipper und das Leiden, in: Die Kirche des Anfangs (FS H. Schürmann), Leipzig 1977 (EThSt 38), 417–434

ders., Paulus und die Gegner des Christusevangeliums in Galatien [1986], in: ders., Praeparatio Evangelica, Tübingen 1997 (WUNT 98), 273–280

ders., Geschichte und Mythos in der urchristlichen Präexistenzchristologie [1988], in: ders. (wie zuvor), 281–292

ders., Hellenistische Eschatologie bei Paulus?, ThQ 176, 1996, 53–64

K. Wengst, Christologische Formeln und Lieder des Urchristentums, Gütersloh 1972 (StNT 7) (bes. 144–156)

P. Wick, Der Philipperbrief. Der formale Aufbau des Briefs als Schlüssel zum Verständnis seines Inhalts, Stuttgart 1994 (BWANT 135)

Genannt werden auch:

W. Bauer, Griechisch-deutsches Wörterbuch zu den Schriften des Neuen Testaments und der frühchristlichen Literatur, 6. Aufl. hg. v. K. Aland und B. Aland, Berlin 1988

BHH = Biblisch-historisches Handwörterbuch, hg. v. B. Reicke und L. Rost, I–IV, Göttingen 1962–1979

EWNT = Exegetisches Wörterbuch zum Neuen Testament, hg. v. H. Balz und G. Schneider, I–III, 2. Aufl. Stuttgart 1992

NTD = (Verweise auf andere Bände des Auslegungswerkes) „Das Neue Testament Deutsch", Göttingen

ThWNT = Theologisches Wörterbuch zum Neuen Testament, begr. v. G. Kittel, fortgef. v. G. Friedrich, I–X, Stuttgart 1933–1979

0. Briefzuschrift und Gruß 1,1–2

1 Paulus und Timotheus, Knechte Christi Jesu, an alle Heiligen in Christus Jesus, die in Philippi sind [mit den Aufsehern und Dienern]: 2 Gnade (sei) mit euch und Friede/von Gott, unserem Vater,/und dem Herrn Jesus Christus.

Wie wir es von vielen erhaltenen griechischen Briefen aus neutestamentlicher A Zeit kennen, steht am Anfang des Briefes der Name des Absenders, der den Brief wohl meistens einem geübten Schreiber diktierte (beim Röm ist es Tertius, s. Röm 16,22), und eine Bezeichnung der (oder des) Empfänger(s) sowie ein meist sehr kurzer Grußwunsch wie „Hoffentlich geht's dir gut!", „Wohlauf!" oder ähnlich (so z. B. in Jak 1,1). Doch dieses einfache Briefformular erweitert Paulus in allen seinen Briefen beträchtlich. Schon daß er sich hier (und auch sonst oft) nicht allein nennt, sondern Timotheus hinzufügt und beide als „Knechte Christi Jesu" bezeichnet, zeigt an, daß der Brief mehr sein soll als eine private Korrespondenz, die sich in – mehr oder weniger belanglosen – Mitteilungen erschöpft. (In einem solchen Falle hätte die Gemeinde in Philippi den Brief auch wohl kaum für die Weiterverbreitung zur Verfügung gestellt.) Ebenso beachtenswert ist die feierliche Anrede der Adressaten als „Heilige" (zur Nennung der „Aufseher und Diener" s. unten). Und vor allem wird die übliche knappe Grußformel erheblich ausgeweitet (V. 2). Dabei knüpft Paulus an ähnlich ausgebaute Formeln an, die in anderen jüdischen Briefen aus hellenistischer Zeit überliefert sind: Dan 3,31: „König Nebukadnezar allen Völkern …: Viel Friede zuvor!", oder (aus etwas späterer Zeit) syrBar 78,2: „So spricht Baruch, der Sohn des Neria, zu den Brüdern, die gefangen [nach Babylon] weggeführt worden sind: Gnade und Friede sei mit euch!" (vgl. bes. 1.Thess 1,1). Dabei klingt das griechische Wort für „Gnade" *(charis)* an jenes „Wohlauf!" *(chaire)* an, das in griechischen Briefen meist steht; dazu tritt, gewissermaßen präzisierend, das griechische Wort für „Frieden" *(eirênê),* das dem hebräischen „shalôm" (Heil) entspricht. Das geschieht sicher bewußt: Paulus will dem ziemlich belanglosen Grußruf (vergleichbar dem „Hallo!" in heutigen Briefen) einen tieferen, im Evangelium gegründeten Gehalt geben. Bei Paulus wird dieser Grußwunsch im Griechischen in gewissem Sinne kunstvoll gestaltet (wie oben in der Übersetzung kenntlich gemacht): in drei kurzen Zeilen zu je vier Worten.

Paulus und Timotheus grüßen gemeinsam. Das bedeutet nicht, daß Timo- B 1 theus auch als Briefverfasser erscheinen soll. Das Ich des Paulus in Kap. 1 usw. spricht zu deutlich von der Lage, in der – nur – er selber steht, während er

andererseits in 2,19–24 einiges *über* Timotheus mitteilt. Aber der jüngere
Gefährte, der Paulus von Lystra an begleitete (Apg 16,1–2) und der den Philippern wohlbekannt war (Phil 2,19–22), sollte – zumal er noch nicht jetzt
gleich selbst den Brief überbringen würde (2,19. 23) – doch als Mit-Verant-
wortlicher für den Brief genannt werden. Paulus schrieb ihn also nicht als Pri-
vatmann, sondern als der Gründer der Gemeinde. Freilich läßt er hier den sonst
von ihm in der Briefzuschrift meist gebrauchten Ausdruck „Apostel" beiseite,
vielleicht, weil er sonst Timotheus durch einen anderen Ausdruck von sich
selbst hätte absetzen müssen (wie etwa in 2. Kor 1,1) – denn „Apostel" kann
bei Paulus nur der eigentliche Erstverkündiger an einem Orte und somit der
Gemeindegründer heißen (vgl. 1. Kor 9,1–2). Und gerade in diesem Brief an
die ihm besonders nahestehende Gemeinde wollte er sich von Timotheus nicht
in dieser Weise distanzieren, zumal er den Philippern gegenüber jedenfalls zu
diesem Zeitpunkt keinen Grund sah, seine Autorität irgendwie hervorzuheben. Als „Knechte Christi Jesu", die ihr ganzes Leben in den Dienst dieses Herrn
gestellt hatten, gehörten sie beide jedenfalls zusammen. – Die Adressaten werden „Heilige in Christus Jesus" genannt, wie das in vielen Paulusbriefen
geschieht. „Heilige" sind die Christen (in Philippi und anderswo) als dem heiligen Gott Zugehörige; es geht dabei nicht so sehr um moralische Fleckenlo-
sigkeit als um die Ausschließlichkeit vollen Gebundenseins an Gott, von der
aber nur deshalb die Rede sein kann, weil Gott selbst eine solche Beziehung
„in Christus Jesus", also durch seine Sendung zu den Menschen und wiederum durch die Evangeliumsverkündigung seiner Boten an (bisherige) Heiden,
hergestellt hat; denn die „Erwählung" des Volkes Israel hätte nicht ohne die
neue Offenbarung „in Christus" nun auf Heiden übertragen werden können.
Die Christen in Philippi, die es offenbar schmerzlich erlebten, daß sie aus bisherigen Gemeinschaften um ihres Christusglaubens willen ausgegrenzt wurden,
sollen schon durch dieses Ehrenprädikat eine innere Stärkung erfahren.

Bemerkenswert ist, daß in der Anschrift des Phil nun noch eigens die „Aufseher und Diener" genannt werden; oben wurde die übliche Übersetzung „samt den Bischöfen und Diakonen" absichtlich nicht verwendet, um die Benennung der beiden Gruppen etwas zu „ver-
fremden". Denn noch bis ins 2. Jh. hinein werden als „Bischöfe" (entsprechend dem
griechischen Wort *epískopoi*) eben „Aufseher" bezeichnet, die keine „geistlichen Wür-
denträger" (mit priesterartigen Funktionen) sind, sondern eher Gemeindeleiter bzw.
Angehörige des Leitungskreises einer (Einzel-)Gemeinde, während man sich unter den
„Dienern" *(diákonoi)* wohl Helfer der Gemeinde (in ähnlicher Art wie heutige Diakone)
vorstellen kann. Aber das eigentliche Problem dieser Nennungen in der Adresse des Phil
besteht darin, daß es sehr unwahrscheinlich ist, daß es eine so weitgehende Organisation mit
festen „Ämtern" schon zur Zeit des Paulus, wenige Jahre nach der Gemeindegründung, gab.
Im Grunde erlauben uns andere Quellen (z. B. die „Pastoralbriefe", s. H. Merkel, NTD 9/1,
90–93), eine solche Ämterstruktur erst etwa um die Jahrhundertwende als gegeben anzunehmen. Das Wort für „Aufseher" begegnet in den echten Paulusbriefen sonst nicht; von
„Diakonen" spricht Paulus gelegentlich, aber nicht im Sinne einer feststehenden Amts-
bezeichnung. Wer dennoch die Nennung der beiden Ämtergruppen in der Phil-Adresse als
ursprünglich ansieht, wird etwa vermuten, sie – oder mindestens die „Aufseher" – seien
als die für die finanzielle Angelegenheiten Verantwortlichen genannt, die daher auch für
die Geldunterstützung zuständig seien, die die Gemeinde dem Apostel übersandt hatte
(4,10–20; vgl. H. Merkel, NTD 9/1, 91). Jedoch ist ein solcher Bezug hier durch nichts ange-

deutet. Wenn man aber ohnehin damit rechnet, daß der Phil in der uns vorliegenden Form aus mehreren kürzeren Briefen durch eine Redaktion für die übergemeindliche Verbreitung zusammengestellt worden ist (s. Einl. Abschn. 6), dann wird man auch hier (ähnlich wie etwa in 1. Kor 1,2 b) an die Möglichkeit einer Erweiterung der Adresse denken, die den Gemeindeverfassungen etwa 40 Jahre nach der Abfassung des Phil entspricht und nun die „Aufseher und Diakone" als solche nennt, die als in der Gemeinde Herausgehobene unter dem Verfolgungsdruck gegen Ende des 1. Jh. insbesondere zu leiden hatten und sich deshalb von diesem Brief besonders angesprochen fühlen sollten: gerade sie sollten lernen, daß das Leiden um Christi willen für den Glauben nichts „Befremdliches" ist (1. Petr 4,12).

Zum „Friedensgruß" war schon gesagt, daß „Gnade" *(charis)*, wohl dem **2** hebräischen *r^achamîm* („Erbarmen") entsprechend, neben „Friede" auch vor Paulus schon in der erweiterten Grußformel begegnet, wobei *charis* wohl wegen des Anklangs an den griechischen Normalgruß *chaire!* gewählt worden war. *Eirênê* hat vom hebr. *shalôm* her eine tiefere Bedeutung als das griechische Wort sonst („Zustand äußerer oder innerer Ruhe, Ausgeglichenheit") und meint das ganzheitliche „Heil-Sein" des Menschen, das sein „Wohlbefinden" einschließt. Daß das im NT auch mit dem griechischen Wort gemeint ist, zeigen Stellen wie Lk 2,14 (wo die Engel den Hirten die eschatologische Heilszeit ansagen) oder – besonders plastisch – Lk 10,5 f. (die Jünger Jesu überbringen mit ihrem Gruß die göttliche Heilsgabe). So ist auch hier nicht eine friedliche innere Stimmung gemeint, sondern die heilbringende Gottesgabe des Evangeliums. Ebenso ist auch die „Gnade" als Gabe Gottes an den Glaubenden (nicht als eine „Eigenschaft" Gottes) zu verstehen; Gottes Gnade ist der Grund der Rechtfertigung, die im Glauben ergriffen werden kann. Grund *(charis)* und Fülle *(eirênê)* dieses im Evangelium gegebenen Heils stellt also Paulus seinen Lesern schon im Briefeingang vor Augen. Das geschieht, wie schon gesagt, in einem dreigliedrigen, feierlich stilisierten Wunsch, der zugleich ausdrücken soll: diesen Frieden, diese Gnade wolle Gott euch auch weiterhin gewähren.

1. Briefeingang: Dank und Fürbitte 1,3–11

3 Ich danke meinem Gott, jedesmal wenn ich euch (vor Gott) nenne, 4 zu jeder Zeit bei jedem meiner Gebete für euch alle, und ich verrichte (solches) Gebet mit (besonderer) Freude, 5 angesichts eurer engen Verbundenheit am Evangelium vom ersten Tage an bis jetzt, 6 (und ich bin) dessen gewiß, daß der, der bei euch (sein) gutes Werk angefangen hat, es (fortführen und) vollenden wird bis hin zum Tage Jesu Christi.
7 Ja, es scheint mir recht, so(lche Gewißheit) für euch alle zu hegen, weil ich euch im Herzen trage (auch hier) in meinen Ketten, bei der Verteidigung und Bekräftigung des Evangeliums, (euch, die) ihr alle – gemeinsam mit mir – Teilhaber an der Gnade (Gottes) seid. 8 Denn Gott ist mir Zeuge, wie sehr ich mich nach euch allen sehne mit der Herzenswärme Christi Jesu.
9 Und darum bitte ich, daß eure Liebe noch mehr und mehr überreich werde in Erkenntnis und aller Erfahrung, 10 damit ihr urteilsfähig werdet in (allen) wesentlichen (Fragen), so daß ihr rein und unanfechtbar *(oder:* unversehrt)

**seid auf den Tag Christi hin, 11 angefüllt mit Gerechtigkeits-Frucht, wie sie
durch Jesus Christus (bei euch wächst), zum Ruhm und zum Lobe Gottes.**

A Auch ein Briefeingangsteil, diesem hier ähnlich, findet sich in vielen Briefen
der Antike. Meist handelt es sich nur um einen einfachen Gesundheitswunsch,
etwa dieser Art: „Wenn es dir gut geht, freut's mich; auch mir geht's gut";
manchmal, gerade seit neutestamentlicher Zeit, ist ein solcher Wunsch auch in
eine Fürbitte gekleidet; es ist nicht uninteressant, daß sich gerade im 1. und 2.
Jh. religiöse Formulierungen im Briefeingang häufen. Auch die Versicherung,
daß man oft an den Adressaten denke (gerade auch „vor den Göttern"), gehört
häufig dazu. Paulus macht von dieser Konvention reichlich Gebrauch, fast in
allen seinen Briefen (nur im Gal nicht, wo ihm die dringliche Sorge um die
Gemeinde dafür keine rechte Ruhe läßt). In unserem dreiteiligen Briefeingang
ist besonders der mittlere Teil (V. 7–8) auffällig, weil er sowohl das allgemeine als
auch das von Paulus in anderen Briefen angewendete „Formular" sprengt.
Schon daran zeigt sich, daß Paulus zu den Christen in Philippi ein besonders
freundschaftliches, ja liebevolles Verhältnis hat; der Brief – oder jedenfalls der
Gefangenschaftsbrief (B) – zeigt ja auch keinerlei Spannung zwischen dem Apostel und der Gemeinde, die ihn zu Korrekturen, besonderen Mahnungen oder
Warnungen nötigen würde.

B 3   Paulus *dankt* Gott angesichts der Gemeinde in Philippi. Seit seinem ersten
Aufenthalt in Philippi (im Jahre 49), bei dem die Gemeinde entstand, sind nun
etwa 5 Jahre vergangen. Schon gleich damals muß sich ein freundschaftliches
Verhältnis zwischen der Gemeinde und ihm entwickelt haben; schon sehr bald
nach seinem plötzlichen, erzwungenen Weggang aus der Stadt haben die Philipper ihm eine Geldgabe nach Thessalonich geschickt, später dann noch einmal (Phil 4,16; 2. Kor 11,9a) – und Paulus hat diese Gaben gern angenommen
(was er bei anderen Gemeinden nicht tat; vgl. 4,15; 2. Kor 11,9). Auch dann hat
er offenbar immer wieder von den Philippern gehört, und zwar Erfreuliches,
so daß er sich um diese Gemeinde bisher weniger Sorgen machen mußte als
um manche andere. So gibt er auch in diesem Brief zu erkennen, daß er, so oft
er bei seinen Gebeten für die verschiedenen Gemeinden auch an die Philipper
denkt, Gott im Blick auf sie ganz besonders fröhlich dankt, mit umfassender
(viermal kommt in den Versen 3–4 das Wort für „alle(s)/jeder" vor), aber doch
auch wieder ganz persönlicher Formulierung (die Wendung „*mein[em]* Gott"
V. 3 benutzt Paulus fast nur in seinen Gebetsversicherungen, Phlm 4; 1. Kor
4 1,4; Röm 1,8, sowie noch in Phil 4,19). Man sollte in V. 4 nicht so übersetzen,
als behaupte Paulus, „ununterbrochen" an die Philipper zu denken; aber man
sieht doch, welch wichtigen Platz die Fürbitte für seine Gemeinden in der täg-
lichen apostolischen „Arbeit" des Paulus einnimmt – ganz generell; denn auch
in den anderen Gemeindebriefen versichert Paulus das an gleicher Stelle (bis
auf den Gal, s. oben). Und hier kann sozusagen die ganze Fürbitte aus lauter fro-
5 hem Dank bestehen (doch s. V. 9–11). – Was in V. 5 mit „eurer engen Verbundenheit am Evangelium" genau gemeint ist, läßt sich schwer sagen. Manche Ausleger erwägen, daß Paulus schon hier an die Geldsendung(en) der Philipper

denke (und insofern schon den darauf gerichteten Dank in 4,10–20 vorbereite); tatsächlich kann Paulus andernorts das hier benutzte Wort *koinônía* auch in diesem Sinne (also „Anteilgabe, Spende") benutzen (vgl. etwa Röm 15,26; das dazugehörige Verb begegnet in Phil 4,15). Doch wäre dann auch in V. 6 nur *davon* als von dem „von Gott gewirkten guten Werk" die Rede, dessen Fortsetzung Paulus „bis zum Tage Jesu Christi" erbittet – wohl doch ein wenig merkwürdig! So wird man eher an die Verbundenheit mit dem Evangelium, an die Teil*habe* an Gottes Heil und die Verbundenheit im Glauben (vgl. Phlm 6) denken müssen, die wiederum die Philipper auch mit Paulus, ihrem „Vater in Christus" (vgl. 1. Kor 4,14f.), ganz innerlich verbindet; dem entspricht auch die Aussage in V. 7b, wo hinter „Teilhaber an der Gnade" ebenfalls ein von *koinônía* abgeleitetes Wort steht. Wunderbar war der Anfang dieser Verbundenheit im Glauben, kein menschliches, sondern Gottes eigenes Werk. Man überlege einmal, wie groß die Chance war, daß aus einer Wirksamkeit des Paulus von gewiß nur einigen Wochen, mit Kerkerhaft und überstürztem Weggang aus Philippi (Apg 16), eine beständige Christusgemeinde entstand, die nun schon fünf Jahre überdauerte und sozusagen eine „Mustergemeinde" wurde! (Demgegenüber lese man den urchristlichen „Erfahrungsbericht", der sich in Mk 4,14–20 niedergeschlagen hat.) Das war Gottes eigenes Werk, und **6** so kann Paulus von Gott, der Anfang und Ende alles schöpferischen Geschehens in seiner Hand hat (Röm 11,36), nur die Fortsetzung dieses Werkes erbitten, bis hin zum „Tage Jesu Christi". So wird der „Jüngste Tag" im NT nur im Phil genannt (hier sowie 1,10 und 2,16), sonst bei Paulus „Tag des Herrn" (1. Thess 5,2 u.4; 1. Kor 1,8; 5,5 u. ö.). Beides ist Wiedergabe des at.lichen „Tag des Herrn" (vgl. etwa Mal 3,2–5). Für Paulus ist dieser „Tag" vor allem der „Termin" der Wiederkunft Christi und – wie hier – der Vollendung des schon angebrochenen Heils, also viel mehr ein Freudentag als der schreckliche „Tag des Weltgerichts", als der er in der jüdischen Apokalyptik vor allem gesehen wurde. Paulus und seine Gemeinden sind einander gegenseitig ein „Ruhm am Tage unseres Herrn Jesus" (Phil 2,16; vgl. 1. Thess 2,19; 2. Kor 1,14). Damit soll nicht gesagt sein, daß der „Tag des Herrn" nicht auch für die Christen einen Gerichtsaspekt hätte; doch ist darauf hier nicht näher einzugehen (vgl. 1. Kor 3,11–17; 4,3–5; 2. Kor 5,10 und die Auslegung von F. Lang [NTD 7] zu diesen Stellen).

Paulus schweift nun für ein paar Sätze vom Thema „Dankgebet vor Gott" **7–8** ab, indem er seine hoffnungsfrohe Gewißheit hinsichtlich des beständigen Glaubens der Philipper noch einmal mit dem Hinweis auf sein besonderes persönliches Verhältnis zu ihnen unterstreicht bzw. begründet. Zum ersten Mal fallen Stichworte, die seine derzeitige Lage erkennen lassen: Paulus ist in Gefangenschaft, und zwar – das wird er später näher ausführen – um des Evangeliums willen, um es gegen ungerechtfertigte Angriffe zu verteidigen und es durch seine eigene Standhaftigkeit zu bekräftigen. Aber auch in dieser Lage denkt er mit ungebrochener Freude an die Philipper, zumal ihm diese (die offenbar schon von seiner Gefangenschaft gehört hatten) gerade wieder ein Zeichen ihrer Verbundenheit mit ihm zugesandt hatten (vgl. 2,25; 4,18). Hier jedenfalls wird man diesen Gedanken mithören dürfen; und er wäre in solcher Andeutung besser verständlich, wenn die eigentliche Bestätigung des Eingangs dieser Sendung schon früher (Brief A? – 4,18) erfolgt wäre. Daß ihm diese Verbundenheit persönlich wohltut und Mut gibt, wäre aber zu wenig gesagt; es geht um weit mehr als um eine persönliche Freude. Sie hat ihren eigentlichen Grund in der ihm und den Philippern gleichermaßen zugewandten „Herzenswärme" des Herrn (das Wort bezeichnet im physischen Sinne die Eingeweide, die als Sitz der Gefühle gelten; im übertragenen Sinne ist es ein sehr gefühlsbetontes Wort für die herzliche innere Zuneigung). Es ist also gewissermaßen das „Herz" Christi Jesu selbst, das im Herzen des Paulus „spricht" und nach Gemeinschaft mit den Schwestern und Brüdern in Philippi verlangt; so ist der tiefste Grund dieses Verlangens bezeichnet. Der Ausleger Johann Albrecht Bengel (1687–1758) schreibt dazu: „In Paulus lebt nicht Paulus, sondern Christus; darum wird Paulus nicht in seinen, sondern in Jesu Christi Eingeweiden bewegt" (zitiert bei Lohmeyer [Komm.], 28). Bis in so persönliche Verbindungen hinein ist Christus der bestimmende Faktor in der Existenz des Paulus.

Schon von V. 7 her hat ein bedeutender Ausleger des Philipperbriefes, Ernst Lohmeyer [1928], eine Deutung des ganzen Briefes entwickelt, die zunächst faszinierend war, aber sich doch nicht hat durchsetzen können. In der „gemeinschaftlichen Teilhabe an der Gnade Gottes" sah er ein besonderes Band, das (nur!) die Gemeinde in Philippi mit Paulus verband: die Gemeinschaft der Märtyrerexistenz. Nicht nur Paulus sitze um Christi willen im Gefängnis, sondern auch die Philipper hätten in besonderer Weise für das Evangelium zu leiden. Diese Gemeinsamkeit des Martyriums begründe eine quasi mystische Verbundenheit der Märtyrer untereinander in einer besonderen Gnade Gottes; so sei auch in V. 8 nicht die Liebe des Apostels zu seinen „Kindern in Christus" ausgesagt, sondern die besondere Verbundenheit unter Märtyrern. Von daher sieht Lohmeyer eine ganze Märtyrertheologie und Martyriumsmystik den ganzen Phil durchziehen. Aber der Sinn unserer Verse ist wohl schlichter; Paulus weist den Philippern keine besondere Ehrenstellung gegenüber anderen Gemeinden zu: „Ihr habt – wie ich – Anteil an der Gnade Gottes, die ich empfangen und euch – wie anderen Gemeinden auch – weitergegeben habe". Dann freilich ist die „Gnade" nicht ein paradoxer Ausdruck für die ehrenvolle Sonderposition des Martyriums, die Not des Gefängnisses, sondern ist synonym für das Stehen im Glauben, im Evangelium.

9   Vom Dank (3–6) kommt Paulus nun zur Fürbitte (9–11), die im Grunde um die Beständigkeit eben jener Gnade bei den Philippern bittet, für die jetzt schon aller Anlaß zum Dank ist. Das „gute Werk" Gottes (V. 6) ist im Gang; darum kann nur um ein „mehr …" gebetet werden. Aber Paulus stellt die Haltung der Philipper unter einen neuen Oberbegriff: die Liebe. Sie ist schlechthin *das* „gute Werk" Gottes an den Philippern. Es ist die Nächstenliebe, die hier nicht durch Nennung eines konkreten Objekts eingeschränkt wird (etwa auf die „Brüder"; vgl. die ganz ähnliche Fürbitte in 1. Thess 3,12, wo ausdrücklich von der „Liebe untereinander und gegenüber jedermann" die Rede ist); so bleibt auch die innere Verbundenheit nicht bei einem herzlichen Gefühl stehen, sondern „äußert" sich konkret, zu anderen Menschen hin. „Überfließend reich" kann sie nur werden, wenn sie durch vernünftige Erkenntnis und reflektierte
10   Erfahrung je länger, je mehr wahrnimmt, was nach Gottes gutem Willen geboten ist. Urteilsfähigkeit, mit der das Entscheidende vom weniger Wichtigen oder gar nur Vorwandhaften unterschieden wird, macht die Liebe ihrer Sache gewiß;

einer gefühlvollen, aber naiven humanitären Betriebsamkeit wird hier nicht das Wort geredet. Schon hier wie dann etwa in 2,1–13 oder 4,8–9 wird deutlich, daß Urteilsfähigkeit gefragt ist; denn Liebe tut nicht nur „Gutes" in einem unscharfen Sinn, sondern das Gute als Richtiges und das Richtige als Gutes (Th. Söding [1995], 168–173). Die Liebe ist nicht nur „Motivation" christlichen Handelns, das dann „spontan" geschähe, sondern sie ist zugleich wohlüberlegter Inhalt, nicht an einem fixierten Normensystem, aber an vernünftigen Überlegungen orientiert. Das bewußte „Prüfen" vor dem Tun der Liebe ist für Paulus immer wieder wichtig (vgl. 1. Thess 5,21; Gal 6,4; 2. Kor 13,5–7; Röm 2,18; 12,2); „von allein" ist auch das Gute nicht eindeutig. So möchte Paulus, daß auch die Philipper an jenem „Tag Jesu Christi" (V. 6) rein und tadelsfrei (oder: unversehrt, nicht zu Fall gekommen) dastehen, damit ihnen dieser Freudentag nicht zur Blamage werde. Wo die Glaubenden dem Geist Christi in sich Raum geben, da wächst „Frucht der Gerechtigkeit" („Frucht des Geistes" in Gal 5,22–25 meint dasselbe), nicht ohne den Willen und das Urteilsvermögen des Menschen, aber doch mit erwartbarer Gewißheit und so, daß der daraus erwachsende Ruhm Gott zuteil wird (ein alter Textzeuge liest hier interessanterweise: „Gott zum Ruhm und mir zum Lob"; daß da auch ein Stück Glanz auf den Apostel fällt, wäre an sich kein unpaulinischer Gedanke; vgl. 1. Thess 2,19f.; 2. Kor 1,14; aber hier ist er wohl nicht gemeint). 11

2. Der „evangelische Lagebericht" des Paulus: Leiden um Christi willen 1,12–30

2.1. Die gegenwärtigen Erfahrungen des Paulus [in Ephesus] 1,12–18a

12 Ich möchte gern, daß ihr wißt, (liebe) Brüder und Schwestern, daß die Umstände, in denen ich mich (hier befinde), sich (je länger je) mehr zur Förderung des Evangeliums weiterentwickelt haben, 13 so daß im ganzen Prätorium und auch allen übrigen (Leuten) öffentlich bekannt geworden ist, daß (ich) meine Fesseln als Christ trage, 14 und daß die meisten der (hier wohnenden) Brüder im Herrn, durch meine Fesseln bestärkt, sich um so mehr zutrauen, das Wort (Gottes) ohne Furcht zu sagen. 15 Freilich gibt es auch einige (hier), die aus Neid und Streitsucht Christus predigen, aber andere tun es in guter Absicht. 16 Die einen (tun es) aus Liebe, weil sie wissen, daß ich zur Verteidigung des Evangeliums einsitze; 17 die anderen verkündigen Christus aus Geltungsbedürfnis, nicht aus reinem Herzen, weil sie glauben, sie könnten mir damit in meinen Fesseln (noch zusätzlichen) Verdruß bereiten. 18a Aber was soll's! Hauptsache, es wird – auf welche Weise auch immer, sei's zum Vorwand, sei's aus Wahrhaftigkeit – Christus verkündigt: dann will ich mich darüber freuen.

Mit diesem Abschnitt beginnt Paulus das eigentliche Briefkorpus. Der einleitende Satz („Ich möchte gern, daß ihr wißt") begegnet auch in anderen Pau- A lusbriefen mehrfach, und zwar oft (jedoch nicht immer) da, wo Paulus eine an ihn gerichtete Frage aufgreift. Wenn das hier auch so vorauszusetzen ist, dann hätten wir den (in den erhaltenen Paulusbriefen) einmaligen Fall vor uns, daß eine Gemeinde sich nach dem Ergehen des Apostels erkundigt hätte (ansonsten muß Paulus stets auf Anfragen in Gemeindeangelegenheiten oder auf beunruhigende Nachrichten aus der Gemeinde eingehen). Hatten sie vielleicht (direkt oder indirekt) auch nach dem Sinn eines solchen Ergehens wie einer Einkerkerung des Apostels gefragt? Und nach Konsequenzen daraus? Wir kommen darauf unten, zu 1,27–30, zurück. Paulus setzt jedenfalls voraus, daß die Philipper von seiner Gefangenschaft bereits wissen; bei einem vorausliegenden Botenkontakt war ihnen (sei es schriftlich, sei es mündlich) schon davon berichtet worden (so wie auch die Kunde von der Erkrankung ihres Boten Epaphroditus schon wieder zu ihnen gelangt war und besorgte Anfragen ausgelöst hatte: 2,26). Nun wollten und sollten sie Näheres erfahren. (Daß die Anrede an die Christen oben mit „Brüder und Schwestern" statt nur mit „Brüder" übersetzt wurde [vgl. schon G. Friedrich, Komm.], ist eigentlich keine „Modernisierung", sondern eine Verdeutlichung; der Plural *adelphoí* beinhaltet auch sonst im Griechischen beide Geschlechter. Und zumal von der Gemeinde in Philippi wissen wir etwa ebensoviel Namen von Frauen wie von Männern.)

B 12   Für Paulus ist es nun typisch, daß er von sich und den genaueren Umständen seiner Gefangenschaft erst einmal gar nicht spricht (man muß das nicht überbewerten, als ob er darüber erhaben wäre – der Überbringer Timotheus konnte ja Genaueres darüber erzählen), sondern sofort auf das zu sprechen kommt, was seine apostolische Existenz ausmacht: das Vorankommen der Evangeliumsverkündigung. Er gibt also gewissermaßen einen „apostolischen Lagebericht". Und der lautet weit günstiger, als man hätte erwarten mögen. Seine Gefangenschaft bedeutete keinen Rückschlag in der Verkündigung, sondern hat bei Heiden und Christen eher ein positives Licht auf das Evangelium

13 geworfen. Den Nichtchristen (V. 13) ist erkennbar geworden, daß hier einer um einer guten Sache willen einsitzt, zu der er sichtlich voll und ganz steht, während sich alle möglichen Anschuldigungen (lauteten sie auf „Geschäftsschädigung"? vgl. Apg 19,23–40, oder auf „Erregung öffentlicher Unruhe"? vgl. Apg 19,40) als nichtig erwiesen hatten – ein Verbrecher ist der nicht! Und das ist vor allem gerade denen klargeworden, die mit seinem „Fall" dienstlich zu tun hatten: den Angestellten im Palast des römischen Provinzstatthalters in Ephesus (dazu s. Einl. Abschn. 4 bzw. 5), in dem natürlich die Fäden aller Verwaltungs- und Gerichtssachen zusammenliefen; wahrscheinlich lag auch das zentrale Gefängnis der römischen Provinz Asia im Gelände des Palastes selbst. Und was man dort wußte, das machte schnell die Runde in der Stadt. Dabei war es nicht maßgebend, ob damit die Sache aus der Sicht des Paulus im Grunde bereits ausgestanden war – darauf deutet das nachher Gesagte (1,19–24) zur Zeit noch keineswegs hin. Nur war klar, daß es sich jedenfalls nicht um ein unmoralisches Verhalten des Angeklagten handelte, daß er vielmehr als ein achtbarer Mann gelten konnte. Er „saß" um seiner Botschaft willen (vgl. 1. Petr 3,13–17); es waren „Fesseln in Christus", so drückt Paulus (V. 13) das aus, was oben mit

der Wendung „daß ich meine Fesseln als Christ trage" wiedergegeben wurde. Eine Bezeichnung wie „Christ" für die an Jesus Christus Glaubenden kennt Paulus noch nicht (vgl. aber Apg 11,26 sowie 1. Petr 4,15f. – auch dort im Zusammenhang mit öffentlichen Anschuldigungen); Paulus will mit der Wendung „in Christus" wohl nicht von einer besonderen „Christusmystik" sprechen, sondern die Zugehörigkeit zu Christus und seiner Gemeinde ausdrücken. Daß übrigens die Vorgänge des Prozesses auch auf Angestellte des Statthalterpalastes Eindruck gemacht hatten, so daß sich einige sogar der christlichen Gemeinde anschlossen, kann man wohl aus den Grüßen in 4,22 erschließen.

Über den Prozeß selbst wissen wir freilich nichts Genaues. Setzt man voraus (wie es in dieser Auslegung geschieht), daß Paulus diesen Brief in Ephesus geschrieben hat, dann kann darauf verwiesen werden, daß er in dieser Stadt mehrere harte Leidenserfahrungen hat machen müssen, die sehr wohl mit Gefängnishaft verbunden gewesen sein können (vgl. Einl. Abschn. 5). Eine wird in 1. Kor 15,32 genannt, aber die kommt hier nicht in Frage, da sie ja bei der Abfassung des 1. Kor (noch in Ephesus, aber nicht in Gefangenschaft) schon hinter Paulus lag. Von Auseinandersetzungen mit Widersachern in Ephesus spricht allgemein auch 1. Kor 16,9b. Wichtiger ist aber, daß Paulus in 2. Kor 1,8–10 (dem von unterwegs, in Makedonien, geschriebenen Brief.) von einer erneuten und gerade eben und nur knapp überstandenen Gefahr berichtet, bei der so etwas wie ein „Todesbescheid" schon ergangen war oder zumindest die Anklage auf Todesstrafe lautete (2. Kor 1,9). Es ist also jedenfalls anzunehmen, daß Paulus auf die Anklage heidnischer (oder jüdischer?) Epheser hin, die ihn aus diesem oder jenem Grunde beseitigt wissen wollten, gefangengesetzt worden war und ernstlich in Todesgefahr geschwebt hat. Für den Wunsch von Heiden, Paulus loszuwerden, vgl. Apg 19,23–40; von Streitigkeiten mit Juden berichtet Apg 19,13–16 sowie vor allem Apg 21,27f., womit belegt ist, daß Paulus gerade in Ephesus tödliche Feindschaft von Juden auf sich gezogen hatte. Auch in Apg 19,33 kommen Juden auf eine nicht genau zu klärende Weise ins Spiel; man muß dabei berücksichtigen, daß die Existenz einer Gruppe von Nichtjuden, die gleich den Juden den Kult der Stadtgottheiten (und des Kaisers) verweigerten, das den Juden gewährte Privileg, das ihnen diese Haltung erlaubte, aushöhlen konnte, so daß die jüdische Gemeinde sich genötigt sah, sich öffentlich von dieser Gruppe zu distanzieren. Die Dinge konnten auch, wie Apg 19,23–40 illustriert, so ineinandergreifen, daß sich ein öffentlicher Tumult entwickelte, der sogar für die römische Provinz- oder Stadtverwaltung gefährlich werden konnte, so daß sie dringend daran interessiert sein mußte, wieder Ruhe einkehren zu lassen. Dabei könnte man Paulus noch eine Weile in Gewahrsam gehalten haben, bis die Lage sich wieder beruhigt hatte; für ihn selbst mochte die Lage aber noch gefährlich ausgesehen haben. – Allerdings setzt der Philipperbrief eine Gefangenschaft von längerer Dauer voraus (vgl. den mehrfachen Kontakt zu den Philippern im Verlauf der Haft).

In anderer Weise wurden viele Mitchristen („Brüder im Herrn") am Ort des 14 Paulus von den Vorgängen beeindruckt. Für sie bedeutete der Mut des Paulus, mit dem er sich vor Gericht nicht von seinem Christuszeugnis abbringen ließ, einen unmittelbaren Antrieb, nun auch selbst als Verkündiger des Evangeliums aktiv zu werden (oder: in ihren bisherigen Aktivitäten noch eifriger zu werden). Sie hören von – oder erleben mit – Paulus' Haltung im Prozeß und seine Aussagen, die sich zu einer öffentlichen Verteidigung des Evangeliums entwickeln, zu einer Klärung, worum es dem Apostel mit seinem Auftreten in der Stadt geht und worum nicht. Aber es ist auch die Haltung des Paulus selbst, die sie gewissermaßen „ansteckt". Paulus nimmt das mit Freuden wahr. Nicht 15 ganz so erfreut ist er freilich, daß andere – offenbar auch Christen, die aber nicht zu der von Paulus geprägten Gruppe gehören – andere Schlüsse aus dem Prozeß zu ziehen scheinen: auch sie werden eifriger in ihrer Konkurrenzarbeit, mit der sie Paulus nicht unterstützen, sondern ihm entgegenarbeiten.

Auch aus der Apg (18,24–28; 19,1–7) erfahren wir etwas über Christen anderer Richtung (wie Apollos, der aus Alexandrien nach Ephesus gekommen war) oder kleiner Gruppen, die von der für die paulinischen Gemeinden selbstverständlichen Taufpraxis noch nichts gehört hatten. Die paulinische Christengruppe war ja in Ephesus keine Erstgründung (wie etwa die in Philippi oder Thessalonich). So mochte es in Ephesus auch Judenchristen (im engeren Wortsinn) geben, wie wir das für das letzte Jahrzehnt des 1. Jh. aus Offb 2,1–7 entnehmen können, die ihrerseits Paulus als unerwünschten Konkurrenten empfanden. Diese (in Jerusalem um den Herrenbruder Jakobus gescharte) Gruppe setzte voraus, daß jeder aus dem Heidentum stammende Christ sich beschneiden, also religionsgesetzlich gesehen sich in das jüdische Volk aufnehmen lassen müßte. Die Forderung hat Paulus stets abgelehnt – aber er hat auch diese Brüder als Mitchristen anerkannt (vgl. Gal 2/Apg 15; auch 1. Kor 9,5; 15,7). So könnte es sein, daß solche Judenchristen hier unter den Heidenchristen dafür warben, sich beschneiden zu lassen, somit ganz legal unter den Schutz der römischen Gesetze zugunsten der Juden zu treten und damit das Christsein mit einem Vorteil zu verbinden, den die paulinische Gemeindegruppe nicht hatte und – so jedenfalls Paulus – ausdrücklich ablehnte. Immerhin wäre so der Konflikt mit der römischen Obrigkeit besser zu umgehen. Das ist eine Hypothese, die sich mit den Angaben in V. 15–17 einigermaßen zur Deckung bringen läßt – aber Genaueres erfahren wir in diesem Zusammenhang nicht. Jedoch sollte man diese in Ephesus agierende Gruppe nicht mit jenen „Gegnern" identifizieren, vor denen Paulus in Phil 3,17ff. warnt: diese wirken ja in Philippi, und „Gegner des Kreuzes Christi" würde er die judenchristlichen Konkurrenten in Ephesus gewiß *nicht* nennen.

16   Paulus ist so wenig an seinem persönlichen Erfolg, umso mehr am Ergehen der Sache Christi interessiert, daß er die Konkurrenten gewähren lassen und sich sogar über ihre Erfolge mitfreuen kann, auch wenn sie etwa sagen: „Seht, euer Paulus ist gewiß ein tapferer Mann" (sie schlagen ja Kapital für sich aus seiner Haltung); „aber er könnte es sich und euch viel einfacher machen, wenn er euch die Beschneidung empfehlen würde. Seht uns an – wir sind auch Christen und haben es doch leichter mit den Behörden". Darin könnte ihre „Streit-
17   sucht" und ihr „Geltungsbedürfnis" (oder: ihre „Rechthaberei") bestehen. Und offenbar gibt es in Ephesus einige, die unter diesem Vorzeichen zur christlichen Gemeinde stoßen – so hat es Paulus im Gefängnis gehört, und er überwindet sich, das ausdrücklich zu billigen, auch wenn er die Konkurrenz nicht für ganz lauter ansieht. In diesem Sinne ist der Tadel zu verstehen, jene Leute verkündigten Christus nur „zum Vorwand": so sieht es Paulus, aber die persönli-
18a   che Glaubwürdigkeit will er ihnen damit wohl nicht absprechen. Stattdessen mehrt auch dieser fragwürdige Erfolg seine Freude, in der er die Situation des Evangeliums in Ephesus wahrnimmt.

2.2. Paulus' Beurteilung seiner eigenen Lage 1,18b–20

18b Und ich werde mich auch weiterhin freuen; 19 denn ich weiß ja, daß mir *dies(e meine jetzige Lage)* zum *Heil dienlich sein wird* kraft eurer Fürbitte und der Unterstützung des Geistes Jesu Christi, 20 gemäß meiner gespann-

ten Erwartung und Hoffnung (darauf), daß ich in keinem Punkte beschämt dastehen muß, sondern daß in aller Öffentlichkeit, wie sonst immer so auch diesmal, Christus hoch gepriesen werde an meinem Leibe, (gleich) ob nun unter Bedingung (meines) Lebens oder Sterbens.

Auch der Gedanke an das, was möglicherweise aus seiner Gefangenschaft noch werden könnte, schränkt die Freude des Paulus nicht ein. Denn auch im Blick auf die Zukunft ist nur Christus wichtig, nicht er selbst. Dabei denkt Paulus an die Lage Hiobs; jedenfalls hat er Ijob 13,16 im Kopf, er zitiert die Stelle im LXX-Wortlaut (oben *kursiv* gedruckt), wobei auch das (sonst bei Paulus nicht begegnende) Verb „dienlich sein zu, hinauslaufen auf …" dorther stammt. (Natürlich konnten seine ersten Leser eine solche „biblische Anspielung", auf die Paulus ja nicht eigens aufmerksam macht, nicht erkennen.) Man mag daraus entnehmen, welche Gedanken ihn im Gefängnis beschäftigen; leicht war ihm die Situation nicht. Und sicher ist auch, daß Paulus mit diesem „hinauslaufen auf Heil" nicht meinte, daß es „schon noch irgendwie gut ausgehen" werde mit seiner Gefangenschaft; dessen ist er sich gar nicht gewiß, wie das Folgende zeigt. Aber gewiß ist er sich („ich weiß ja" – es ist ja ein Bibelwort, das er zitiert), daß er auch in dieser Lage nicht aus Gottes Hand herausgefallen ist. „Es kann mir nichts geschehen,/als was er hat ersehen/und was mir selig ist" (Paul Fleming, Evgl. Gesangbuch 368,3). Daß er in dieser Situation von der Liebe Gottes geschieden sein könnte, kann – um Christi willen – nicht sein (Röm 8,38f.). Welchen Ausgang auch immer die Sache nehmen wird – es wird zum Heil sein. Zwei Gründe nennt Paulus für solche Gewißheit: die Fürbitte der Philipper, deren er sich genau so gewiß ist wie seiner Fürbitte für sie, und die (auch durch solche Fürbitte verstärkte) „Handreichung, Unterstützung" des Geistes Christi. Das kann sehr konkret gemeint sein: bei den Verhören im Verlaufe des Prozesses fällt Paulus immer an wichtigen Stellen genau das Richtige ein, was zu sagen ist. So lautete jedenfalls eine allgemeine urchristliche Erfahrung in ähnlichen Situationen: „Ihr seid es nicht, die (in solchen Lagen) reden, sondern der heilige Geist" (Mk 13,11). Paulus muß ja nicht sich verteidigen, sondern das Evangelium. Es ist nicht seine Privatsache, bei der es nur darauf ankäme, wie er aus der gegenwärtigen Zwangslage am günstigsten wieder herauskommen kann, sondern Christus selbst ist es, der durch Paulus seine Sache führt (V.7b. 12f.); Paulus repräsentiert Ihn gewissermaßen „leibhaftig" (V.20c), also mit seiner Person, für die irdische Öffentlichkeit. Seine Zuversicht beruht genau auf derselben Gewißheit, in der er auch für die Philipper gebetet hat: Gott wird das gute Werk, das Er angefangen hat, auch zu Ende bringen (1,6). Letztlich steht nicht seine Ehrenhaftigkeit auf dem Spiel (das könnte in Beschämung enden), sondern die Ehre Christi, die Gott nicht zuschanden werden lassen wird. Und das wird sich in aller „Öffentlichkeit" vollziehen (das griechische Wort könnte hier freilich auch die „innere Freiheit" meinen, mit der Paulus im Verhör auftreten kann), nicht in einem finsteren Winkel, wo es niemand merkt. Daß die Öffentlichkeit des (staatlichen) Prozesses eine solche Wirkung hat, ist auch etwas wert.

2.3. Die Einstellung des Paulus zu dem, was ihn erwartet 1,21–26

21 Denn für mich bedeutet Leben (=) Christus, und Sterben (=) Gewinn. 22 Sofern es sich um das Leben im Fleisch handelt: das ist für mich (Gelegenheit zu weiterer) Frucht in der (missionarischen) Arbeit, und insofern weiß ich nicht, was ich bevorzugen soll. 23 Ich fühle mich zu beiden Möglichkeiten (gleichermaßen) hingezogen: (einerseits) verlangt mich danach, mich auf den Weg (von hier) zu machen und bei Christus zu sein – das wäre wohl bei weitem das Schönste! 24 Aber (andererseits scheint es mir) notwendiger zu sein, noch im Fleisch zu bleiben: um euretwillen! 25 Und im Vertrauen darauf (daß das so ist) bin ich (eigentlich schon fast) sicher, daß ich (hier) bleiben und euch allen erhalten bleiben werde, zu eurer Förderung und zu eurer Freude im Glauben. 26 So wird euer Rühmen in Christus Jesus im Blick auf mich überschwänglich sein, wenn ich wieder persönlich bei euch sein kann.

A   Paulus scheint ein wenig abzuschweifen. Er möchte die Philipper gern teilhaben lassen an den Gedanken, die ihn bewegen im Blick auf das, was da werden mag. Selten, daß Paulus in einem Brief so in sein Persönlichstes, Innerstes hineinblicken läßt. Aber es ist – wie sich im nächsten Abschnitt zeigen wird – auch für die Philipper selbst wichtig, daß sie von solchen Gedanken erfahren.

B 21   Sein Leben gilt ihm, dem von Christus berufenen Apostel, nicht mehr als sein Eigentum; es steht im Dienst Jesu Christi – ja noch mehr: es ist Christus. Paulus formuliert das in fast rätselhafter Kürze. Aber V. 21 meint wohl nicht, wie man zunächst denken könnte, die Alternative zwischen (irdischem) Leben und Sterben als die beiden jetzt vor ihm stehenden Möglichkeiten. Sondern „Leben" umfaßt hier (V. 21) zunächst irdisches und künftiges Leben. Denn „Christus" – das ist ja eben nicht aufteilbar auf „irdisch" und „himmlisch", sondern die Christuszugehörigkeit übergreift beides. Und in diesem Rahmen kann dann Sterben keinen Verlust mehr bringen, sondern nur noch Gewinn: aus dem Glauben jetzt wird dann das Schauen Seiner Herrlichkeit und die unmittelbare Teilhabe an ihr.

22   Aber diesem unbestreitbaren Vorteil gegenüber ist auch das irdische Weiterleben (das „Leben im Fleisch", wie V. 22 nun ausdrücklich sagt) nicht wertlos: es kann im Dienst Christi eingesetzt werden zu weiterer Verkündigung, die anderen Menschen – und somit zurückwirkend auch Paulus selbst (vgl. 1. Thess 2,19f.) – zugute kommt wie eine wohlschmeckende und nährende Frucht.

23–26   Und besonders auch die Christen in Philippi würden ihre Stärkung und Freude daran haben und Gott darüber preisen (V. 26). So liegen beide Möglichkeiten, je nach Ausgang des Prozesses, vor Paulus: die eine ganz gewiß schöner für Paulus selbst, die andere dagegen nützlicher für die Sache des Evangeliums und auch für die Stärkung des Glaubens der Philipper. Denn für sie wäre das Stoff zum „Rühmen in Christus Jesus": sie beten ja jetzt für ihn zum Herrn (V. 19). Paulus seinerseits setzt wohl auf eine Art „göttlicher Ökonomie", so daß er annimmt, ja „weiß": meine Rolle hier auf Erden ist noch nicht ausgespielt; Gott hat noch einiges mit mir vor. Und etwas davon würde ein Wiedersehen mit den Philippern sein; diese Erwartung spricht er ja auch in 2,24 aus. Lebensmüde (wie etwa Elia, 1. Kön 19,4) ist Paulus jedenfalls noch keineswegs geworden.

Exkurs: Was kommt nach dem Tode? Überlieferung und Neuaneignung

An diese Verse, bes. an V.23–24, knüpft sich seit langem die Diskussion, ob hier eine veränderte paulinische Eschatologie vorliege. Im 1.Thess (4 und 5) und noch im 1.Kor (15) hatte Paulus die Erwartung ausgesprochen, daß die „Ankunft" (Parusie) des Herrn Christus vom Himmel her so nahe bevorstehe, daß er und die meisten Christen in den neugegründeten Gemeinden sie noch vor ihrem Tode erleben würden. Nur für solche, die etwa „vorzeitig" gestorben wären, würde es eine Auferweckung von den Toten geben. Die Thessalonicher hatten ihn danach gefragt, weil offenbar bei ihnen nach der Missionierung schon einige Christen gestorben waren (1.Thess 4,13). Für sie gilt die klare Hoffnung, daß Gott sie nicht im Tode lassen wird (4,14b; in V.16 wird das ein Auferstehen der „Toten in Christus", d.h. der im Glauben verstorbenen Christen, genannt; in 1.Kor 15 beschreibt Paulus dieses Geschehen dann als Auferstehen in einer – neuen Art von – Leiblichkeit: 15,35–49). Solche Aussagen fehlen hier. Aber Paulus spricht hier in einer „verkürzten Perspektive": seine Lage, in der er noch nicht weiß, ob er das Gefängnis wird lebend verlassen können, drängt ihm auch die Zukunftsperspektive zusammen: er muß jetzt damit rechnen, daß sein (irdischer) Tod schon vor der Parusie Christi eintritt. Und dann wäre ihm gewiß, daß er selbst den Tod bzw. das Totsein gar nicht „erfahren" würde, sondern daß er unmittelbar in die Lebendigkeit des erhöhten Christus würde eingehen dürfen – gleichgültig ob man das nun eine „Auferweckung von den Toten" nennen müßte oder nicht. Gedanken an einen irgendwie selbständigen „Zwischenzustand" haben da für Paulus jedenfalls keinen Platz. Für die Philipper würde sich damit nichts ändern – wenn sie bis zur Parusie Christi am Leben bleiben, würden sie „verwandelt" werden. Diesen Ausdruck benutzt Paulus in 1.Thess 4 noch nicht; er hat ihn erst in 1.Kor 15,51 „gefunden" und mit dem Bild vom „Anziehen" eines (neuen, herrlichen und unvergänglichen) „Gewandes" ausgedrückt (15,53f.), ohne darin einen Gegensatz zu den Aussagen von der „Auferstehung der Toten" (15,29. 35. 42) und von dem neuen, „geistlichen" und unverweslichen Leib (15,44) zu sehen. In Phil dagegen denkt er über diese neue „Leiblichkeit" nicht weiter nach und sagt nichts darüber; man kann ohne weiteres unterstellen, daß er sich noch so oder ähnlich wie in 1.Kor 15 ausgedrückt hätte. Viele Ausleger sind aber der Meinung, es liege in Phil 1 schon ein grundsätzlicher Wandel der eschatologischen Anschauung bei Paulus vor; die Vorstellung von einer Parusie Christi vor dem Sterben der Glaubenden sei verlassen, und Paulus rechne mit einem direkten Übergang vom Sterben (in Christus) zu einem unmittelbaren Bei-Christus-Sein. Dabei müsse an eine Verwandlung des Leibes oder an die Neuschöpfung eines Auferstehungsleibes am Jüngsten Tage gar nicht mehr gedacht werden; Paulus habe sich hier hellenistischen Vorstellungen (von einem Weiterleben der „Seele" in ununterbrochenem Anschluß an den Moment des Sterbens) angeglichen, ohne sie schon ausdrücklich zu zitieren. Und dieselben Ausleger meinen dann, ein solcher Wandlungsprozeß sei bei Paulus zwischen 1.Kor 15 und Phil 1 zeitlich gar nicht denkbar, wenn man nämlich den Phil (wie in dieser Auslegung) in unmittelbarer Nähe des 1. (und 2.) Kor ansetze, zumal auch Röm (noch oder wieder?) von der Nähe der Parusie ausgehe (Röm 13,11f.). So bevorzugen sie für die Abfassung des Phil den spätesten möglichen Termin, nämlich die Gefangenschaft in Rom (um oder nach 60; vgl. oben Einl. Abschn. 5). Nun ist auch m. E. eine teilweise Veränderung in den eschatologischen Anschauungen des Paulus, gerade hinsichtlich der „Leiblichkeit" der Auferstehung, tatsächlich festzustellen, und zwar deutlich im 2.Kor (vgl. N. Walter [1996]), der kaum später als der Brief aus dem Gefängnis (Phil B) geschrieben ist. Dort gebraucht Paulus (2.Kor 5,1–10) für die Hoffnung auf das „Mit-Leben" mit Christus nicht mehr die Terminologie einer Auferstehung von den Toten und zumal von einer leiblichen Auferstehung, sondern er spricht mit der in 1.Kor 15 gewonnenen Bildsprache vom „neuen Gewand" (und nun auch: vom Umzug in eine neue, himmlische „Behausung"; vgl. Joh 14,2). Daß Paulus im 2.Kor den Ausdruck „Leib" für die neue Lebenswirklichkeit nach dem Sterben nicht mehr gebraucht, dürfte sehr wohl Anpassung an griechisches Denken sein, für das der „Leib" mit seiner Schwere und Vergänglichkeit geradezu das Gegenteil von einer himmlischen Lebendigkeit ausdrückte (aber von einer unsterblichen „Seele" kann wiederum Paulus nicht sprechen, für den – gut jüdisch gedacht – die Seele zu sehr mit dem irdischen Lebenshauch, der den „leibhaftigen" Körper erfüllt, identisch ist). Vielleicht ist diese Anpassung sogar von Gedanken beeinflußt, die sich Paulus angesichts seiner Situation im Gefängnis gemacht hat. Mit einer allmählichen Veränderung der paulinischen Anschauung (oder jedenfalls Ausdrucksweise) hinsichtlich der Hoffnung auf die Art zukünftiger Seinsweise der Glaubenden nach dem Tode ist wohl zu rechnen. Da konnte die sich ihm plötzlich ergebende, akute Möglichkeit eines baldigen, gewaltsamen Todes sehr wohl neue Gedanken zur Sache eingeben. Aber eine grundsätzliche Änderung seiner Auffassung liegt auch im Phil nicht vor. Und was er jetzt sagt, konnte er nach der Entlassung aus der Haft auch wohl wieder anders ausdrücken; vgl. die schon wieder traditionellere Anschauungs- und Ausdrucksweise in Phil 3,10f. und 20f. (sowie in Röm 13,11f.). Es ist aber wichtig, sich an solchem Sachverhalt klarzumachen, daß es bei der Hoffnung auf ein „Leben mit Christus" nach dem irdischen Tod nicht auf diese oder jene Vorstellungsweise ankommt, sondern auf die Gewißheit, daß Gott die, für die er seinen Sohn zur Erlösung gesandt hat, auch im Sterben nicht aus seiner Hand fallen lassen wird.

2.4. Die Zu-Mutung der Leidensbereitschaft an die Philipper 1,27–30

27 (Auf) eins (kommt es an): Führt euer (gemeindliches) Leben so, wie es dem Evangelium Christi angemessen ist, damit – gleich ob ich nun komme und euch sehe oder ob ich fern (von euch) bin – ich über euer (Verhalten) höre, daß ihr in Einem Geiste feststeht, mit Einer Seele gemeinsam für den (oder: im) Glauben an das Evangelium kämpft 28 und in keinem Stück verunsichert werdet von denen, die euch feindlich gegenüberstehen. Das ist dann für sie ein

Erweis ihres Verderbens, für euch aber (ein Erweis) des Heils, und zwar von Gott selbst. 29 Denn geschenkt ist euch das Für-Christus … – nicht nur: das An-ihn-Glauben, sondern auch: das Für-ihn-Leiden, 30 sofern ihr in demselben Kampf steht, wie ihr ihn an mir (seinerzeit) gesehen habt und jetzt über mich hört.

Nun wendet sich Paulus in seinen Gedanken ganz den Philippern zu und macht   A
damit deutlich, daß die Darstellung seiner derzeitigen Umstände doch nicht nur dem Bericht von seinem Ergehen diente, sondern auch für seine Leser unmittelbar von Belang sein sollte. Dabei handelt es sich nicht – wie in der Auslegung meist angenommen – um einen Neueinsatz mit allgemeinen (oder auch speziellen) Mahnungen, wie sie den letzten Hauptteil seiner Briefe zu füllen pflegten („Paränese"-Teil); ein Indiz für einen stärkeren Absatz an dieser Stelle ist nicht zu erkennen. Vielmehr geht es eben um ein (letztes) Stück seines „evangelischen Lageberichts": Was mir – schon früher und auch jetzt – im Dienste Christi geschieht, kann auch euch geschehen; ja es scheint fast so: das geschieht euch doch auch (bereits jetzt oder später). Man könnte meinen, daß hinter der Anfrage der Philipper (s. oben zu 1,12–18a) auch die Frage stand: Wie sieht das für uns aus, wenn solche Umstände auch bei uns eintreten sollten? Auch die eventuell dazugehörigen Nachrichten über Schwierigkeiten für die Gemeinde in Philippi können Paulus ja mit der (schriftlichen oder mündlichen) Botschaft der Philipper erreicht haben.

Mit „allein, auf eines" spitzt Paulus nun den Gedankengang endgültig auf   B 27
die Philipper zu: Für euch ergibt sich daraus nicht nur eitel Freude, sondern auch eine andere Konsequenz; es ist wichtig, daß ihr euch eurer neuen Zugehörigkeit zur „Christus-Bürgerschaft" bewußt werdet. Paulus verwendet das Verb *politeúein*, das ja auch für den deutschen Leser erkennbar vom „Bürger-Sein", vom „Sich-Verhalten als Bürger", als Mitglied eines „Gemeinwesens" spricht, nun nicht des Gemeinwesens der antiken „Polis" – hier also: der nach römischem Recht verwalteten Stadt Philippi -, sondern des Gemeinwesens unter der Herrschaft Jesu Christi, unter der „Norm" des Evangeliums. Damit ist einerseits die strikte Zusammengehörigkeit der (neuen) Gruppe der Christen und ihre Verpflichtung auf die „Normen" des Herrn Jesus – bzw. Gottes – gemeint; ähnlich wird in den hellenistisch-jüdischen Makkabäerbüchern (2. Makk 6,1; 3. Makk 3,4; 4. Makk 2,8.23) von dem durch das Gesetz des Mose bestimmten Bürgerschaftsverhalten des frommen Juden hier, in der „irdischen" Welt, gesprochen. Andererseits werden die so angeredeten Christen in gewisser Weise zu „Fremden" unter ihren Mitbürgern gemacht; ihre Bürgerschaft hat ihren Maßstab nicht am römischen Recht, sondern am Evangelium (K. Aland [1978/1990], 200f., bzw. P. Pilhofer [1995], 136f.). Ob Paulus den ins Religiöse übertragenen Sprachgebrauch der Makkabäerbücher schon kannte oder ob er ihn sich selbst „ausgedacht" hat, wissen wir nicht; manche Ausleger haben sogar gemeint, er habe diese Redeweise von den Philippern übernommen (das zugehörige Hauptwort *politeuma* begegnet einmal in Phil 3,20, wo es jedoch um das *himmlische* Beheimatetsein der Christenschar geht). Auch

wenn für die (Heiden-)Christen das „Gesetz des Mose" nicht eigens eingeführt wird, gibt es doch ein „Gesetz Christi" (so Gal 6,2), an dem der Glaubende
sich auf die Liebe hin orientiert (Gal 5,13 f.). Hier und im weiteren Phil wird dieses „Gesetz" in erster Linie als das Eins-Sein der Christen im Geist (Gottes)
und in der Liebe (2,1–4) ausgelegt, wobei zunächst das Feststehen (aller miteinander) im Glauben angesichts der Anfeindungen von außen im Mittelpunkt
steht.

In V. 27 b geht der Satzbau ein wenig durcheinander; Paulus will einerseits
sagen, wie wichtig es für ihn ist, durch Boten oder eigene Anschauung zu erfah-
ren, wie es um den Glaubensstand der Philipper bestellt ist (vgl. 2,19 b. 24).
Aber andererseits muß dem natürlich vorausgehen, daß diese Bewährung im
Glauben auch wirklich stattfindet. Diese Bewährung muß sich in dreifacher
Hinsicht zeigen: erstens im „Feststehen in Einem Geist": der Geist Gottes gibt
den Glaubenden (miteinander!) also einen Standort (nicht einen ideologischen
„Standpunkt"), ihre Existenz als Christen empfängt bzw. hat ihren festen
Grund. Ferner „mit Einer Seele gemeinsam (wohl: miteinander, hier ist wohl
nicht gemeint: mit mir = Paulus) zu kämpfen zugunsten des vom Evangelium
gewirkten Glaubens" (möglich wäre auch: „im Glauben an das Evangelium",
aber der aktive Sinn liegt hier wohl näher: es soll etwas nach außen hin für den
Glauben geschehen, zumindest ein offenes Sich-Bekennen zum Glauben); es
geht also um die innere Aktionseinheit der Gemeinde nach außen hin, nicht
im Sinne bloßer „Taktik", sondern als Ausdruck wirklicher Gemeinschaft.

28 Und schließlich gehört dazu bzw. ist es ein Teil dessen, daß die Christen „sich
nicht einschüchtern oder unsicher machen lassen" von „Widersachern". Was
sind das für Leute? Am wahrscheinlichsten denkt Paulus hier, da er nichts Näheres beifügt, nicht an konkurrierende Mitchristen (wie er sie gerade in Ephesus
erlebt: 1,15–17), auch wohl nicht an Juden, sondern an die heidnischen Mitbürger in Philippi, die ihren Landsleuten so zusetzen, wie es in Thessalonich
auch geschah (1. Thess 2,14 b). Schon die Tatsache, daß die Philipper in solchen
Anfechtungen fest bleiben, (und nicht erst der Ausgang der Streitigkeiten)
müßte für die Gegner ein Zeichen sein (das diese selbst freilich nicht wahrnehmen), daß sie sich nicht nur gegen die Christen, sondern gegen Gott auflehnen
– was zu ihrem Verderben führen wird –, so wie dasselbe Geschehen für die
Christen ein Erweis ist, daß sie auf der Seite Gottes stehen, der ihnen das Heil
geschenkt hat und sie zum ewigen Leben führen wird.

Solche Aufteilung von Menschen in „Schwarz" und „Weiß" ist freilich eine riskante
Sache, die in Wahrheit nur Gott, dem Weltenrichter, zusteht (vgl. Mt 25,31–46). Wo die
innergeschichtliche Auseinandersetzung zwischen Glauben und Unglauben, zwischen
Liebe und satanischer Verblendung tatsächlich so eindeutige Abgrenzungen setzt, da steht
nur Gott eine gültige Aussage darüber zu; Menschen sollten in solchen Dingen immer unter
dem Vorbehalt reden, daß ihnen Gott nur einen „Erweis" dafür, manchmal wohl auch
nur eine Vermutung solcher End-Gültigkeit göttlicher Verwerfung gegeben hat, zumal
solange das Leben der Betreffenden noch nicht am Ende ist. Auch Paulus hatte sich ja
eine Zeit lang unter die „Feinde" Gottes eingereiht, wie er selbst später mit Beschämung
festgestellt hat (1. Kor 15,8 usw.). Hier geht es ihm aber allein um die Vergewisserung des
Heils für die Philipper.

Denn – und damit kommt Paulus zum Ziel seiner Anrede an die Philipper, 29
gewissermaßen also zum Ziel des ersten Hauptteils: denn euch ist etwas
geschenkt, was ihr nicht ohne weiteres, vielleicht nicht ohne Widerspruch als
Geschenk anerkennen werdet: ihr dürft nicht nur an Christus glauben (das ist
und bleibt das Grundgeschenk), sondern ihr dürft auch *für ihn* etwas tun, und
zwar: leiden. Die Konstruktion des griechischen Satzes ist hier nicht ganz regel-
gerecht; Paulus hebt mit dem „für ihn" schon einmal an, unterbricht sich aber
noch einmal und sagt zunächst das, dem die Philipper ohne weiteres zustim-
men können: „*an ihn* glauben", aber dann kommt das andere: es ist euch auch
„geschenkt", *für ihn* zu leiden. Wahrhaftig, eine „Zu-Mutung"! (Vgl. den folgenden Exkurs.) Aber dieses (im Deutschen, nicht im Griechischen mögliche)
Wortspiel soll zugleich sagen: mit der unerwarteten Zumutung des Leidens
kommt zugleich der Mut-Zuspruch, kommt zugleich die Kraft des Geistes zu
euch, die euch in solcher Lage bestehen läßt. Das Leiden um Christi willen
schafft euch erstlich die Gewißheit, daß ihr wirklich zu ihm gehört, die
Gewißheit eures Heils. Zudem führt es euch und mich enger zusammen. Daß
euch dasselbe geschieht, was ihr seinerzeit an mir gesehen habt und jetzt über
mich hört, kann euch nur gewisser machen, daß ihr den richtigen Weg geht.
Dabei ist nicht gesagt, daß es nun genau dieselbe Art von Leiden sein muß, die
Paulus und die Philipper verbindet; vielmehr ist der *Kampf* der gleiche. Das grie- 30
chische Stichwort *agôn*, das zumal auch für sportliche, also ehrenvolle Wett-
kämpfe gebraucht wird, hat für griechische Ohren weniger den Beiklang des
„passiven" Erleidens (wie *páschein* = leiden), sondern des aktiven Sich-Einset-
zens für ein wichtiges Ziel. Ein kämpfendes Sich-Einsetzen für die Sache Christi – das mag den Philippern eher als positives Verhalten einleuchten als ein Sich-
Ducken, Hinnehmen und – eben – Leiden. Nur: auch dies ist für die Christen
aus dem Heidentum ein völlig neuer, bisher fremder, „befremdlicher" Gedanke (1. Petr 4,12). An Paulus sollen die Philipper nun ablesen, welche stärkende
Bedeutung ein solches bewußt bejahtes, also gewissermaßen aktives Leiden
haben kann; seine Nachahmer sollen sie gerade auch in dieser Hinsicht werden.

Exkurs: Leiden um Christi willen

Dem christlichen Bibelleser, der vom „Leiden um Christi willen" seit Jahrhunderten aus seinem Neuen Testament weiß (z. B. aus Lk 6,22f./Mt 5,11f.;
Mt 5,10/1. Petr 3,14ff.; 1. Petr 2,19–23; 4,14–16; Jak 1,12 und anderen Stellen)
und je und je auch Erfahrungen damit gemacht hat, ist der Gedanke nicht fremd;
auch dem Juden Paulus war er bereits aus seiner Überlieferung geläufig. Seit
der Makkabäerzeit (2. Jh. v. Chr.) war es eine prägende Erfahrung, daß es einem
rechten, sich getreu an der Thora orientierenden Juden unter bestimmten
Umständen, z. B. eben unter der Herrschaft der syrischen Seleukiden, geschehen
konnte, daß er leiden mußte, wenn er der Sache Gottes treu bleiben wollte.
Die ältere normale Auffassung, daß das Leiden eines Menschen die göttliche
Reaktion auf irgendeine, vielleicht verborgene Schuld war, wurde in solchen

Notzeiten brüchig, und fromme Juden erkannten im Leiden (um der Thora Gottes willen, nicht in jedem beliebigen Leiden!) eine unvermeidbare Bedingung ihrer Treue zu Gott, ja dann sogar eine Auszeichnung, derer sie von Gott selbst „gewürdigt" wurden, weil sie ihr Leiden – zumal in der Leidensgemeinschaft mit anderen Frommen – als ein Siegel ihrer Zugehörigkeit zu Gott verstehen konnten, das ihnen gerade auch dann, wenn dieses Leiden in den Tod führte, die Anwartschaft auf Gottes Treue gab, die sie aus dem Tode wieder zum Leben mit Ihm erwecken würde (vgl. Dan 12,2 + 13; Jes 26, 19; 2. Makk 7). So konnten die Getreuen sogar zur „Freude im Leiden" aufgefordert werden (vgl. Lk 6,23/Mt 5,12; 1. Petr 4,13).

Ganz anders war die innere Situation der Philipper in dieser Hinsicht. Für hellenistische religiöse Menschen war die Vorstellung, daß man um der Götter willen oder gar „für" sie müsse leiden können, im Grunde undenkbar. Was konnten die seligen Götter davon haben, wenn hier unten einer „für sie" leiden mußte? Natürlich sahen auch die Griechen das Leiden als ein überall anwesendes Element menschlicher Existenz, aber als eines, das das Menschsein beeinträchtigte. Dieses negative Element mußte in irgendeiner Weise menschenwürdig „bewältigt" werden. Aber eine Losung wie „Freude im Leiden" konnte man keinem Griechen zumuten. Allenfalls erbrachte das Leiden einen Zugewinn an Lebenserfahrung; „durch Leiden lernen" – das war möglich, das hatte schon Aischylos (Agamemnon 187; ähnlich endet die Äsopsche Fabel vom Hund und dem Koch) mit einem einprägsamen und deshalb weit verbreiteten Wortspiel (*páthei máthos*) formuliert, und etwa der Stoiker konnte sich am Leiden „abarbeiten" und den Zustand der *apátheia* (Abwesenheit von Leiden/Leidenschaft) lernen. Aber religiöse Erkenntnisse und Akte verbinden sich mit dem Leiden zunächst nicht. In der klassischen Tragödie kennt man das Leiden unter der Gottheit, richtiger gesagt wohl: das Leiden unter und an dem, was die Moira, das allmächtige Schicksal, verhängt hat und woran auch die Götter nichts ändern können. Wie soll sich der Mensch angesichts solchen Verhängnisses verhalten? Das ist die Frage, mit der sich die griechische Tragödie befaßt. Sie zeigt den Menschen, der sich heroisch gegen das Schicksal aufbäumt – auch wenn er weiß, daß das letztlich umsonst ist – oder der zumindest in stolzer Haltung das trägt, was ihm auferlegt ist. Damit kann er sogar Göttern einen gewissen Respekt abnötigen, aber am Verhängnis etwas ändern können auch sie letztlich nicht. Man fürchtete sich etwa auch davor, unter dem Neid oder dem Zorn der Götter leiden zu müssen, unter dem Neid, wo der Mensch durch Glück, Schönheit oder hervorragende Fähigkeit zum Konkurrenten der Götter zu werden drohte, unter ihrem Zorn da, wo sie sich vernachlässigt oder durch menschliche Hybris beleidigt fühlen konnten. Da war mit Eingriffen der zornigen Gottheit in menschliches Glück und Wohlergehen zu rechnen. Indem der Mensch nun versuchte, sich durch kultische Handlungen der Gunst der Götter zu versichern, konnte er wenigstens hoffen, unnötigem Leiden vorzubeugen. Aber dabei ging es, wie gesagt, um ein Leiden unter den Göttern, nicht für eine Gottheit. – Auch in der griechischen Philosophie geht es hinsichtlich des Leidens im Grunde nur darum, daß der Mensch sein inneres Maß angesichts des Leidens zu bewähren lernt. Bei Sokrates war die „Sophrosyne", die würde- und maßvolle Besonnenheit, die eigentliche Tugend, die es zu erlernen galt. In der Stoa dann galt als das Ideal die (schon genannte) „Apatheia", das Nicht-Bewegt-sein von Leidenschaft, zumal von Schmerzen, die dem Menschen von außerhalb seiner selbst zugefügt wurden und die ihn schon deshalb „eigentlich" gar nicht betreffen konnten. Mit solcher innerer Unabhängigkeit wahrt der Mensch seine Würde. Es geht also nicht um „Ergebung in das Schicksal, in das Unabänderliche", schon gar nicht um fromme Annahme einer verdienten oder unverdienten „Prüfung" im Leiden, sondern um das unerschütterte Aufrechtstehen trotz allen Ansturms von Bösem, aber ebenso auch von Gutem oder Glück, um die menschenwürdige, überlegene Haltung gegenüber dem Schicksal.

So war den Griechen der Gedanke, daß die Götter oder das Göttliche es nötig haben könnten, daß der Mensch für sie oder um ihretwillen Leiden zu übernehmen hätte, überhaupt nicht nachvollziehbar. Ganz fremd, ja absurd mußte es den Christen in Philippi zunächst scheinen, daß eine Botschaft, die sich die „frohe Botschaft" nannte, notwendiger-, ja gar sinnvollerweise mit Leiden verknüpft sein sollte, daß es darum gehen könnte, um Gottes willen Lebensminderung, ja gar Lebenseinbuße auf sich zu nehmen. Im Grunde geht es in dieser Frage um einen Aspekt des tiefgreifenden Konflikts zwischen dem spätantik-griechischen und dem jüdischen, biblischen Gottes-Denken, zwischen dem hellenistisch-philosophischen Monotheismus und dem jüdischen und nun auch christlichen Glauben an den Einen Gott (Y. Amir [1978]). Für die hellenistische Philosophie ist die Suche nach einem all-zusammenfassenden, all-harmonischen Weltbild charakteristisch. Der „Kosmos" (das heißt ja: Schmuck, strukturierte Ordnung, Ebenmaß) ist letztlich mit dem „Göttlichen", der „Gottheit", dem „Seienden" identisch. Dieses „Göttliche" kann schon vom Denkansatz her gar nicht in einen Unterschied, in ein – gar personal gedachtes – Gegenüber zur Welt und zum Menschen treten. Hellenistische Juden, die dieses Denken kennenlernten, fanden es attraktiv und waren nicht selten in der Versuchung, diesen philosophischen Gottesbegriff mit dem biblischen Glauben an den Einen Gott übereinzudenken (oder gar zu verwechseln). Aber selbst bei dem großen jüdischen Philosophen Philon von Alexandrien, einem Zeitgenossen des Paulus, brach schließlich doch immer wieder der Gedanke an den Einen Gott, dem gegenüber der Mensch in Verantwortung zu leben hat, durch; Er war eben doch der *Schöpfer* der sichtbaren Welt und keineswegs mit ihr letztlich identisch, und so blieb Er auch dem einzelnen Menschen das quasi-personale Gegenüber, das als (neutrisch) „Seiendes" letztlich doch nicht zu erfassen war, so nahe Philon diesem Gedanken auch kommt. Und dieser Gott war und blieb der „eifersüchtige" Gott, der keine anderen Gottheiten neben sich duldete und den Menschen, den frommen Juden ganz für sich beanspruchte. Das galt für Paulus (und das Urchristentum überhaupt) ganz eindeutig; und es war für ihn unvorstellbar, daß man sich diesem Einen Gott und seinem Sohn, Jesus Christus, unterstellte und dennoch zugleich auch kultische Kontakte zu anderen Gottheiten – und damit: zu anderen religiösen Gemeinschaften – hielt (1. Kor 10,14–22). „Götzen" waren das (*eídôla*, für Griechen ein Wort mit völlig veränderter Bedeutung), mit dem Blick Gottes gesehen „Nichtse" (vgl. Jes 44,6–10), aber für den Glaubenden doch Realitäten (1. Kor 8,4–6), mit denen nicht nur allgemein zu rechnen, sondern konkret zu kämpfen war. Und ein solcher Kampf gehörte deshalb auch zu den Aufgaben, die dem Christen mit seinem Glauben gestellt waren – dort hatte das „Leiden für Christus" seine eigentliche Ursache. Dies zu verstehen sollten die Philipper nun lernen.

(30)   Paulus hatte bei seinem ersten und bisher einzigen Aufenthalt in Philippi davon offenbar noch nicht gesprochen, vermutlich, weil es zunächst keinen Anlaß gab und weil auch ihm noch nicht klar war, wie fremd derartige Gedanken „richtigen" Heiden sein mußten. Als er und seine Mitarbeiter dann auf Ersuchen der römischen Prätoren Philippis die Stadt ziemlich schnell verlassen mußten (Apg 16,38–40), erlebten es die eben erst Christen Gewordenen zwar mit, aber Paulus konnte es ihnen nicht mehr kommentieren. Nicht viel später (von Korinth aus) erwähnt er diesen offenbar ziemlich gewaltsamen Abgang aus Philippi im Brief an die Thessalonicher (1. Thess 2,2), mit denen er über dieses Erlebnis natürlich schon gesprochen hatte („wie ihr wißt"). In Thessalonich ging es ihm nicht viel anders (Apg 17,6–10a), und auch die Christen in Thessalonich mußten schon bei und nach dem Aufenthalt des Paulus dort mancherlei auf sich nehmen, wie es in 1. Thess 1,6b; 2,2b und 2,14 anklingt. Aber den Philippern zu diesem Thema in Ruhe etwas zu sagen, gab es offenbar erst jetzt, etwa fünf Jahre später, wieder eine Gelegenheit, die Paulus nun wahrnimmt, um die geliebte Gemeinde doch auch in dieser Sache nicht im Ungewissen zu lassen. Vielleicht kann man daraus entnehmen, daß in der Anfrage der Philipper an Paulus nach seinem Ergehen im Gefängnis auch die Frage mitschwang: Wie geht es denn dem Evangelium, der „frohen Botschaft", wenn es Dir, dem Verkünder des Evangeliums, schlecht geht? So würde sich der „Einstieg" des Paulus in 1,12 sehr gut verstehen lassen. Und weiter vielleicht: Auch bei uns sieht es nicht gerade gut aus – wie sollen wir uns verhalten? Dann wäre auch das Einmünden in die Aufmunterung zur Leidensbereitschaft, bildhaft dargestellt an seiner eigenen Person (1,27–30), ganz logisch. Jedenfalls läßt sich der ganze Text von 1,12 bis 1,30 gut als ein durchgehender Gedankengang und so als eigentlicher Hauptinhalt des „Briefes aus dem Gefängnis" verstehen.

3. Weitere Ermahnungen für die Gemeinde 2,1–18

3.1. Ermahnung zur Einmütigkeit und Selbstlosigkeit 2,1–11
(Einlage: Das Lehrgedicht vom Weg des Gottessohnes 2,6–11)

1 Wenn es nun (so etwas wie) Zuspruch in Christus, (wie) freundliches Zureden aus Liebe, (wie) geistliche Gemeinschaft, (wie) Herzlichkeit und Barmherzigkeit (gibt), 2 dann macht meine Freude vollkommen (dadurch), daß ihr (alle) in gleicher Weise gesonnen seid, indem ihr die gleiche Liebe habt, indem ihr einträchtig in Richtung auf das Eine hin sinnt, 3 indem ihr nichts

aus Rechthaberei (Eigennutz) oder eitlem Geltungsbedürfnis (denkt), sondern in Demut einer den anderen so achtet wie einen, der über ihm steht, 4 (also) nicht so, daß ihr jeder nur das Eigene, sondern so, daß ihr alle (immer) auch das der Anderen im Blick habt.

5 Habt (jeder) eine solche Gesinnung in euch, wie auch Jesus Christus sie in sich (trug):

6 (Er,) der in Gottes Stand war,
nicht als einen Raub sah er an
das Gott-gleich-Sein;

7 vielmehr machte er sich selbst leer,
Sklaven-Stand annehmend,
den Menschen gleichartig werdend;

und, der Erscheinung nach sich (schon ganz) wie ein Mensch zeigend,
8 erniedrigte er sich selbst (vollends),
indem er (menschlichem Geschick) unterworfen wurde bis in den Tod hinein
– ja in den Tod am Kreuz –.

9 Darum auch hat Gott ihn in den höchsten Rang erhoben
und hat ihm verliehen den Würdenamen,
der über jeden (anderen) Namen (erhaben ist),

10 damit angesichts dieses Ehrennamens Jesu
jedes Knie sich beugen müsse
aller himmlischen und irdischen und unterirdischen (Mächte)

11 *und* (damit endlich) *jede Zunge* (aller geschaffenen Wesen) *lobpreisend*
bekenne:
„Herr ist Jesus Christus!" –
(und das alles) zur Ehre Gottes des Vaters.

Nachdem mit dem vorangehenden Abschnitt (1,27–30) ein geschlossener A Gedankengang – von der Leidenssituation des Paulus zum Leidenmüssen der Philipper – zum Ziel gekommen war, schließt sich nun ein neuer Abschnitt an, der von Anfang an die Ermahnung in den Mittelpunkt stellt. Indem Paulus mit „nun, also" an das Vorige anknüpft, will er gewiß einen sachlichen Zusammenhang herstellen. Dennoch ist 1,27–30 nicht eine Art „Auftakt" zu den folgenden Mahnungen, sondern diese Verse gingen in eine andere Richtung: sie blickten nach außen. Von Menschen außerhalb der Christusgemeinde – wohl mehr von heidnischen als von jüdischen – gingen die Aktivitäten aus, die den Christen zu schaffen machten; hier war Widerstand zu leisten, und da, wo die sozialen Möglichkeiten nicht ausreichten, um die Widersacher in die Schranken zu weisen, galt es zu leiden, also dem Druck nicht auszuweichen, sondern ihn um des Evangeliums willen auszuhalten, auch wenn es schwerfiel. Jetzt geht der Blick nach innen; Paulus spricht vom Verhalten der Gemeindeglieder untereinander. Da gelten ganz andere „Normen" und Gesichtspunkte. Wer 1,27–30 und 2,1–11 zu eng zusammennehmen will, der sehe beispielsweise, daß die entscheidende Mahnung in 2,1–11, die zur Demut, also dazu, den anderen höher zu achten als sich selbst, *innerhalb* der Gemeinde gilt, in der man miteinander in der durch Christus gegründeten Liebe umgehen soll, während die gleiche Mahnung nach außen hin keinen Platz hat. Gewiß werden beide Abschnitte durch den Blick auf die Selbsterniedrigung und das sich daraus ergebende Leiden *Jesu Christi* zusammengehalten, aber doch eben nur scheinbar, insofern als den Christen die Annahme des Leidens nicht als ein Akt der Demut gegenüber den Widersachern, sondern eher als ein Akt mutigen und getrosten Kämpfens empfohlen wird. Andererseits wird gelten dürfen, daß die Mahnungen in beiden Richtungen in derselben Situation der Philipper begründet sein können, indem für die Haltung geduldigen Widerstands nach außen die innere Solidarität der Gemeinde doppelt gefordert ist (U. B. Müller, Komm.).

B 1   In vierfachem Anlauf, in stark komprimierter Sprache, die vier gewichtige Begriffe lapidar hinstellt, ohne eigentliche Sätze zu bilden, beginnt Paulus den neuen mahnenden Abschnitt, der sich nun auf das Verhalten der Philipper untereinander richtet – soll man sagen: besonders feierlich? oder eher besonders nachdrücklich? so als ob dahinter eine gewisse Sorge stünde, es möchte bei den Philippern doch nicht alles zum Besten stehen? Aber schon im Briefeingang (1,9) hatte Paulus die bei ihnen vorhandene Liebe anerkannt und für ihre Konsolidierung gebetet. Diese Anerkennung wird ja hier auch nicht zurückgenommen, aber doch durch die viermalige offene Formulierung „Wenn es denn … gibt" als jedenfalls nicht ungefährdet dargestellt. Freilich: soll man überhaupt ein eindeutig machendes „(wenn es …) *bei euch* (gibt)" ergänzen? Oder soll man V. 1 in der Weise verstehen, daß Paulus seine Leser bittet, alle diese Eigenschaften als *bei ihm* vorhanden anzuerkennen, also die nun folgenden Mahnungen von vornherein als solche anzunehmen, die von *Paulus* in der Liebe Christi, aus der Barmherzigkeit Christi heraus gesprochen werden? Dann wäre der Sinn fast noch drängender: „Wenn ihr mir zugesteht, daß es in Christus so etwas wie apostolischen Zuspruch, so etwas wie freundschaftlich-liebevolles Zureden … gibt", wenn ihr also bereit seid anzuerkennen, daß in Christus (d. h. unter Christen) nicht jeder sich nur um seine eigenen Angelegenheiten zu kümmern hat, sondern auch für die Belange der Anderen und der ganzen Gemeinde Sorge zu tragen hat, dann nehmt recht ernst, was ich euch sagen möchte.

2   Daß in V. 1 sozusagen die 1. Person des Singulars (also Paulus) spricht, könnte durch V. 2 unterstrichen werden, in dem das nun ausdrücklich gemacht wird. Paulus erbittet eine Auffüllung *seiner* Freude, wie ein Zuschauer, der gern mit ungeteilter Freude wahrnehmen möchte, was in seiner geliebten Gemeinde vor sich geht. In V. 2 wird nun mit drei Verbformen (z. T. Partizipien) dreifach angesprochen, worum es geht (das Adjektiv „einträchtig" sollte wohl nicht als ein viertes Glied gesondert genommen, sondern dem folgenden Partizip beigeordnet werden), und die Verse 3–4 führen das in zwei „nicht/sondern"-Doppelzeilen weiter: es geht um die innere Verfaßtheit der Gemeinschaft, um den Umgang der Christen miteinander. Das Verb *phroneîn* (oben in V. 2 Mitte und Ende mit „gesonnen sein", „sinnen auf …" übersetzt und in V. 3 mit „denken" ergänzt; vgl. dann noch V. 5 a!) ist schwer wiederzugeben, zumal wenn keine klaren Objekte dabeistehen; es umfaßt Denken, Verstehen ebenso wie Gemüt und Gefühl und Willen – alles was nach griechischer Sicht im „Zwerchfell" *(phrên)*

angesiedelt ist. Hier geht es jedenfalls nicht um die rationale Denkleistung, sondern eher um die Denkweise und Denk*richtung*, um das Gesinnt- oder Orientiertsein, woran Intellekt und „Herz" und Wille gleichermaßen beteiligt sind (aber der Imperativ „sinnt!" klänge zumindest altmodisch). Auf eines und dasselbe sollen die Gedanken aller gerichtet sein, die Liebe soll die „gleiche" sein, d. h. sie soll sich auf das Gleiche hin orientieren: auf die Gemeinschaft aller mit allen, und alle sollen einträchtig („wie ein Herz und eine Seele") am gleichen Strang ziehen, sich auf ihre Zusammengehörigkeit orientieren. V. 3 nennt zunächst negativ die Haltung der Selbstbehauptung (Eigennutz) und die eitle Ruhmsucht (Rechthaberei, Geltungsbedürfnis), also Verhaltensweisen, die die Herzlichkeit und Zusammengehörigkeit innerhalb einer Gemeinschaft stören, ja letztlich zerstören müssen, weil sie alle um das Ich des Einzelnen kreisen. Die beiden Begriffe sind für die Mahnungen sonst bei Paulus nicht typisch; liegt also ein besonderer Anlaß für sie bei den Philippern vor? Auch wenn wir das nicht konkreter erfassen können, wird der Bereich, in dem es „kriselt", in V. 4a nochmals sehr direkt angesprochen: jeder hat nur das im Auge, was seinem eigenen Nutzen und seiner eigenen Geltung dient. Mit der in Christus gegründeten Liebe von Brüdern und Schwestern untereinander hat das nichts zu tun. So stellt Paulus dem in Vers 3b zunächst eine Tugend gegenüber, die es als Tugend erst im christlichen Lebensbereich und Sprachgebrauch gibt: die „Demut" *(tapeinophrosýnê);* der Inhalt dieses Begriffes wird dann in V. 4b umschrieben: jeder solle „auch das des Anderen im Blick haben". Wirklich „auch"? Das Wörtchen *kaí* („und, auch") fehlt zwar in einigen alten Handschriften, ist aber in den meisten vorhanden und muß als ursprünglich gelten. Manche Ausleger finden, daß damit dem Gedanken, der doch „eigentlich" auf absolute Selbstlosigkeit gehen müsse, die Spitze abgebrochen werde. Aber es ist ja nicht so, daß der Einzelne um der Gemeinschaft willen seine Individualität aufzugeben hätte – was hätte er dann noch Eigenes „einzubringen"? Der eine „Leib" der Gemeinde besteht ja nach 1. Kor 12,4. 12ff. aus vielen „Gliedern", die je ihre eigene Funktion und Bedeutung haben; Gleichmacherei ist nicht die Absicht des Paulus. Hier ist seine Meinung wohl ganz schlicht: das Eigene und das der Anderen, jedes einzelnen Anderen soll miteinander zur Geltung kommen; erst das ergibt die Harmonie aller. Freilich – und eben dies sagt das vorangehende Substantiv „Demut" noch eigens aus – jeder soll dem Anderen eine Achtung erweisen, mit der er ihn im Gefüge der Gemeinschaft höher einordnet als sich selbst. Das ist das Gegenteil des Sich-überlegen-Dünkens, des Verhaltens eines, der meint, immer an erster Stelle stehen, immer das erste bzw. entscheidende Wort haben zu müssen.

Die Wortbildung *tapeinophrosýnê* gibt es im Griechischen außerhalb des NT und seines Einflusses nur selten und immer mit negativem Sinn (niedrige, knechtische Gesinnung, Kriecherei, auch: Kleinmut). Solche Haltung steht dem griechischen Ideal eines aufrecht gehenden, freien Bürgers, der sich von niemandem einschüchtern läßt und niemandem unterwürfig begegnet, direkt entgegen; das gilt schon für das Grundwort *tapeinós* („niedrig, gering, ohnmächtig"). Wird diesem Grundwort dann noch *-phrosýnê* („Gesinnung") hinzugefügt, verstärkt sich der unangenehme Klang noch. Und man kann sich schwer vorstellen, wie die Philipper aus diesem Wort eine Tugend sollten herauslesen können. Denn bestimmte alttestamentliche Texte darf man bei ihnen nicht als bekannt voraussetzen, insbesondere die Psalmen, in denen der Beter seine Armut, Unterlegenheit und Niedrigkeit vor Gott nicht beklagt, sondern sie geradezu ins Feld führt, um seine Aufmerksamkeit, sein Erbarmen zu wecken (Ps 9; 10; 12; 22; 25 u. a.; das von Paulus benutzte – oder gar neu geschaffene? – Wort begegnet übrigens auch in diesen alttestamentlichen Texten nicht). Deshalb muß Paulus durch den Kontext und die im Negativen wie im Positiven parallelen Sätze V. 3–4 die von ihm gemeinte Bedeutung sicherstellen: es ist wirklich gemeint, daß man den anderen wie einen Überlegenen, einen im Rang höher Stehenden ansehen soll, um der in der Liebe Christi gegründeten Gemeinschaft willen; sie läßt keine Rangunterschiede zu (vgl. 1. Kor 12,13; Gal 3,28). Für die hellenistische Welt dagegen haben die mit der sozialen Stellung eines jeden gleichsam mitgelieferten Einordnungen in die gesellschaftliche „Rangliste" besondere Wichtigkeit, schon weil viele alte, „naturgemäße" Sozialisationen der griechischen Polis verlorengegangen waren. Ein kollektives Unsicherheitsgefühl mochte sich an den vorgegebenen Rangstufen gewissermaßen in seiner Selbstachtung festhalten. Da mußte der Ruf zu einer „Selbst-Geringachtung" jedenfalls fremd, fast beleidigend klingen. Aber in der christlichen Tradition wurde er schon sehr bald ein selbstverständliches Tugendwort (1. Klemensbrief mit etwa 20 Belegen) – was freilich nicht besagt, daß gerade dieses christliche Tugendwort in der abendländischen Gesellschaft wirklich seinen Platz gefunden hätte. Nach wie vor gilt ja „Demut" als eine lächerliche Haltung, die einem, der es zu nichts weiter bringt, wohl anstehen mag, aber für einen „selbstbewußten" Menschen nicht in Frage kommt (es soll aber nicht verschwiegen werden, daß auch eine auf Äußerlichkeiten orientierte, nur scheinbar „christliche" Tradition an dieser Verächtlichkeit des Begriffs mitgewirkt hat). Christliche Demut meint gewiß nicht ein kriecherisches Gehabe, mit dem man anderen nach dem Munde redet, sondern das Wissen um die eigene Begrenztheit, um das Angewiesensein auf den bzw. die anderen als Mit-Wirkende, als Partner, als Menschen, die Jesus Christus uns lieben lehrt. Eine künstlich „in Szene gesetzte" Demut ist ebensowenig Demut wie eine von oben verordnete Untertanenmentalität; sie ergibt sich vielmehr aus einer ungefärbten Selbsteinschätzung, aus der Freiheit, sich und seine Rolle in der Welt ohne Selbstüberschätzung wahrzunehmen, eine Haltung, die dem anderen ebenso viel zutraut wie sich selbst und ihn darin fördert – eine für eine enge Gemeinschaft unentbehrliche Verhaltensweise, wie Paulus sie im Bild von den gleichrangigen und gleichwertigen Gliedern an *einem* Leibe, am „Christus-Leib" (1. Kor 12,1–27) vorgezeichnet hat. M. a. W.: Demut ist nicht ein „Tun als ob" (man anderen gegenüber einen geringeren Wert hätte), sondern die Ernstnahme des Befundes, *daß* man – wie jeder Mensch – auf Mitmenschen angewiesen ist und – zuerst und zuletzt – auf Gott. In Phil 2 geschieht die christologische Begründung durch den sogleich folgenden Verweis auf Jesus den „Herrn", der sich selbst bis in menschliches Todesschicksal hinein erniedrigte.

(1–4) Nochmals zum Ganzen von V. 1–4: Wo liegt der Anlaß für die so warm und nachdrücklich, aber zugleich so ernst ausgesprochenen Mahnungen des Paulus? Bei den Christen in Philippi? Blickt man von 2,4 auf 2,21 voraus, wo Paulus die Eigensucht unter seinen Mitchristen in Ephesus beklagt, oder von 2,3 zurück nach 1,17, wo er die gleiche „Rechthaberei" (oder „Geltungsbedürfnis") ebenfalls in seiner christlichen Umgebung am Haftort tadelt, so könnte man auch denken: Paulus will mit der so eindringlichen Mahnung die Philipper, sein Idealbild einer jungen Christusgemeinde, davor bewahren, so weit „abzusinken", wie er es bei den Mitchristen an seinem Ort wahrnehmen muß. Man müßte also gewissermaßen mithören: „Noch hoffe ich sehr, daß es dies alles bei euch nicht gibt – aber ich weiß leider, wovon ich rede!" Wenn ihr für künftige Anfechtungen einigermaßen gewappnet sein wollt, dann ist innergemeindliche Offenheit, gegenseitiges Vertrauen-Können und Zurückstellen privater Ziele eine Elementarbedingung dafür. Wer da noch sein persönliches „Vorankommen" in der Gesellschaft in den Vordergrund rückt, unterminiert die Widerstandskraft der ganzen Gemeinde.

V. 1–4 bildeten eine einzige, wenn auch schwer genau zu durchschauende 5 Satzkonstruktion. Nun leitet Paulus mit V. 5 über zu dem Zitat, das er im Sinne hat, leider wiederum mit einem nicht exakt durchkonstruierten Satz. Die erste Hälfte ist relativ klar; sie knüpft an das Vorherige an und führt weiter: „Ein jeder trage eine solche (wie zuvor beschriebene) Gesinnung in sich …". Freilich kann hier „jeder in sich" (da es von Paulus pluralisch ausgedrückt ist) auch verstanden werden als „ihr innerhalb eurer Gemeinschaft". Das Wort, das hier mit „Gesinnung" übersetzt wurde, ist dasselbe *(phroneîn)* wie das, welches zuvor in V. 2 für „denken, gesonnen sein" steht (s. dazu oben); die Anknüpfung ist also deutlich genug. Der zweite Halbsatz bereitet die größeren Schwierigkeiten.

Luther gab den ganzen Vers so wieder: „Ein jeglicher sei gesinnt, wie Jesus Christus auch war: …". Das galt als unzureichend, nachdem man die Wendung „in Christus" mehr und mehr zu einer angeblich „mystischen" Formel vom „In-Christus-Sein" hochstilisiert hatte und sich zugleich scheute, den vom Himmel kommenden Gottessohn als Träger und nachahmbares Vorbild einer menschlichen Tugend wie „Demut" zu definieren. Zumal das letztere Bedenken hat sein Recht; darin ist die ganze Schwierigkeit begründet, das folgende Zitat (V. 6–11) als christologische Begründung der Demutsforderung in V. 2–4 zu verstehen. Aber das Problem wird nicht geringer, wenn man für V. 5 etwa vorschlägt: „hegt die Gesinnung untereinander, die ihr (!) auch in Christus Jesus (hegen müßt)" (W. Bauer, WB), oder: „Darauf seid untereinander gesinnt, worauf man (!) in Christus Jesus zu sinnen hat" (U. B. Müller [Komm.]; das „auch" ist bei ihm übergangen). „In Christus" ist hier als Bezeichnung eines „Raumes", letztlich: der Christus-Gemeinde, gedacht. Aber dabei werden Voraussetzung und Konsequenz vertauscht oder miteinander vermengt; beide Halbsätze werden eigentlich zur Tautologie. Denn das Gemeinde-Sein in Christus ist ja schon die Voraussetzung des in V. 2–4 Gesagten, und nicht kann man vom „Gemeinde-Sein" erst begründend auf das „In-Christus-Sein" verweisen, als sei das nun noch etwas Neues oder eine höhere Stufe des schon Gegebenen. Nicht viel anderes ergibt sich, wenn man – etwa mit G. Bornkamm ([1969/70], 208) – übersetzt: „ ,Auf das richtet euer Sinnen, was in Christus Jesus gilt' …, d. h. in ihm als Wirklichkeit uns umfängt"; sollte nicht mehr gesagt werden als dieser Hinweis auf die unser Leben neu begründende Christus-Wirklichkeit, dann wäre ein Motiv für die Zitierung des folgenden Textes in unserem Zusammenhang gar nicht mehr gegeben. Es sehen aber wohl alle Ausleger die Brücke zwischen Kontext (V. 1–4) und zitiertem Text (V. 6–11) speziell in dem Niedrigkeits-Motiv (V. 3: „Demut" = Niedrigkeits-Sinnen, und V. 8: das Sich-Selbst-Erniedrigen Jesu). M. a. W.: der Gedanke an eine Vorbild-Funktion des im Zitat dargestellten Christusweges ist gar nicht fernzuhalten, auch wenn dabei Unvergleichliches in Analogie gesetzt wird. So wird man doch in V. 5b lieber nicht die Vorbedingung für die Mahnung V. 5a sehen, sondern die Analogie dazu – m. a. W.: auch in V. 5b ist Christus als das handelnde Subjekt des (nicht noch einmal ausgesprochenen) „Sinnens" zu sehen, auch wenn das nicht an einer Verbform (die ja nicht vorhanden ist), sondern nur an der Wendung mit „in" zu erkennen ist: „So seid jeder bei (in) sich selbst so gesinnt, wie auch Jesus Christus bei (in) sich selbst (gesinnt war)" (vgl. etwa R. Deichgräber [1967], 190–193). Das Problem freilich bleibt bestehen, daß die Demutsforderung von V. 3 zu der in V. 8 beschriebenen Haltung Christi, die sich willig auf den Status der Niedrigkeit einläßt, nicht völlig analog ist.

Mit Vers 5 hat Paulus jedenfalls die Leser auf den nun folgenden Text V. 6–11 vorbereitet; eine „Einlage" ist dieser insofern, als die Verse den gedanklichen Zusammenhang der Mahnungen in 2,1–18 unterbrechen und eine längere christologische Ausführung einbringen, von der schon gesagt wurde, daß sie auf eben diesen Zusammenhang, vor allem auf V. 2–4, Bezug nimmt, aber die Mahnungen zunächst nicht weiterführt. Bisher hatten wir im Blick auf V. 6–11 bewußt nur allgemein von einem „Text" gesprochen, um nicht schon im voraus eine der formalen Kategorien zu verwenden, die jetzt erst diskutiert werden können.

Exkurs: Das Lehrgedicht vom Weg des Gottessohnes (Phil 2,6–11)

1. Welche „*Form*" hat der Text? Auf Grund der bahnbrechenden Arbeit von Ernst Lohmeyer über Phil 2,5–11 mit dem Titel „Kyrios Jesus" [1927/28] spricht man in der Forschung der letzten Jahrzehnte allgemein von einem „Hymnus" (mit oder ohne Anführungszeichen, d.h. mehr oder weniger mit dem Bewußtsein, daß es sich hierbei nur um eine Annäherungs-Bezeichnung, nicht um eine genau geprüfte Kategorie handelt). Dabei hatte Lohmeyer selbst von einem „Stück urchristlicher Psalmdichtung" bzw. einfach von einem Psalm gesprochen oder von einem „carmen Christi in strengem Sinne" ([1927/28], 7). Die Bezeichnung als „Hymnus" setzte sich später (in den 50er und 60er Jahren) durch, als man hoffte, im NT möglichst viele geprägte Textstücke als liturgische Texte aus dem urchristlichen Gottesdienst identifizieren zu können. Neuerdings ist man jedoch – da es sich ja um einen zunächst für griechische poetische Texte verwendeten Ausdruck handelt – mit der Anwendung auf Phil 2,6–11 wieder zurückhaltender geworden; man hat gezeigt, daß die Anwendung dieses Begriffs auf einen urchristlichen Text, der nicht griechischen metrischen Gesetzen folgt, zumindest irreführend ist (G. Kennel [1995] u.a.). Tatsächlich hatte auch Lohmeyer, als er von einem „Psalm" sprach, sich mehr an den Formgesetzen der at.lichen Psalmen orientiert, wobei freilich der von ihm angenommene Aufbau in sechs Strophen zu je drei Zeilen störte, weil in der hebräischen Dichtung ja eher der zweizeilige Parallelismus membrorum vorherrscht. Vorsichtiger hatte dann K. Wengst ([1972]) von einem „Lied" gesprochen, genauer: von einem „Weglied", wobei nun auch der Inhalt des Textes auf die Bezeichnung durchschlägt. Aber trifft die Benennung als „Lied" zu? (Auch Wengst denkt dabei an den Gottesdienst als den Platz eines solchen Liedes.) Nach K. Berger ([1984], 1173ff.) wäre der Text der griechischen Gattung „Enkomion auf Personen" zuzuordnen, also den Lobliedern auf Menschen (im Unterschied zur Gattung der „Hymnen", die an Götter gerichtet seien bzw. ihr Lob zum Inhalt hätten – man sieht, daß hier schon eine wichtige theologische Vorentscheidung für die Interpretation des Stückes vorweggenommen ist); R. Brucker ([1997], 319f., 330f.) bevorzugt Epainos („Lob") statt Enkomion. Brucker geht mit der Anlegung griechischer literarischer Maßstäbe noch weiter und meint, vom Vorliegen eines bloßen „Stilwechsels" zwischen 2,1–4 und 6–11, vermittelt durch 2,5, sprechen zu sollen und 2,6–11 als „epideiktische Passage" bezeichnen zu können, vom Inhalt her als „Christuslob" benannt, aber ausdrücklich von jeder „poetischen" Gestalt abgehoben; lediglich „Prosa in gehobenem Stil" wird noch zugestanden (Brucker [1997], 318–322; dies und die Anwendung der Kategorie „Stilwechsel" soll zugleich im voraus klären, daß

der Verfasser des Textes der gleiche bleibt, also Paulus). Bei solchen Vorschlägen werden im Grunde Möglichkeiten mit festen Ergebnissen verwechselt, zumal wenn schon die Voraussetzung lautet, Paulus sei einer bestimmten Gestalt griechischer Rhetorik oder einem angeblich festen Briefschema „verpflichtet" (so z.B. Brucker [1997] 298). All das hängt aber wesentlich an dem herangezogenen Vergleichsmaterial, hier also: der klassischen und nachklassischen griechischen (sowie – zur Rhetorik – auch lateinischen) Literatur. Ob das für Paulus der angemessene „Kontext" ist, muß man jedoch fragen. M. E. sollte man also den Gattungsbegriff „Hymnus" wohl beiseitelassen, aber nicht verkennen, daß es sich um einen poetisch geformten, in Strophen und Zeilen gliederbaren Text handelt, für den man „Lied" oder „Psalm" sagen mag (besonders für „Psalm" spricht, daß der Ausdruck auf den hebräisch-aramäischen Kontext verweist). Denkt man weniger an den Gottesdienst als „Ort" solcher Dichtung, dann könnte man auch von einem „Lehrgedicht" sprechen, wie oben geschehen. Zur Bezeichnung „Lied (Gedicht) vom Weg des Gottessohnes" ist noch anzumerken, daß dabei nicht an eine Nacherzählung des „Weges" Jesu (von der Geburt bis ans Kreuz und dann aufwärts) gedacht ist, an eine „narrative Christologie" sozusagen, sondern an eine „Verschmelzung" des ganzen Christusgeschehens in ein Bild mit zwei Schwerpunkten, dem Abwärts- und dem Aufwärtsgang; die erzählende Beschreibung einzelner „Streckenabschnitte" ist damit nicht gemeint.

2. In welcher Weise dieses Gedicht *gegliedert* ist, kann hier nicht in Auseinandersetzung mit der großen Zahl anderer Vorschläge erörtert werden. Wohl allgemein zugestanden ist, daß mit der „Wende" von der Abwärts- zur Aufwärts-Bewegung (zwischen V.6–8 und 9–11) auch ein Gliederungseinschnitt verbunden ist, zumal auch das agierende Subjekt (V.6–8: Christus; V.9–11: Gott) wechselt. Im übrigen hat sich mir nach manchen anderen Versuchen die ursprünglich von Lohmeyer vorgeschlagene Gliederung jeder der beiden Hälften in drei mal drei Zeilen (vgl. die Übersetzung) als die angemessenste erwiesen (in der Nestle-Alandschen Textausgabe ist sie bei V.7+8 leider nicht konsequent durchgeführt), zumal nur auf diese Weise jede der dreizeiligen „Strophen" eine (und – bis auf V.9 – nur eine) finite Verbform als Prädikat enthält (so schon Lohmeyer [1927/28], 6).

3. Es wurde schon deutlich, daß die formalen Fragen sogleich auch zur Frage nach der *Verfasserschaft* des Liedes weiterführen. Frühere Zeiten gingen ganz selbstverständlich davon aus, daß Paulus diesen Text verfaßt habe. Mit der Arbeit Lohmeyers war aber zugleich die These verbunden, daß Paulus das Lied als ganzes, als geformten Text schon vorgefunden habe. So sprach man seither meist von einem vorpaulinischen, oder genauer: nebenpaulinischen, Text. Diese These muß natürlich, und zwar mit inhaltlichen, nicht nur mit formalen Argumenten, genauer begründet werden, auch wenn sich zeigte, daß schon die neue Erörterung der formalen Kategorien mit Blick auf die Verfasserfrage geschah. Denn natürlich ist es wahrscheinlicher, daß Paulus den Text selbst verfaßt hat, wenn gezeigt werden kann, daß eigentlich gar kein „Zitat" in den Text hineingestellt wurde, sondern nur ein (noch dazu stilgemäßer!) „Stilbruch" zwischen

2,1–4 und 2,6–11 vorliegt. Doch bleibt der genau durchdachte Aufbau der „Lied"-Strophen V.6–11 gegenüber dem etwas mühsamen Ringen mit der Satzbildung in den Versen 1–5 auffällig. Es wäre dann schon eher denkbar, daß es sich um ein Selbst-Zitat handelte, also darum, daß Paulus das Lied bei anderer Gelegenheit selbst verfaßt hat und es nun wiederholt. Aber kann man aus Analysen griechischer literarischer Briefe oder aus Angaben hellenistisch-spätrömischer Briefsteller wirklich „Regeln" entwickeln, an die Paulus sich gebunden haben sollte, wenn er an seine Gemeinden Briefe schreibt, mit denen er alles andere als literarische Interessen verfolgt? Doch nun zum Lied selbst.

Der entscheidende Einwand dagegen, daß Paulus selbst das Lied verfaßt hat, ist m. E. der, daß Paulus nirgends sonst ein Interesse an einem isolierten christologischen „Gesamtbild" zeigt, ohne dabei sofort auf die Heilsbedeutung der christologischen Aussagen „für uns" zu sprechen zu kommen. Als verwandt könnte man allenfalls Röm 1,3–4 nennen; aber auch dort liegt ein nicht von Paulus geformter christologischer Text zugrunde: „er wurde (entstand) aus der Nachkommenschaft Davids, seinem (irdischen) Fleisch nach, und wurde, dem Geiste der Heiligkeit nach, bestimmt zum Sohne Gottes … auf Grund der Auferstehung von den Toten". Hier macht Paulus seine abweichende christologische Sicht schon bei der Einführung des Zitats sichtbar (nach Paulus ist Jesus auch irdisch schon der „Sohn Gottes", V.3a) und fährt sogleich (V.5) mit Aussagen über die Heilsbedeutung des Christusgeschehens fort. Zu Phil 2,6–11 kann man (abgesehen von den Bezügen auf das Jesaja-Buch) zu allen entscheidenden Aussagen, zumal der ersten Hälfte, sonst keine Parallelen bei Paulus nennen, bis auf die mit V.7a verwandte Aussage in 2.Kor 8,9: Jesus Christus wurde „um euretwillen arm, obschon er reich war, damit ihr durch seine Armut reich würdet". Das Kapitel 2.Kor 8 ist kaum jünger als der Phil; ich nehme an, daß Paulus das in Phil 2 zitierte Lied noch im Kopf hat (wieso denn auch nicht?), es aber hier nach seiner eigenen Ausdrucksweise umformuliert und an den jetzigen Zweck (Kollekten-Bitte!) angepaßt hat (die tragenden Vokabeln stimmen mit Phil 2 nicht überein, und die christologische Grundaussage vom „Sich-arm-Machen" ist sonst in 2.Kor 8 nicht weiter vorbereitet). Deutlich ist aber, daß er das „Zitat" in 2.Kor 8,9 sogleich mit Heilsaussagen für die Leser verbunden hat. Eben dies geschieht aber innerhalb von Phil 2,6–11 nicht, und das Vokabular des Liedes, zumal der ersten Hälfte, ist Paulus fremd. Nur an einer Stelle schlägt seine christologische Sicht deutlich durch: in V.8c („ja in den Tod am Kreuz"). Aber hier liegt, wie schon Lohmeyer zeigte, wahrscheinlich eine auf Paulus zurückgehende Einfügung vor. Daß es sich beim Tode Jesu speziell um den „Tod am Kreuz" handelt, ist für die Gedankenführung des Liedes selbst nicht bedeutsam – man kann also kaum sagen, auf diesen Gedanken ziele die erste Hälfte des Liedes. Schon gar nicht sind die drei (griechischen) Wörter eine Art Angelpunkt des Liedes, der die Wende markieren und so beide Hälften verbinden sollte; die Wörter bereiten die zweite Hälfte nicht mehr und nicht weniger vor als V.8a/b. Und schließlich passen die Wörter auch stilistisch nicht zu den Versen davor und danach, sondern machen den Eindruck einer nachträglichen Erläuterung (die im Griechischen häufige Partikel de, mit der Satzglieder aneinandergereiht werden, kommt im umgebenden „poetischen" Text nicht vor). Aber für Paulus ist die Nennung des Kreuzes als Signum tiefster Tiefe der Erniedrigung Christi (im Lied selbst nimmt V.7c/8a/b genau diese Funktion schon einmal wahr) von solchem Gewicht, daß er sie selbst innerhalb eines Zitats nicht übergehen mochte. Es fehlt auch das Motiv der „Auferweckung" Jesu, einer ebenfalls für Paulus wesentlichen christologischen Aussage, die er hier aber unerwähnt lassen konnte, da es ihm bei dem Zitat um die Niedrigkeitsaussagen ging; doch wenn Paulus das Lied selbst formuliert hätte, hätte er gewiß auch von der Auferweckung Jesu gesprochen.

Wir gehen also davon aus, daß Paulus das Gedicht von anderen Christen übernommen hat. Als Quelle für ihn kommt die antiochenische Gemeinde in Betracht, in der Paulus ja längere Zeit gelebt hat; doch ist auch denkbar, daß er es in Ephesus von einem jüdisch-hellenistischen Christen (wie etwa Apollos aus Alexandrien) kennengelernt hat. Denn aus solchen Kreisen muß das Lied stammen, da es Elemente hellenistischer Popularphilosophie und die Kenntnis des AT in der Gestalt der Septuaginta voraussetzt. Schon aus diesem Grund kommen übrigens die Christen aus der wohl weitgehend heidnisch geprägten Gemeinde in Philippi, denen man jüngst das Lied hat zuschreiben wollen (W. Schenk [1984], 185; Reumann [1993], als Autoren kaum in Frage. Woher auch immer, Paulus hat sich das Lied „angeeignet", weil es ihm wertvoll zu sein schien. Daß man auch ein nicht selbstgedichtetes Lied sehr schätzen kann, weiß jeder Benutzer eines Kirchengesangbuches; aber es bleibt natürlich noch zu fragen, warum Paulus es gerade im Phil so ausführlich zitiert (s. später).

Wie das Gedicht begann, wissen wir nicht; Paulus knüpft es mit Hilfe eines (6–11) Relativpronomens in seinen Brieftext ein. Vielleicht stand nur der Name „Jesus Christus" darüber – oder der Titel „Gottessohn", der hier nicht genannt wird, aber durch die Schlußzeile (V.11c) „zur Ehre Gottes des Vaters" nahegelegt wird (vgl. ferner die Gottessohn-Christologie des Hebräerbriefs, der möglicherweise das gleiche Gedicht gekannt hat; vgl. Hofius [1976], 75–102); „Menschensohn" (was gelegentlich vorgeschlagen wurde) kommt nach V. 6 nicht in Frage, und auf den Kyrios-Titel zielt das Lied erst (V.11). Denn es ist eigentlich das Gedicht von einer „paradoxen Karriere": der Weg der Selbst-Entleerung geht ganz nach unten; aber das Ziel ist der Titel des Herrschers über alle Herrschaften in dieser Welt. Nun wird diese „Karriere" aber nicht in ihren einzelnen Schritten erzählend beschrieben, sondern zusammenfassend gekennzeichnet. Die ersten drei Zeilen (V. 6a–c) zeigen die Ausgangsposition. Der Ungenannte 6 befand sich im „Stand" Gottes. Dabei meint „Stand" („Status"; das griechische Wort *morphê* bedeutet zunächst „Gestalt") nicht ein „Als-ob", eine nur scheinbare oder auswechselbare „Einkleidung", sondern das zu einem bestimmten Status (oder „Rang") unablösbar gehörende Erscheinungsbild (vgl. W. Pöhlmann, EWNT II, 1089–1091), während das deutsche Wort „Gestalt" zu sehr an das (äußere) Aussehen einer Person (und seine Verwandlung) denken ließe, worum es hier aber nicht geht. „Er" besaß also diesen Status wirklich, aber „sah ihn nicht als einen Raub an". Auch über diese Zeile bzw. das griechische Wort *harpagmós* („Raub"; es kann aber auch „Entrückung" bedeuten) ist viel 7a–c gerätselt worden; am wahrscheinlichsten ist doch der Sinn: „Er" sah seinen Status – eben das Gott-gleich-Sein – nicht als Besitz an, an den man sich mit aller Macht klammern müßte wie an etwas mühsam „Geraubtes", sondern

7 a–c (V. 7a) gab ihn freiwillig preis (er „entleerte" sich seiner, heißt es wörtlich), was zugleich bedeutete, daß er nun – im Unterschied zum „Gottes-Status" – „Sklaven-Status" bekleidete, also einen Status der untersten Rangstufe, nämlich – so fügt nun V. 7c hinzu – den Menschen-Status. Das heißt, „Er" existierte nun in genauer Entsprechung zu (allen) Menschen, wie einer von ihnen und von ihnen nicht mehr zu unterscheiden (obwohl man in dem Wort *homoíôma* einen letzten Vorbehalt ausgedrückt sehen kann, so wie in dem *hôs* der nächsten Zeile). Daß hier Sklaven-Status mit Menschen-Status gleichgesetzt wird, will besagen, daß nicht an die soziale Situation eines Sklaven (innerhalb der „bürgerlichen" Gesellschaft) gedacht ist, sondern daß „das Menschsein" hier überhaupt als Sklave-Sein verstanden wird: als ein Versklavt-Sein unter die Macht des „Schicksals", griechisch gesprochen: der „Heimarmene".

7 d–8 Die nächsten drei Zeilen (V. 7 d/8 a/b) radikalisieren die Aussage und machen sie damit eindeutig. Da er nun schon „Mensch" war, ließ er nichts aus, was zu diesem Status gehört; er machte sich so „niedrig", wie eben alle Menschen-Sklaven sind: er wurde wie sie ein dem Tode Unterworfener. Seine freiwillige Erniedrigung läßt nichts aus, was zum Menschsein gehört; tiefer geht es nicht. (Paulus meint freilich, es fehle noch eine wesentliche Aussage in dieser Richtung, und fügt den Hinweis auf den Kreuzestod, den spezifischen Sklaventod, hinzu; vgl. oben.) Das Wort für „untertan/unterworfen" in V. 8 b könnte auch mit „gehorsam" übersetzt werden. Aber hier geht es jedenfalls nicht um einen Gehorsam gegenüber Gott dem Vater – von diesem ist ja in der ersten Hälfte des Liedes gar nicht die Rede; und die häufig zu hörende Auslegung des Gedichts als „Lied vom vollendeten Gehorsam des Sohnes" (im Sinne des Luther'schen „Der Sohn dem Vater gehorsam ward …"; EG 341 V. 6) trifft hier wohl nicht die Eigenaussage des Liedes (so wenig sie ansonsten „falsch" im Sinne von: theologisch irreführend ist); daß der „Gott-Gleiche" in Gottes Auftrag und in Ausführung seines (etwa längst in „den Schriften" niedergelegten) Willens handelt, wird durch nichts angedeutet – deshalb wurde hier mehrmals von seinem „frei-willigen" Tun gesprochen.

9 Nun aber (V. 9) ergreift Gott die Initiative: er hat „Ihn" über alles Maß und jeden Vergleich hinaus erhöht, „Ihm" eine Würdenstellung zugewiesen, die weit über jede andere hinausreicht. Das griechische Wort *ónoma* (allgemein eigentlich „Name", aber mit vielen speziellen Bedeutungen, wie z.B. „Begriff", „Titel", „Person") wurde oben mit „Würde-" bzw. „Ehrenname" wiedergegeben; denn nicht der „Name" Jesus (Christus), der jetzt tatsächlich auch ins Spiel kommt (V. 10), ist Gottes „Geschenk" an ihn (was in V. 9b mit „verliehen" übersetzt

10 wurde, bedeutet zunächst „geschenkt"), sondern es ist der Rang und der Titel des „Herrn" und die dazugehörige kosmische Machtstellung, in allen drei „Etagen" des Weltalls (V. 10c), in denen die „Himmlischen" (Engel? oder kosmische Zwischenmächte, bei Paulus mit verschiedenen Namen benannt; vgl. Röm 8,38 f.; 1. Kor 8,5; 10,20), die „Irdischen" (hier wohl nicht die Menschen, sondern

die ihnen gefährlichen, sie „versklavenden" Mächte) und die „Unterirdischen" (die lebenverschlingenden Mächte wie Tod und Hölle) wohnen und ihr Regiment ausüben. Nun müssen sie (sozusagen zähneknirschend) die Ober-Macht des „Herrn" Christus durch ihren Kniefall anerkennen. Noch sind sie selbst nicht „erledigt"; aber ihr Zugriff auf die Menschen ist nicht mehr allgewaltig und unentrinnbar (zu allem vgl. Röm 8,35–39). Schließlich aber (die letzten drei **11** Zeilen, V. 11, sind wohl eschatologisch-futurisch zu deuten) werden alle Zungen aller lebenden Wesen, die in die Gottesherrschaft eingehen dürfen (Menschen und auch „erlöste" Mächte?), im freudigen Bekenntnis das Lob des „Herren" Jesus Christus singen, und die Ehre und Herrlichkeit Gottes wird durch nichts mehr beeinträchtigt sein.

Es ist zu beachten, daß alle soteriologischen, vom „Heil" für Menschen spre- **(6–11)** chenden Aussagen, die in der Auslegung eben schon anklangen, im Gedicht selbst fehlen. Es ist sozusagen „reine" Christologie, wie sie sich sehr gut im Gottesdienst der Gemeinde äußern, aber vielleicht auch dafür gedacht sein könnte, daß die schlechterdings überlegene Position des von der Christusgemeinde angebeteten „Herrn" gegenüber allen konkurrierenden Gottheiten und dämonischen Mächten der hellenistischen Welt proklamatorisch zum Ausdruck gebracht werden sollte. Daß dieser Herr Jesus Christus mit seiner „paradoxen Karriere", mit der er alle diese Mächte gewissermaßen „unterläuft", zugleich der Heilsbringer für die Menschen ist, meint natürlich auch das Gedicht; aber das steht hier nicht im Blickpunkt der Aussagen (wie gesagt: im Unterschied zu christologischen Aussagen sonst bei Paulus). Natürlich setzt das Gedicht solche Heilsaussagen von Jesus Christus voraus – sonst hätte das Ziel im frohen Bekenntnis zu ihm (V. 11 a) ja keinen Sinn!

Die *Christologie unseres Lehrgedichts* stellt sich also so dar, daß der in der ersten Hälfte noch nicht mit Namen Genannte, mit göttlichem Wesen Ausgestattete aus eigenem Antrieb den Himmel verließ und sich in das Menschenlos auf Erden, das letztlich das Todeslos ist, einfügte, es sozusagen „von innen heraus" selbst erlebte und bis in die letzte Tiefe durchhielt. Aber dies geschah dennoch nicht „von ungefähr", sondern entsprach dem Willen Gottes, der nun den in den Tod gegangenen Jesus zum Himmel, zu sich geholt (oder mit Psalm 110,1 gesagt: „zu Gottes rechter Seite gesetzt", vgl. Röm 8,34; Hebr 1,3. 13) und ihm damit die oberste Regentschaft über alle kosmischen „Mächte und Gewalten" übertragen, ihn als seinen Stellvertreter eingesetzt hat. Nun sind es nicht mehr diese die Menschen versklavenden Mächte, die auf Erden und im Himmel das letzte Wort haben, sondern Er, der von Gott erhöhte „Herr" *(kyrios).* – Die Vorstellung von einer Auferweckung (nach mehrtägiger Grabesruhe) wird im Zusammenhang unseres Lehrgedichts nicht erwähnt. Zu Worte kommt hier vielmehr die andere Linie urchristlicher Osterdeutung, eben die Erhöhungsvorstellung. Sie denkt an eine Erhöhung zu Gott unmittelbar aus dem Tode heraus und geht offenbar von der bereits genannten, schon sehr bald nach Ostern auf Jesus Christus gedeuteten Stelle Psalm 110,1 aus, die von der Rang-Erhöhung des „Herrn" (ursprünglich: des Königs in Juda) zur Rechten Gottes spricht; der Vorgang wäre jüdisch vorstellbar in der Weise einer „Entrückung" Jesu aus dem Tod heraus in den Himmel, ähnlich der des Henoch Gen 5,24 (vgl. Hebr 11,8) oder des Elia 2. Kön 2,1ff.; auch Mose dachte man zur Zeit des NT als „zu Gott entrückt" (Kirchenväter zitieren ein Buch „Himmelfahrt des Mose"; vgl. auch Josephus, der in Ant IV 325f. anscheinend eine solche Vorstellung abwehrt). Vgl. im NT Röm 8,34; Apg 2,32f.; 5,30f. und 1. Petr 3,22 – hier jeweils schon verbunden mit der Auferstehungsaussage; vor allem aber Hebr 1,3+13; 8,1; 10,12 und die Rede des JohEv vom Kreuzestod Jesu als „Erhöhung" 3,14; 8,28; 12,32–34. Die Schwierigkeit einer *vorstellbaren* Kombination von Auferweckungs- und Erhöhungsaussage verdeutlicht die Apg, in der an zwei um 40 Tage auseinanderliegende Vorgänge gedacht ist (Apg 1,3–9).

Auch zur Präexistenz-Vorstellung des Lehrgedichts ist ein Wort zu sagen (vgl. Walter [1988]). Es spricht ja nur indirekt von einer (himmlischen) Präexistenz des Sohnes, nämlich von der Seinsweise, die er hinter sich läßt, da er das „Sein wie Gott" verläßt und sich in die Menschheit einreiht (einige Ausleger, so schon manche altlutherischen Dogmatiker, nehmen sogar an, in Phil 2,6–8 sei eigentlich gar nicht an Präexistenz gedacht, es werde vielmehr von Anfang an vom irdischen Jesus geredet). Ein „Werk" des Präexistenten, sei es als Mittler bei der Schöpfung der Welt (s. sogleich), sei es als Wirkender zur Zeit der Väter Israels, den daher schon Abraham und Mose gekannt hätten (Joh 8,56–58; 5,46), spielt in Phil 2,6–8 jedenfalls keine Rolle. Vielmehr können wir hier vielleicht eine Spur davon erkennen, wie der Gedanke an eine Präexistenz Jesu (der ja z. B. mit der Vorstellung von der Jungfrauengeburt ursprünglich noch gar nicht verbunden ist) überhaupt erwachsen sein mag: aus der Aussage heraus, daß Jesus „vom Himmel her", „von Gott" *gesandt* wurde, ja daß er der „Sohn Gottes" in schlechthin einmaligem Sinne, Gottes irdischer „Repräsentant", war. Und dieser Gedanke ist für die Christologie ganz wesentlich: Nur als der von Gott her Kommende ist Jesus ja von der Eingebundenheit in die Adamsmenschheit und ihr Los (Röm 5,12–14) frei; nur so kann er der „Gegen-Adam", der endzeitliche Bringer der Erlösung, sein (Röm 5,15–19; 8,3f.). – Als eine wichtige gedankliche Voraussetzung für die christologische Präexistenzaussage ist die vom hellenistischen Judentum (Ägyptens?) entwickelte Vorstellung von einer Schöpfungsmittler-Wesenheit abstrakter Art (dem „Logos"/Wort oder der „Sophia"/Weisheit) zu nennen, die im jüdisch-hellenistischen Urchristentum auf Jesus gedeutet wurde, zunächst so, daß diese Wesenheit sich, vom Himmel kommend, in dem irdischen Menschen Jesus „verfleischlicht" habe („Inkarnation", so im Prolog des JohEv, Joh 1,1–18; vgl. auch Kol 1,15–20), was dann – unter Aufnahme der anderen Vorstellungslinie vom „Gesandtsein" Jesu – zum Gedanken der persönlichen himmlischen Präexistenz Jesu führte (vgl. Joh 5 und 8, s. oben), der dann nach der Auferweckung/Erhöhung/Rückkehr Jesu zu Gott eine gleichartige himmlische Postexistenz entspricht. Im Falle unseres Gedichts ist jedoch festzuhalten, daß die Position des aus dem Tode erhöhten Jesus als eine andere, höhere dargestellt wird als die des vorirdischen Gottwesens: Gott hat ihn nun zum „Herrn" über alles erhoben. – Die später in der christlichen Kirche lange und mühsam durchdachten Gedanken von der Trinität Gottes oder vom Zwei-Naturen-Wesen Christi darf man in diese Anfänge urchristlicher, über die irdisch-menschliche Ebene hinausgehender Christologie noch nicht hineinlesen; vielmehr sind die späteren trinitätstheologischen Definitionen eine Frucht des Bemühens, alle im Neuen Testament versammelten, ursprünglich nicht einheitlich entworfenen christologischen Anschauungen theologisch zusammenzudenken.

10–11   Ein wichtiges Indiz für die Heilsbedeutung dieser „Karriere" des Gottessohnes ist noch zu nennen: In der zweiten Hälfte begegnen mehrere Anspielungen auf alttestamentliche Stellen, die zwar für Heidenchristen nicht als solche erkennbar sind, aber doch zeigen, wie der Dichter des Liedes den Weg des Gottessohnes verstand: es ist nun eben doch der von Gott selbst *gewollte* Weg, der zur Heils-Erfüllung für alle Welt führt. Ausgesagt wird das auch jetzt nicht, aber wer die alttestamentlichen Anklänge im Ohr hat (und zwar in der griechischen Fassung, der LXX), kann es nicht anders verstehen als so: Gott hat es in „heiligen Schriften" so angekündigt. Die entscheidende Stelle, die keinesfalls nur zufällig anklingt, sondern wirklich „gemeint" ist, ist Jes 45,23 f. (zu V. 10–11): „Denn vor mir *wird sich jedes Knie beugen,* und *jede Zunge wird bekennen* vor Gott und sagen: Gerechtigkeit und *Herrlichkeit* werden zu ihm kommen

... Vom *Herrn (kyrios)* werden sie gerecht gemacht werden ...". (Das *kursiv* Gesetzte entspricht genau den Worten in V. 10 f.) Von da aus mag man weitergehen und zu V. 9 auch Jes 52,13 heranziehen: „Siehe, mein Knecht wird's verstehen; und er wird sehr *erhöht* und verherrlicht werden". Kombiniert man weiter, so kann man jedenfalls nicht ausschließen, daß dahinter schon die frühe urchristliche Entdeckung steht, daß der „Gottesknecht" von Jes 53, jenes im Judentum der neutestamentlichen Zeit kaum besonders beachteten Propheten-Kapitels, sich jetzt in Jesus Christus irdisch gezeigt hat als der, der „in den Tod dahingegeben wurde" und „die Sünden der Vielen trug und ihrer Sünden wegen dahingegeben wurde" (Jes 53,12; vgl. 53,4 f.). In diesem Text begegnet auch die Spannung zwischen der „Niedrigkeit", die der Gottesknecht durchzuhalten hat (Jes 53,8 LXX: „in der Erniedrigung wurde sein Gericht aufgehoben"), und der „Erhöhung", die ihm widerfährt (Jes 52,13). Dieses deuterojesajanische Kapitel, für die Urchristenheit eine besonders wichtige alttestamentliche Schriftstelle zur „Erschließung" des gewaltsamen Todes Jesu, der ihn zum „Verfluchten Gottes" zu stempeln schien (vgl. Dtn 21,23/Gal 3,13), wird man zumindest im Hintergrund unseres Liedes sehen dürfen. Dazu kommen noch Psalmenstellen, die den Frommen als „Armen, Elenden, Niedrigen" schildern und von Gott seine öffentliche Rechtfertigung und Erhöhung erwarten (Ps 9,14; 148,13; auch Hiob 5,11 u. a.; vgl. schon oben zu 2,3–4). Aber es sei noch einmal betont, daß in unserem Lied weder von einem Stellvertretungstod des „Niedrigen" ausdrücklich die Rede ist noch daß man die anderen genannten alttestamentlichen Assoziationen bei den Christen in Philippi, denen die Bibel der Juden bislang kaum bekannt gewesen sein dürfte, voraussetzen kann.

Für seine Leser stellt Paulus eine andere Brücke her, die ihnen den Sinn des Liedes aufschließen soll: es geht ja im Zusammenhang um die Mahnung zur „Niedrigkeits-Gesinnung", zur Demut. Das ist nun freilich vom Skopus unseres Liedes recht weit entfernt; denn Phil 2,7–8 will ja nicht gerade Anleitung zu einer frommen, vor Gott und Menschen rechten Lebenshaltung geben, sondern die einmalige Tat des Gottessohnes schildern, die keiner „nachahmen" kann – er sei denn auch jemand, der aus dem Status des „Gott-gleich-Seins" käme. Trotzdem versucht Paulus auf diese Weise, vom ermöglichenden Grunde unseres Christseins – eben der Selbsthingabe des Christus Jesus – eine Beziehung auf unser Verhalten in der Geschwisterschaft der Gemeinde herzustellen. Da Paulus in seinen sonstigen Briefen das Wort für „Niedrigkeits-Gesinnung" *(tapeino-phrosýnê)* nicht verwendet und da es auch in der allgemeinen Sprache seiner Zeit ungebräuchlich ist, könnte man wohl denken, er habe das (zusammengesetzte) Wort eigens für unsere Textstelle „erfunden" und ihm den neuen, ethisch positiven Sinn mitgegeben, der sich dann in der christlichen Sprache sehr schnell, schon im späteren NT, durchsetzt (Kol/Eph/Apg/1. Petr 5,5, vgl. 3,8). Und eindringlicher kann man die Mahnung zur Demut an die Philipper gewiß nicht untermauern als mit dem Vorbild – oder besser: Urbild – der Selbsterniedrigung, Jesus Christus.

3.2. Ermahnung zum Mühen um das Heil 2,12–18

12 Daher, meine Geliebten, so wie ihr immer auf (mich) gehört habt, so sollt ihr (auch jetzt) – (also) nicht nur, als ich (selbst bei euch) anwesend war, sondern noch viel mehr jetzt, da ich nicht bei euch bin – euch mit Furcht und Zittern um euer Heil mühen; 13 denn Gott selbst ist es, der in euch sowohl das Wollen wie das Vollbringen bewirkt, (weit) über (euren) guten Willen hinaus. 14 Tut alles ohne Gemurre und (langes) Hin- und Hergerede, 15 damit ihr untadelig und lauter seid, einwandfreie Kinder Gottes mitten unter verdrehten und verkehrten Zeitgenossen, unter denen ihr strahlt wie Sterne im Weltall; 16 (denn) ihr haltet ja fest am Wort des Lebens, mir zum Ruhm am Tage Christi, (nämlich zum Zeichen,) daß ich nicht umsonst gelaufen bin und umsonst mich abgemüht habe. 17 Aber selbst wenn ich wie eine Trankspende (dabei) ausgegossen werde, so freue ich mich über die Opfergabe und das Opferritual eures Glaubens und will mich mit euch allen mitfreuen; 18 gleicherweise sollt auch ihr euch freuen und euch mit mir mitfreuen.

A Paulus hatte seine Mahnung an die Philipper auf einen ihm wesentlichen Punkt konzentriert: die rechte Haltung angemessener Selbsteinschätzung, d. h. Selbst-Geringschätzung – also gewissermaßen das Gegenstück zum modernen Leitbild der „Selbstverwirklichung" – innerhalb der Gemeinde. In einem neuen Abschnitt, der mit erneuter Anrede („meine Geliebten") eingeführt wird, kommen nun wieder ganz allgemeine Mahnungen zur Bewährung des Christseins vor Gott und Menschen zur Geltung.

B 12 Ob in V. 12a in dem Wort „(wie ihr) gehorsam (geworden seid = auf mich gehört habt)" eine Anknüpfung an das Wort „gehorsam (= untertan)" aus V. 8 b (s. oben zur Stelle) vorliegt oder nicht, ist schwer zu sagen; Paulus könnte natürlich, auch wenn die oben zu V. 8 b gegebene Deutung (Christi Sich-Unterwerfen unter das Schicksal) zutrifft, mit diesem Stichwort ähnlich „spielen" wie mit dem von der „Niedrigkeit" (V. 8 a/V. 3) und so auch hier an Christus als das „Urbild" allen wahren Gottesgehorsams erinnern wollen. Aber es scheint eher so (die Ausleger sehen das verschieden), als sei jetzt vom „Gehorsam" oder „Hören auf" den Apostel *Paulus* die Rede, da V. 12 b ja eindeutig von der An- oder Abwesenheit des *Paulus* bei den Philippern spricht und erst in V. 13 der Blick auf Gott als den eigentlichen Bewirker alles Guten gelenkt wird. Vom „Gehorsam" gegenüber seinen Worten, ebenso auch gegenüber solchen seines Mitarbeiters Titus kann Paulus auch anderwärts ohne weiteres sprechen und seiner Freude darüber Ausdruck geben (vgl. 2. Kor 2,9; 7,14f. u. ö.). Jedenfalls setzt die neue Mahnung mit der Anerkennung dessen ein, daß die Philipper bisher ihre Willigkeit gegenüber den Ermahnungen des Paulus bereits bewiesen haben, und fordert sie nun auf, weiter so zu verfahren (der mit der bedingten Verneinung *mê* – statt *ou* – eingeleitete Nachsatz bereitet etwas Schwierigkeiten, da das Verb natürlich gerade nicht verneint sein soll; die Verneinung ist also nur auf den Gegensatz „nicht nur/sondern auch" zu beziehen). Dabei geht es um „das Heil", das hier anscheinend in einer Grundsätzlichkeit am eigenen Handeln der Glaubenden festgemacht wird, wie es angesichts der sonstigen paulinischen Aussagen zu der ausschließlich geschenkweise uns zukommenden Gerechtigkeit „aus Glauben" allerdings eigenartig ist. Aber es geht hier nicht um das Summieren „guter Werke", die dann zur Erlangung der Gerechtigkeit vor Gott vorgewiesen werden müßten, sondern es geht darum, daß der Glaube es sich im Leben der Glaubenden nicht bequem macht (und so vertrocknet), sondern daß er beständig die ihm gemäße Frucht („Frucht des Geistes" sagt Paulus Gal 5,22 – im Unterschied zu den „Werken des Fleisches" Gal 5,19) bringt. Es geht also jetzt um die „Tatseite des Glaubens": die Philipper sollen bereit sein, apostolische Mahnung als Gottes Weisung entgegenzunehmen und ihr im Verhalten zu entsprechen (vgl. Phlm 21). Anderenfalls kann das Heil – obwohl es den Glaubenden unverbrüchlich zugesichert worden ist – doch auch noch verloren gehen, eben wenn aus diesem Geschenk keinerlei Frucht wächst. Daher ist hier auch „Furcht und Zittern" am Platze: es geht durchaus immer noch um Tod und Leben.

Freilich gebraucht Paulus diese Wendung in anderen Briefen auch da, wo z. B. er selbst in innerer Unsicherheit zu den Korinthern kommt, ohne zu wissen, wie sie ihn aufnehmen werden (1. Kor 2,3), und er schildert ebenso das Verhalten der Korinther gegenüber Titus, als dieser nach einer Phase der Spannung zwischen Paulus und ihnen nach Korinth kommt und sie wieder ein gutes Verhältnis zu Paulus herstellen wollen (2. Kor 7,15).

So muß „Furcht und Zittern" wohl nicht die panische Angst vor dem Endgericht meinen, auch nicht die „Sündenangst" des erschreckten Gewissens; aber die Wendung macht doch den Ernst der Lage nachdrücklich klar. Der Glaubende, der sich nicht selbst überschätzt (sondern sich selbst „demütig" beurteilt), weiß, daß er noch nicht am Ziel ist. Alles andere stellt dann V. 13 **13** klar: Der Glaube lebt ganz von Gott her, und „Frucht des Geistes" im Verhalten des Glaubenden ist, so wie die Rechtfertigung, wiederum *Gottes* Geschenk, der den Willen zum Tun weckt und auch das Vollbringen des Gewollten schenkt, und zwar immer wieder auch weit über den eigenen „Horizont" des Glaubenden hinaus. Somit liegt auch die Gewißheit des endgültigen, vollen Heils weiterhin bei Gott allein. Freilich haben wir damit für das griechische Wort *eudokía* in V. 13 c eine Wiedergabe gewählt („euer guter Wille"), die nicht die allein mögliche ist. Denn das Wort könnte sich auch auf *Gottes* „Wohlgefallen" oder seinen „Gnadenratschluß" beziehen (vgl. Lk 2,14 !): Gott ist der „Bewirkende", der in euch Frucht schafft „im Interesse seines Gnadenratschlusses" (so wäre dann statt „weit über euren guten Willen hinaus" zu übersetzen), also so, wie er es mit eurer Erwählung von Anfang an gemeint hat. Das wäre wieder der Gedanke von 1,6: „Gott hat in euch das gute Werk angefangen, und so wird er es auch zu Ende bringen", und auch das gäbe guten Sinn: nicht auf seine „Leistung", aber auf Gottes Treue darf sich der Glaube verlassen, ohne daß er dabei willenlos gemacht, aus seinem eigenen Handeln sozusagen „ausgeschaltet" würde; im Gegenteil! Es gibt ja auch die *freudige* Furcht und das Zittern, das aufgeregt klopfende Herz eines, der es einem lieben Mitmenschen recht machen will und gespannt ist, ob es ihm gelingen wird. – Gott der „Bewirkende" (*energôn*): das ist eigentlich ein Schöpfungsattribut, von Paulus hier im engeren Sinne auf den Bereich des Glaubens bezogen: Gott ist Anfang, Mitte und Ende der Welt – und so auch eures Glaubens. Eure Sache ist es, Sein Werk zur Ausführung zu bringen.

14   Mit V. 14 führt Paulus das Thema „Handeln aus Glauben" fort. Das Wort für „Murren" wird im AT vor allem in der Exoduserzählung gebraucht (Ex 15–17; Num 14–17), wo es das mangelnde Vertrauen, ja sogar die Empörung des Volkes Israel gegen Gott, die Aufkündigung des Gehorsams benennt; das steht hier wohl im Hintergrund. Und so hat wohl auch das Wort *dialogismoí* („Diskussionen", zielloses oder zweiflerisches Hin- und Herreden) diesen Nebenton des Mißtrauens, der in Wortgefechte gekleideten Auflehnung gegen Gottes Willen (den der Apostel übermittelt). Solche „Bedenklichkeit" macht wirkliches Handeln aus Glauben unmöglich, es macht „für den Dienst der Gnade

15   unbrauchbar" (E. Käsemann [1960/64], I 294). Dem stellt V. 15 als Ziel einen Zustand der (kultischen) Reinheit und Lauterkeit gegenüber, d. h. die nicht durch zweiflerisches Diskutieren gestörte Orientierung an Gott und seinem Willen, wie es dem Handeln von Kindern (Gottes) entspricht, die darauf vertrauen, daß der Vater das Recht für sie und von ihnen will. So wird das aktive Leben der Christen wie eine Opferdarbringung verstanden (so auch Röm 12,1–2). Hinter dem Folgenden steht eine Wendung aus Dtn 32,5 (vgl. auch Ps 78,8), die dort vorwurfsvoll die „Desorientierung" Israels anprangert: sie sind ein „verdrehtes" und „verwirrtes" Volk. Paulus kehrt das um: ihr Christen dürft und sollt euch an diesem Kriterium von derartigen Zeitgenossen außerhalb der Gemeinde unterscheiden (wobei Paulus hier wohl an die heidnischen Mitbewohner in Philippi denkt). Ihr dürft ein neues Gottesvolk sein, indem ihr euch als untadelige Kinder bewährt. Wie helle Sterne am kosmischen Zelt, oder gar: vor dem (dunklen) Hintergrund des Weltalls (die Übersetzung oben nach W. Bauer, WB s.v. *kósmos* 3), dürft und sollt ihr leuchten, und so soll etwas von dem, was euch das Heil gebracht hat, weiterstrahlen (man könnte mit Mt 5,14–16 fortsetzen: „so daß alle es sehen und euren Vater im Himmel preisen"), gerade auch dann, wenn ihr in eurem Glauben angefochten werdet. Ein Stück

16   „neue Menschheit" soll mitten in der alten erkennbar werden. Damit wird sich auch der Ruhm des Apostels vor dem Richtersitz Christi (2. Kor 5,10) erhöhen, insofern die Bewährung des Glaubens durch die Philipper zeigt, daß auch sein eigenes Mühen in der Christusverkündigung nicht fruchtlos geblieben ist. Daß auch Paulus durchaus gewissermaßen „mit Furcht und Zittern" auf diesen Termin des Gerichts blicken kann (jedoch ohne daß Menschen dabei etwas über ihn zu „befinden" hätten), macht 1. Kor 4,1–5 deutlich. Aber hier überwiegt bei Paulus das Wissen, daß er diesem Tage im Blick auf die Philipper froh entgegengehen kann. Bei der Wendung vom „Wort des Lebens" sollte man nicht „Evangeliumsbotschaft" und „apostolische Mahnung" gegeneinander ausspielen; bei den Philippern ist beides Mühen des Paulus nicht vergeblich gewesen. Zugleich damit ist er ihnen auch ein Vorbild dieses Zusammenhangs von Mühe und

17   Frucht. – Auch in V. 17 greift Paulus noch einmal das Bild vom Opferdienst auf: jetzt ist er es, der als Opfertrankspende bei der Opferdarbringung (sowohl im jüdischen wie im heidnischen Kult) „ausgegossen" wird wie aus der Weinschale, die dabei benutzt wird (er blickt damit auf die in 1,19–24 geschilderte

Ungewißheit des Haftausgangs zurück). Sollte auch sein irdisches Leben und Wirken jetzt beendet werden, so freut er sich (vgl. auch hierzu 1,18f.) doch jedenfalls über die geistlichen Opfergaben und die dazugehörige Opferhandlung, die die Philipper mit ihrem Verhalten vor Gott darbringen. Selbst dann, wenn auch für sie dabei das Leben auf dem Spiele stehen könnte – es ist Freude angesagt, bei Paulus und auch bei ihnen. (Die Wendung „über euer Opfer und eure Liturgie" ist jedenfalls dem „ich freue mich …" zuzuordnen; vgl. J. Gnilka [1968], z. St.) Auch hiermit entkleidet Paulus noch einmal (wie schon in 1,20–24) seinen jetzt möglicherweise bevorstehenden Tod schon im Voraus jeder Tragik und möchte, daß auch die Philipper durch sein oder auch durch ihr Leiden ihre Freude am Evangelium nicht beeinträchtigt, sondern bestätigt sehen (vgl. Mt 5,11f. und 1.Petr 4,13). 18

4. Pläne des Paulus in Bezug auf die Gemeinde in Philippi 2,19 – 3,1

4.1. Die Absicht, Timotheus zu senden, sobald die Lage geklärt ist; seine Hoffnung, selbst kommen zu können 2,19–24

19 Im Herrn Jesus hoffe ich, Timotheus recht bald zu euch schicken zu können, damit auch ich frohen Mutes sein kann, wenn ich erfahre, wie es bei euch steht. 20 Ich habe (hier) nämlich niemanden, der so (mit mir) am gleichen Strang zieht, der sich so aufrichtig um euer Ergehen Sorgen macht; 21 die (anderen) alle kümmern sich (bloß) um ihre eigenen Angelegenheiten, nicht um die Jesu Christi. 22 Aber seine (= des Timotheus) Bewährtheit kennt ihr ja; wie ein Kind seinem Vater, so hat er gemeinsam mit mir dem Evangelium seine Arbeitskraft zur Verfügung gestellt. 23 Ihn hoffe ich schicken zu können, sobald ich absehen kann, wie es mit mir selbst hier weitergeht. 24 Ich bin aber zuversichtlich im Herrn, daß ich auch selber recht bald werde kommen können.

Paulus kommt mit seinem Brief zum Abschluß; jedenfalls pflegt er auch sonst Vorhaben und Reisepläne im letzten Abschnitt seiner Briefe, vor den Schlußgrüßen, zu nennen. Wenn man annehmen will, daß auch Kap. 3–4 noch zum gleichen Brief nach Philippi gehören, müßte man mit der Hypothese arbeiten, daß der bisher geschriebene Brief an Paulus' Aufenthaltsort liegengeblieben sei und erst nach einiger Zeit, unter ganz anderen Bedingungen bzw. nach völlig andersartigen Nachrichten von Philippi, weiterdiktiert worden sei – ohne jedes überleitende Wort, als sei das bisherige Schreiben (mitsamt diesen Mitteilungen über die nächsten Pläne) gar nicht vorhanden. Es müßte also einen Kontakt mit Philippi gegeben haben, ohne daß der bisherige Brief dorthin gekommen wäre, was auch bedeuten würde, daß Epaphroditus trotz V. 25 jetzt noch gar nicht von Paulus losgeschickt worden wäre. Einfacher ist gewiß die Annahme, der Brief gehe hier wirklich seinem Ende zu und sei von Epaphroditus nach Philippi mitgenommen worden, und erst die Redaktion des Cor- A pus Paulinum habe einen ihr wesentlich scheinenden Teil aus einem anderen Brief (ohne nochmaligen Eingangsteil) hier angefügt (s. oben Einl. Abschn. 6).

B 19   Paulus denkt schon in V. 19 daran, daß er den Epaphroditus mit diesem Brief losschicken wird (V. 25 ff. – der unmittelbare Briefüberbringer wird erst im letzten Abschnitt des Briefs genannt), daß er aber seinen vertrautesten und auch mit den Philippern vom ersten (Missions-)Aufenthalt am engsten verbundenen Mitarbeiter Timotheus jetzt noch nicht schicken kann und deswegen auf neue Nachrichten aus Philippi noch verzichten muß (Epaphroditus wird ja in seiner Heimatgemeinde bleiben). Für ihn wären solche Informationen schon wichtig, damit er – nach einer Phase der Ungewißheit – wieder „aufatmen" (frohen Mutes sein) kann. Aber den Timotheus braucht er vorerst noch bei sich, vielleicht als den einzigen Getreuen, der die Kontakte zur Außenwelt zuverlässig vermittelt.

20   Timotheus war in 1,1 als Mitabsender des Briefes genannt; jetzt erfahren wir, warum: eben als der mit den Philippern besonders herzlich verbundene Mitarbeiter (während andererseits zugleich deutlich wird, daß Paulus den Brief als Diktierender allein verantwortet). Er ist „gleichgestimmt, gleichgesonnen": mit Paulus? oder soll man hier schon denken: mit den Philippern? (In der Übersetzung wurde das mit der Wendung „am gleichen Strang ziehen" offengelassen.) Jedenfalls nimmt er am Geschick der Gemeinde engsten Anteil, und die Sätze klingen so, als wäre Timotheus selbst gern als Bote losgereist und Paulus hätte es ihm erst deutlich machen müssen, daß er ihn zur Zeit noch nicht entbehren kann.

21   V. 21 spricht eine eigenartig pessimistische, geradezu bittere Sprache in Bezug auf andere Mitarbeiter, aus denen hier Timotheus so stark herausgehoben wird. Sollten alle anderen Christen in Ephesus zu der in 1,15 und 17 genannten Gruppe der Paulus nicht wohlgesonnenen „Brüder" gehören? Aber so schlimm sah es doch auch nach 1,14 gar nicht aus! Tatsächlich läßt sich V. 21 kaum zu 1,14–18 in Beziehung setzen; denn dort hatte Paulus diejenigen Christen in Ephesus, über die er so kritisch spricht, doch nicht so hart gescholten, als wären sie solche, die sich „nicht um die Sache Jesu Christi kümmern", sondern er hatte ihnen zugestanden, daß auch ihr Wirken der Christusverkündigung diene, wenn auch mit nicht ganz lauteren Motiven (1,17).

22   In V. 22 b setzte Paulus wohl dazu an, das Verhältnis des Timotheus zu *ihm* als das eines Kindes zum Vater zu beschreiben; aber dann biegt er den Satz ab zu der Aussage, sie beide stellten miteinander alle Kräfte in den Dienst ihres Herren Jesus bzw. des Evangeliums (was für Paulus gleichbedeutend ist). Genau das wissen die Philipper, sie haben es vom ersten Aufenthalt der beiden in Philip-

23   pi in guter Erinnerung. Und so verspricht Paulus, auch ihn zu senden, sobald es – angesichts seiner Umstände am Haftort – gehen wird, schon damit er selbst dann auch Neues von dort erfährt (s. V. 19 b) und die Sorgen hinsichtlich des

24   Ganges der Dinge in Philippi loswerden kann. Zum Schluß steht die Hoffnung, auch selbst bald nach Philippi kommen zu können. Hätte Paulus diesen Satz aus Cäsarea oder Rom geschrieben (s. Einleitung Abschn. 5), dann wäre er nur eine freundlich gemeinte, aber leere Floskel – denn von Rom aus wollte Paulus ja eigentlich in den Westen, nach Spanien, weiterreisen, um das Evan-

gelium auch dorthin, an das westliche Ende der „zivilisierten Welt", des römischen Imperiums, zu bringen (Röm 15,23–25. 28; ob er dann je bis dorthin gelangt ist, ist trotz 1. Clem 5,7 nicht gewiß). Ungezwungener ist jedenfalls die Erklärung, daß er sich hier noch auf seiner (sogenannten 3.) Missionsreise (Apg 18,23 – 21,17), am ehesten in Ephesus, befindet, von wo aus sein Plan lautet, über Mazedonien weiterzureisen (1. Kor 16,5). „Im Herrn" vertraut er auf eine solche günstige Entwicklung; so wie schon am Anfang des Abschnittes (V. 19) stellt er seine Vorhaben, die ja zugleich „persönlich" wie „dienstlich" sind, unter die Entscheidung seines Herrn, von dem er sich in allen seinen Plänen abhängig weiß. Noch ist über den Ausgang seiner Haft ja nicht entschieden. Und in 1,19–26 hatte er ja deutlich gemacht, daß er beide möglichen Ausgänge, Freilassung oder Todesurteil, hinnehmen könne, ohne damit aus dem Lebensbereich Jesu Christi herauszufallen.

4.2. Begründung dafür, daß Paulus jetzt zunächst den Epaphroditus als Boten sendet 2,25–30

25 **(Für jetzt) habe ich es als notwendig angesehen, den Epaphroditus, meinen Bruder und Mitarbeiter, (ja sogar) Mitstreiter und euren Abgesandten und Beauftragten angesichts meiner Bedürftigkeit, zu euch zu schicken, 26 zumal er sich nach euch allen sehnt und in Unruhe ist, weil (er weiß, daß) ihr davon gehört habt, daß er krank sei. 27 Und er war auch (wirklich sehr) krank, nur knapp am Tode vorbei. Aber Gott hat sich über ihn erbarmt – und nicht nur über ihn, sondern auch über mich, damit ich nicht zu meinem (sonstigen) Kummer noch einen weiteren dazu hätte. 28 Um so eiliger ihn zu euch zu schicken, habe ich mich (deshalb entschlossen), damit ihr ihn sehen und wieder froh werden könnt und auch ich etwas weniger Kummer haben kann. 29 So nehmt ihn also im Herrn mit aller Freude (bei euch) auf – und habt Hochachtung vor solchen Leuten, 30 denn um des Christus-Werkes willen hat er sein Leben aufs Spiel gesetzt bis an den Rand des Todes, weil er euch in eurer Abwesenheit (= die ihr nicht alle zu mir kommen konntet) bei mir vertreten hat hinsichtlich eurer Dienstleistung für mich.**

Am Schluß dieses Teiles des Phil schreibt Paulus, was unmittelbar mit der Beförderung dieses Briefes zu tun hat: er hat beschlossen, jetzt Epaphroditus zu senden. (Paulus benutzt hier den Aorist des Briefstils, bei dem das, was bei der Absendung eines Briefes geschieht, als bereits geschehen – aus der Perspektive der Lesenden! – angesehen wird; daher mußte auch in V. 26 mit dem Präsens übersetzt werden.) Mitteilungen über den Briefüberbringer, insbesondere Empfehlungen für ihn, befinden sich in Briefen (auch bei Paulus sonst) gewöhnlich am Ende des eigentlichen Brief-Korpus, vor den Schlußformeln (wie Segenswünschen); so ist anzunehmen, daß auch diese Verse einmal kurz vor dem Briefschluß standen (oder mindestens stehen sollten). A

Den Epaphroditus preist Paulus – fast so hoch wie zuvor den Timotheus (doch vgl. zu V. 20–21) – als treuen Mitstreiter und geliebten „Bruder" in Chri- B 25 stus, so daß die Philipper wissen können, daß er ihnen treulich berichten wird, so wie er sich umgekehrt schon bei seinem Kommen nach Ephesus als vertrauenswürdiger Überbringer der Gabe der Philipper bewährt hat. Das hier im griechischen Text für Epaphroditus gebrauchte Wort *apóstolos* („Gesandter") zeigt, daß es für Paulus noch nicht zum „Begriff" ausschließlich für die von Christus selbst beauftragten und „abgesandten" Verkündiger („Apostel" im uns geläufigen Sinne) geworden ist. Und daß man im Blick auf Epaphroditus an eine sozusagen halboffizielle Stellung als einen von mehreren „Gemeindegesandten" am Ort des Paulus denken soll, aus der er nun „entlassen" wird (W.-H.

26 Ollrog [1979], 61. 95 ff.), dürfte wohl übertrieben sein. Weil er inzwischen aus Philippi gehört hat, daß man sich dort wegen seiner Erkrankung um ihn Sorgen macht, ist er doppelt unruhig, so daß Paulus es für richtig hält, ihn sogleich (und Timotheus erst später, s. oben) zu senden. Daraus muß man nicht schließen, daß die Philipper sich lieber den Timotheus gewünscht hätten und daß Paulus seine Entscheidung hier „rechtfertigen" wolle (nach Timotheus mögen sie sich

28 natürlich auch erkundigt haben). Sondern im Moment ist die Heimreise des Epaphroditus dringlicher; er hat nach seiner körperlichen „Schlappe" – schlicht gesagt – Heimweh, was man ihm aber doch nicht anlasten sollte als ein „Versagen" angesichts der „Aufgabe", Paulus zur Verfügung zu stehen (so klingt es bei einigen Auslegern); es geht um „besorgte Anteilnahme am Geschick" derer, mit denen man innerlich verbunden ist (U. B. Müller [Komm.]), von denen man aber im Augenblick nichts Genaues über ihr Ergehen weiß. Welcher Art die offenbar lebensgefährliche Erkrankung des Epaphroditus gewesen ist, erfahren wir nicht; den Philippern wird er davon ja selbst erzählen. Paulus hebt aber

30 in V. 30 ausdrücklich hervor, daß es sich um eine Erkrankung im Dienste des Evangeliums handelt – hatte es mit der Überbringung der Geldgabe zu tun, die Epaphroditus in gefährlicher Weise ins Gefängnis schmuggeln wollte? Oder war er zu Paulus ins Gefängnis gesteckt worden (vgl. Phlm 23 – ob der dort genannte Epaphras mit unserem Epaphroditus identisch ist, ist unklar), und er hatte das gesundheitlich nicht „verkraftet"? Jedenfalls nennt Paulus ihn ausdrücklich nicht nur seinen Mitarbeiter, sondern sogar Mitstreiter; es wird sich also um einen aktiven und eben wohl auch gefährlichen Einsatz „um des Christus-Werkes willen" und in Erfüllung des Auftrags, den die Gemeinde ihm gegeben

27 hatte (V. 30 b), gehandelt haben. Daß er inzwischen wieder gesund ist, deutet Paulus als Zeichen des Erbarmens Gottes, nicht nur mit dem Erkrankten, sondern auch mit ihm selbst: er hatte in seiner Situation ja wohl kaum die Möglichkeit, sich selbst um ihn zu kümmern. So war ihm eine doppelte Last vom Herzen genommen. So kann er sich freuen und kann auch die Philipper zur Freude ermuntern (V. 29). Daß Paulus bei der Gelegenheit noch eine Verallgemeinerung

29 anschließt („habt Hochachtung vor solchen Leuten"), mag seinen Grund weniger darin haben, daß die Christen in Philippi dem Epaphroditus solche Achtung verweigern könnten, als darin, daß zum Briefende oftmals dem Überbringer noch ein empfehlendes Wort an die Empfänger mitgegeben wird: „Nehmt den X. Y., dem ich diesen Brief mitgebe, freundlich bei euch auf". Im Blick auf Epaphroditus war das wohl gar nicht nötig; die Philipper freuen sich ja ohnehin, wenn sie

ihn wieder bei sich haben, und er kommt ja auch gar nicht als Gast. Paulus mag vielmehr jetzt auch an andere Kontaktleute denken, auch etwa aus anderen Gemeinden (vgl. z. B. 2. Joh 10; Did 11,1 – 12,5, in der Didaché, am Anfang des 2. Jh., ein wichtiges Thema). Somit wäre dieser Brief an sein Ende gekommen.

Übrigens spricht Paulus in diesem Abschnitt zweimal, in V. 25 Ende und V. 30 Ende, beiläufig von der finanziellen Gabe, die Epaphroditus bei seinem Kommen zu Paulus mitgebracht hat bzw. wegen der die Philipper ihn überhaupt geschickt hatten. Hätte Paulus hier zum *ersten Male* nach dem Empfang, zwar für alle Beteiligten eindeutig, aber doch nur so nebenher von der Gabe gesprochen, dann wäre es fast beleidigend, wenn er nicht wenigstens in einem Nebensatz einen kurzen Dank dafür eingeflochten hätte. Und ebenso merkwürdig wäre es wohl, wenn er sich jetzt den Dank für einen noch späteren Teil des Briefes (4,10–20) hätte „aufsparen" wollen (wo er dann wiederum einigermaßen unbefriedigend zum Ausdruck kommt). Im Moment kommt er jedenfalls nur um der Person des Epaphroditus willen auf die Gabe aus Philippi zu sprechen; aber mit nichts wird angedeutet, daß er auf die Gabe selbst noch zurückkommen wolle oder müsse. Es ist deshalb fast notwendig, anzunehmen, daß Paulus schon beim ersten Kontakt nach dem Eintreffen des Epaphroditus (solcher Kontakt ist in V. 26 ja vorausgesetzt!) eine Dankesbotschaft mitgeschickt hat, aus der der jetzige Abschnitt 4,10–20 ein Ausschnitt sein mag (vgl. zu diesem Abschnitt unten), den die Redaktion des jetzigen Briefes einbezogen hat, weil er über den ursprünglichen Anlaß hinaus von allgemeinerem, bleibenden Interesse war (s. Einleitung Abschn. 6).

4.3. Überleitung (zum Briefschluß 4,4–7?) und Zwischenbemerkung 3,1a + b

3,1a **Ansonsten (alles in allem), liebe Brüder und Schwestern: Freut euch in dem Herrn! 1b Euch (immer) dasselbe noch einmal zu schreiben, ist mir nicht lästig, und für euch ist es um so gewisser.**

„Ansonsten" (= *loipón*, „übrigens") leitet oftmals noch eine letzte Mitteilung   3,1a
in einem Brief ein; so könnte es auch hier ursprünglich gemeint gewesen sein.
Dieses „Letzte" ist eine nochmalige Wiederholung des Motivs, das den ganzen (bisherigen) Brief ja in besonderer Weise bestimmt (1,4; 1,18; 2,17f.; 2,29): der Aufruf zur Freude (*chará*). Und das ist auch an dieser Stelle mehr als der geläufige Abschlußgruß griechischer Briefe: „Mach's gut, leb wohl" (*chaíre*), auch wenn der Anklang daran vielleicht beabsichtigt ist; Christen können einander zu Besserem ermuntern, als es die konventionelle Formel besagt. Die Freude im Herrn darf und soll ihre Lebenshaltung von Grund auf bestimmen. Und die vertrauensvolle Beziehung zu den Christen in Philippi, mit denen keine gravierenden Gemeindeprobleme zu besprechen waren, ermöglicht Paulus diese uneingeschränkte Aufforderung. (Zu der Übersetzung „Brüder und Schwestern" vgl. oben zu 1,12.)

Freilich verunsichert der nächste Satz (V. 1b) den Leser, gerade weil er ihn   1b
so nachdrücklich „gewisser machen" will. Er enthält ja nichts „Falsches"; aber welchen Anlaß gibt es für ihn? Sollte nun doch noch von einer Sache die Rede sein, die diesen freudigen Abschluß in Frage stellt, so daß Paulus auf einmal dringlichen Anlaß hätte, die bleibende Gültigkeit des eben gerade nochmals Gesagten zu unterstreichen? Wer den Phil von Kap. 1 bis 4 als einen zusam-

menhängenden Brief ansieht, wird wohl so auslegen müssen und den Satz als
eine – wenig gelungene – Überleitung zu Kap. 3,2–21 ansehen. Wer an unserer
Stelle einen nachträglichen, künstlichen Einschnitt vor der Einfügung eines
Briefteils aus einem anderen Schreiben des Paulus (nach Philippi) sieht, wird
vielleicht einen Versuch des Redaktors sehen, eben diesen Einschnitt zu über-
brücken – gewiß auch in der Meinung, daß um des nun Folgenden willen das
Vorangehende nicht als außer Kraft gesetzt betrachtet werden möge. Nimmt
man dies an (vgl. Einleitung Abschn. 6), dann ist es denkbar, daß der ursprüngliche Schluß dieses „Briefes aus der Gefangenschaft" (Brief B) gegen Ende der
jetzigen Zusammenstellung, in 4,4–7(–9) und evtl. 4,21–23, noch vorliegt; jedenfalls knüpft 4,4 nachher deutlich genug wieder an 3,1a an (was natürlich auch
im Falle eines zusammenhängenden Briefes nicht undenkbar wäre).

1. Warnung vor Konkurrenten, die die Gemeinde mit der
Beschneidungsforderung zu verwirren drohen 3,2–11

2 Habt Acht auf die Hunde, habt Acht auf die, die schlechte Arbeit betreiben, habt Acht auf die Verschneidung (= die „Kastrierten")! 3 Denn die (echte) Beschneidung, das sind w i r, die wir im Geist Gottes (unseren) Dienst tun und uns in Christus Jesus rühmen und unser Vertrauen nicht auf das Fleisch gesetzt haben – 4 obwohl (zum Beispiel) ich sehr wohl auch auf das Fleisch mein Vertrauen setzen könnte. Wenn jemand anderes meint, er könne sein Vertrauen auf das Fleisch setzen – ich könnte das wohl viel mehr: 5 ich bin am achten Lebenstage beschnitten, ich stamme aus dem Volk Israel, dem Stamm Benjamin, bin (also) ein Hebräer von hebräischen (Vorfahren); was Gesetz(espraxis) angeht: ich (war voll und ganz) Pharisäer, 6 was religiösen Eifer angeht: ich habe die Gemeinde verfolgt; was Gerechtigkeit angeht, wie sie aus dem Gesetz (kommt): ich war tadellos.
7 Aber was mir als Gewinn galt, das habe ich um Christi willen als Verlust zu sehen gelernt. 8 Ja wahrlich, ich habe gelernt, daß das alles Verlust ist – wegen der alles überbietenden Größe der Erkenntnis Christi Jesu, meines Herren, um dessentwillen ich alles (andere) als Verlust eingestuft habe, und ich sehe es (nun) als Mist an, damit ich (statt dessen) Christus gewinnen kann 9 und in ihm als einer erfunden werde, der ich nicht meine eigene Gerechtigkeit habe, die aus dem Gesetz (stammt), sondern die (Gerechtigkeit), die durch den Christus-Glauben (zustande kommt), die Gerechtigkeit aus Gott auf Grund des Glaubens, 10 um ihn zu erkennen und die Macht seiner Auferstehung und die Teilhabe an seinen Leiden, als einer, der seinem Tode gleichgestaltet wird, 11 (in der Hoffnung, schließlich) bis zur Auferstehung aus den Toten zu gelangen.

Wenn ein ursprünglicher Leser des Briefes nach den verschiedenartigen Brief- A
abschluß-Signalen im vorigen Kapitel bis an diese Stelle gelangt wäre, würde er sich wohl sehr gewundert haben, daß der Brief noch weitergeht, und zwar nicht etwa, um nur noch ein paar abschließende Gedanken oder Mitteilungen anzufügen, sondern um ein völlig neues Thema aufzunehmen. Manche Ausleger vermuten deshalb, der Brief sei von Paulus bis hierher diktiert worden und dann einige Zeit liegen geblieben; erst auf Grund neuer Nachrichten von einer in Philippi ganz neu entstandenen Situation habe sich Paulus dann entschlossen, dem Brief noch weitere Ausführungen anzufügen und mit ihnen die Philipper in dieser für sie neuen Situation zu beraten. Ein älterer Kommentator hat gemeint, um den „Stimmungsumschwung" herbeizuführen, hätte auch eine Nacht mit

schlechtem Schlaf genügt. Aber daß hier die „Stimmung" des Autors wech-
selt, ist nicht das Wesentliche, auch handelt es sich hier nicht um einen bloßen
„Stilbruch" innerhalb eines sonst normal weiterlaufenden Briefes, sondern um
einen sehr plötzlichen Übergang zu einem Thema, das bisher noch mit keiner
Silbe angedeutet war: um „Gegner", die in die Gemeinde in Philippi hinein-
wirken wollten, also nicht um Anfeindungen von außen her, um bestimmte
Leute, die mit ihrer Wirksamkeit Neues und – nach dem Urteil des Paulus –
Gefährliches in die Gemeinde brachten. Und zugleich fehlt jede Andeutung
einer Überleitung oder eines Neuanfangs nach längerer Zeit, etwa von dieser
Art: „Nun habe ich eben noch neue Nachrichten von euch bekommen, die mir
Sorgen machen ...". Gerade auch dieser Umstand ist eigentlich nur so zu ver-
stehen, daß man annimmt, hier sei ein Stück einleitender Text weggefallen.
Und die einfachste Erklärung für das Gesamtproblem scheint mir – trotz vieler
Stimmen, die sich gerade in letzter Zeit gegen diese Hypothese geäußert haben
– die zu sein, daß hier ein Stück aus einem späteren Brief des Paulus an die
Philipper vorliegt (s. Einleitung Abschn. 6), das von der Redaktion des Corpus
Paulinum hier eingeschoben wurde, um auch aus diesem Brief eine für die allgemeine Lektüre in den christlichen Gemeinden theologisch wichtige Passage
aufzubewahren und in Umlauf zu bringen. Darauf – und nicht auf die exakte
Rekonstruierbarkeit dieser damaligen Vorgänge – kam es der Redaktion an. Das
mögen wir bedauern; aber wir haben keine Wahl, sondern müssen uns die
dadurch gegebene Sachlage irgendwie zu erklären versuchen. Hier würde das
bedeuten, daß die Redaktion den Briefeingang und vermutlich einige Angaben
über die neue Situation und die in Philippi aufgetretenen Leute weggelassen
hat und die Texteinfügung gleich mit den harten Aussagen des Paulus über sie
beginnen ließ.

B 2   Denn es sind wahrhaftig harte Aussagen, mit denen der Text beginnt. Paulus scheint den Eindruck zu haben, daß die Philipper noch gar nicht recht
bemerkt haben, daß ihnen von seiten der jetzt aufgetretenen Lehrer eine ernst-
liche Gefahr für ihr Christsein und Gemeindesein droht. Dreimal ruft er sie
auf, genau hinzusehen, Acht zu haben auf diese Leute, die er nun – man kann
es nicht anders nennen – mit Schimpfwörtern belegt. „Hunde": das Wort dient
sowohl in der griechischen Überlieferung (seit Homer) als auch in jüdischen
Texten als Bezeichnung verächtlicher Menschen, vor allem auch solcher, die
als Verunreinigte von der Teilnahme am Kult ausgeschlossen waren, oder solcher, von denen eine verderbliche Gefahr auszugehen droht (vgl. Mt 7,6). In
jüdischem Munde ist es gerade auch eine verächtliche Bezeichnung für Heiden – hier nun wird es von Paulus für Juden, für seine eigenen Volksgenossen
also, gebraucht (auch wenn es sich um Juden*christen* handeln sollte, wären sie
ja jedenfalls Juden!). Noch ärgerlicher muß für die Gegner das dritte Stichwort „Zer- oder Verschneidung", „Verstümmelung" sein; es ist eine beleidigende Verballhornung des Wortes für „Beschneidung" (die ja im Zusammenhang offensichtlich eine wichtige Rolle spielt) und meint hier Leute, für die
auf die Beschneidung viel ankommt, die sich ihrer „rühmen". Schärfer kann
Paulus solche Leute kaum disqualifizieren, als wenn er sie als „Kastrierte"

beschimpft (in Gal 5,11f. polemisiert Paulus ähnlich bissig); die Kastration macht nach jüdischer Sicht einen Menschen kultisch unrein. Dazwischen steht der Ausdruck „schlimme Arbeiter" (oben in der Übersetzung umschrieben): sie selber mochten sich als „Arbeiter" oder „Aktivisten" fühlen, sozusagen auch als Apostel; Paulus stellt von vornherein fest, daß es sich um eine verderbenbringende Aktivität handelt.

Nun wüßten wir gern, woher diese „schlimmen Arbeiter" kommen und was der Inhalt ihrer Lehre oder „Propaganda" ist. Ob uns schon ein Stück des Textanfangs fehlt, in dem Genaueres darüber gestanden hätte (s. oben), wissen wir nicht. Die genauere Bestimmung der Identität der „Gegner" ist strittig und wird nicht völlig zu klären sein (vgl. unten nach 4,1); wir bekommen ja in den Äußerungen des Paulus nur ein Spiegelbild zu sehen, und das ist – wie sich schon zeigte – ein in erregter Polemik verzerrtes Bild. Zunächst müssen wir jedenfalls prüfen, was wir dem weiteren Text darüber entnehmen können. Für das volle Verständnis dessen, worauf es Paulus ankommt, ist diese Profilbestimmung der Gegner kein Umweg, sondern ein wichtiges Hilfsmittel – sofern wir zu einigermaßen tragfähigen Erkenntnissen gelangen können.

Fast noch schärfer in der Sache, wenn auch weniger bissig im Ton ist die 3 nun folgende These des Paulus: Die wirklich Beschnittenen, das sind wir! Paulus schließt sich dabei mit anderen Christen, auch den Philippern, zusammen; er rechnet also auch Unbeschnittene zur eigentlichen „Beschneidung"! Das ist ein Affront für jeden Juden, also gegebenenfalls auch für Judenchristen, die in ihrer Wende zu Christus nicht so weit gegangen sind wie Paulus, die also bei seiner Art der „Umwertung aller Werte" (V. 7f.) nicht mitmachten.

Welchen Wert die Beschneidung in der Sicht des Judentums hatte, weiß Paulus natürlich genau; er weiß also, daß er hier auch für viele jüdische Glaubensbrüder, die ja zum Teil schon Mühe hatten, das Christsein von unbeschnittenen Heiden überhaupt voll anzuerkennen, eine schwer erträgliche Aussage macht. So hatte sich etwa die auch für Paulus so wichtige Gemeinde in Antiochien – mit Petrus und Barnabas – in der Frage, ob die nichtbeschnittenen mit den beschnittenen Christen Tischgemeinschaft haben könnten, gegen die Auffassung des Paulus entschieden, was Paulus scharf als „Heuchelei" von solchen, die es eigentlich hätten besser wissen müssen, quittiert (Gal. 2,11–14). Woher aber hat Paulus die Gewißheit, daß das Bundeszeichen des Volkes Israel für die Glaubenden in Christus nichts mehr bedeutet? Er hat das offenbar aus seiner Berufung zum Apostel für die Heiden (Gal 1,16) gefolgert – wenn nicht sofort, dann doch spätestens, sobald das Thema zum umstrittenen Problem wurde. Ob die ersten hellenistisch-judenchristlichen Missionare, die bewußt auch Heiden in die christliche Gemeinde aufnahmen, diese zur Beschneidung aufgefordert hatten (Apg 11,20–24; vgl. auch 10,45–48), können wir nicht sicher sagen; wahrscheinlich ist es jedenfalls nicht. Und schon auf der Reise zum sog. „Apostelkonvent" nach Jerusalem nimmt Paulus einen unbeschnittenen Christen heidnischer Herkunft, den Titus, in provokatorischer Absicht mit (Gal 2,1–3), und so muß diese Frage dort diskutiert werden (Apg 15,5), da einige pharisäisch (wie Paulus früher!) orientierte Judenchristen es verlangen. Der Entscheid fällt hier (noch) im Sinne des Paulus aus (Gal 2,3), wird aber auf die Dauer nicht konsequent so, wie Paulus ihn verstanden hat, durchgehalten, wie sich zeigt, als nicht viel später Beauftragte des Jakobus in Antiochien zwar nicht die Beschneidung, wohl aber die Trennung der Gemeinschaft zwischen beschnittenen und unbeschnittenen Christen verlangen (Gal 2,12f.). Das war für Paulus zu viel; er hat sich nach diesem Konflikt von Antiochien zurückgezogen (freilich ohne alle Brücken abzubrechen) und seine missionarischen Aktivitäten ohne Barnabas weitergeführt. Für ihn war es spätestens seit dieser Episode klar, daß man Heidenchristen nicht nur nicht zur Beschneidung nötigen, sondern sie vor diesem Schritt sogar ausdrücklich zurückhalten sollte. Denn es drohte dadurch das durch Christus für alle Menschen in die Welt gebrachte Heil abhängig gemacht zu werden von der Bedingung, daß alle Glaubenden sich in das besondere Gottesvolk Israel einreihen müßten. Was für geborene Juden eine Selbstverständlichkeit war (die auch Paulus nicht in Frage stellte), würde so für Heidenchristen zur Vorleistung, ohne die die Gnade Gottes nicht wirken könne. Und eben deshalb war Paulus hier unerbittlich: mittels solcher Leistung sich die Gnade Gottes erwerben zu können, war „Vertrauen auf das Fleisch" (s. unten zu V. 3f.), und für Paulus war jede weitere Vorbedingung für das Heil, die neben den Glauben an Jesus Christus zu stehen kommen oder ihm gar übergeordnet werden könnte, eine Infragestellung der gesamten Christusverkündigung. Man kann sogar streiten, ob hier Paulus oder seine juden(christlich)en Widersacher die Beschneidung sachgemäßer verstanden hatten, nämlich als das Bundeszeichen, das das erwählte Gottesvolk Israel auszeichnen (und insoweit von den „Völkern" trennen) sollte. Für Paulus war jedenfalls klar, daß Gott in Jesus Christus einen neuen Heilsbund begonnen hatte, der nun auch die Völker außerhalb Israels erfassen sollte, und zwar nicht auf dem Weg über das Jüdisch-Werden, sondern in einer direkt von Gott durch den Geist gewirkten Gotteskindschaft (Gal 3,2–5. 25 f.; 4,4–7; Röm 8,14–17).

3   Mit dem Satz „Die wahre Beschneidung sind wir" hat Paulus die Beschneidungshandlung (wie in Phil 2,17 die Terminologie des kultischen Opfers, s. oben z. St.) „spiritualisiert", d. h. auf das Gebiet des Geistigen übertragen (wie dann auch in Röm 2,25–29): die wahre „Beschneidung" besteht darin, daß man „im Geiste Gottes dient", etwa wie Paulus als Verkünder des Evangeliums oder wie jeder Christ als einer, der die Gaben des Geistes in seiner Lebensführung bewährt (vgl. Gal 5,22–25; Röm 8,9–16). Und: die wahre „Beschneidung" besteht – anders gewendet – darin, daß man sich nur noch seines Herren Christi Jesu rühmt, was allen Selbstruhm, alles eigene Geltungsbedürfnis ausschließt (vgl. Phil 2,3). Genau dieser Ausschluß der eigenen Eitelkeit wird mit der in V. 4 noch zweimal wiederholten, damit stark betonten Wendung ausgedrückt: „das Vertrauen auf das Fleisch setzen". „Fleisch" ist hier der Inbegriff alles irdisch-menschlichen Seins mit seinen Unvollkommenheiten und seiner Fehlorientierung wiederum auf das Irdische statt auf Himmlisches hin. „Fleisch" – das bin ich ohne Gott, ich als der, der sich selbst durchsetzen, ja „verwirklichen" will, als der, der ohne den Bezug der Liebe zum Mitmenschen lebt, ihn nur für die Selbstsicherung und Selbstbespiegelung benutzen will. „Fleisch" steht demnach dem „Geist" Gottes als der Kraft und dem Zentrum der Existenzumwandlung strikt gegenüber (vgl. Gal 5,13–25; Röm 8,5–10). So ist „Fleisch" hier und meist bei Paulus kein neutraler Begriff (auch als solcher kommt er freilich vor, etwa Röm 9,3; 1. Kor 10,18 u. ö., wo „Fleisch" wertfrei den Bereich des Irdischen, freilich auch da meist schon mit dem Beiklang des Vergänglichen, bezeichnet). Hier wird der Begriff wohl deshalb so hervorgehoben, weil er – schon vom Alten Testament her – in enger Beziehung zur Beschneidungshandlung steht. Und gerade auf die Verbindung von eigentlich wertfreiem Gebrauch – im Zusammenhang mit der Beschneidung – und negativ-wertender Bedeutung kommt es Paulus hier an: von vornherein wird damit die Beschneidung als ein minderwertiger, für den Christen nicht erstrebenswerter, ja überholter Ritus gekennzeichnet. Der Schluß, daß die „Gegner" in Philippi auf das Ritual der Beschneidung entscheidenden Wert legen, liegt auf der Hand. Sie wollen den Christen wohl einreden, erst als Beschnittene, das heißt:

erst als zum Judentum Übergetretene seien sie wahrhaft Kinder Gottes, und nur so könnten sie in den Genuß der von Paulus verkündeten Heilsgnade gelangen. Sei es, daß die Gemeinde sich direkt an Paulus um Auskunft in dieser Sache gewandt hatte, sei es, daß ein Besucher aus Philippi diesbezügliche Nachrichten mitgebracht hatte: die „Verkündigung" der neuen Missionare hatte Eindruck gemacht, und die Philipper schienen drauf und dran zu sein, sich beschneiden zu lassen.

Aber nicht *nur* das Thema Beschneidung ist mit dem Stichwort „Fleisch" **4** ins Spiel gebracht, sondern weit mehr, wie die nächsten Verse zeigen. Die „Gegner" rühmen sich – offensichtlich nicht „in Christus", sondern dessen, was sie an sich selber vorzeigen können. Und all das sind „Besitztümer", die auch Paulus vorweisen könnte, die er aber – bisher – vor den Philippern absichtlich beiseitegelassen hat, um ihre Überholtheit gar nicht erst zum Thema zu machen, da die in Philippi für das Evangelium gewonnenen „Heiden" ja ohnehin keine Beziehung zu ihnen hatten; und in der Sicht des Paulus hatte insbesondere die Beschneidung ja ihre Bedeutung verloren (1. Kor 7,18f.; Gal 5,6). Nun aber wiesen die Konkurrenten auf diese ihre Besitztümer mit großem Nachdruck hin, sie „rühmten" sich ihrer, vermutlich in gut jüdisch-frommem Sinn, aber mit der Behauptung, ohne das gäbe es keine wahre Gotteskindschaft. Paulus dagegen gräbt ihnen das Wasser ab, indem er alle diese Besitztümer als solche „im Fleisch" bezeichnet, also nicht nur auf der Ebene des Vergänglichen, sondern im konkreten Fall – wo sie gegen die Christusbotschaft des Paulus gestellt werden – als Zeichen des Unglaubens, ja der Empörung gegen Gott. Paulus sagt, auf dieser Ebene des „Fleisches" könne er ohne weiteres mit den Gegnern konkurrieren, ja er sei ihnen wohl gar überlegen, und nun führt er die einzelnen Fakten an (vgl. zu dieser ironischen Selbstdarstellung des Paulus als eines „exemplarischen Juden": K.-W. Niebuhr [1992], 81–109). „Am achten Tage beschnit- **5a–b** ten" zu sein, war eine gerade von den Pharisäern recht streng beachtete Vorschrift der Thora (Lev 12,3; vgl. auch Lk 2,21). Hinsichtlich seiner Herkunft aus dem Volk Israel gibt es keine Unklarheit: er ist weder Proselyt noch hat er Nichtisraeliten in seinem Stammbaum, ja er gehört zu jenem Stamm, der den Rabbinen als besonders vorzüglich galt, weil Benjamin bereits im Heiligen Lande geboren war und auch derjenige gewesen sein soll, der beim Auszug aus Ägypten ins Rote Meer hinein voranging. Mit „Hebräer von Hebräern" mag unter anderem gemeint sein, daß Paulus die Sprache der Väter noch sprach, was viele Diasporajuden in griechischsprachigen Gebieten nicht mehr von sich sagen konnten.

Waren bis hierher Gottes unverdiente Gaben als Vorzüge genannt worden, so **5c–6** folgen nun die Bewährungen dieser Gaben im eigenen Leben: Weder seine Familie noch er waren im Ausland von der rechten Gesetzespraxis abgewichen, sondern hatten die Thora nach der in vielen Punkten besonders strengen Auslegung der Pharisäer befolgt (vgl. dazu O. Betz [1977]). Noch mehr: Paulus war – und damit geht er nun schon zu bitterer Ironie über – mit besonderem religiösen Eifer an der Verfolgung der „Gemeinde" *(ekklêsía)* beteiligt, das heißt, derjenigen Gruppe von Christen, die auch Heiden in die Gemein-

schaft des Gottesvolkes aufnahmen und damit besonders schwer gegen jüdische Prinzipien verstießen. Die Tatsache seines Verfolgens verschweigt Paulus
auch in anderen Briefen an seine Gemeinden nicht; vgl. 1. Kor 15,9; Gal 1,13.
Besonders 1. Kor 15,9 zeigt, wie schwer ihm diese persönliche Last auf der
Seele liegt. Daß sich Paulus seiner Verfolgertätigkeit hier so nachdrücklich
„rühmt", zeigt deutlich die Hintersinnigkeit, die Ironie dieses Katalogs von
Ruhmeszeichen: sie alle kann und will Paulus nicht im Ernst mehr geltend
machen, sondern sie bezeichnen nun das, was er als wertlos erkannt und hinter sich gelassen hat. Das gilt dann offenbar auch für die letzte „Rühmung",
nämlich die seiner im Sinne der Thora tadellosen Lebensführung. Wichtig ist die
Art, wie Paulus den Begriff „Gerechtigkeit" hier benutzt: deutlich wird damit
nicht eine ihm von Gott gegebene Zuwendung bezeichnet, sondern das Ergebnis
eigenen Verhaltens unter der von Gott gegebenen „Weisung" (das bedeutet
das hebräische Wort „Thora" eigentlich), also der Ertrag eigenen Vermögens.
Gewiß wird auch der Jude Paulus auf solchen Ertrag nicht nur mit Stolz, sondern auch mit frommer Dankbarkeit geblickt haben (wie der Pharisäer im
Gleichnis Lk 18,11 f., dessen Dank an Gott man nicht sogleich als Karikatur
seiner Überheblichkeit, sondern als ernst gemeint ansehen sollte!). Aber es ist
eben „eigene" Gerechtigkeit (wie es sogleich in V. 9 kritisch heißen wird), die
früher auch für Paulus wesentlich war, jetzt aber, „in Christus", nichts mehr gilt.

Vor allem in der protestantischen Exegese hat man früher – geleitet von den Erfahrungen des Mönchs Luther, die ihn dann zur reformatorischen Erkenntnis des „sola gratia"
führten – gemeint, Paulus enthülle hier das Wesen des Judentums als einer „Leistungsre-
ligion", unter der ein wahrhaft Frommer nur hätte leiden und verzweifeln können. Das
ist nun schwerlich der Fall. Nichts deutet – auch in der nachträglichen, ironischen Aufli-
stung von Phil 3,4–6 – darauf hin, daß Paulus im Stadium seines pharisäisch orientierten
Jude-Seins jemals unter der Thora und ihren angeblich „unerfüllbaren" Auflagen (gerade
die Pharisäer waren ja bemüht, sie durch möglichst genaue Auslegung „erfüllbar" zu
machen) gelitten habe, bis zur Auflehnung gegen sie und zum Haß gegen Gott, wie Luther
das später von sich in seiner Mönchszeit bekannte. Dennoch finden sich in den Briefen
des Paulus Aussagen, nach denen er jetzt die Thora schon grundsätzlich für unerfüllbar hält,
so daß auf diesem Wege keiner – auch ein Jude nicht – zur „Gottesgerechtigkeit" gelangen könne (Gal 3,10–12; 5,3; Röm 3,19 f.; 9,31; 10,5); ja noch mehr: Paulus kann auch
sagen, daß das Gesetz den Menschen von vornherein – und ganz abgesehen von der Frage
der Erfüllbarkeit – grundsätzlich auf den falschen Weg, nämlich den Weg des Selbstruhms
vor Gott, den Weg der „eigenen Gerechtigkeit" führt (Phil 3,9; Röm 9,31 f.; 10,2–3), der
der „Gottesgerechtigkeit" geradezu widerspricht, so daß das Gesetz den Menschen gerade *um das* bringt, was es ihm eigentlich hätte *bringen* sollen: das Leben (Röm 7,9 f.). Dies
alles aber sind erst Aussagen des *Christen* Paulus; sie setzen also eine kritische Wertung
des Gesetzes voraus, die für einen frommen Juden (auch für Paulus früher) undenkbar wäre.
Das wird von solchen (jüdischen und christlichen) neueren Auslegern nicht beachtet, die
meinen, Paulus habe auch vor seiner Christus-Begegnung nie richtig verstanden, was es
mit dem Gesetz im Sinne des Judentums auf sich habe. Doch, das hat er wohl – eben in
Phil 3,4–6 gibt er davon Zeugnis; aber das ist nun schon ein gebrochenes, ironisches Zeugnis, das für ihn jetzt nicht mehr gilt. Gottes Offenbarung in Christus hat ihm das Wesen
des *Menschen* neu enthüllt, nämlich als des Sünders, der – vor allem Gesetz und vor aller
Bemühung um Gesetzeserfüllung – von der Macht der Sünde beherrscht ist, zu deren Über-
windung das Gesetz „zu schwach" und daher nicht in der Lage ist (Gal 3,12; 3,21; Röm
8,3 a). Also von der neuen Sicht *des Menschen* her ergibt sich eine kritischere Sicht *auf das
Gesetz* (ebenso in Röm 7). Dazu kommt als zweites Moment das der Evangeliumsver-

kündigung an die Heiden. Hier wird das Gesetz zum Problem gemacht durch die Forderung anderer judenchristlicher (oder jüdischer) Missionare, auch die Heiden müßten sich dem Gesetz unterwerfen, zugespitzt in der Forderung der Beschneidung. Diese Forderung haben im Missionsbereich des Paulus vor allem die Konkurrenten in Galatien erhoben; und deswegen enthält auch der Galaterbrief die schärfsten kritischen Aussagen zum Thema Gesetz. Wenn und weil es das Gesetz Israels ist, ist es nicht „für die Völker" gegeben; und wer es ihnen auferlegen will, der nimmt ihnen gerade damit das von Christus gebrachte Heil weg. Erst so wird das Gesetz für die Heiden zu einem (scheinbaren) *Weg zum Heil* gemacht (was es nach jüdischer Tradition eigentlich gar nicht ist – da weist es den Lebens-Weg auf dem im Erwählungsbund vom Sinai schon begründeten Heil), und *dieser* Sicht muß Paulus kompromißlos widerstehen. Ähnliche Folgerungen zieht er aus dem, was die Konkurrenten in Philippi predigen, und so kann er auch in diesem Brief nur in aller Deutlichkeit zum Ausdruck bringen, daß er als Heidenapostel um der gläubig gewordenen Heiden willen nicht hinnehmen kann, daß sie nun auch noch auf den Weg des Gesetzes als Heilsbedingung gedrängt werden. Für ihn hängt an dieser Frage sein ganzes Werk als Apostel für die Heiden. Darum gibt es hier für Paulus nur ein klares Entweder/Oder: nicht die Thora, nicht das Gesetz Israels hat er den Heiden zu verkünden, sondern das in Christus wirklich gewordene Evangelium für alle Menschen.

All das, was ein frommer Jude – und so auch der frühere Paulus selbst – als 7 „Gewinn", gewissermaßen als „Haben" auf seinem „Konto" ansieht, das hat Paulus nun als „Verlust" abgebucht (die beiden Vokabeln werden tatsächlich in diesem Sinne im Geschäftsleben gebraucht). Es gilt nichts mehr, seit er Christus als seinen Herrn angenommen hat, der allein nun sein „Gewinn", sein „Guthaben" ist. Die überwältigende Erkenntnis dessen, was mit Jesus Christus neu in die Welt gekommen ist, hat alle bisherige Erkenntnis zur Makulatur gemacht, zu „Mist" oder „Dreck" – wie Paulus mit einem recht drastischen Ausdruck sagt. Immerhin ist es wichtig zu sehen, daß hier keiner redet, dem „die Trauben zu sauer" waren, sondern einer, der auf dem jüdischen Weg der Bindung an das Gesetz weit vorangekommen war. Mit leidenschaftlicher Wiederholung 8 unterstreicht Paulus: Nur eines ist jetzt noch für ihn wichtig: daß er Christus als seinen „Gewinn" hat, als sein „Haben" auf der Plusseite seines Lebenskontos. Also nichts Selbsterworbenes, nicht der Ertrag eigener Frömmigkeit schlägt hier noch zu Buche, sondern jener Gewinn, der reines Geschenk ist und der damit sein Leben auf völlig neuen Grund und Boden stellt. Es ist also hier nicht an das Jüngste Gericht gedacht, bei dem sich dieses „Guthaben" dann erweisen soll, sondern an die Gegenwart. Jetzt schon will er „erfunden werden" (Luther), jetzt schon möchte er sich erweisen als einer, der „in ihm" – in Christus, weil Christus nun seine Existenz bestimmt (wie früher die Thora) – die Gerechtigkeit hat, die ein Mensch vor Gott braucht. (Das Partizip „[nicht] habend" ist unmittelbar zum Verb „sich erweisen als" zu ziehen, auch wenn viele Ausleger in „erfunden werden in ihm" eine selbständige In-Christus-Formel sehen wollen; so z. B. Friedrich, Komm., z. St.).

Und nun prägt Paulus den gewissermaßen definitorischen Gegensatz zwi- 9 schen „eigener", nach den Vorgaben des Gesetzes selbst erworbener Gerechtigkeit und jener Gerechtigkeit, die als Geschenk von Gott her zum Menschen kommt, vermittelt durch den Christus-Glauben (sola fide). Dabei läßt sich hier unter „Christus-Glaube" ebensogut der „Glaube an Jesus den Christus, den von

Gott in diese Welt Gesandten", verstehen wie die „Treue *(Gottes!)*, die sich in Jesus Christus der Welt dargeboten hat". Paulus gebraucht eine verkürzende Formel, und das griechische Wort *pístis* an sich kann sowohl das Glauben (auf der Seite des Menschen) als auch die Treue oder Zuverlässigkeit (auf Seiten Gottes) bezeichnen. Paulus hat jedenfalls gelernt, daß erst nach dem Verzicht auf die „eigene" Gerechtigkeit der Raum dafür frei ist, daß Gott mit seiner Gerechtigkeit zu ihm kommen kann. Und so möchte er nun nur noch als einer „erfunden" werden und erkennbar sein, der allein von dieser neuen, in Christus begründeten Gewißheit lebt.

Vers 9 läßt sich als eine Art Parenthese lesen; den Gedankengang von V. 7–8 setzt Paulus in V. 10 fort (U. B. Müller, Komm., und andere). Aber diese eingefügte Erläuterung ist in sich äußerst gewichtig. In einer Kurzformel bringt Paulus hier präzise das Wesentliche seiner Rechtfertigungstheologie zum Ausdruck, die er (wenn die hier vertretene Ansetzung von Phil 3 zutrifft) etwa zu gleicher Zeit – in Korinth – im Römerbrief ausführlich darlegt. In großer Klarheit wird hier der „eigenen Gerechtigkeit", von der Paulus in V. 6 gesprochen hatte, also jener Gerechtigkeit, die sich auf das „Gesetz" (die Thora) bezieht und in der Erfüllung der „Weisungen" Gottes die Gewißheit gewährte, daß man von Gott als gerecht angenommen werden würde, die nun neu erkannte „Gerechtigkeit aus Gott" gegenübergestellt. Das ist jene Gerechtigkeit, die Gott uns zueignet wie ein Ehrenkleid, das seinen Träger in einem gänzlich neuen Lichte zeigt – einem geschenkten Lichte, das „durch den Christus-Glauben" bei uns Wirklichkeit wird. Dabei ist mit „Christus-Glauben" nicht unsere „Gläubigkeit" (als ein religiöses Vermögen) gemeint, sondern – es sei wiederholt – das von Gott her auf uns zukommende Geschehen der „Treue" Gottes, die in dem „Sohn" Jesus Christus leibhaftig auf uns zu- und bei uns angekommen ist (vgl. Röm 8,2–4; Gal 3,23 + 25). Aber mit diesem Geschehen – das die Glaubenden durch die Evangeliumsverkündigung erreicht – ist die „Gerechtigkeit" nun auch wirklich bei uns angekommen und wird nicht nur in einem „als ob" von uns ausgesagt. Gerade weil sie nicht die „eigene" Gerechtigkeit ist, mit der wir der Forderung des Gesetzes gerecht würden, sondern weil sie von Gott uns zugeeignete Gerechtigkeit ist, ist sie gewiß und kann dem nicht verloren gehen, der sich ganz an Jesus Christus, seinem „Gewinn" (V. 8), festhält und auf dieser Basis – d. h. „gemäß dem Geist Christi" (Röm 8,4. 9–11) – und nicht mehr auf der Basis des Gesetzes (V. 6b) lebt. Das soll die Wiederholung „auf Grund des Glaubens/der Treue" am Ende von V. 9 unterstreichen.

Wie gesagt, damit ist an unserer Stelle die Rechtfertigungslehre des Römerbriefes präzise zusammengefaßt. Es sei aber darauf hingewiesen, daß Paulus im Röm das Stichwort „Gerechtigkeit" zumeist mit einer anderen Akzentuierung gebraucht als hier, nämlich in der Wendung „Gerechtigkeit *Gottes*" (vgl. dazu P. Stuhlmacher, NTD 6, Exkurs zu Röm 1,17). Damit ist dann nicht auf uns als (beschenkte) „Inhaber" der Gerechtigkeit geblickt, sondern auf Gott verwiesen, der in seiner Gerechtigkeit alles Nötige tut, um uns den Status von „Gerechten" zuzueignen. Und Gottes Gerechtigkeit ist dabei nicht verstanden wie die römische Iustitia, die in unbeirrbarer Sachlichkeit – „mit verbundenen Augen" – Recht, also Lohn oder Strafe, ergehen läßt, sondern die sehr persönliche Gerechtigkeit Gottes, mit der er seinen Heilsverheißungen – und damit sich selber – treu bleibt und die darin zu ihrem Ziel kommt, daß sie die ihr vertrauenden Menschen, d. h. die Glaubenden, gerecht macht (Röm 3,26; 4,13–25).

10   Mit V. 10 setzt Paulus den in V. 7–8 begonnenen Gedankengang fort: Christus „gewinnen", das heißt: ihn „erkennen", also (nach dem hebräischen Wortsinn) in eine unauflösliche Lebensbeziehung zu ihm eintreten und heilvollen Anteil an ihm bekommen. Dabei denkt Paulus besonders an die Auferstehung Christi, jenes Geschehen aus der Macht Gottes, das alles irdische Sein unter

ein neues, heilvolles Licht rückt – und zwar jetzt schon, im noch irdischen Leben der Glaubenden. Leiden um des Glaubens willen wird daher zur Teilhabe an seinem Leiden, ja zum Einbezogensein in sein Sterben. Auch wenn diese Anteilhabe paradox zu sein scheint (vgl. 2. Kor 4,10 f.), so macht sie doch aus dem Leiden einen Zustand der Hoffnung, der auf das eigene Auferwecktwerden aus dem Tode vorausweist: auch der Tod kann die Anteilhabe am auferstandenen Herrn nicht mehr unterbrechen. So ist es die Auferstehung Jesu aus den Toten, an der letztlich alle Glaubenshoffnung hängt – aber diese Auferstehung nicht verstanden als eine machtvolle Beiseiteschiebung des Todes Jesu, der damit unwesentlich würde. Vielmehr wäre sie ohne den vorangegangenen Kreuzestod „für uns", an unserer Statt (Gal 3,13 f.), nicht ein Heilsgeschehen, aus dem uns Hoffnung erwächst, sondern vielleicht nur eine Station auf einer „Götterlaufbahn", ohne Bedeutung für uns. Gerade für sich, den Apostel, selber sieht Paulus das Mit-Christus-Leiden, die Teilhabe an seinem Leiden, gegebenenfalls bis hin zu eigenem Sterben um seinetwillen, als die entscheidende Möglichkeit an, den Raum für das eigene Angewiesensein auf Gottes Gnade wirklich freizumachen. So ist das Leiden des Apostels gerade für Paulus selbst ein wichtiges Thema, sicherlich in einem inneren Zusammenhang mit dem Bewußtsein, einst der Gemeinde Gottes nach dem Leben getrachtet zu haben (V. 6 a; vgl. Gal 1,13; zur apostolischen Leidensgemeinschaft mit Christus vgl. 2. Kor 4,7–18; 6,1–10 und 11,23–31). Denn nun weiß er, daß das Leiden um Christi willen ihn gerade um so enger mit dem Herrn verbindet, so wie auch für Christus selbst Leiden und Kreuzestod keine Zeichen der Gottverlassenheit waren, sondern Zeichen der Erfüllung des Willens Gottes, der unser „Leben" im Sinn hat (Röm 3,23–25; 5,6.10). So kann Paulus hoffen, schließlich auch in der Weise der Auferweckung aus den Toten mit seinem Herrn verbunden zu sein. „Erkenntnis Christi" (V. 8 und 10) meint also keine mystischen Einsichten in eine „höhere Wirklichkeit", die den Erkennenden dann selbst in höhere Sphären entrücken würden; es meint aber auch nicht besondere Einsichten in einen idealen Sonderstatus des irdischen Menschen Jesus, sondern es meint die persönliche Bindung an ihn, die sich in der Wendung „mein Herr" (V. 8 – hier einmalig bei Paulus; sonst meist „unser Herr") kund tut; es ist kein ein für alle Mal erreichter Zustand, sondern ein fortlaufendes Geschehen, das sich in ständigem Gehorsam des Glaubens vollzieht. So stellt sich Paulus den Konkurrenten gegenüber dar als einer, der die „Kraft der Auferstehung" Christi noch nicht „hat" im Sinne eines Besitztums, sondern der auf Grund dieser ihn in Gang haltenden göttlichen Kraft zu Jesus Christus und seiner Herrlichkeit hin unterwegs ist.

So sind die Aussagen von V. 7–11 zunächst einmal auf Paulus selbst bezogen zu verstehen; nicht von ungefähr schreibt er hier in der Ich-Form. Es ist aber wichtig, sich klarzumachen, daß er im Grunde die gleichen Aussagen auch von allen Glaubenden in Christus machen könnte; er ist darin „Vor-Bild" auch für die Philipper. Das „Gleichgestaltet-Sein" mit dem Tode Christi ist in Röm 6,3 ff. eine Grundlagenbeschreibung aller christlichen Existenz, die angesichts der Taufe auf jeden Christen zutrifft; und auch dort gehört als Entsprechung dazu nicht schon das Gleichgewordensein mit seiner Auferstehung, sondern die Anwartschaft darauf (vgl. auch Röm 8,17 f.) und die Verpflichtung, sich im irdischen Leben daran zu orientieren (Röm 6,4 c). So wird Paulus auch in unserem Brief etwas später (V. 17 ff.) den Gedanken der Christus-Analogie im Leiden auf die Christen in Philippi ausweiten, indem er sie auffordert, seinem eigenen Beispiel und dem Beispiel anderer Christen zu folgen.

2. Die Vollkommenheit der Christen als Hoffnungsgut 3,12–17

12 (Es ist also durchaus) nicht so, daß ich es schon ergriffen hätte oder schon zur Vollkommenheit gelangt wäre. Vielmehr strenge ich mich an, daß ich (das Ziel, nämlich Christus) ergreife, so wie auch ich (meinerseits) von Christus Jesus ergriffen worden bin. 13 (Liebe) Brüder und Schwestern, ich beurteile mich selbst (wahrhaftig) nicht als einen, der es schon ergriffen hätte. Aber eins (kann ich von mir behaupten), daß ich das, was hinter mir liegt, vergesse und mich (statt dessen) nach dem, was vor mir liegt, ausstrecke 14 (und daß) ich angestrengt auf das Ziel zu laufe, auf den Siegespreis der Berufung nach oben, die von Gott her durch Christus Jesus (ergangen ist). 15 Wer von uns nun „vollkommen" ist, der möge so denken; und wenn jemand von euch anders denkt, dann wird Gott euch auch dieses offenbar machen. 16 Hauptsache, daß wir unser Leben nach dem Maß der (Erkenntnis) führen, bis zu der wir (bereits) vorgedrungen sind. 17 Werdet (mit) mir (= so wie ich) Mit-Nachahmer Christi, (liebe) Brüder und Schwestern, und achtet auf Leute, die ihr Leben so führen, wir ihr es an uns vorbildhaft sehen könnt.

12   Es scheint sich ein Themawechsel vollzogen zu haben, der sich schon in V. 10 f. angedeutet hatte: es geht jetzt um die „Vollkommenheit", die ein Christ entweder schon erworben hat oder zu der hin er noch unterwegs ist. Paulus sieht seine Lage ganz eindeutig: ein „Vollkommener" ist er noch nicht, und er würde sich selbst nie als solchen bezeichnen. Dieses Ideal – das ihm in seiner Existenz als pharisäischer Jude durchaus als erreichbar galt (V. 6) – ist für ihn nun zer-

13–14   brochen; er kann sich im Dienste Christi nur sehen als einen, der unterwegs ist, unterwegs mit aller Anstrengung (zweimal kommt dafür das Wort für „verfolgen, nachjagen" vor), wie sie zu einem sportlichen Wettkampf gehört, in dem es um eine Siegermedaille geht. (Dasselbe Bild vom Wettkampf verwendet Paulus auch in 1. Kor 9,24–27.) Dabei spielt jetzt keine Rolle, daß es diese Medaille eigentlich nur einmal gibt, sondern, daß man um sie kämpfen und dabei seinem Körper das Letzte abverlangen muß. Eins steht dabei schon fest: Christus hat den Kämpfer bereits ergriffen (ihn auf diese Kampfbahn gestellt und ihm die Kraft für den Wettkampf gegeben, V. 10 f.), und die Siegerprämie, die „Einladung nach oben" (V. 14 b), winkt schon – nicht irgendeinem, sondern ihm. Aber bis zum Ziel bedarf es des vollen Einsatzes. Und etwas anderes gehört auch dazu: daß man das wirklich zurückläßt, was nun – nachdem der Wettlauf im Gang ist – nichts mehr zählt. Vielleicht hat Paulus dabei nochmal seine früheren „Besitztümer" (V. 4–6) im Sinne, und ein gleiches Abstreifen des Vergangenen erwartet er von jedem anderen „Läufer".

Warum liegt Paulus daran, beides – das „Schon" und das „Noch nicht" – so nachdrücklich klarzumachen? Eigentlich kommt nur eine Erklärung in Frage, die davon ausgeht, daß Paulus hier andere Christen im Auge hat – wobei mindestens zunächst unklar bleibt, ob an seinem Aufenthaltsorte oder in Philippi –, für die es schon ausgemacht zu sein scheint, daß sie bereits am Ziel, bereits „Vollkommene" sind, und daß er zumindest befürchtet, eine solche hohe Selbsteinschätzung könnte auch in Philippi Eindruck machen. Darum läßt er keinen Zweifel daran: er selber würde sich das Prädikat „vollkommen" niemals zuerkennen. Denn dafür würde man ja zum Beispiel alles Leiden im Dienste Christi als Illusion abtun müssen, als etwas, was ein Christ möglichst gar nicht erst „wahr-nehmen" sollte, und man würde alle eigene Erfahrung von Unvollkommenheit einfach zurückdrängen, unterdrücken müssen. Solchen enthusiastischen Illusionen kann und will sich Paulus nicht hingeben. Und vor allem hält 15 er auch seine Leser für gefährdet, wenn sie dergleichen täten. Denn wer sich zu hoch einschätzt, der „sehe zu, daß er nicht falle" (1. Kor 10,12). Aber das Evangelium ist ja deswegen eine „frohe Botschaft", weil Gott darin gerade die Nicht-Vollkommenen sucht und in seine Gemeinschaft holen will. Würden die Eintrittsbedingungen in das himmlische Reich Gottes auf eine „Vollkommenheit" nach eigenem, irdischem Befund festgelegt – wer hätte dann eine Chance? Andererseits entspricht dem aber auch, daß keiner, der noch seinen irdischen Lebens-Lauf vollführt, schon das Maß einer himmlischen Vollkommenheit erreicht hat oder erreichen könnte. In diese Sicht ordnet sich Paulus ein: Die „Berufung nach oben", die himmlische Einladung, hat ihn in Christus Jesus erreicht, und sie bestimmt seither sein ganzes Leben; aber am Ziel ist er noch nicht. Diese Wettkampftrophäe, dieses „Kleinod" (wie Martin Luther übersetzt) hat er noch nicht in der Hand. Sie steht für ihn bereit, aber bis zum Empfangen muß er noch seine Kraft, ja vielleicht gar sein irdisches Leben einsetzen. Paulus macht das hier an seinem eigenen Beispiel klar; aber es ist deutlich (17) seine Meinung, daß es auch anderen gar nicht anders möglich ist und daß, wer sich höher einstuft und sich schon am Ziel befindlich glaubt, einer Illusion erliegt. Mit einer nochmaligen Anrede schließt er seine Schwestern und Brü- 15 der nachdrücklich und direkt in die Überlegungen ein: Wer unter uns „vollkommen" ist, der sollte die Sache so und nicht anders sehen. Das ist in dieser oder jener Weise ironisch gesagt. Es kann noch einmal ein Rückpfiff für solche Vollkommenheits-Illusionisten sein: Besinnt euch, akzeptiert diese meine Sicht auch für euch; sonst steht für euch wieder alles auf dem Spiel! Es könnte aber auch eine Ermutigung sein: Was innerhalb des Irdischen als „Vollkommenheit" erreichbar ist, das sieht so aus und nicht anders, wie ihr es an mir seht. Wenn andere euch mehr einreden wollen – laßt sie; fallt nicht darauf herein; sie machen euch etwas vor. Und wenn ihr selbst jetzt noch so denkt wie sie: Gott wird es euch schon klarmachen, es euch „offenbaren", daß ihr euch noch nicht im Himmel befindet. Eine „Entzauberung" ist ja auch schon ein Stück Offenbarung. Um so wichtiger ist es, daß ihr dann wißt: Was wir jetzt noch nicht erreicht haben, dorthin werden wir gelangen. Das Ziel kann euch niemand nehmen; es rückt euch nicht aus den Augen, solange ihr euch weiterhin als solche versteht, die ihre himmlische Einladung schon „in der Tasche" haben, als Getaufte nämlich, als denen euch das Unterpfand, die feste Anwartschaft

auf das himmlische Erbe schon ausgehändigt worden ist (2. Kor 1,21 f. und 5,5).
16 Und schließlich: Laßt euch von dem, was wir schon erreicht bzw. empfangen haben – die Zugehörigkeit zu Christus –, nicht wieder abdrängen; auf dieser Basis wollen wir unser Leben führen. Nüchternheit – und Bestimmt-Sein vom Ziel der „himmlischen Berufung" (wovon gleich noch einmal die Rede sein wird: V. 20 f.; vgl. auch 2. Kor 5), das ist das Bild, das der Apostel von sich ent-
17 wirft und das er seinen Lesern als Leitbild empfiehlt. Aber Paulus drückt die Ermahnung zum „Mit-Nachahmen" so aus, daß er nicht selbst als das glänzende Vorbild dasteht, sondern er mit anderen zusammen als Nachahmer des Herrn Christus und seines Niedrigkeitsweges (Phil 2,7 f.) erscheint; diesen Vorbildern im Nachahmen sollen auch sie nun nacheifern, sie sollen sich „uns als Ziel ihrer Aufmerksamkeit nehmen", wie „achtet auf …" im letzten Satz wörtlich übersetzt werden könnte.

3. Abgrenzung gegen „Feinde des Kreuzes Christi", Mahnung zum Festbleiben 3,18–4,1

18 **Denn (hier) laufen viele herum, über die ich schon öfter zu euch gesprochen habe, jetzt aber muß ich es unter Tränen sagen: (sie sind) Feinde des Kreuzes Christi; 19 ihr Ende ist das Verderben, ihr Gott ist ihr Bauch, und ihre Ehre besteht in ihrer Schande; sie sinnen nur auf Irdisches. 20 Wir dagegen haben unser Heimatrecht im Himmel, von woher wir auch (unseren) Herrn Jesus Christus als den Retter erwarten, 21 der unseren (irdischen) Niedrigkeits-Leib verwandeln und seinem (himmlischen) Herrlichkeits-Leib gleichgestalten wird gemäß seiner Kraft, mit der er sich auch alle Dinge unterordnen kann. 4,1 Darum, meine geliebten und ersehnten Brüder und Schwestern, meine Freude und mein Ruhmeskranz, steht in diesem Sinne fest in dem Herrn, ihr Lieben!**

18 Die Ermahnung der Philipper, sie sollten sich an Paulus und seinesgleichen als Vorbildern der Christusnachfolge orientieren, liegt Paulus deswegen am Herzen, weil er inzwischen – offenbar an seinem jetzigen Aufenthaltsort – Leute erlebt, die sich auch als Christen darstellen, aber offenbar vom *Kreuz* Jesu Christi nichts halten, vielleicht sogar offen gegen Paulus protestieren, der das Kreuz Jesu in die Mitte seiner Verkündigung stellt. (Um Juden, die Jesus als Christus ganz und gar ablehnen, kann es sich bei dieser Ausdrucksweise wohl kaum handeln.) Das oben mit „herumlaufen" übersetzte griechische Wort ist dasselbe wie das in V. 17 mit „ihr Leben führen" wiedergegebene; ein Wortspiel also, das besagt: Wenn ich und meinesgleichen nachahmenswert sind, dann gilt das aber leider nicht von manchen anderen, die auch als christliche Prediger auftreten.

    Am einfachsten erklärt sich der einleitende Satz wohl unter der Voraussetzung, Paulus habe unser Kapitel 3 nach einem Zwischenaufenthalt in Philippi diktiert, wo er – mit dem Problem der „Enthusiasten" in Korinth innerlich stark beschäftigt (mindestens ein Teil des 2. Kor wurde auf dieser Reise, vielleicht in

Philippi, geschrieben!) – bereits von der ihn in Korinth erwartenden Situation gesprochen hatte. Nun in Korinth angekommen, muß er feststellen, daß die Lage sogar noch schlimmer ist, als er gedacht hatte; „unter Tränen" der Enttäuschung und des Zornes über die, aus deren eigenem Munde er jetzt die Verächtlichmachung des Kreuzes Christi hört, muß er nun davon schreiben; ihre Verurteilung drückt er sehr scharf aus, um seine Philipper auf jede Weise vor solchem verderblichen Einfluß zu bewahren.

Schwieriger scheint mir dagegen der andere Erklärungsversuch zu sein, wonach Paulus hier dieselben Gegner wie in 3,2ff. meint, über die er – natürlich – in Philippi schon direkt mit der Gemeinde gesprochen hätte, über die er aber nun neue Nachrichten darüber bekommen hätte, daß sie in Philippi nach seiner Weiterreise sogar noch an Boden gewonnen hätten. Dann hätten die Widersacher in Philippi (von V. 2f.) auch keine nichtchristlichen Juden sein können, da Paulus sie dann wohl kaum als Verächtlichmacher des Kreuzes Christi, sondern als Feinde Christi überhaupt gekennzeichnet hätte. Nimmt man aber an, Kap 3 sei gleich im Anschluß an Kap. 1–2 noch aus Ephesus geschrieben worden (im gleichen Brief also), dann wird es noch schwieriger, für die Verstärkung „jetzt aber … unter Tränen" einen plausiblen Grund anzugeben. Und schon gar nicht geht es an, die Worte „schon öfter … gesprochen" auf Kap. 1,15–18 und damit auf jene Konkurrenten in Ephesus zu beziehen, deren Auftreten ihm zwar Mühe machte, die er aber dennoch als Verkündiger des Christus-Evangeliums tolerieren konnte.

Freilich fällt es schwer, die einzelnen Verurteilungen der Widersacher in V. 18/19 genauer zu deuten. Es scheinen Judenchristen zu sein, denen das Kreuz Christi nicht einfach nur „peinlich" ist, sondern die die Erwähnung des Kreuzes scheuen, weil es sie von anderen Juden trennen und sie auch vor den römischen Behörden verdächtig machen würde (Kreuzigung ist eine Todesstrafe der *Römer*, deren Justiz durch das Bekenntnis zu einem Gekreuzigten in Frage gestellt wird). So könnten sie möglicherweise ihre relative Absicherung durch den Status der „*religio licita*" („erlaubte Religion"), die dem Judentum im römischen Imperium zuerkannt war, verlieren, ein Privileg, das die Christen *heidnischer* Herkunft nicht schützte, vor allem im Zusammenhang mit dem Kaiserkult, der damals zunehmend betont wurde. Solchen Irreführern wird das „Verderben" angekündigt, also Gottes eschatologische Verurteilung. Wenn es sich hier um solche Christen handelt, die meinen, das Ziel ihres Christseins schon irdisch erreicht zu haben und „vollkommen" zu sein (was angesichts von V.12f. denkbar ist), dann würde ihnen Paulus in aller Schärfe gerade dies absprechen: Denn wenn sie meinen, sie hätten jetzt schon das Ziel erreicht, dann läge dieses Ziel ja im Irdischen, in der Sphäre des „Bauches", der satten religiösen Zufriedenheit, mit der sie den wahrhaftigen Gott verraten und das Irdische zu ihrem Gott gemacht haben. Dann haben sie – wenn sogar ihr „Gott" dem Verderben geweiht ist – keinerlei Hoffnung mehr angesichts des Todes. So würde sich ihre scheinbare „Vollendung" als „Verderben", als endgültige Trennung von Gott herausstellen. Wo sie besondere „Ehre" oder „Herrlichkeit" zu haben meinen, da leben sie in Wahrheit in Schande, also in blamabler Haltlosigkeit ihrer Einbildung, und ihre Behauptung, gewissermaßen schon im Paradiese angelangt zu sein, ist in Wirklichkeit eine ganz „irdische", dem Materiellen und Vergänglichen verhaftete Denkweise.

So lautet das Urteil des Paulus, das er „unter Tränen" ausspricht: im Zorn, aber gewiß auch zu seinem eigenen Kummer. Aber das muß nicht bedeuten, daß all dies offen zu Tage läge, etwa in einem liederlichen, sittenlosen Lebenswandel. Daran hat man natürlich vor allem auch bei der Erwähnung des „Bauches" gedacht, sei es nun daß es sich dabei um luxuriöse Ausschweifungen im Essen und Trinken oder um solche in sexueller Hinsicht gehandelt habe. Doch hat man den Ausdruck – gewissermaßen als bissige Überspitzung für „das Fleisch" oder den Körper überhaupt – auch auf die Beschneidungsforderung der in V. 2 ff. gemeinten Gegner bezogen und gemeint, Paulus wolle hier den Beschneidungsritus als schlechthinnige Hingabe an das Irdische verunglimpfen; das erscheint aber angesichts der Tatsache, daß ja Paulus selbst wie jeder Jude das Beschneidungszeichen trug, und auch wegen des Bildgebrauchs vom „Bauch" nicht als passend. Doch muß eine genauere Ausdeutung offenbleiben.

19b   Auch im folgenden Sätzchen kann mit „Ehre" das gemeint sein, was sich die Gegner selbst zugute halten, worauf sie stolz sind, oder aber die „Herrlichkeit" bei Gott, die sie sich erworben zu haben meinen und die in Wahrheit wiederum eine Einbildung ist, die sie „zuschanden werden" läßt. Die jüdische Spruchsammlung des Jesus Sirach kann so von der Herrlichkeit der „Weisheit" (die mit der rechten Thorabeobachtung identisch ist) sprechen, die den „Weisen" schützt und behütet und ihn nicht zuschanden werden läßt (Sir 14,22–27; 24,25–31; 51,24). Solche Aussagen hätte Paulus dann ins Negative gewendet und auf die Gegner projiziert: sie sind dem „Verderben" (s. zuvor) geweiht, ohne daß man noch nähere Erkenntnisse für die Beschreibung ihres Irrweges daraus ableiten könnte. Auch das letzte Sätzchen „Sie orientieren sich nur am Irdischen" fügt nichts inhaltlich Neues hinzu, sondern bekräftigt nur ihr Verworfensein.

20a   Der Übergang zum Folgenden ist überraschend. Daß Paulus – im Gegensatz vom Verhaftetsein an das Irdische – nun von etwas „Himmlischem" spricht, konnte man erwarten. Aber er tut das mit einer überraschenden Vokabel (die auch in seinen Briefen sonst nicht vorkommt), nämlich *políteuma*, die oben annäherungsweise mit „Heimatrecht" übersetzt wurde, aber genauer „der Status als Bürger" oder „die bürgerlich-rechtliche Zugehörigkeit" bedeutet. Konkret könnte man an eine Art himmlischer „Bürgerschaftsliste" denken, in die die Christen bereits eingetragen sind – so wie die römischen Einwohner Philippis auch in Rom (also ebenfalls „auswärts") in der dortigen Bürgerschaftsliste der *tribus Voltinia* als römische Bürger eingetragen sind (vgl. Bormann [1995], 218 f.; Pilhofer [1995], 122 f.). Weniger wahrscheinlich ist der „dem bürgerlichen Status gemäße *Lebenswandel* im Himmel" gemeint (das setzt Luthers Übersetzung voraus); manche sehen darin dann einen Anklang an das entsprechende Verb in Phil 1,27; aber eine Anspielung auf eine Ansiedelung und entsprechenden „Lebenswandel" „*im Himmel"* ist dort ja gerade nicht im Blick. Dagegen war schon kurz zuvor (3,14 b) von der „himmlischen Berufung" (oder Einladung) die Rede, die ja auch eine künftige „Aufenthaltsberechtigung" im Himmel meint. In unserem Zusammenhang geht es Paulus darum, ein positives Gegenbild zu dem Verhaftetsein an das Irdische, das den Gegnern vorgeworfen wird, zu entwerfen. Das Irdische ist für den Christen nach Paulus nicht mehr der letzte, sondern allenfalls der vor-letzte Gesichtspunkt, gewiß der Raum irdischen Lebens und Handelns, in dem auch der Christ sich nach wie vor bewegt, aber nicht mehr der Maßstab und das Kriterium dieses Handelns und ebensowenig der Ort letzter Lebenserfüllung. Das Leben des Christen ist – jetzt schon! – im Himmel verankert. Das ist großartige Befreiung – aber gewiß auch eine Zumutung, die verlangt, daß die innere Unabhängigkeit vom Irdischen auch in der Lebensführung des Christen erkennbar wird. Bemerkenswert ist dabei, daß für Paulus offensichtlich konkret auch der Bereich des „Politischen" im Blick ist; auch staatliche Macht mit ihren Vorschriften, Regeln und Handlungen ist nur insoweit für den Christen verbindlich und zu respektieren, als sie nicht versucht, ihn in einen Gegensatz zu Glauben, Liebe und Hoffnung gemäß dem Evangelium zu bringen. (In dieser Perspektive ist dann auch die nur scheinbar rückhaltlose Anerkennung staatlicher „Obrigkeit" nach Röm 13,1–7 zu lesen; vgl. Aland [1978/1990].) Die himmlische Bürgerschaft hat jedenfalls den Vorrang vor jeder irdischen, also auch der römischen, Bürgerschaft. Dabei **20b** wird an unserer Stelle – wie schon zuvor in Phil 3,10f. – der Aspekt der Hoffnung besonders betont: Wenn alles Irdisch-Vergängliche vergehen wird, wird Jesus Christus, unser Herr und „Retter", vom Himmel her kommen, um uns in seine himmlische und unvergängliche Herrlichkeit heimzuholen. Widerfährt dem **21** Christen in der Taufe das Gleichgestaltetwerden mit dem Tode Christi (Röm 6,3ff.), so darf er dessen gewiß sein, daß am Ende sein irdisch-sterblicher Leib dem himmlischen „Leibe" des zu Gott erhöhten Christus gleichgestaltet werden wird (3,10f.; Röm 6,8–10. 22), auch wenn kein Mensch sich davon jetzt schon eine genauere Vorstellung machen kann (vgl. 1. Kor 15,35–53). Paulus spricht hier also noch ganz mit den Vorstellungsmitteln der jüdischen Apokalyptik, die – wie eben auch Paulus – davon ausgeht, daß der Mensch ein leibliches Wesen nicht mit einer „unsterblichen Seele" ist, sondern auch in einem Leben nach dem Tode in einer, wenn auch verwandelten, Leiblichkeit existieren wird, die Gott der Schöpfer ihm neu schenkt. Vergleicht man diese apokalyptische Form der Hoffnungsaussagen in V. 20–21 mit denen in 1,21–23, so sieht man, daß Paulus beim Diktieren von Kap. 3 nicht mehr in einer Lage ist, die ihn mit der Möglichkeit des Todes jetzt, also vor der himmlischen Ankunft des Herrn konfrontiert; der Gefängnisaufenthalt mit seinem ungewissen Ausgang liegt offenbar jetzt hinter ihm. Wie in 1. Kor 15,51–53 setzt er hier voraus, daß er die Ankunft Christi vom Himmel her erleben wird und daß sein Leib dann, für die „Heimholung" in den Himmel, verwandelt werden wird. (Vgl. noch den Exkurs nach 1,26.)

Wie das Hauptstichwort von V. 20f., *políteuma*, so begegnet auch das Wort *sôtêr* (= „Retter, Heiland") nur hier in den echten Paulusbriefen als Christustitel. Seiner eigenen Tradition nach spricht es von dem endzeitlichen, göttlichen Richter, der für die Glaubenden zugleich auch der Retter aus dem Gericht ist; diese endzeitliche Funktion ist offensichtlich auch für Paulus der maßgebende Inhalt des Wortes (anders etwa in Lk 2,11), hier verbunden mit dem Gedanken der Auferweckung vom Tode. Da es sich um zwei nur einmal von Paulus gebrauchte Vokabeln handelt, zu denen noch zwei weitere („Niedrigkeit" und „Kraft") kommen, hat man gemeint, daß er in den beiden Versen eine nicht von ihm selbst formulierte Aussage benutzt, die man zum Teil auch – in Erinnerung an Phil 2,6–11 – als

„hymnisch" eingestuft hat; eine besondere Beziehung zu diesem „Lehrgedicht" könnte in dem Wort von der „Niedrigkeit" bestehen (vgl. 2,8). Was in Phil 2 offensichtlich ist (s. den Exkurs zu 2,6–11), liegt hier aber keineswegs auf der Hand; eine strophische Textgestaltung in der Art von 2,6–11 ist hier nur bedingt zu erkennen. Trotzdem ist die Ausdrucksweise gewiß auffällig und deutet an – ob übernommen oder nicht -, daß Paulus hier sehr überlegt formuliert hat und Wert darauf legt, nach den Aussagen vom sportlichen Wettkampf (V. 13 f.) und der Aufforderung zum „Nachahmen" dieses zielorientierten Lebenswandels (V. 17) seinen Lesern nun auch das Ziel selbst noch einmal klar vor Augen zu stellen: am Ende steht er, Jesus Christus, als der von Gott Beauftragte, der das Irdische zu seinem Ende und für die Glaubenden zur himmlischen Erfüllung bringt, um dann Gott die Zügel des Weltregiments zurückzugeben, „auf daß Gott sei alles in allem" (so nach 1. Kor 15,25–28).

4,1   So kann Paulus diesen Briefabschnitt abschließen (die Kapiteleinteilung stammt erst aus viel späterer Zeit) mit einer Mahnung zum Festbleiben im Herrn, mit der er seine Brüder und Schwestern im Glauben in Philippi noch einmal quasi umarmt als die, mit denen er in besonders herzlicher Liebe verbunden ist. Sie sind jetzt schon seine Freude und werden dann, bei der Rechenschaftslegung, die er seinem – und ihrem – Herrn wird geben müssen (2. Kor 5,10), ein „Ruhmeskranz" für ihn sein (vgl. auch 1. Thess 2,19 f. und 2. Kor 1,14).

Exkurs: Die Gegner des Evangeliums nach Phil 3

Abschließend zu Phil 3,2 – 4,1 ist noch einmal auf die Frage einzugehen, vor welchen Gegnern Paulus in diesem Briefteil einerseits heftig warnt, während er andererseits so von ihnen spricht, als seien sie gar nicht in Philippi, sondern an seinem Orte anwesend, und er wolle die Philipper von ihrer Gefährlichkeit nur unterrichten, weil sie ihm, Paulus, jetzt zu schaffen machen. Damit ist schon das erste Problem berührt: Handelt es sich um eine in sich geschlossene gegnerische Gruppierung? Oder um zwei oder gar um drei? Sogar letzteres ist behauptet worden (die drei Gruppen wären danach von Paulus in 3,2–11, in 3,12–16(17) und in 3,18–19 vorgeführt worden). Die Schwierigkeit besteht darin, daß Paulus keine deutlichen Einschnitte kenntlich macht, und so wird häufig die Annahme vertreten, es handele sich insgesamt nur um eine Gruppe, von der einige sogar meinen, sie sei identisch mit den in Kap. 1 begegnenden Rivalen des Paulus an seinem Orte (1,15–17) oder mit den Widersachern, mit denen es die Philipper (nach 1,28) zu tun haben (oder gar mit beiden zugleich). Den Verweis auf Kap. 1 halte ich für ganz abwegig, da die erste dort genannte Gruppe von Paulus ja keineswegs des Verrats an der Christusbotschaft bezichtigt wird, auch wenn sie ihm persönlich mit ihren Aktivitäten wehtut, und da es sich bei den Widersachern in Philippi doch wohl um heidnische Personen (oder Institutionen) handelt, die die Christen in irgendeiner Art schikanieren. Aber die ganze Frage ist so vielschichtig diskutiert worden, daß hier diese Debatte nicht im einzelnen nachvollzogen werden kann. Mir hat sich die Annahme nahegelegt, daß in Kap. 3 von zwei verschiedenen Gruppen die Rede ist.

Die eine wird in 3,2–11 erkennbar als eine Gruppe von Propagandisten, die den Heidenchristen in Philippi die Beschneidung und damit die Aufnahme ins

Judentum aufnötigen wollen. Und nicht nur dies, sondern überhaupt empfehlen sie ihnen das Judentum, indem sie ihnen dessen Segnungen anpreisen: die Zugehörigkeit zu Gottes erwähltem Volk, die Unterstellung unter die Bundessatzung Gottes, die Thora, die zu befolgen ein gottgefälliges Leben ermöglicht, usw. Mit ihren eigenen Erfahrungen in diesen Dingen wollen sie die Christen, die sich noch nicht näher auskennen, unsicher machen; sie mögen etwa gesagt haben: Was euch Paulus predigt, ist höchstens die halbe Wahrheit; das Wichtigste fehlt euch noch. Vermutlich spielte Jesus Christus in ihrer Verkündigung keine Rolle, aber vielleicht vermieden sie, ausdrücklich – und zwar eben polemisch – von ihm zu reden, um ihre Hörer nicht vor den Kopf zu stoßen. Sie wären also Missionare des Judentums gewesen, die auf den Spuren einer anderen, eben der paulinischen, Mission die (in ihren Augen) erst halb Gewonnenen nun ganz für das Judentum zu gewinnen suchten. Solche Folge-Missionstätigkeit von verwandten Konkurrenten hat es ja auch später in der Geschichte der christlichen Mission nicht selten gegeben. Und es gibt nach meiner Auffassung Grund zu der Annahme, daß auch die von Paulus im Galaterbrief bekämpften Gegner solche jüdischen, nicht (wie meist angenommen wird) juden*christliche* Konkurrenten waren (Walter [1986/1997]). Die Apostelgeschichte bietet einige Hinweise auf solche feindlich gesonnenen jüdischen Akteure, die dem Apostel bis nach Kleinasien und Korinth – und dann gewiß auch Makedonien – folgen und seine Arbeit zunichtemachen wollen, zuletzt dadurch, daß sie ihn in Jerusalem den Tempelbehörden anzeigen und schon auf eigene Faust festnehmen, weil sie ihn in der Provinz Asia (und das heißt wohl: in Ephesus) beobachtet haben als einen, der „überall lehrend gegen unser Volk, unser Gesetz und unseren Tempel auftritt" (Apg 21,27–30); als sie so noch keinen Erfolg haben, planen sie sogar einen Mordanschlag gegen ihn (Apg 23,12–15). Auch seine Geldsammlung unter den Heiden für die judenchristliche Gemeinde in Jerusalem ist ihnen ein Dorn im Auge (Apg 20,3; vgl. Röm 15,25–27); sie sind also ziemlich genau im Bilde über seine Aktivitäten. Über die polemische Reaktion des Paulus auf diese Gruppe s. oben die Auslegung zu 3,2–11.

Von 3,12 (oder schon 3,11) an wechselt dann das Thema der Polemik. Ging es davor um die Qualitäten und den Heilsbesitz des Judentums, so tritt nun der Gegensatz von (eingebildeter) Vollkommenheit und einer bis zum Jüngsten Tag bleibenden Unvollkommenheit auch der gläubigen Christen, ja des Apostels Paulus selbst in den Vordergrund. Es ist wohl kein Zufall, daß wir uns von V. 12 an mehrfach an Stellen aus dem 2. Korintherbrief erinnert fühlten (s. die Auslegung). In diesem Brief, dessen Teile ungefähr zur gleichen Zeit nach Korinth geschrieben wurden, in der auch der/die Philipperbrief(e) entstanden, nämlich in der letzten Zeit des Ephesus-Aufenthalts bzw. auf der Reise über Makedonien nach Griechenland, mußte sich Paulus mit einer Gruppe christlicher „Enthusiasten" in Korinth auseinandersetzen, die sich selbst als „Superapostel" darstellen (2. Kor 11,5; 12,11) und mancherlei Zeichen von exklusivem Geistbesitz für sich in Anspruch nehmen; das steht im Zusammenhang mit einer „Herrlichkeitschristologie" (Schnelle [1994], 113 f.), mit der sie den Kreuzestod Jesu theologisch überspielen, ihn für unwesentlich ansehen. Nichts dagegen weist darauf hin, daß sie von den Heidenchristen die Beschneidung gefordert hätten. Vielmehr sind es Christen (sonst würde Paulus sie nicht „Feinde des Kreuzes Christi", sondern eher „Feinde Christi" o. ä. nennen), die sich schon jetzt als „in höheren Sphären lebend" ansehen und den Christen der von Paulus gegründeten Gemeinde eine Haltung vorleben (und sie dafür gewinnen wollen), mit der sie schon über alles Irdische hinaus zu sein sich einbilden. Ob sich das nun nur in illusionären Parolen äußerte oder etwa auch in einem sittenlosen Lebenswandel darstellte (nach dem Motto: die irdischen Dinge können uns nichts mehr anhaben; also können wir uns ihnen ungestraft hingeben), ist in der Forschung strittig und schwer zu entscheiden. Die Losung „Mir ist alles erlaubt" zitiert Paulus schon in 1. Kor 6,12 (und 10,23) und schränkt sie sofort ein: „Aber nicht alles ist hilfreich" bzw. „Aber ich will mich von nichts beherrschen lassen", und in diesem Zusammenhang geht es dann (1. Kor 6,13) um luxuriöses Essen und Trinken (von Paulus mit dem Stichwort „Bauch" verächtlich gemacht; vgl. Phil 3,19) sowie um sexuelle Verfehlungen („Der Leib soll nicht der Hurerei dienen, sondern dem Herrn", 1. Kor 6,13 b, schärfer auf's Korn genommen in 6,15–20). Denkbar ist das auch für die nicht viel spätere Situation des 2. Kor, wo man dann meist noch voraussetzt, daß die Gruppe der „Enthusiasten" inzwischen neue Unterstützung und Vergrößerung aus Alexandrien bekommen hat, wo hellenistisch-jüdische (bzw. auch jüdisch-christliche) Gruppen in einer Auffassung von einer schon gegenwärtigen Erlösung lebten, bei der alles Irdische gleichgültig wurde. Wie Paulus dort sagt: „Eure Leiber sind Christi Glieder ... Ihr seid nicht euer eigen, sondern gehört dem Herrn ..." (1. Kor 6,15–20), so könnte er es auch wohl in Phil 3,13–21 sagen; aber wenn unsere Auslegung (oben) richtig war, dann redet er in dieser Sache ja gar nicht so sehr an die Adresse der Philipper, sondern spricht sich über Leute aus, mit denen er es an seinem Ort (also wohl in Korinth) zu tun hat. Bemerkenswert ist noch, daß er auch in 1. Kor 6,14 sogleich auf die noch zu erhoffende Auferweckung von den Toten zu sprechen kommt, die aus der schon geschehenen Auferweckung Christi für die „Leiber, die seine Glieder sind", folgt. Insgesamt schärft Paulus also die Realität dessen ein, was „noch ist", und verbindet damit die Hoffnung auf das, was kommen wird; dasselbe tut er – bei größerer Ausführlichkeit – in 2. Kor 4–5. Und für die Christen in Philippi gilt es in gleicher Weise wie für die in Korinth, auch ohne daß dort Vertreter jener enthusiastischen Richtung aufgetreten sein müßten.

4. Mahnung zur Eintracht in einem Einzelfall 4,2–3

2 Euodia ermahne ich und Syntyche ermahne ich, sie sollen sich in Eintracht zusammenfinden im Herrn. 3 Ja, ich bitte dich, mein wahrhaftiger Syzygos, nimm dich der beiden an, die zusammen mit mir für das Evangelium gestritten haben, auch mit Klemens und meinen übrigen Mitarbeitern, deren Namen im Buch des Lebens stehen.

Nach dem feierlich-volltönenden Abschluß des vorangehenden Abschnitts A
und der daran angefügten Mahnung zum Festbleiben folgt ohne weitere Vorbereitung noch eine Einzelmahnung an zwei Frauen in der Gemeinde zu Philippi. Das könnte der Übergang zum Abschluß eines Briefes sein, und da zwischen V. 1 und 2 kein Ansatz zu einem Schluß zu erkennen ist, sollte man die
Verse am besten demselben Brief zurechnen wie Kap. 3,2–4,1. Aber man kann
natürlich auch sagen, daß hier die allgemeine Ermahnung zur Eintracht von Kap.
2,2 noch einmal aufgegriffen und auf einen konkreten Fall bezogen wird.

   In der Erzählung von der Gründung der Gemeinde in Philippi durch Pau- B
lus (Apg 16,11–40) lernen wir als erstes einige Frauen kennen, die am Ufer
eines Flusses eine sabbatliche Gebetsandacht halten. Eine davon, die vermutlich auch in der weiteren Gemeindegeschichte eine Rolle spielt, ist Lydia (Apg
16,14 f. und 40), eine „Gottesfürchtige", das heißt eine Halb-Proselytin, die
sich dem Judentum, wie es in der hellenistischen Diaspora vertreten wurde,
schon angenähert hatte, ohne ganz zu ihm überzutreten. Sie war Purpurhänd-
lerin, vermutlich also eine wohlhabende Frau, die vielleicht das Geschäft ihres
Mannes nach dessen Tode weiter leitete, und stammte aus Thyatira, einer Indu-
strie- und Handelsstadt in Lydien (Kleinasien). Jetzt ließ sie sich taufen „mit
ihrem Haus" (Apg 16,15), also mit ihren Kindern (sofern solche noch bei ihr
im Hause lebten), sicher auch mit ihren Hausklaven und -sklavinnen. Da wir
nicht wissen, ob es zu der Zeit in Philippi schon eine Synagoge gab (s. Einleitung
Abschn. 1 gegen Ende), könnte es sein, daß sie schon in ihrer Heimat dem Judentum nähergekommen war. Außerdem ist es möglich, daß sie eigentlich nicht den
Namen Lydia, sondern einen anderen Namen trug und erst als Zugewanderte in
Philippi „die Lydierin" genannt wurde. So wäre es nicht ausgeschlossen – bleibt 2
aber bloße Vermutung -, daß wir in einer der beiden Frauen, die Paulus hier
so betont als zwei Einzelpersonen anredet (das Verb „ermahne ich" setzt er
zweimal), die Lydierin erkennen können; und um die Vermutung noch weiter
zu führen: die andere könnte eine ihrer Sklavinnen im Geschäft sein. Nun, da
sie beide als „Schwestern im Herrn" in der christlichen Gemeinde leben, erweisen sich die festen spätantiken Sozialstrukturen als brüchig „in dem Herrn", also
um des „Herren" Jesus Christus willen, dem sie nun beide „untergeordnet" sind
– und daraus mochte sich auch einmal ein persönlicher Zwiespalt entwickeln.
Wer mochte denn schon gern hören, daß eine Sklavin sagt: „Hier, in der
Gemeinde, hast du mir gar nichts zu befehlen!" (Der Philemonbrief bietet ein
Beispiel dafür, wie Paulus sich den Umgang eines Herren und eines Sklaven miteinander in einer christlichen Gemeinde denken möchte.) Das ist – wie gesagt
– bloße Vermutung; trifft sie nicht zu, dann wissen wir eben gar nichts über
die Gründe der Zwietracht zwischen beiden Frauen.

   Paulus jedenfalls bittet einen „Unparteiischen", den beiden Frauen zu hel- 3
fen, daß sie wieder zueinander finden; es ist ein gewisser *Syzygos* (das heißt:
„Jochgenosse"), und wir wissen auch hier nicht, ob es sich um einen Namen oder
um eine von Paulus gewählte Bezeichnung handelt, mit der er ausdrücken will,
daß sie beide in Philippi gut miteinander zusammengearbeitet hatten. Sonst ist
uns dieses Wort als Personenname nicht bekannt; aber es könnte sein, daß Pau-

lus hier dem Namen seine wörtliche Bedeutung gibt: Du, der du mir ein echter „Syzygos", ein wahrer „Partner" warst, wie es dein Name sagt. Auffällig ist, daß dieser Mitarbeiter direkt angeredet wird; das klingt so, als ob Paulus sich vorstellt, daß er den Brief in der Gemeindeversammlung vorlesen wird. Demnach wäre er der Leiter dieser Versammlung. Doch sind damit auch die beiden Frauen nicht abgetan, sondern Paulus liegt daran, auch öffentlich vor der Gemeinde (durch die Briefverlesung) zu bestätigen, daß ihm an beiden liegt, daß sie beide für ihn wichtige Mitstreiterinnen bei der Gründung der Gemeinde waren (eben dies würde auch wieder zu „Lydia" passen). Als Vierten nennt er gleich noch einen Clemens (so würde die lateinische Schreibung lauten; der Name bedeutet „der Gütige, Milde"); für die römisch geprägte Stadt ist das vielleicht typisch: ein Mitbürger lateinischer Sprache auch in der Christus-Gemeinde. Und schließlich, damit sich niemand übergangen fühlen soll, fügt er an: „und auch alle meine sonstigen Mitarbeiter".

Ihnen allen spricht er zu, daß ihre Namen im „Buch des Lebens" eingetragen sind (dieser schon im AT, vgl. Ex 32,32 f.; Ps 69,29; Dan 7,10; 12,1, und in apokalyptischen Schriften begegnende bildhafte Ausdruck findet sich sonst bei Paulus nicht, vgl. aber Offb 3,5; 17,8 usw.); hier könnte man, in Erinnerung an Phil 3,14b und 20, geradezu sagen: sie sind bereits in der himmlischen Bürgerschaftsliste eingetragen. Sie alle, auch die jetzt noch Zerstrittenen, dürfen sich dieser Hoffnung freuen – doch es folgt daraus auch die innere Notwendigkeit, daß in der Gemeinde „eine(r) dem oder der anderen durch Liebe diene" (Gal 5,13). So bemüht sich der Apostel auch um einen Einzelfall von Streit in Philippi, weil er seine liebe Gemeinde gern von allen „Flecken oder Runzeln" (Eph 5,27) befreit sehen möchte. Damit könnte dieser Brief seinem Abschluß entgegengehen, nachdem – wie das öfter an solcher Stelle geschieht – Paulus noch einmal alle die namentlich genannt hat, mit denen ihn in der Gemeinde besonders viel verbindet.

5. Abschließender Aufruf zur Freude im Herrn
[im Anschluß an 3,1a; wohl zu Brief B gehörig] 4,4–7

4 Freut euch in dem Herrn allezeit; ich sag's noch einmal: Freut euch! 5 Eure Güte und Milde möge allen Menschen bekannt werden. Der Herr ist nahe. 6 Seid um nichts besorgt, sondern laßt in allen Angelegenheiten eure Bitten vor Gott im Gebet und Flehen mit Danksagung kundwerden. 7 Und der Friede Gottes, der all (unser) vernünftiges Denken übersteigt, der wird eure Herzen und eure Gedanken in Christus Jesus bewahren.

A   Mit einem erneuten Aufruf zur Freude geht es im Text weiter. Solcher Aufruf hat natürlich nach dem Hinweis auf die himmlische Hoffnung der Christen (V. 3) durchaus seinen Platz. Aber es fällt doch auf, daß er wörtlich den schon in 3,1 erklungenen Ruf wiederholt und daß – genau wie dort – eine Bemerkung über die Wiederholung dieses Aufrufs gemacht wird. Wenn Kap. 3,2–4,3

ein Stück des späteren Briefes C (aus Korinth) an die Philipper ist, dann könnte man denken, daß der Redaktor die Dublette dieses Freudenrufs (3,1 und 4,4)
zum Teil selbst hergestellt hat, um nun den Faden des (älteren) Briefes B wieder aufnehmen zu können und mit dessen Text fortzufahren. Aber das bleibt
wiederum nur eine der Möglichkeiten, die in Frage kommen, wenn der jetzige
Phil kein einheitliches Schreiben aus einem Guß ist.

Die Freude, zu der Paulus die Gemeinde ermuntert, soll im ganzen Leben der B 4
Christen spürbar sein, und zwar nicht zuletzt in einer besonderen Weise des
Umgangs miteinander und mit anderen Menschen; Paulus beschreibt diese Art 5
mit einem Wort, das oben mit zwei deutschen Wörtern wiedergegeben wurde,
weil keins von beiden ganz ausreichen würde: Güte und Milde, das, was anderen
Leuten „entgegenkommt"; das Wort begegnet im jüdischen Pseudo-Aristeas-
Brief (188) gerade auch in einer Reihe von Tugenden, die den wahren Herrscher
kennzeichnen, an vorderster Stelle mit der Bemerkung, daß so Gottes Verhalten
nachgeahmt werde, und das entsprechende Substantiv dient in der „Weisheit Salo-
mos" (2,10–19) zur zusammenfassenden Charakterisierung des Frommen, der
im Leiden geduldig und standfest ist, sich den Armen zuneigt und im Vertrauen
auf Gott auch Ungerechtigkeiten und Mißhandlung erträgt, ohne mit Haß zu
reagieren. Christen sollen sich also anderen gegenüber nicht „darstellen", nicht
von oben herab, rechthaberisch und eingebildet auftreten. Das entspricht der
Mahnung, die Paulus für das Verhalten untereinander schon einmal in Phil 2,3
(im Blick auf 1,17) ausgesprochen und mit dem Hinweis auf die Selbsterniedrigung Jesu Christi unterbaut hatte (2,3 und 2,8); vgl. auch „Sanftmut und
Milde" als Eigenschaften Christi in 2. Kor 10,1 (und Mt 11,29). So soll diese Haltung also allen Menschen gegenüber gelten. Soll das nächste Sätzchen „Der Herr
ist nahe" noch einmal eine Begründung dafür geben? Besser sieht man es wohl als 6
Einleitung zum Folgenden an, zu der Mahnung, sich nicht zu sorgen. „Der Herr
ist nahe" – dieser urchristliche Bekenntnis- und Erwartungsruf spielte wohl
bei der urchristlichen Herrenmahlfeier eine besondere Rolle (in aramäischer
Fassung – *maranathá* – steht er in 1. Kor 16,22 unter den Briefabschlußwendun-
gen). Der Herr, der sich im Kreuzestod für seine Gemeinde dahingegeben hatte
und dessen erlösende Ankunft die Gemeinde nun „vom Himmel her" erwartet
(3,20), macht alles weitergreifende Sorgen über das täglich Notwendige hinaus
überflüssig; der Glaubende muß seine Aktivität nicht mehr für seine Selbstsicherung auf selbstgesteckte irdische Lebensziele hin aufbrauchen, sondern kann sie in
der Liebe zum Nächsten einsetzen. (Jeder Bibelleser wird hier an das „Sorget
nicht!" aus der Bergpredigt – Mt 6,25–34 – denken.) Das, was ihn selbst betrifft
– aber auch alles, worüber er keine Macht hat, wovor er Angst hat – darf er der
Fürsorge Gottes im Gebet anvertrauen; er muß sich also mit solchen Sorgen
nicht still für sich allein abquälen und seine Freude durch sie ersticken lassen!
Aber: wer nicht „danke" sagen kann, soll auch nicht „bitte" sagen. Darum
gehört zum Bittgebet immer auch der Dank an Gott für die schon gewährten
guten Gaben, aber gewiß auch dafür, daß er uns in Jesus Christus grundsätzlich davon freigemacht hat, unsere eigenen Lebens-Retter oder „Heilande" (siehe
oben zu 3,20) und die Bewältiger unseres „Schicksals" sein zu müssen.

7   Weiterführend und abschließend wünscht Paulus der Gemeinde den „Frieden" Gottes, den er auch im Briefanfang (Phil 1,2, wie in allen seinen Briefen) als Gruß und Wunsch zugesprochen hatte, der in der besonderen Weise des hebräischen Wortes *shâlôm* irdisches und himmlisches Heil umschließt (s. oben zu 1,2). Dieser „Friede", den nur Gott geben kann, umfaßt und überbietet alles, was wir mit menschlichem Verstand und Erkenntnisvermögen erfassen und in eigenes Handeln umsetzen könnten; alle unsere Beurteilungen der aktuellen Lage greifen ihm gegenüber zu kurz. Nur dieser Friede, der in Christus Jesus für uns erfahrbar geworden ist, kann deshalb wie eine wohltuende Macht unser „Herz", den Sitz (z. B.) unseres Sorgens, und unsere „Gedanken", unsere Absichten, Vorhaben und Planungen, und damit uns selbst in unserer ganzen Existenz befreien, bewachen und bewahren, weil nur dieser Friede die Umfassendheit des Himmels hat, der uns jetzt schon bergen und in der uns verbürgten himmlischen „Heimat" (vgl. 3,20) zu Hause sein lassen kann. Das ist wohl sogar mehr, als wir zu erbitten vermögen.

6. Allgemeine Mahnungen zum Abschluß [wohl ebenfalls zu Brief B] 4,8–9

8 Ansonsten (alles in allem), (liebe) Brüder und Schwestern: Was wahrhaftig ist, was ehrenwert, was gerecht, was rein, was wohlgefällig (ist), was guten Ruf (einbringt) – wenn es so etwas wie Tugend oder Lob gibt: darüber macht euch Gedanken. 9 Und was ihr (von mir) gelernt und überliefert bekommen und gehört habt, was ihr an mir gesehen habt, (alles) das tut! Und der Gott des Friedens wird mit euch sein.

8   Damit kommt Paulus (erneut? – vgl. oben zu 3,1) zum Schluß. Und er tut es mit einer weitausholenden Zusammenfassung und Verallgemeinerung seiner Ermahnungen an die Gemeinde. Es sind nicht einzelne Tugenden, die Paulus nennt, die selbst beinhalten würden, wie das Handeln im einzelnen aussehen soll, sondern es sind Wertungen, die auf die gängigen Verhaltensnormen der Umwelt verweisen. Was jedermann für anständig und erfreulich an seinen Mitmenschen halten wird, das ist auch für Christen weder zu banal noch zu hoch gegriffen; es kann auch ihnen zum Bewertungsmaßstab dienen, an dem man sich orientiert. Alles, was den alltäglichen Umgang der Menschen miteinander angeht, das verlangt vom Christen keine besonders ausgearbeiteten Moralsätze; da soll er nichts Außerordentliches darstellen, aber er soll „angenehm auffallen": auch das Wohlgefällige, das was guten Ruf einbringt, dafür soll sich der Christ nicht zu schade sein. Darüber soll sich die Gemeinde Gedanken machen und sich – für den Alltag – daran orientieren. Wie es schon im Anfangsteil des Briefes hieß (1,9), daß die Liebe „überreich" werden möchte „in vernunftmäßiger Erkenntnis und reflektierter Erfahrung", so wird auch hier am Ende das Nachdenken, das Sich-Orientieren an dem, was solche Erfahrung einbringt, angemahnt. Und nicht nur über das Nachdenken und Urteilen kommt es zu einem angemessenen Verhalten, sondern auch über das Anschauen und

Nachahmen: Paulus meint, sie könnten an seinem Verhalten einiges ablesen, 9
aber auch aus dem, was er ihnen an Tradition weitergegeben und sie gelehrt
hat, einiges schöpfen, woran sie ihr Tun und Verhalten orientieren können.
Noch einmal nennt Paulus abschließend die große heilvolle Friedensgabe Gottes, die all das überbietet und zugleich das Leben aus der Liebe im irdischen Miteinander ermöglicht. Gottes Friedensgabe wird gerade dann mit und bei den
Philippern sein, wenn sie sich in der angemahnten Weise zu ihren Mitmenschen verhalten.

Sollten diese beiden Verse ursprünglich nicht zum Gefangenschaftsbrief B, sondern zum
Warnbrief C gehört haben (wie manche Ausleger annehmen), dann ließe sich dieser nach-
drückliche Hinweis auf die moralischen Normen, die auch unter „Heiden" gelten, als
Gegenthese gegen die Prediger der Beschneidung und damit der Thora verstehen. Diese hätten dann offenbar die Meinung vertreten, die Philipper täten gut daran, die Thora des Judentums auch aus dem Grunde zu übernehmen, um eine von Gott gesetzte Richtlinie für den
Lebensalltag zu haben. Demgegenüber würde Paulus dann unterstreichen: Auch aus diesem
Grunde braucht ihr Heidenchristen die Thora nicht – es gibt auch in euren eigenen Traditionen und Gepflogenheiten genug moralische, beherzigenswerte Lebensweisheit, die
ihr nur recht bedenken und auf euer Leben als Christen beziehen müßt. – Aber ausdrücklich angesprochen ist dieser Gegensatz hier nicht, so daß über die ursprüngliche Zugehörigkeit der Verse nichts letztlich Sicheres gesagt werden kann.

DRITTER BRIEFTEIL
[BRIEF A: AUS DEM DANKBRIEF NACH PHILIPPI]
4,10–20 (+ 4,21–23)

1. Die finanzielle Unterstützung aus Philippi und die Unabhängigkeit
des Apostels 4,10–19

10 Ich habe mich nämlich sehr gefreut im Herrn, daß ihr jetzt einmal wieder dazu kamt, eure Fürsorge für mich aufblühen zu lassen. Denn (ich weiß ja, daß) ihr euch (schon länger) Gedanken (darüber) gemacht hattet – aber ihr fandet keine Möglichkeit (mir etwas zu senden). 11 Ich sage das nicht, weil ich Mangel gelitten hätte; ich habe nämlich gelernt, in der Lage, in der ich jeweils bin, auszukommen (mit dem, was da ist). 12 Ich verstehe mich darauf, unter ärmlichen Bedingungen (zu leben), ich weiß es aber auch (zu schätzen), einmal aus dem Vollen (schöpfen zu können). In alles und jedes bin ich eingeweiht: in Sattsein und Hungern, in Überfluß-Haben und Mangel-Leiden; 13 zu allem bin ich fähig durch den, der mir dazu die Kraft gibt, (durch Christus).
14 Jedenfalls: Ihr habt recht daran getan, mir in meiner bedrängten Lage eure Solidarität zu beweisen. 15 Denn ihr wißt es ja selbst, ihr (lieben) Philipper, daß damals, als ich (euch) zuerst das Evangelium brachte und ich dann von Mazedonien aus weiterziehen (mußte), keine Gemeinde außer euch allein mir Gemeinschaft erwies auf der Basis von Geben und Nehmen, 16 (so) daß ihr mir, als ich in Thessalonich war, einmal, ja zweimal etwas geschickt habt zu meiner (materiellen) Unterstützung. 17 Nicht, daß ich hinter Geschenken her bin; aber wohinter ich her bin, das ist: Frucht in großer Fülle, die zu euren Gunsten zu Buche schlägt. 18 Ich habe ja alles richtig erhalten und habe nun mehr als genug; ich bin voll befriedigt, seit ich durch Epaphroditus eure (Sendung) empfangen habe, den Wohlgeruch, (euer) angenehmes Opfer, das Gott wohlgefällig ist. 19 So wird denn auch mein Gott all euren Bedarf entsprechend seinem Reichtum befriedigen in Herrlichkeit in Christus Jesus.

A Mit einem unerwarteten Übergang beginnt Paulus ein neues Thema, womit man nach dem auf den Briefabschluß zulaufenden feierlichen Schlußwunsch V. 9 wohl kaum noch gerechnet hätte; auch die Anknüpfungspartikel *dé* am Satzanfang drückt kaum einen sachlichen Zusammenhang mit V. 9 aus. So ist auch an dieser Stelle die befriedigendere Annahme die, daß hier eine vom Redaktor der Briefkombination verursachte Naht vorliegt, an der Stelle, wo ein Stück aus einem anderen Brief eingefügt wurde. Und zwar muß es sich dann um den ältesten der drei im Phil kombinierten Briefe handeln, wie es schon in der Auslegung zu 2,25 f. erörtert wurde. Der Brief wäre dann bald nach der Ankunft des Epaphroditus mit der Geldspende aus Philippi bei Paulus (in Ephesus) von ihm nach Philippi geschickt worden, wobei die dortige Gemeinde zugleich von der

schweren Erkrankung des Epaphroditus erfuhr (vgl. Phil 2,26 b). Auch dieser
erste Brief muß natürlich eine Absender- und Adressatenangabe und einen
Anfangsgruß gehabt haben sowie wahrscheinlich zu Beginn des eigentlichen
Brieftextes einen Dank für die mitgebrachte Geldgabe. Dieser ausdrückliche
Dank wurde von der Redaktion nicht in den kombinierten Brief übernommen, vielleicht weil er sich nach dem schon weiter vorn (eigentlich im 2. Brief)
angesprochenen Eingang der Sendung etwas merkwürdig ausgenommen haben
würde. Aber der Kommentar, den Paulus dann dazu gab, schien seiner theologischen Aussagen wegen wichtig und erhaltenswert genug, um ihn auch dem
für die allgemeine Verbreitung gedachten kombinierten Brief einzufügen. So
löst sich wohl auch das Problem, warum Paulus in den Versen 4,10–19 den
Philippern eigentlich gar nicht „richtig" dankt; man hat von einem „danklo-
sen Dank" des Apostels gesprochen und dann, um dieser Feststellung die Schärfe zu nehmen, auf die banktechnischen Ausdrücke in V. 18 hingewiesen und
gemeint, hier bringe Paulus die eigentliche „Quittung" für die Spende zum Ausdruck – seltsam wäre es freilich doch, wenn das erst so versteckt und so spät
geschähe. Man überlege sich einmal in Ruhe, ob man einen Brief schreiben
würde (oder empfangen möchte!), in dem erst nach über 3 Kapiteln Anlauf ein
so merkwürdig „eingewickelter" Dank für eine vielleicht schon vor Monaten
eingetroffene Geldsendung ausgesprochen würde (nachdem auf sie aber in 2,25
und 30 bereits angespielt worden war). Alles erklärt sich jedenfalls viel einfacher,
wenn unsere Verse aus einem Brief stammen, der dem in Kap. 1–2 wiederge-
gebenen Brief um einige Zeit vorausging.

    Die Gemeinde in Philippi hatte sich offenbar schon gleich nach ihrer Grün-   B 10
dung Gedanken darüber gemacht, wie Paulus seine Verkündigungstätigkeit
im übrigen Makedonien (und dann in Achaja, z. B. in Korinth) würde durch-
führen können, da er doch über keinerlei Geldmittel verfügte. So hatten sie wohl
eine Verpflichtung gespürt, ihn nach Kräften finanziell zu unterstützen. Aus
Philippi mußten er und seine Mitarbeiter seinerzeit ziemlich plötzlich aufbre-
chen (vgl. 1.Thess 2,2, aber auch die Darstellung in Apg 16,40); vielleicht hatte
die dort noch einmal erwähnte „Lyderin" (s. oben zu 4,2) dem Paulus gleich
etwas Geld für die erste Zeit mitgegeben und dann weitere Unterstützung organisiert, die ihm in Thessalonich und auch in Korinth zugute kam (Vers 16; vgl.
noch 2. Kor 11,9). Nun bezeugt er den Philippern seine Freude, daß sie ihm auch
in dieser Hinsicht die Treue gehalten und seine bedrängte Lage (in Ephesus) zum
Anlaß genommen haben, ihm wieder zu helfen, sobald sich die Möglichkeit dazu
bot. Paulus möchte nun einerseits, daß sie wissen, daß seine apostolische Arbeit   11–12
(oder auch, wie jetzt, sein Durchhalten im Leiden) nicht von den finanziellen
Umständen abhängig ist; andererseits liegt ihm aber daran, die Gemeinde, die
sich um ihn Sorgen macht, nicht lieblos, etwa gar durch Nicht-Annahme oder
ein kühles „Ich brauche so etwas nicht", zu brüskieren. Man hat diesen Text
mit der Haltung eines Stoikers verglichen. Aber es ist doch etwas wesentlich
anderes, wenn ein solcher in philosophischer Konsequenz sagt: „Alles Äußere
betrifft mein eigentliches Ich gar nicht, seien es widrige oder erfreuliche
Umstände – meine ‚stoische Ruhe' macht mich immun gegen die Außenwelt",

oder wenn Paulus von sich sagt, daß es ihm schon „etwas ausmacht", wie seine
äußeren Umstände bestellt sind, daß er sich freuen oder auch leiden kann, und
daß er sich vor allem freut, wenn er aus einer Geldgabe die Liebe der Geber
erkennen kann, auch wenn er zugleich versichert, daß äußerer Mangel ihm
nicht seinen Lebensmut nehmen und seine Dienstfähigkeit für seinen Herrn
Christus nicht beeinträchtigen kann. Die Kraft, die ihn zu beidem, zur Freude
und zu geduldigem Leiden, befähigt, stammt so oder so nicht von ihm, aus seiner seelischen *apátheia* (das ist das Wort der Stoiker für das Nicht-Berührt-
werden von Leidenschaften jeder Art), sondern er weiß sich mit dieser Kraft von
seinem Herrn beschenkt. Nicht das Leiden oder das Ernstnehmen dessen, was
um ihn herum geschieht, hat Paulus verlernt, wohl aber das Sorgen, das die
Lebenskraft nur noch dafür einsetzt, die eigene Zukunftssicherung zu betreiben (vgl. oben zu 4,4).

Übrigens hat man jüngst darauf hingewiesen, daß in unserem Abschnitt Gedanken und
Wörter begegnen, wie sie im antiken Nachdenken (z. B. bei Cicero) über Wesen und Wert
der Freundschaft ihren Platz haben (so, im Anschluß an A. J. Malherbe, besonders
M. Müller [1997], 152–167; jedoch vgl. auch L. Bormann [1995], 164–170). Auch wenn
man nicht annimmt, daß Paulus solche „Anleihen" bewußt vollzogen hat, würde sich
daran noch einmal die Besonderheit des freundschaftlichen Verhältnisses zwischen Paulus und den Philippern zeigen.

13   Es gibt also außer der stoischen auch eine christliche Unabhängigkeit von den
äußeren Umständen, die sich nicht aus der Verdrängung der Gefühle, wohl
aber aus dem Vorrang der Liebe gegenüber der Ichbezogenheit und Selbstsi-
cherungssucht speist und die Paulus in verschiedenen Briefen als die Lebenshaltung darstellt, die insbesondere ihn als Apostel ganz bestimmt. Man nennt
Texte wie 1. Kor 4,9–13, 2. Kor 6,4–10 oder 2. Kor 11,23–30 „Peristasenkatalo-
ge", weil Paulus in ihnen katalogartige Listen von guten und/oder (nur) schlech-
ten „Lebensumständen" *(peristáseis)* aufstellt, mit denen er zeigen will, daß er,
der Apostel, gerade auch da, wo er nach außen den Eindruck eines Schwachen,
eines Erfolglosen macht, im Dienst seines Herrn steht, der auch aus seiner
Schwachheit etwas Positives machen kann, so daß dann das positive Ergebnis
um so eindeutiger als aus der Kraft Christi stammend sich erweist (2. Kor 12,9).
Wie es oben in der Übersetzung geschah, so haben auch spätere Handschriften der Paulusbriefe den Namen des Herrn an dieser Stelle ausdrücklich hinzugefügt.

14–16   Noch einmal bestätigt Paulus seinen Lesern die besonders enge, tatkräftige
Verbindung, die zwischen den Philippern und ihm besteht, als einen besonderen Glücksfall, der sich keineswegs bei allen anderen paulinischen Gründun-
gen in gleicher Weise ergeben hat. Nur sie haben ihn gleich zu Anfang zweimal mit Geldsendungen in seiner Arbeit gestärkt; hier klingt es so, als hätten
ihn beide Sendungen seinerzeit in Thessalonich erreicht, während er in 2. Kor
11,9 von einer Sendung spricht, die er *in Korinth* „aus Makedonien" empfangen hat. Handelt es sich um die zweite Sendung? Oder um eine (andere) aus
Thessalonich bzw. Beröa? Das wird nicht ganz klar, mag aber auf sich beruhen bleiben. Paulus vermag jedenfalls in solchen Zusammenhängen auch von

seiner apostolischen Predigt als von einer „Leistung" zu sprechen, die ihren
Lohn wert ist. So ist es eine „Abrechnung auf der Basis von Geben und Nehmen" (V. 15), gewissermaßen ein Geschäft auf Gegenseitigkeit; Paulus stellt sich
nicht als armen Schlucker dar, der nichts in dieses „Geschäft" einzubringen
hätte. Aber er treibt solchen Lohn nicht als Forderung ein, sondern nimmt ihn
da, wo er freiwillig gegeben wird, mit Dank und Freude entgegen (vgl. 1. Kor
9; 2. Kor 11,7–9). Noch einmal sichert er sich gegen das Mißverständnis ab, als
ginge es ihm in erster Linie „ums liebe Geld". Nein; es kommt ihm auf die 17
„Frucht" an, die der Glaube bringt – und die Gaben der Philipper sind solche
Frucht, die das Mitdenken und Mittragen mit Paulus bei den Philippern wachsen läßt. (Dabei kann man durchaus auch an die in vielen religiösen und gesellschaftlichen Vereinen der Spätantike bestehende Praxis erinnern, Geld für
bestimmte religiöse, politische oder private Zwecke, etwa im Rahmen von
Bestattungsvereinen für die Beerdigung der Mitglieder, zusammenzubringen.)
Solche „Frucht" befriedigt Paulus und macht ihm Freude; denn er ist ja als
Apostel vor seinem Herrn darauf angewiesen, daß er einiges an Ertrag seiner
apostolischen Arbeit vorweisen kann; das ist jedenfalls ein Gedanke, den Paulus zwar hier nicht ausdrücklich ausspricht, aber doch wohl auch meint (vgl.
oben zu Phil 2,16). Aber zugleich schlägt diese Frucht auch auf dem himmlischen „Konto" der Philipper zu Buche; Christus nimmt dergleichen Gaben,
die ihm zu Ehren an den Apostel gesandt werden, als für ihn selbst gegeben
wahr.

Abschließend benutzt Paulus noch einmal, wohl ein wenig scherzhaft-iro- 18
nisch, einen Begriff aus der Geschäftssprache: er hat alles „richtig erhalten"
(das griechische Wort wird im Bankverkehr mit der Bedeutung „quittieren"
gebraucht); insoweit geht also alles in Ordnung. So hat er nun genug, ja über-
genug und ist voll befriedigt, und zwar über das Maß des Geschäftlichen weit
hinaus; es steckt in der Gabe ein höherer als der finanzielle Wert. Und so wird
Paulus noch einmal ernst. Was die Philipper dargebracht haben, entspricht in
Wahrheit einem Opfer, wie es fromme Menschen in allen Götterkulten und
auch Israel im Jerusalemer Tempel darbringt: eine Ehrengabe für Gott, der mit
solcher Kulthandlung angebetet wird. Schon einmal in 2,17 waren wir auf eine
solche „vergeistigte", übertragene Opfersprache gestoßen, dort für das mögliche
Hingeopfertwerden des Paulus selbst, hier nun für die Freundschaftsgabe der
Philipper. Schon im Alten Testament wird von dem zu Gott aufsteigenden
Gebet bildlich als von einem „Rauchopfer" gesprochen (Ps 141,2; vgl. auch Offb
5,8; 8,3 f.), aber solche bildliche Sprache ist auch „heidnischen" Menschen von
ihrer kultischen Praxis her ohne weiteres verständlich: der Wohlgeruch des
Weihrauchs befriedigt die „Nasen" der Götter und stimmt sie gnädig. Sicher:
nach der Botschaft des Evangeliums hat Christus selbst dieses Opfer ein für
alle Mal für uns dargebracht; so sprechen es besonders der Epheser- und der
Hebräerbrief aus. Aber die Ehrung und der Lobpreis Gottes sind danach doch
nicht überflüssig geworden; sie sind nach wie vor Gott „wohlgefällig", weil
sie sein Lob auch im Irdischen sichtbar bzw. hörbar machen. Und wenn es 19
denn – meint Paulus – um „Geben und Nehmen" geht (V. 15): die eigentlich

wichtige „Vergeltung" wird euch von Gott zuteil werden. Er wird aus dem
unerschöpflichen Reichtum seiner Herrlichkeit als mein „Schirmherr" euch das
auszahlen, was ich gar nicht zahlen könnte: die Teilhabe an der Herrlichkeit
des auferweckten Herrn Jesus Christus. Dann wird aller Mangel – bei euch
und bei mir – endgültig ausgeglichen und befriedigt sein. So schließt Paulus diese
Überlegungen über die Geldgabe der Philipper mit einem christlichen „Ver-
gelt's euch Gott!".

2. Doxologie [Briefkorpus-Abschluß, zu Brief A] 4,20

20 Ja, unserem Gott und Vater (gebührt) die Ehre in alle Ewigkeiten. Amen.

A Paulus knüft an das Vorangehende (V. 10–19) eine Lobpreisungsformel an, mit
der er das Briefkorpus abschließt – auch wenn diese Formel noch nicht der
übliche Briefabschluß (wie sogleich in V. 23) ist. Natürlich könnte auch sie einmal in einem Brief als solche letzte Abschlußformel gegolten haben – aber wir
können an dieser Stelle nichts weiter über das ursprüngliche Ende des Briefes
A sagen.

B 20   Mit der Wendung von „unserem Gott und Vater" entspricht die Formel
dem Briefeingangsgruß (1,2); aber der Gnadenwunsch ist dabei noch nicht wieder aufgenommen (s. V. 23). Diesem Gott, der in Jesus Christus, seinem Sohn,
auch der „Vater" der Heidenchristen geworden ist, gebührt Ehre, Ruhm, Herrlichkeit (alle drei Wörter könnten das griechische Wort *dóxa* hier wiederge-
ben) in raum- und zeitübergreifender Weise – ohne einen für Menschen meß-
baren, aufweisbaren Anfang und ohne ein auch nur denkbares Ende. Hinter
den Worten „in alle Ewigkeiten" (wörtlich: „in die Ewigkeiten der Ewigkeiten" oder: „in die Äonen der Äonen") steht der hebräische Ausdruck *'ôlâm*
für „ferne Zeit" (nach rück- und vorwärts) des irdischen Geschichts- und
Lebenszeitraumes; durch die hier sogar zweifache Pluralform wird er zur Bezeichnung eines nicht mehr meß- oder abzählbaren Zeit- und Raumganzen (so
in LXX z. B. Ps 83[84], 5; bei Paulus noch Gal 1,5; dann vor allem in der Offb).
Ein Begriff für „absolute Unendlichkeit" fehlt der (im griechischen Sinne)
„unphilosophischen" hebräischen Sprache, und damit fehlt auch die Gefahr,
diese „Unendlichkeit" nur noch als ein lebens- und liebeloses Abstraktum, gar
nur als einen anderen Ausdruck für das große Nichts zu verstehen. Aber auch
unser deutsches Wort „Ewigkeit" hat ja einen anderen Klang als der (eher
mathematische) Begriff „Unendlichkeit". So allumfassend wie die „Herrlichkeit" Gottes ist auch der Zeit-Raum, in dem sie sich erstreckt und in den sie alle
„in Christus" mit hineinnimmt. – Das „Amen" ist eigentlich die Bekräftigung
von Gebet oder Lobpreis durch die Gemeinde (vgl. 1. Kor 14,16). So findet es
sich bei Paulus öfter, besonders auch im Anschluß an die „Ewigkeits"-Formel
(Gal 1,5, auch Röm 1,25; 9,5; 11,36; vgl. Eph 3,21 und 1. Tim 1,17; 6,16 und 2. Tim
4,18) sowie am Briefschluß (Gal 6,18). Es unterstreicht, daß der Schreiber bei
solchen liturgisch geprägten Formeln nicht für sich allein spricht.

3. Grüße und Gnadenwunsch [Schluß zu Brief A? oder B?] 4,21–23

21 Grüßt jede(n) Heilige(n) in Christus Jesus. Es grüßen euch alle Brüder und Schwestern, die (hier) bei mir sind. 22 Es grüßen euch alle Heiligen, besonders aber die aus dem kaiserlichen Haus.
23 Die Gnade des Herrn Jesus Christus (sei) mit eurem Geist.

Der Brief schließt mit Grüßen, die sich an alle „Heiligen" in Philippi richten – so wie er an dieselben „Heiligen" (vgl. oben zu 1,1) adressiert war. Aber auch auf der Absenderseite steht Paulus nicht allein; er übermittelt von allen Mitchristen an seinem Orte Grüße. Merkwürdig ist die Doppelung mit V. 22 a, wobei auch das Verb „es grüßen …" zweimal benutzt wird. Sind die „Heiligen" am Orte des Paulus eine andere Gruppe als die „Brüder und Schwestern"? Das wäre kaum zu begründen; denn daß etwa nur die engeren Mitarbeiter, nicht aber die sonstigen Gemeindeglieder als „Brüder und Schwestern" bezeichnet würden, kommt sonst nicht vor. Die andere Möglichkeit wäre die, daß die Redaktion hier die Grüße aus zwei Briefschlüssen kombiniert hätte, um doch auch die „aus dem kaiserlichen Haus" mit zu nennen. (Welcher Teil der Grußliste zu welchem der beiden früheren Briefe – Brief A oder Brief B – gehörte, müßte offenbleiben; beide sind ja vom gleichen Ort aus geschrieben.) **A**

Denn es ist ja immerhin etwas Besonderes, daß es in einer jungen christlichen Gemeinde auch Angehörige der kaiserlichen Verwaltungsbehörde gab. Gerade vor einer Gemeinde in einer so „römischen" Stadt wie Philippi war das wohl erwähnenswert. Das Wort „Haus" ist hier – wie in der Antike sehr häufig – wohl als Bezeichnung der Hausbewohner, also des „Chefs" und aller im Haus tätigen Bediensteten zu verstehen; man soll wohl an die kaiserlichen Verwaltungsbeamten (der Provinz Ephesus) denken, von denen Paulus auch in 1,13 geschrieben hatte, daß man „im ganzen Prätorium" seine Gefangenschaft als einen Vorgang ansah, der mit seinem Christusglauben – und nicht etwa mit anderen Gesetzesverletzungen – zu tun hatte (s. oben zu 1,13 sowie Einleitung Abschn. 4). **B 21–22**

Mit dem Gnadenwunsch, mit dem alle Paulusbriefe in gleicher oder ähnlicher Fassung schließen, beendet Paulus auch diesen Brief; er gilt ihrem „Geist" – einem Ausdruck, der den ganzen Menschen nach seiner (wie wir sagen würden) „seelischen" Seite bezeichnet. Die Gnade des Herrn Jesus Christus möge alle Brüder und Schwestern in Philippi gegenwärtig und künftig im Glauben behüten und in einem geschwisterlichen Umgang miteinander bewahren. **23**

Der erste Brief an die Thessalonicher

Übersetzt und erklärt von
Eckart Reinmuth

Einleitung

1. Zur Situation, die der Brief voraussetzt. Als Paulus diesen Brief schrieb, konnte er nicht wissen, ob die junge Gemeinde in Thessalonich Bestand haben würde. Er konnte es nur hoffen und erbitten. Die Zukunft der Gemeinde hing nach seiner Überzeugung ganz wesentlich von der Gestalt ihres Weges ab. Paulus thematisiert diese sowohl im Blick auf die Zeit bis zur Abfassung des Briefes (das steht in den Kapiteln 1–3 im Vordergrund) als auch im Blick auf die kommende Zeit (das ist der Hauptbezugspunkt der Kapitel 4–5).
Einige Formulierungen im Brief nehmen auf den unfreiwillig abgebrochenen Aufenthalt des Paulus in Thessalonich Bezug. In 2,14–18 sind die Verfolgung der Gemeinde (V. 14), die eigene Verfolgung (V. 15 f.), die Trennung von der Gemeinde (V. 17) und der Wunsch nach Rückkehr (V. 18) zueinandergestellt. 3,1–5 thematisiert denselben Zusammenhang, nun unter dem Gesichtspunkt, die Sendung des Timotheus zu motivieren. Nach dem Abbruch seines Aufenthaltes in Thessalonich hatte Paulus – gegen seinen Willen (vgl. 2,17 f.) – noch keinen Kontakt zur Gemeinde gehabt; seine Sorgen um sie müssen sich also auf die Verfolgung beziehen, die er selber in der Stadt erlebt hat, und deren Folgen für die Gemeinde er bis zur Rückkunft des Timotheus (3,6 ff.) noch nicht kannte. 3,5 spricht deutlich die Sorge des Paulus aus, die zur Sendung des Timotheus führte. Paulus war sich bis zu dessen Rückkehr folglich völlig im Unklaren über die Gemeindesituation und sah zugleich einen eigenen Aufenthalt in der Stadt als unmöglich an. Der Abbruch des Aufenthaltes in der Verfolgungssituation hat Paulus zwar in äußere Distanz zur Gemeinde gebracht, nicht aber die innere, ja geradezu existentielle Verbundenheit mit dem Glaubensleben der Gemeinde beeinträchtigen können: 3,6–13.

Wichtig für das Verständnis der Situation, die der Brief voraussetzt, sind auch die Stellen, an denen Paulus seine eigene Verkündigungstätigkeit in Thessalonich erwähnt: 1,5.9; 2,1 ff. 8 ff.13; 3,3 ff.; 4,1 f.9.11; 5,2. Obwohl Predigt und Brief zwei unterschiedliche sprachliche Medien sind, steht dieser Brief in einem erläuternden und komplettierenden Verhältnis zur persönlichen Verkündigung des Paulus in Thessalonich. Dem entspricht die dringende Mahnung in 5,27, diesen Brief der ganzen Gemeinde vorzulesen.

Auch die Vielzahl der Hinweise auf das Wissen der Angeredeten ist in diesem Zusammenhang zu verstehen; vgl. 1,5; 2,1.2.5.11; 3,3.4; 4,2.9; 5,2. In keinem anderen Paulusbrief gibt es so viele Anspielungen auf das, was die Gemeinde vom Apostel gelernt hat. Die Thessalonicher werden zugleich auf *ihre* Aufnahme des Evangeliums angesprochen: 1,6–10; 2,9.13; 3,4; 4,1–8.9; 5,1. Sie sind von Gott berufen; Paulus hat ihnen das Evangelium gebracht. Sie haben sein Wort als das Gottes begriffen und zugleich ihn als den von Christus Gesendeten; ihre Berufung ist unbezweifelbar – sie wird durch ihre Leiden und Bedrängnisse bestätigt. Diese Inhalte, so legen die entsprechenden Formulierungen nahe, entsprechen der Erstverkündigung.

Insgesamt erweckt der Text den Eindruck, daß der Gründungsbesuch noch nicht sehr lange zurückliegt. Das mag in der Wendung 2,17 anklingen: „durch die Trennung von euch wie verwaist für eine kurze Zeit". In der Formulierung schwingt auch mit, daß die Abreise von Thessalonich nicht freiwillig erfolgte. Jedenfalls war vor der Abfassung des Briefes Timotheus bei der Gemeinde gewesen, um zu sehen, ob sie Bestand habe. Seine Nachrichten von dort sind ermutigend (vgl. 3,6ff.). Andererseits deutet die Formulierung 3,10 darauf hin, daß Paulus schnell nach Thessalonich kommen will, um Defizite im Glaubensleben der Gemeinde auszufüllen; vorerst ist es aber offenbar der Brief, der diesem Ziel dienen soll. Auch kann 2,1–12 sich auf Nachrichten des zurückgekehrten Timotheus beziehen; der Abschnitt macht den Eindruck, als wolle Paulus sich gegenüber der Gemeinde rechtfertigen und noch einmal die Lauterkeit seines Dienstes betonen. Der Grund für die Ausführungen 2,1–12 ist ja offensichtlich im Zusammenhang mit den Leidenserfahrungen der Thessalonicher zu sehen; vgl. 1,6; bes. 2,13–16. Diese Erfahrungen werden nicht konkretisiert, wohl aber theologisch bezogen auf die Wirklichkeit des Evangeliums in der Welt.

Zur brieflichen Situation gehört auch, daß Paulus an dem Ort, an dem er diesen Brief schreibt, offenbar keine Gemeinde hat, deren Grüße er an das Ende seines Briefes setzen könnte (vgl. sonst nur – in anderer Situation – den Galaterbrief). Das Echo des Glaubens der Angeredeten bei anderen Gemeinden benennt Paulus ja ausdrücklich (vgl. 1,7–9). Wenn der Brief von Korinth aus geschrieben ist, dann vor dem Entstehen einer Gemeinde dort.

2. Zu den Angaben der Apostelgeschichte. Apg 16,11f. beschreibt, wie Paulus mit seinen Mitarbeitern Silas (vgl. 15,40) und Timotheus (vgl. 16,1–3) von Troas aus über Samothrake nach Neapolis, dem Hafen von Philippi, fährt; sie betreten also auf der „zweiten Missionsreise" erstmals europäischen, und zwar makedonischen Boden. Der Aufenthalt in Philippi endet derart ungünstig, daß sie über Amphipolis und Apollonia weiterziehen nach Thessalonich; vgl. Apg 17,1.

Diese Stelle sagt auch aus, daß sich hier eine Synagoge befand. Jedenfalls dürfen wir damit rechnen, daß es eine jüdische Gemeinde in Thessalonich gab. Indessen setzt sich die Gemeinde, an die der Brief sich wendet, wohl vorwiegend aus ehemaligen Heiden zusammen; vgl. 1,9; 2,14. Von ihnen dürfte wenigstens ein Teil bereits vor dem Auftreten des Paulus zu den Anrainern der Synagoge gehört haben. Andernfalls hätte Paulus sich mit den theologischen Voraussetzungen und Aussagen seines Briefes nur mangelhaft verständlich machen können. Es geht bei den Adressaten des Briefes also vor allem um solche Frommen bzw. Gottesfürchtigen, wie sie in Apg 13,16.26; 14,1; 16,14; 17,4.17; 18,7f. erwähnt werden. Wieweit auch Juden zur Gemeinde gehörten, wissen wir nicht.

Paulus gründete mit Timotheus und Silvanus zusammen die Gemeinde. Apg 16,19.25.29; 17,4.10 erwähnen zwar Timotheus neben Paulus und Silas nicht;

Lukas setzt aber offenbar dennoch seine Begleitung voraus (vgl. Apg 17,14f.).
Nach Apg 17,13 wurde Paulus gezwungen, auch diese Stadt zu verlassen; Timotheus und Silas bleiben zunächst zurück. Bei Abfassung des Briefes aber war
bereits Timotheus schon einmal nach Thessalonich gereist und hatte gute Nachrichten zurückgebracht; vgl. 1. Thess 3,1.5. – Von dieser Reise des Timotheus
erzählt die Apostelgeschichte nicht, vermutlich auch deshalb, weil sie überhaupt
wenig Licht auf die „Nebenpersonen" fallen läßt.

Die Angaben der Apg enthalten diesen Handlungsrahmen: Ankunft der
Missionare in Thessalonich, mehrmalige Predigt am Sabbat in der Synagoge,
Unruhe unter den Juden, Anklage gegen den Gastgeber (17,7) Jason, seine Frei-
lassung gegen Kaution, nächtliches Geleit nach Beröa, erfolgreiche Predigt dort,
Ankunft der Juden aus Thessalonich, Reise des Paulus nach Athen unter
Zurücklassung von Silas und Timotheus, Areopagrede, aber keine Gemeinde-
gründung in Athen, Weiterreise nach Korinth (18,1), Ankunft des Silas und
Timotheus dort (18,5).

Die Dauer des Gründungsaufenthaltes in Thessalonich (Apg 17,2) werden
wir uns freilich länger als drei Sabbate vorzustellen haben. Nach 1. Thess 2,9
arbeiteten die Missionare in Thessalonich unermüdlich, um der Gemeinde finanziell nicht zur Last zu fallen; nach Phil 4,16 empfing Paulus während dieser Zeit
in Thessalonich zusätzlich mindestens zweimal finanzielle Unterstützung aus
Philippi. Auch sprechen 1. Thess 1,7f.; 4,10 davon, daß in der Ökumene bereits
der Glaube der Thessalonicher bekannt geworden sei. 5,12f. setzt eine gewisse
Aufgabenverteilung in der Gemeinde voraus, und viele Andeutungen im Text
geben zu erkennen, daß die Verkündigung in Thessalonich intensiv und auch
inhaltlich umfassend gewesen sein muß. Wir haben uns offenbar einen längeren
Gründungsaufenthalt vorzustellen, als die Apostelgeschichte angibt.

1. Thess 3,1 gibt weiterhin zu erkennen, daß Paulus nicht die ganze Athener
Zeit allein war, wie die Apg voraussetzt, sondern erst von hier aus Timotheus
nach Thessalonich schickt. Die Formulierung 3,1 muß übrigens nicht bedeuten, daß der 1. Thess etwa in Athen abgefaßt ist, sondern zielt auf die Schilderung
der Umstände, die zum Besuch des Timotheus in Thessalonich führten, ab.
Jedenfalls ergibt sich hier eine Spannung zur Apg. Wo Silvanus in dieser Zeit
ist, bleibt völlig dunkel. Andererseits ist die Apg insofern richtig informiert,
als sie überhaupt weiß, daß Paulus in Athen allein war. Darüberhinaus schildert Lukas das Ende des Aufenthaltes in Thessalonich so, daß es zu den Formulierungen des 1. Thess jedenfalls nicht im Widerspruch steht (plötzliche und
ungewollte Abreise des Paulus, Nachstellungen gegenüber der entstehenden
Gemeinde).

Lukas berichtet, daß Paulus Silas und Timotheus erst in Korinth wieder traf
(Apg 18,5). Das Zusammentreffen der drei in Korinth ist wichtig für die Abfas-
sungsverhältnisse des vorliegenden Briefes. Denn aus 2. Kor 1,19 geht hervor,
daß die Gemeinde in Korinth von Paulus, Silvanus und Timotheus gemeinsam
gegründet worden ist. Dann aber muß 1. Thess am Anfang der Zeit in Korinth
geschrieben sein. Diese Zeit ist nach Apg 18,11 mit ca. anderthalb Jahren zu
veranschlagen und findet ihr Ende mit der Anklage vor dem Prokonsul Gallio

(vgl. Apg 18,12–16). Dessen einjährige Amtszeit begann – so läßt sich aus der sogenannten Gallio-Inschrift erschließen – wahrscheinlich im Frühsommer 51. Als Abfassungszeit für den 1. Thess ist also 50/51 anzunehmen.

3. Zu den Mitarbeitern.   Silas/Silvanus: Die gräzisierte Namensform Silas wird konsequent von Lukas benutzt (13 x in der Apg); Paulus indessen gebraucht die latinisierte Form Silvanus: Vgl. neben dem Präskript des vorliegenden Briefes 2. Kor 1,19; die Namensform wird in pseudepigrapher Verwendung neben 2. Thess 1,1 noch 1. Pt 5,12 genannt. Beide Formen gehen wahrscheinlich auf denselben aramäischen Namen zurück; sie finden sich auch bei Josephus. In der Apg wird Silas zuerst anläßlich des sogenannten Apostelkonzils erwähnt. Er befindet sich neben Judas Barsabbas unter den angesehenen Männern der Jerusalemer Gemeinde (15,22), die nach Antiochien gesendet werden, um Paulus und Barnabas zu begleiten und das Aposteldekret zu übergeben. Sie werden 15,32 als Propheten bezeichnet.

Ab 15,40 erscheint Silas als Begleiter des Paulus; 17,4 erwähnt ihn als bei der Mission in Thessalonich beteiligt; 18,5 als – zusammen mit Timotheus – in Korinth anwesend (vgl. 2. Kor 1,19). Ab 18,5 hören wir von Silas nichts mehr; vielleicht ist er zur Unterstützung der Gemeinde in Korinth zurückgeblieben, als Paulus mit der Kollekte nach Jerusalem aufbrach.

Auch im Blick auf die Person des Timotheus gibt es Spannungen zwischen der Erzählung des Lukas und den Angaben bei Paulus. Merkwürdig erscheint zunächst vor dem Hintergrund paulinischer Aussagen (vgl. z. B. 1. Kor 7,18; Gal 2,3; 6,13) die von Lukas berichtete Beschneidung, die Paulus mit Rücksicht auf jüdisches Empfinden vor Antritt zur sogenannten zweiten Missionsreise vorgenommen habe (Apg 16,1 ff.). Dabei ist zu berücksichtigen, daß Titus (Gal 2,3) als Heide, Timotheus indessen wegen seiner jüdischen Mutter als Jude galt – er entstammte also einer in jüdischer Sicht ungesetzlichen Verbindung und war überdies unbeschnitten geblieben. Im Blick auf die anstehende Missionsaufgabe ist es vorstellbar, daß Paulus Timotheus beschnitten hat (vgl. auch 1. Kor 9,20), ohne daß dabei die Beschneidung in einem heilsbedingenden Sinn mißverstanden wurde (vgl. Gal 5,2 ff.). Timotheus, der freilich Apg 16,19 (vgl. V. 25.29); 17,4.10 neben Paulus und Silvanus nicht genannt wird, ist nach der Schilderung des Lukas länger bei Paulus als Silas. Wie dieser bleibt er nach Apg 17,14 im Anschluß an den Aufenthalt in Thessalonich in Beröa und stößt erst in Korinth mit Silas auf Paulus (18,5). Apg 19,22 berichtet, daß Timotheus zusammen mit Erastus den Abschiedsbesuch des Paulus in Mazedonien vorbereitete (vgl. Apg 20,1 ff. 7 ff.), und daß er Paulus zuletzt bis nach Jerusalem begleitete (20,4). Nach Apg 16,1 wäre Timotheus bei der Begegnung mit Paulus schon Christ gewesen; Paulus setzt aber 1. Kor 4,17 (vgl. auch Phil 2,22; für die Bedeutung der bildlichen Ausdrucksweise 1. Thess 2,7.11; 1. Kor 4,15; 2. Kor 12,14; Gal 4,19; Phlm 10) voraus, daß Timotheus durch ihn selber bekehrt wurde. Die Bedeutung des Timotheus für die paulinische Missionsarbeit erschließt sich aus den Briefpräskripten: In 2. Kor 1,1; Phil 1,1; Phlm 1 ist Timotheus alleiniger Mitabsender; in 1. Thess 1,1 erscheint er neben Silvanus. Paulus nennt ihn Bruder (2. Kor

1,1; 1.Thess 3,2), Mitarbeiter (1.Thess 3,2 [Gottes]; Röm 16,21). 2. Kor 1,19 nennt ihn und Silvanus als diejenigen, die neben Paulus in Korinth gepredigt haben; solches wird auch für die Erstverkündigung in Thessalonich vorauszusetzen sein. Paulus erwähnt auch eigenständiges Handeln des Timotheus: Er sendet Timotheus von Athen aus zurück nach Thessalonich, um die Gemeinde zu stärken und Nachrichten zu erhalten (1.Thess 3,1–6), und er sendet ihn zeitgleich mit dem ersten Korintherbrief nach Korinth in ähnlicher Mission (1. Kor 4,17; 16,10f.). Timotheus ist also auch in Ephesus bei Paulus. Das ergibt sich auch aus Phil 2,19–22, wo Paulus ankündigt, bald Timotheus nach Philippi senden zu wollen. Bei dieser Gelegenheit stellt er deutlich die Wichtigkeit des Timotheus für die Missionarbeit heraus.

Dadurch, daß Lukas in den Berichten der Apg sich auf die Person des Paulus konzentriert, erhalten seine Mitarbeiter Nebenrollen – ein sicher verzeichnendes und zugleich wirkungsgeschichtlich prägendes Bild. Timotheus ist der wohl bedeutendste Mitarbeiter des Paulus und in hohem Maße mitverantwortlich für dessen Missionsarbeit.

Paulus nennt Silvanus und Timotheus als Mitabsender (1,1); sie sind also der Gemeinde bekannt. Beinahe alle Aussagen des Briefes sind in der ersten Person Plural für den Absender formuliert; der Singular erscheint nur in 2,18; 3,5; 5,27. Der Singular weist darauf hin, daß nur einer den Brief diktierte, Paulus. Der Plural macht vor dem Hintergrund von 1,1 deutlich, daß der Autor tatsächlich sich und seine Mitarbeiter als die Absender des Briefes versteht. In 3,2.6 wird das „wir" gebraucht, ohne daß Timotheus eingeschlossen sein kann. 3,1 zeigt, daß hier Paulus allein mit dem „wir" gemeint ist. Das wird auch für 2,7.11 gelten. Daraus ergibt sich, daß in der Tat Paulus es ist, der den Brief diktiert und ihn in dieser Hinsicht als Autor verantwortet, daß aber der Brief in der Absenderschaft der drei Missionare nach Thessalonich gesendet wird, weil die Gemeinde sie in die Botschaft dieses Briefes einbezogen wissen darf.

4. Zu den Gegebenheiten in Thessalonich. Inschriften-, Münz- und andere archäologische Funde haben gezeigt, daß zur Zeit der Abfassung des Briefes sowohl die Bevölkerung Thessalonichs wie auch die hier praktizierte Religiosität als sehr vielfältig vorzustellen ist. Obwohl archäologische Reste des Judentums nicht gefunden wurden, braucht das Vorhandensein einer Diasporagemeinde z. Zt. des Paulus (vgl. Apg 17,1b) nicht bezweifelt zu werden. Die Stadt war durch ihre verkehrstechnische Lage, die sich durch den geschützten Hafen und durch die Via Egnatia als dem Hauptlandweg zwischen Rom und dem Osten auszeichnete, gleichsam mit der ganzen damaligen Welt verbunden. Zudem gehörten zu dieser Zeit eine erstaunliche Toleranz und Freizügigkeit zu den Konventionen hellenistischer Religiosität – Konventionen, die freilich da ihre Grenze hatten, wo sie selber in Frage gestellt wurden. Auch der Kaiserkult wird bereits zum religiösen Leben der Stadt gehört haben. Seine Verbindung mit dem – freilich nur undeutlich erfaßbaren – Mysterienkult der Kabiren („Großen Götter") in Thessalonich ist nicht zu bezweifeln. Freilich hat Paulus sich möglicherweise nicht viel um die Präsenz der paganen Kulte gekümmert. Seine und der Gemeinde Orientierung war streng eschatologisch. Glaube, Liebe und Hoffnung wurden als die Gegenwart der Zukunft in der Gemeinde verstanden. Zugleich mahnt Paulus Zurückhaltung gegenüber Außenstehenden und eine Bejahung der Ordnungen des Alltags an (4,11–12). So wird eine Auseinandersetzung mit paganen Kulten kaum offensiv geführt worden sein. Andererseits kann der Ausschließlichkeitsanspruch, mit dem der Christusglaube auftrat, und der alle anderen religiösen Betätigungen zum Götzendienst erklärte (vgl. 1,9f.), leicht zu den Feindseligkeiten geführt haben, die der Brief voraussetzt.

Aufgrund allgemeiner Überlegungen und der Formulierung in 2,11, die persönliche Gespräche des Apostels mit jedem Gemeindeglied erwähnt, ist die Gemeinde als relativ kleine Gruppe vorzustellen. Paulus hat sich als Fremder in der Stadt Arbeit gesucht (vgl. 2,9); er ruft 4,11f. die Gemeinde dazu auf, „mit eigenen Händen" zu arbeiten und – wie Paulus – niemandem zur Last zu fallen. In dieser soziologischen Hinsicht gleicht die Lage des Apostels der der Gemeinde.

5. Zum Brieftext und seiner Gliederung.   Der Brieftext ist als einheitlich und integer anzusehen; es gibt keine hinreichenden Gründe für Teilungs- oder Interpolationshypothesen. Es ist der älteste erhaltene Paulusbrief – und wohl auch der erste, den Paulus einer Gemeinde geschrieben hat. Damit kann der 1. Thess als das älteste bekannte christliche Dokument gelten.

Behutsamkeit beim Versuch einer Gliederung des Briefes ist angebracht. In der jüngsten Forschung ist es mehrfach unternommen worden, die paulinischen Briefe – wie andere neutestamentliche Texte – nach den Mustern der antiken Rhetorik zu interpretieren. Darin liegt ein gutes Recht, solange hier Rhetorik als die hellenistische Theorie menschlichen Sich-Äußerns überhaupt begriffen wird. Dieses ist grundsätzlich an Sprache gebunden, und es sind sowohl die Grundlagen der modernen wie der antiken Rhetorik an diese anthropologische Einsicht gewiesen.

Nun hat freilich die antike Rhetorik im engeren Sinne ihre eigene Dynamik und Geschichte. Wir finden sehr widersprüchliche Äußerungen und Positionen, die sich auch auf das Verhältnis zur Briefliteratur beziehen. Vor diesem Hintergrund fallen rhetorische Klassifizierungen aller Briefteile des 1. Thess so wenig überzeugend aus, daß wir sie nicht als Grundlage heranziehen. Selbstverständlich hat die kulturelle Herkunft und Gegenwart des Paulus eine natürliche Vertrautheit mit den Äußerungsformen des Hellenismus mit sich gebracht – es war ja die prägende Kultur- und Lebensform seiner Gegenwart überhaupt, und sie fand auf erkennbare Weise auch in solchen zeitgenössischen Äußerungen, die dem Ausdruck jüdischer Identität dienten, ihre Resonanz. Es bleibt deshalb ein lohnendes und sinnvolles Unternehmen, die Argumentationsweisen und -formen des Paulus auf ihre zeitgenössischen Möglichkeiten hin zu untersuchen. In diesem Zusammenhang will auch das Selbstverständnis des Apostels, soweit es aus seinen Briefen erschließbar ist, beachtet sein. So läßt unser Brief einige Male vermuten, daß er es als prophetisch geprägtes verstanden hat (s. zu 2,3; 3,4; 4,15). Die widersprüchlichen und bisher unbefriedigenden Versuche einer einfachen Adaption rhetorischer Formen auf die Gesamtform des Briefes und seiner Elemente werden dem Selbstverständnis des Apostels und der damit verbundenen Dynamik seiner Äußerungen jedoch kaum gerecht.

Für eine Gliederung des Briefes kann man von zwei Hauptteilen ausgehen (Kapitel 1–3.4–5). Nach der Briefadresse im ersten Vers beginnt eine Folge von Dankesäußerungen, die erst mit dem abschließenden Gebetswunsch 3,11–13 an ihr Ende gekommen ist. Der Rückblick auf das bisherige Geschehen in der Gemeinde und, damit verbunden, das Verhältnis des Apostels zu ihr ist von Dank erfüllt – und von Erinnerungen und Mitteilungen, die Paulus in diesem Zusammenhang wichtig sind. So unterschiedlich diese Äußerungen auch sind – sie dienen dem gemeinsamen Ziel, das Verhältnis zwischen Apostel und Gemeinde positiv zu bestimmen. Blickt man auf die ungefähr erschlossene Vorgeschichte des Briefes, dann kann diese – immer wieder durch mitteilende Elemente unterbrochene – lange Danksagung nicht verwundern. Paulus sichert sein Verhältnis zur Gemeinde ab, nachdem er nun weiß, daß es trotz seines unfreiwilligen Aufbruchs und der vorangehenden Ereignisse möglich ist, den begonnenen Weg fortzusetzen.

Versuchen wir, diesen ersten Teil weiter zu gliedern, so sehen wir einen ersten Abschnitt der Eingangsdanksagung in 1,10 beendet. In ihm bezieht sich Paulus, indem er das Zum-Glauben-Kommen der Gemeinde in den Mittelpunkt stellt, sowohl auf die Wirkung, die das durch ihn verkündete und bezeugte Evangelium in der Gemeinde gehabt hat (1,4–6), als auch auf die Resonanz, die dies bei den übrigen Glaubenden in Mazedonien und Achaia gefunden hat (1,7–9a). Paulus betont, daß die Erwählung der Angeredeten sich darin erwies, daß sie die Predigt des Evangeliums als Ausdruck der Liebe und Kraft Gottes verstanden haben (1,4–5).

2,1–3,13 setzen die Danksagung fort. Paulus blickt auf sein Auftreten in Thessalonich zurück (2,1–12). Die narrativen Elemente dienen dazu, seinen Aufenthalt in Thessalonich vor Fehldeutungen zu schützen. 2,13–20 knüpft an die Danksagung an, thematisiert erneut (vgl. 1,6) die Leidenserfahrungen der Gemeinde und verweist auf den vergeblichen Wunsch des Paulus, die Gemeinde zu besuchen. 3,1–13 bildet den Abschluß der Danksagung. Der Abschnitt ist inhaltlich durch die Sendung des Timotheus und seine Rückkehr geprägt.

Der zweite Teil des Briefes ist der Ermahnung und dem Trost – wir würden sagen: der Vergewisserung und Bekräftigung der neuen Identität im Handeln und Glauben, gewidmet. 4,1–12 gilt dem neuen Handeln, in dem die Angeredeten bestärkt werden. Der Abschnitt erneuert die bereits mündlich ergangenen Mahnungen (4,1–2), indem er die Enthaltung von Unzucht und Habgier (V. 3–8) sowie die Bruderliebe und Ehrbarkeit (V. 9–12) einschärft.

Der Abschnitt 4,13–18 dient der Bearbeitung einer Glaubensfrage; er steht in sachlicher Verwandtschaft zu 5,1–11. Die Art der Gestaltung legt die Annahme nahe, daß die Fragestellungen der beiden Abschnitte Paulus bei der Rückkunft des Timotheus übermittelt worden sind. Beide Abschnitte werden mit der Aufforderung abgeschlossen, einander mit dem brieflich erhaltenen Trost zu ermutigen.

Dieser Block der Vergewisserung der neuen Identität im Glauben, der aus zwei verwandten Sachabschnitten besteht, wird durch den ermahnenden Teil 5,12–22 fortgesetzt, so daß sich für den zweiten Briefteil (4,1–5,22) die Struktur A-B-B-A ergibt. 5,23–28 bilden den Abschluß des Briefes.

Literatur zu den Thessalonicherbriefen

Wissenschaftliche Kommentare

Best, E., A Commentary on the First and Second Epistles to the Thessalonians, BNTC 10, [2]1977

Dibelius, M., An die Thessalonicher I–II. An die Philipper, HNT 11, [3]1937

Dobschütz, E.v., Die Thessalonicher-Briefe, KEK [7]10, 1909 (Nachdruck 1974, mit einem Literaturverzeichnis von O.Merk, Hg. F.Hahn)

Holtz, T., Der erste Brief an die Thessalonicher, EKK 13, Zürich-Einsiedeln-Köln/Neukirchen-Vluyn 1986

Trilling, W., Der zweite Brief an die Thessalonicher, EKK 14, Zürich-Einsiedeln-Köln/Neukirchen-Vluyn 1980

Wanamaker, Charles A., The Epistles to the Thessalonians: A Commentary on the Greek Text, Grand Rapids 1990

Williams, D.J., 1 and 2 Thessalonians, Peabody 1992

Allgemeinverständliche Auslegungen

Friedrich, G., Der erste Brief an die Thessalonicher. Der zweite Brief an die Thessalonicher, in: Die Briefe an die Galater, Epheser, Philipper, Kolosser, Thessalonicher und Philemon, übers. und erkl. von J.Becker, H.Conzelmann und G.Friedrich, NTD 8, Göttingen 1976, 203–276

Laub, F., 1. und 2. Thessalonicherbrief, Die Neue Echterbibel 13, 1985

Marxsen, W., Der erste Brief an die Thessalonicher, ZBK.NT 11,1, 1979

Marxsen, W., Der zweite Brief an die Thessalonicher, ZBK.NT 11,2, 1982

Schlier, H., Der Apostel und seine Gemeinde. Auslegung des ersten Briefes an die Thessalonicher, Freiburg 1972 (Nachdruck Leipzig 1974)

Schürmann, H., Der 1. Brief an die Thessalonicher, Geistliche Schriftlesung 13, 1961

Abhandlungen und Aufsätze

Bailey, J. A., Who wrote II Thessalonians?, NTS 25 1978/79, 131–145

Baumert, N., „Wir lassen uns nicht beirren." Semantische Fragen in 1Thess 3,2f., Filologia Neotestamentaria 5 1992, 45–60

Braun, H., Zur nachpaulinischen Herkunft des zweiten Thessalonicherbriefes, in: ders., Gesammelte Studien zum Neuen Testament und seiner Umwelt, Tübingen 1962, 205–209

Collins, R. F., Studies on the First Letter to the Thessalonians, BETL 66, Leuven 1984

Collins, R. F., Letters That Paul Did Not Wrote: The Letter to the Hebrews and the Pauline Pseudepigrapha, GNS 28, Wilmington 1988

Collins, R. F. (Ed.), The Thessalonian Correspondence, BETL 87, Leuven 1990

Cosby, M. R., Hellenistic Formal Receptions and Paul's Use of Apantesis in 1Thessalonians 4:17, BullBibRes 4 1994, 15–33

Dautzenberg, G., Theologie und Seelsorge aus Paulinischer Tradition. Einführung in 2Thess, Kol, Eph, in: Gestalt und Anspruch des Neuen Testaments, Hg. J. Schreiner, Würzburg 1969, 96–119

Delobel, J., One Letter Too Many in Paul's First Letter? A Study of (n)epioi in 1Thess 2:7, Louvain Studies 20 1995, 126–133

Donfried, K. P., The theology of 1. Thessalonians, The theology of 2. Thessalonians, in: The theology of the shorter Pauline letters, ed. K. P. Donfried, H. Marshall, Cambridge 1993, 1–79. 81–113

Donfried, K. P., The Cults of Thessalonica and the Thessalonian Correspondence, NTS 31 1985, 336–356

Elliger, W., Paulus in Griechenland, Stuttgart [2]1990

Fee, G. D., On Text and Commentary on 1 and 2 Thessalonians, SBLSPS 31 1992, 165–183

Gundry, R. H., The Hellenization of Dominical Tradition and Christianization of Jewish Tradition in the Eschatology of 1–2 Thessalonians, NTS 33 1987, 161–178

Harnack, A. v., Das Problem des zweiten Thessalonicherbriefs, SPAW.PH 31, 1910, 560–578

Harnisch, W., Eschatologische Existenz. Ein exegetischer Beitrag zum Sachanliegen von 1 Thessalonicher 4,13–5,11, FRLANT 110, 1973

Hartman, L., Prophecy Interpreted. The Formation of some Jewish Apocalyptic Texts and of the Eschatological Discourse Mark 13 Par., CB.NT 1, Uppsala 1966, Kap. 6: The Eschatological Discourse and the Letters to the Thessalonians, 178–205

Henneken, B., Verkündigung und Prophetie im Ersten Thessalonicherbrief. Ein Beitrag zur Theologie des Wortes Gottes, SBS 29, Stuttgart 1969

Holland, G. S., The Tradition that You Received from Us: 2 Thessalonians in the Pauline Tradition, HUTh 24, Tübingen 1988

Holtz, T., Der Apostel des Christus. Die paulinische „Apologie" 1. Thess 2,1–12, in: ders., Geschichte und Theologie des Urchristentums. Gesammelte Aufsätze, Hgg. Eckart Reinmuth und Christian Wolff, WUNT 57, Tübingen 1991, 297–312

Holtz, T., „Euer Glaube an Gott". Zu Form und Inhalt von 1. Thess 1,9f., in: ebd., 270–296

Holtz, T., Traditionen im 1. Thessalonicherbrief, in: ebd., 246–269

Hughes, F. W., Early Christian Rhetoric and 2 Thessalonians, JSNT.Supp 30, Sheffield 1989

Hyldahl, N., Auferstehung Christi – Auferstehung der Toten (1 Thess 4,13–18), in: Die Paulinische Literatur und Theologie, Hg. S. Pedersen, Arhus/Göttingen 1980, 119–135

Johanson, B. C., To all the Brethren. A Text-Linguistic and Rhetorical Approach to I Thessalonians, CB.NTS 16, Stockholm 1987

Klijn, A. F. J., I Thessalonians 4,13–18 and its Background in Apocalyptic Literature, in: M. D. Hooker, S. G. Wilson (ed.), Paul and Paulinism, FS C. K. Barrett, London 1982, 67–73

Kümmel, W. G., Das literarische und geschichtliche Problem des Ersten Thessalonicherbriefes, in: ders., Heilsgeschehen und Geschichte I, Marburg 1965, 406–416

Laub, F., Eschatologische Verkündigung und Lebensgestaltung nach Paulus. Eine Untersuchung zum Wirken des Apostels bei Aufbau der Gemeinde in Thessalonike, BU 10, Regensburg 1973

Lindemann, A., Zum Abfassungszweck des zweiten Thessalonicherbriefes, ZNW 68 1977, 35–47

Malherbe, A. J., „Pastoral Care" in the Thessalonian Church, NTS 36 1990, 375–391

Malherbe, A. J., Paul and the Thessalonians, Philadelphia 1987

Meeks, W., Social Functions of Apocalyptic Language in Pauline Christianity, in: Apocalyticism in the Mediterranean World and the Near East, ed. D. Hellholm, Tübingen 1983, 687–705

Menken, M. J. J., Paradise Regained or still Lost? Eschatology and Disorderly Behaviour in 2 Thessalonians, NTS 38 1992, 271–289

Merk, O., Nachahmung Christi. Zu ethischen Perspektiven in der paulinischen Theologie, in: Neues Testament und Ethik. FS R. Schnackenburg, Hg. H. Merklein, Freiburg-Basel-Wien 1989, 172–206

Merk, O., Zur Christologie im ersten Thessalonicherbrief, in: Anfänge der Christologie. Für Ferdinand Hahn zum 65. Geburtstag, Hg. C. Breytenbach u. H. Paulsen unter Mitwirkung von C. Gerber, Göttingen 1991, 97–110

Merk, O., Überlegungen zu 2. Thess 2,13–17, in: Nach den Anfängen fragen, FS Gerhard Dautzenberg, Hgg. C. Mayer, K. Müller, G. Schmalenberg, Gießen 1994, 405–414

Merk, O., 1. Thessalonicher 4,13–18 im Lichte des gegenwärtigen Forschungsstandes, in: Eschatologie und Schöpfung, FS Erich Gräßer, Hgg. M. Evang, H. Merklein, M. Wolter, Berlin/New York 1997, 213–230

Merklein, H., Der Theologe als Prophet: zur Funktion prophetischen Redens im theologischen Diskurs des Paulus, NTS 38 1992, 402–429

Ollrog, W.-H., Paulus und seine Mitarbeiter, WMANT 50, 1979

Richard, E., Contemporary Research on 1. (& 2.) Thessalonians, Biblical Theology Bulletin 20 1990, 107–115

Riesner, R., Die Frühzeit des Apostels Paulus. Studien zur Chronologie, Missionsstrategie und Theologie, WUNT 71, Tübingen 1994

Sandnes, K. O., Paul – One of the Prophets? WUNT II 43, Tübingen 1991

Schade, H. H., Apokalyptische Christologie bei Paulus, GTA 18, ²1984

Schmidt, A., Erwägungen zur Eschatologie des 2 Thessalonicher und des 2 Johannes, NTS 38 1992, 477–480

Schnelle, U., Der Erste Thessalonicherbrief und die Entstehung der paulinischen Anthropologie, NTS 32 1986, 207–224

Schoon-Janßen, J., Umstrittene „Apologien" in den Paulusbriefen. Studien zur rhetorischen Situation des 1. Thessalonicherbriefes, des Galaterbriefes und des Philipperbriefes, GTA 45, Göttingen 1991

Smith, A., Comfort One Another: Reconstructing the Rhetorik and Audience of 1 Thessalonians, Literary Currents in Biblical Interpretation, Louisville 1995

Söding, Th., Der Erste Thessalonicherbrief und die frühe paulinische Evangeliumsverkündigung. Zur Frage einer Entwicklung der paulinischen Theologie, BZ 35 1991, 180–203

Trilling, W., Untersuchungen zum 2. Thessalonicherbrief, ETS 27, Leipzig 1972

Trilling, W., Die beiden Briefe des Apostels Paulus an die Thessalonicher, ANRW 25.4, Berlin u. a. 1987, 3365–3403

Trilling, W., Literarische Paulusimitation im 2. Thessalonicherbrief, in: K. Kertelge (Hg.), Paulus in den neutestamentlichen Spätschriften. Zur Paulusrezeption im Neuen Testament, QD 89, Freiburg/Basel/Wien 1981, 146–156

Ware, J., The Thessalonians as a Missionary Congregation: 1 Thessalonians 1,5–8, ZNW 83 1992, 126–131

Wrede, W., Die Echtheit des zweiten Thessalonicherbriefes, TU 9,2, Leipzig 1903

1. Eingangsgruß und Danksagung
1,1–10

1 Paulus und Silvanus und Timotheus an die Gemeinde der Thessalonicher in Gott dem Vater und Herrn Jesus Christus: Gnade für euch und Frieden!

Der Beginn des Briefes enthält Absender, Adressaten und einen kurzen Gruß – er entspricht damit dem antiken, in seiner speziellen Form näherhin jüdisch geprägten Briefformular. Die drei Absender werden lediglich mit Namen genannt; eine ergänzende Selbstbezeichnung erscheint nicht, weder für Paulus (anders die Briefanfänge des Röm, 1. und 2. Kor, Gal, Phil) noch für seine Mitarbeiter (anders 1. und 2. Kor; Phil). Daß Paulus sich gegenüber den Adressaten indessen als Apostel versteht, geht aus 2,7 hervor. Nicht nur Paulus – auch Silvanus und Timotheus sind den Adressaten persönlich bekannt; sie haben Paulus bei seiner Verkündigung in Thessalonich begleitet. Ihrer Missionsarbeit verdankt die Gemeinde ihre Existenz; Timotheus hatte überdies die Gemeinde soeben ein zweites Mal besucht (3,2.5 f.). Sie werden nun gleichberechtigt in der Absenderangabe genannt. Im Vergleich zu anderen Paulusbriefen hat diese Beobachtung Bedeutung auch für den Wir-Stil, mit dem der Brieftext fortgesetzt wird. Phil 1,1 nennt Paulus und Timotheus gleichrangig als Knechte Jesu Christi und fährt dann im Ich-Stil fort, im 1. Thess indessen im Wir-Stil. Paulus liegt offenbar daran, auf diese Weise die Mitarbeiter in die briefliche Kommunikation einzubeziehen (s. Einleitung 3.). Die bei Paulus singuläre, lediglich im zweiten Brief an die Thessalonicher (1,1) aufgenommene Bezeichnung der Adressaten als „Gemeinde(versammlung) der Thessalonicher" (anders z. B. die Präskripte der beiden Korintherbriefe) läßt den Gedanken anklingen, daß die Adressaten des Briefes die Gesamtheit der Thessalonicher repräsentieren. Der sie auszeichnende und zugleich mit den Absendern verbindende entscheidende Lebensbezug wird mit ihrem Sein in Gott, dem Vater, und dem Kyrios („Herrn") Jesus Christus ausgesagt. In diesem Bezug gründet der Zuspruch von Gnade und Frieden.

1,2–3

2 Wir danken Gott allezeit für euch alle, indem wir Erinnerung üben in unseren Gebeten; 3 wir gedenken eurer vor unserm Gott und Vater unablässig: der Arbeit des Glaubens, der Mühe der Liebe und der Geduld der Hoffnung auf unsern Herrn Jesus Christus;

V. 2: Phil 1,3–5; V. 3: 1. Kor 13,13; Offb 2,2

Der erste Briefteil bis zum Ende des dritten Kapitels ist darauf ausgerichtet, A die Angeredeten zu stärken und auf ihre Begegnung mit dem Evangelium hin anzusprechen. Diesem Anliegen dienen erinnernde und bewertende Passagen; erzählende und argumentierende Elemente sind miteinander verschränkt. Die theologische Arbeit des Paulus vollzieht sich deutlich in der Absicht, mit der Gemeinde ihre konkreten Erfahrungen vor dem Wort Gottes zu reflektieren und auszutauschen. Dabei sind die Ereignisse seit dem ersten Auftreten der Missionare bis hin zur momentanen Situation, in der der Brief geschrieben wird, zu berücksichtigen. Die zurückgebliebenen Christen müssen gegenwärtig ihren neuen Glauben in einer Atmosphäre der Feindseligkeit selbständig bewähren.

Vor diesem Hintergrund werden die Themen des ersten Briefteils und ihre Bearbeitung verständlich. Nachdem 1,2–3 den Inhalt der dankbaren Fürbitte umrissen hat, bringt V. 4 das feste Wissen um die Erwählung der Angeredeten zum Ausdruck. Die weiteren Hinweise und Erinnerungen sollen die Richtigkeit dieser Feststellung erweisen. Diese Gedankenführung endet zunächst mit V.9-10.

Das nach der „Erwählung" (1,4) zweite wichtige Stichwort „Eingang" wird in 1,9 genannt und in 2,1 begründend unterstrichen: Paulus erinnert mit dem Hinweis auf „unseren Eingang bei euch" an das Auftreten der Missionare und ihre Aufnahme in Thessalonich. Dieser Abschnitt endet in 2,12. 2,13 kehrt mit dem Ausdruck des Dankes an Gott zunächst wieder zu der Ausgangsformulierung 1,2 zurück. Motive der Danksagung erscheinen dann noch einmal in 3,9–13. Dieses Briefelement umfaßt also in quantitativer Hinsicht mehr als die Hälfte des Brieftextes, und es ist intensiv und eindringlich gestaltet.

B 2–3   Paulus leitet die Danksagung mit Wendungen ein, die er auch in späteren Briefen verwenden wird (vgl. Röm 1,8–10; 1. Kor 1,4; Phil 1,3f.; Phlm 4; ferner Kol 1,3; 2. Thess 1,3). Die Angeredeten dürfen sich in ihrer Gesamtheit hineingenommen wissen in das Gebet und die Fürbitte des Apostels. Sie sind ihm darin ständig gegenwärtig und so auch in dieser besonderen Weise mit Gott verbunden. Hier kommt etwas von dem Selbstverständnis des Paulus zum Ausdruck. Er weiß die junge, von Gott erwählte Gemeinde angewiesen auf die Mittlerschaft seines Dienstes.

Die inhaltliche Gestaltung des fürbittenden Gedenkens ist rhetorisch durchdacht. Den drei Gliedern Glaube, Liebe, Hoffnung (vgl. die Triaden in 5,8; 1. Kor 13,13; ferner Kol 1,4f.; aber auch Röm 5,1ff.; Gal 5,5f. sowie Hebr 10,22–24), werden Arbeit, Mühe und Geduld zugeordnet, um so die Gemeinde mit den sie auszeichnenden Merkmalen zu kennzeichnen. Ist mit den letzten drei Worten der tätige Glaubensalltag der Gemeinde erfaßt, so mit den ersten seine tatsächliche Substanz. Die Unscheinbarkeit, Nüchternheit und Mühsal gelebten Glaubens findet in ihm selbst ihre Eindeutigkeit und Bestimmung. Beides wird so untrennbar. Konnten die an sich alltäglichen Begriffe „Arbeit, Mühe, Geduld" regelmäßig im Zusammenhang der Glaubens- bzw. Missionssprache verwendet werden (vgl. z. B. für „Mühe" 1. Kor 3,8; für „Werk" 1. Kor 16,10; für die Verbindung beider Worte 1. Kor 15,58; für „Geduld" 2. Kor 6,4; 12,12), so wird der Bezug zu ihren Gründen und damit ihre besondere Einfärbung hier deutlich. Der Glaube ist nicht abstrakt; er verwirklicht sich tätig (vgl. Gal 5,6). Die Liebe ist nicht weltflüchtig; sie scheut keine Mühen (vgl. 1. Kor 13,4–7). Die Hoffnung überspringt nicht die Wirklichkeit; sie stellt sich ihr in Geduld (vgl. Röm 5,3–5; 15,4–5). Paulus thematisiert auf diese Weise Grundkoordinaten christlichen Glaubenslebens; ihr Zusammenhang prägt das Ganze des Briefes.

Die angehängte Genitivverbindung, die mit „auf unsern Herrn Jesus Christus" wiedergegeben wird, schließt unmittelbar an die Erwähnung der Hoffnung an und erläutert diese. Sie spricht in ihrer feierlichen Gestaltung, verbunden mit der Wendung „vor unserm Gott und Vater", die deutlich an die erwartete Parusie erinnert (vgl. die Verwendung der Präposition „vor" in 2,19; 3,9.13; auch 2. Kor 5,10), zusammenfassend die endzeitliche Dimension an, in der sich das Christsein der Angeredeten und das gegenwärtige Gedenken des Apostels vollziehen.

1,4–10

4 wir wissen, von Gott geliebte Brüder, um eure Erwählung, 5 denn unser Evangelium wirkte bei euch nicht allein durch das Wort, sondern auch durch Krafterweis und heiligen Geist und große Fülle; ihr wißt ja, wie unser Auftreten bei euch um euretwillen war. 6 Und ihr seid unsere und des Herrn Nachahmer geworden: Ihr habt das Wort in großer Bedrängnis mit der Freude des heiligen Geistes aufgenommen, 7 so daß ihr zu einem Vorbild für alle Glaubenden in Mazedonien und Achaia geworden seid. 8 So ist denn von euch aus das Wort des Herrn nicht nur in Mazedonien und Achaia laut geworden, sondern überall ist euer Vertrauen zu Gott bekannt geworden, so daß wir nichts darüber zu sagen brauchen. 9 Denn sie berichten ja selbst über uns, welchen Eingang wir bei euch gefunden haben, und wie ihr umgekehrt seid zu Gott von den Götterbildern, dem lebenden und wahrhaftigen Gott zu dienen 10 und seinen Sohn aus den Himmeln zu erwarten, den er von den Toten erweckt hat, Jesus, der uns aus dem kommenden Zorn rettet.

V. 5: 1 Kor 2,4f.; V. 10: Röm 5,9

Die Anrede der Gemeindeglieder als „von Gott geliebte Brüder" bezieht auch 4 die weiblichen Glieder der Gemeinde ein; es handelt sich um inklusive Redeweise. Sie wird im Brief vierzehnmal verwendet und dient auch in den anderen paulinischen Briefen regelmäßig, wenn auch nicht in dieser relativen Häufigkeit, als Anrede. Paulus greift damit frühjüdischen und biblischen Sprachgebrauch auf.

Das Stichwort „Erwählung" wird im Brieftext so eingeführt, daß die Angeredeten es offenbar bereits als inhaltlich gefüllt verstehen. Sein Gewicht wird daran erkennbar, daß es einerseits den vorläufigen Höhepunkt der Danksagung ab V. 2 bildet, vor allem aber, weil der Begründungsbogen ab V. 5a der Bestätigung der Feststellung „ihr seid Erwählte" gilt. Wir haben mit „Erwählung" den Terminus vor uns, mit dem Paulus die Identität der Angeredeten als Gemeinde markiert, und mit dem diese Identität gemeinsam reflektiert werden kann. Wort und Wortstamm des Stichworts „Erwählung" erscheinen im Brief sonst nicht. Es handelt sich um ein Element der ursprünglich mündlichen Kommunikation mit den Angeredeten, das aus dem biblisch und frühjüdisch bezeugten Erwählungshandeln Gottes bezogen ist.

Überblickt man die übrigen paulinischen Texte, so ergibt sich der Eindruck, daß „Erwählung" als theologischer Terminus nur 1. Thess 1,4 in zentraler und ungebrochener Weise zur Identitätsbestimmung der Angeredeten dient. Paulus spricht zwar vom Erwählungshandeln Gottes 1. Kor 1,27f., von seinen Erwählten Röm 8,33. Die neben 1. Thess 1,4 einzige Verwendung des *Begriffs* im argumentativen Kontext Röm 9–11 (9,11; 11,5.7.28) zeigt indessen, daß dieses zentrale Stichwort jüdischen Bekennens, das damit aufgenommen war, für Paulus zugleich ein Grundproblem seiner theologischen Arbeit und seines Selbstverständnisses umriß. Wir werden in Röm 9–11 Zeugen eines denkerischen Prozesses, der u. a. die biblisch und frühjüdisch bezeugte Voraussetzung wahrt, daß Gottes Erwählungshandeln an Israel unwiderruflich und einmalig ist – keineswegs aber als abgeschlossenes Geschehen der Vergangenheit verstanden werden darf. Menschliches Handeln kann Gottes Erwählen hindern, durchkreuzen, nicht aber aufheben. Andernfalls wäre die Existenz Israels, der Welt, ja Gottes, in Frage gestellt. Paulus teilt diese frühjüdischen Voraussetzungen. Er spricht die Gemeinde in Thessalonich auf ihre Erwählung durch Gott an. Er sieht sie einbezogen in die Geschichte dieses Handelns an Israel, das er in der Geschichte Jesu Christi als neues Handeln Gottes begreift. Deshalb ist es sein Evangelium, durch das sich die Erwählung der Adressaten vollzog.

Die Gemeinde in Thessalonich – nach Apg 17,1ff. von der Synagoge aus gegründet – umfaßte einen relativ hohen Anteil nichtjüdischer Gemeindeglieder, vor allem solche, die bereits vor dem Auftreten der Christus-Missionare die Nähe des einen Gottes gesucht hatten. Sein Erwählungshandeln, an Jesus Christus und sein Evangelium (vgl. 3,2) gebunden, hat ihnen wie den jüdischen Gemeindegliedern, die zum neuen Glauben kamen, gegolten. Damit ist sowohl die Kontinuität zu den vergangenen Erwählungstaten Gottes gewahrt, zugleich aber die Scheidung von denen, die das neue Handeln Gottes ablehnen, gegeben: Diese Menschen, Heiden und Juden, stimmen jetzt in ihrer Ablehnung Gottes überein (vgl. 2,13–15).

Das Stichwort „Erwählung" enthält die zielgerichtete Geschichte Gottes mit seinem Volk inmitten der Völker. Gottes vorgängiges Handeln machte Menschen zu Trägern seines Willens. Sie sind es, die im Endgericht als die Seinen gerettet werden. Im vorliegenden Kontext ist *dieser* Bezug scharf akzentuiert (vgl. V. 10). Erwählung heißt hier: Von Gott zur endgültigen Rettung vorgesehen sein, und zwar um seines endzeitlichen Retters Jesus Christus willen. Das nahe Endgericht bildet für die theologische und ekklesiologische Argumentation im 1. Thess die entscheidende Voraussetzung. Es ist das Handeln Gottes, mit dem die Feindschaft der Menschen gegen Gott zu ihrem Ende kommt (vgl. 1,9f.; 5,9.23f.).

Folglich realisiert sich sein Wort im Erweis seiner Kraft unter den Bedingungen dieser Feindschaft; sie ist in V. 6 als „Bedrängnis" begrifflich erfaßt. Die Träger des Wortes – Missionare wie zum Glauben Gekommene – verkörpern als Erwählte das zielgerichtete Handeln Gottes. Darum entscheidet ihr Verhalten über die Glaubwürdigkeit des Wortes, und darum wird auch die Nachahmung der Glaubenden durch die zum Glauben Kommenden bzw.

Gekommenen als Bestandteil solchen Verhaltens aufgefaßt. Der nachlaufende
Kontext ist von dieser Voraussetzung geprägt.

V. 5 bringt zum Ausdruck, daß das Evangelium, das die Missionare in Thes- 5
salonich bekannt machten, sich nicht allein im Wort realisierte. Im Kontext
erscheint „Wort" in unterschiedlichen Bedeutungen. In 1,6.8; 2,13 geht es um
das Wort Gottes, das den Thessalonichern als Evangelium vom Retter Jesus
Christus bekannt wurde. In 2,5.13 bezieht es sich auf die lediglich menschliche
Möglichkeit gewinnenden Redens. Die Gegenüberstellung, die in 2,13 formuliert wird, ist gleichsam als paulinischer Kommentar zur vorliegenden Stelle zu lesen. In 4,15 geht es um das „Wort des Herrn"; es führt zu den Worten
des Glaubens, mit denen die Angeredeten einander Zuversicht geben können
(vgl. 4,18). Auf dieser Voraussetzung basiert die Rede von „unserm" Evangelium. Die Wendung „unser Evangelium wirkte bei euch" (wörtlich: „geschah
an euch") ist biblisch geprägt (vgl. Jer 1,2; 2,1; Micha 1,1; Joel 1,1; Zeph 1,1 sowie
Lk 3,2). Paulus hebt auf diese Weise den offenbarenden Charakter seiner
Evangeliumspredigt hervor, und er verbindet ihn mit ihrer Wirkung bei den
Angeredeten.

Das Stichwort „Kraft" erscheint im Brief nur hier. Die Angeredeten können seine Bedeutung in der Opposition zu „allein durch das Wort" als Hinweis auf den Ursprung des Evangeliums in Gott erfassen. Paulus weist darauf
hin, daß es ihm und seinen Mitarbeitern gelang, den Thessalonichern diesen
Ursprung des Evangeliums erfahrbar zu machen. An welche konkreten Vorgänge in diesem Zusammenhang zu denken ist, kommt nicht zum Ausdruck;
vgl. aber z. B. Röm 15,19; 1. Kor 2,4; 2. Kor 12,12. Paulus versteht die Kraft Gottes als wunderwirkend; es ist die gleiche Kraft, die in der Auferweckung Jesu
wirksam wurde, und die an den Glaubenden zur Wirkung kommt (vgl. z. B.
Röm 1,4.16; 1. Kor 1,18.24; 2,4 f.; 6,14; 15,43; 2. Kor 13,4; Phil 3,10). „Geist"
erscheint als ein Terminus in 1. Thess, mit dem die Gemeinde ihre eigene Wirklichkeit erfassen kann. Sie erfährt das Wirken des Geistes (5,19) als einer Gabe
(4,8), die ihr die Annahme und Bewährung des Glaubens ermöglicht (1,6) und
so in vielfältiger Weise zur Erfahrung wird. Die Angeredeten partizipieren mit
diesen Erfahrungen an der Wirklichkeit Gottes, als deren sprachliche Gestalt
ihnen das Evangelium zukam. Das Wort, das in der Übersetzung mit „Fülle"
wiedergegeben wird, gebraucht Paulus nur hier (vgl. ferner Kol 2,2; Hebr 6,11;
10,22). Inhaltlich soll starke Gewißheit betont werden, so daß „mit großer
Erfülltheit" übersetzt werden könnte. Die drei Attribute zielen darauf ab, den
außerordentlichen Ereignischarakter der Christuspredigt hervorzuheben, der
sie von einem sich menschlichem Können verdankenden Redevorgang unterschied, und der ihre Annahme bei den Thessalonichern ermöglichte. V. 5 c verweist die Feststellungen an die Erinnerung der Angeredeten: Das Auftreten
der Missionare entsprach tatsächlich in seiner Wirksamkeit, mit der es die Möglichkeiten menschlicher Rede überbot, der Wirklichkeit des in Gott gründenden
Evangeliums.

Im Begründungszusammenhang, der auf die Erwählung der Angeredeten
abzielt, ist damit ein erstes Ergebnis erreicht. Die Erwählung der Angeredeten

erwies sich zunächst darin, daß das Evangelium ihnen als Wort Gottes begegnete und sich in einem entsprechenden Auftreten der Missionare verwirklichte.

6–7 V. 6 führt den Gedanken mit dem Hinweis auf die Annahme des Evangeliums durch die Thessalonicher weiter. Paulus verknüpft damit die Feststellung, daß die Angeredeten in ihrer Annahme des Wortes zu Nachahmern wurden, und zwar sowohl der Missionare als auch des Herrn (V. 6) – sie wurden darin selber wieder zu Vorbildern (V. 7). Die Nachahmerschaft der Angeredeten bestand darin, daß sie das Wort unter großer äußerer Bedrängnis mit der Freude, die der Geist Gottes selber gab, aufnahmen. Paulus nimmt mit dem Stichwort „Bedrängnis" auf konkrete Erfahrungen der Thessalonicher im Verlauf und Gefolge der Gemeindegründung Bezug. Das Wort begegnet im klassischen und hellenistischen Griechisch selten; seine neutestamentliche Verwendung (Paulus bietet mehr als die Hälfte der Belege) wurzelt in der Septuaginta, der griechischen Bibel des Frühjudentums und des Neuen Testaments. Hier klingt nicht selten die Bedeutung endzeitlicher Bedrängnis an. Diese Prägung wird in frühjüdischer und neutestamentlicher Literatur aufgenommen (vgl. z. B. Dan 12,1; Hab 3,16; Zeph 1,15; Mk 13,19.24 par.; Offb 7,14; Röm 5,3; 8,35 f.; 12,12). Die einschneidende Bedeutung ablehnender und feindlicher Reaktionen auf das Gläubigwerden der Angeredeten ist heutiger Wahrnehmung nur schwer vorstellbar. Dabei ist der hohe Grad der Verwobenheit religiöser Vollzüge mit dem Alltagsleben sowie ihre grundlegende Bedeutung für das Zusammenleben in antiken Gemeinwesen zu berücksichtigen (vgl. Einleitung 4.). Jede Aufkündigung solcher religiös geprägten Bindungen mußte tiefgehende Folgen haben und konnte aggressive Reaktionen auf vielen Ebenen zeitigen. Demgegenüber ist es die bedrängte und doch freudige Existenz im Glauben, in der Absender und Adressaten übereinstimmen. Diese Übereinstimmung wurzelt in der Art des glaubenstiftenden Wortes. Die Erfahrung der Thessalonicher ist die der Missionare; sie ist die des Glaubens – und es ist diese Übereinstimmung, die die Gemeinde selber zum Vorbild für alle Glaubenden in den Provinzen Mazedonien und Achaia werden läßt. An welche Ortsgemeinden Paulus konkret dachte, kommt nicht zum Ausdruck. Für Mazedonien ist an Philippi (vgl. 2,2; Apg 16,12 ff.) und Beröa (vgl. Apg 17,10 ff.) zu denken; für Achaia an Korinth (vgl. Apg 18,1 ff.). Indessen läßt die fehlende Grußliste des Briefes annehmen, daß hier eine Gemeinde noch nicht bestand (s. Einleitung 1.). Folglich ist zu vermuten, daß der Inhalt der V. 8–10 – eingebunden in die zuvor dargelegte Vorbild-Struktur (V. 6.7 a) – zu einem Bestandteil der Missonsverkündigung, u. a. in Beröa und Korinth, wurde.

8–10 Die V. 8 und 9 a machen deutlich, worin die Vorbildfunktion der Thessalonicher bestand. Die Aussagen „von euch aus ist das Wort des Herrn laut geworden", „euer Vertrauen zu Gott ist überall bekannt geworden", „sie berichten, welche Aufnahme wir bei euch gefunden haben", „wie ihr umgekehrt seid", verweisen auf verschiedene Aspekte der bisherigen Geschichte dieser Gemeinde. Paulus betont mit dem Umstand, daß auch in anderen Gemeinden von ihr gesprochen und berichtet wird, den narrativen Charakter dieser Geschichte (vgl. bes. V. 9 a): Im Erzählen des Werdens der Gemeinde werden Herkunft und

Wesen dieser neuen Wirklichkeit erkennbar. Es ist in diesem Zusammenhang
für die erste der oben zitierten Aussagen nicht zu vermuten, daß die Thessalonicher ihrerseits missionarisch tätig wurden. Indessen ist erneut deutlich, daß die
Aufnahme der Missionare als die Annahme ihrer Botschaft verstanden wird.
Neben der Nennung der beiden griechischen Provinzen (vgl. V. 7) wird ganz
umfassend auf die entstehende christliche Ökumene hingewiesen (vgl. Röm
1,8; 16,19; aber auch 2. Kor 2,14; sodann Kol 1,6.23). Paulus setzt voraus (vgl.
V. 9a), daß neben seiner eigenen Missionstätigkeit auch der rege Austausch unter
den jungen Gemeinden dazu beitrug, das Vorbild der Thessalonicher bekannt
zu machen (vgl. z. B. Phil 4,16). Mit dem Hinweis auf die Art der Aufnahme und
des Auftretens der Missionare (s. zu 2,1) erinnert Paulus die Gemeinde zugleich
an die gemeinsam erlebten Umstände der Missionsverkündigung. Hinter dem
Stichwort „Eingang" verbirgt sich die Geschichte der Begegnung der Adressaten mit dem Evangelium; ab 2,1 wird Paulus diese Geschichte erneut thematisieren und interpretieren.

Die V. 9b.10 bilden zweifellos das vorläufige Ziel der brieflichen Erinne-
rung. Sie bekräftigen, was zwischen den Briefpartnern sowie denen, auf deren
Bericht sich die Wendungen beziehen, Gültigkeit hat. Sie fassen zusammen,
was in der Bekehrung geschah. Es geht um das erfolgte „Umkehren von den
Götterbildern zu Gott" – eine Formulierung, die das Gläubigwerden in der
Erfahrung der Heidenchristen anspricht –, um ihm zu dienen und seinen Sohn
zu erwarten. Diese beiden Tätigkeiten kennzeichnen die neue Existenz, die in der
Bekehrung erschlossen wird. Die Vokabel „Umkehren" wird in frühjüdischen
(vgl. z. B. TestSeb 9,7f.; JosAs 11,10f.; Septuaginta) und neutestamentlichen
Texten in der Bedeutung „Bekehrung" gebraucht. „Dienen" ist der von der griechischen Bibel geprägte Terminus, der die glaubende Existenz als Gottesdienst
erfaßt; vgl. Röm 7,6.25; 14,18; 16,18; ferner Mt 6,24/Lk 16,13; Apg 20,19; Kol
3,24. Auch „der kommende Zorn" und der Pluralgebrauch von „Himmel" verdanken sich frühjüdischer Prägung; gleichfalls „erwarten" und „erretten". Zur
Auferweckungsaussage vgl. v. a. Röm 10,9; 1. Kor 15,4; aber auch Röm 6,4.9;
1. Kor 15,12; sodann Apg 3,15; 4,10; aber auch 13,30.37; 10,40. Zu Christus als
dem erwarteten Retter vom Himmel vgl. Phil 3,20; Röm 5,9. Paulus verwendet eine traditionell geprägte Ausdrucksweise, um das Gemeinsame des Christusglaubens, das ihn mit den Angeredeten und allen Glaubenden verbindet,
zu kennzeichnen.

V. 10 spricht vom erwarteten „Sohn" Gottes und nennt identifizierend seinen Namen „Jesus" – es ist der von den Toten Erweckte, der die Glaubenden vor
dem kommenden Zorn rettet. Es geht nicht um die Erwartung eines unbekannt-
unbestimmten himmlischen Wesens, sondern um den von den Toten erweckten Jesus, dessen Geschichte in diesen knappen Wendungen repräsentiert ist.

Die Gesamtformulierung redet zuerst von Gott, dem lebendigen und wahrhaftigen. Es ist der Gott Israels. Die Erwartung seines Sohnes Jesus bildet den
unterscheidenden Kern christlichen Bekennens. Die Wendung läßt grammatisch
und inhaltlich nicht zu, beide Elemente zu trennen. Der Glaube an den Gott
Israels schließt die Erwartung seines Sohnes ein. Die Hoffnung auf den Sohn

Gottes ist von der auf Jesus, den vom Kreuzestod erweckten, nicht zu trennen. Angeredet sind die Adressaten als ehemalige Nichtjuden, also Heiden, die traditionell über ihre Ablehnung des Gottes Israels definiert sind. Die inhaltliche Füllung des existenzbestimmenden „Dienens" klang in der Trias V. 3 „Arbeit, Mühe, Geduld" bereits an; sie wird ab 4,1 sowie 5,12 ihre adressatenbezogene Ausführung erhalten.

V. 10 verdeutlicht, daß dieser Dienst in eschatologischer Ausrichtung und Gewißheit geschieht. Dienst und Erwartung stehen mit gleichem Gewicht nebeneinander und qualifizieren sich gegenseitig. Die Bekehrung läßt die von den Götterbildern bestimmte Existenz zur Vergangenheit werden. Die Gegenwart der Glaubenden in Dienst und Erwartung erhält ihre Prägung von der nahen Zukunft des Gerichts und der verheißenen Rettung in ihr.

2. Erinnerung an das Wirken in Thessalonich
2,1–12

1 Denn ihr selbst, Brüder, kennt unsern Eingang bei euch: er war nicht vergeblich, 2 sondern obwohl wir, wie ihr wißt, vorher in Philippi zu leiden hatten und mißhandelt wurden, fanden wir doch in unserm Gott den Freimut, euch das Evangelium Gottes zu sagen – unter viel Kampf. 3 Schließlich erging unser Zuspruch nicht aus Täuschung oder Unreinheit oder in List, 4 sondern so, wie wir von Gott für wert befunden worden sind, mit dem Evangelium betraut zu werden, so reden wir, nicht um Menschen zu gefallen, sondern Gott, der unsere Herzen prüft. 5 Also haben wir damals weder durch ein Schmeichelwort gewirkt – wie ihr wißt –, noch durch versteckte Habsucht – Gott ist Zeuge –, 6 noch haben wir Ehre von Menschen gesucht – weder von euch noch von anderen –, 7 obwohl wir als Apostel Christi die Möglichkeit dazu gehabt hätten. Sondern freundlich haben wir unter euch gewirkt, wie eine Stillende ihre Kinder versorgt, 8 so sind wir euch zugetan und wollen euch nicht nur am Evangelium Gottes teilhaben lassen, sondern auch an unserm Leben, denn ihr seid uns sehr lieb geworden. 9 Erinnert euch doch, Brüder, an unsere Mühe und Plage: Nachts und tags arbeitend, um keinem von euch zur Last zu fallen, haben wir euch das Evangelium Gottes verkündet. 10 Ihr seid Zeugen und Gott, wie heilig und gerecht und untadelig wir gegenüber euch, den Glaubenden, gewesen sind, 11 und ihr wißt auch, wie wir euch – einen jeden von euch wie ein Vater seine Kinder – 12 getröstet und ermutigt haben; wir haben euch bezeugt, Gott gegenüber würdig zu wandeln, der euch berufen hat in seine Herrschaft und Herrlichkeit.

V. 2: 2. Kor 3,12; V. 4: Gal 1,11f; 2,7; V. 7: 1. Kor 3,2; V. 8: Röm 9,3; V. 10: 1. Kor 4,1–4; V. 12: Phil 1,27

A   Der Abschnitt 2,1–12 ist durch den vorlaufenden Kontext bereits vorbereitet. Nun bezieht sich Paulus auf die Erinnerung der Angeredeten, um an ihr die Lauterkeit seiner Verkündigung und Zuwendung zu verdeutlichen. Damit ist eine neue, modifizierte Perspektive auf die zurückliegenden Ereignisse verbunden. Der Apostel will verhindern, daß vor dem Hintergrund seiner jetzigen, unfreiwilligen Abwesenheit der Aufenthalt in Thessalonich in ein falsches Licht geraten könnte.

V. 1 erinnert daran, daß das Auftreten – und damit die Verkündigung der Mis- B 1
sionare in Thessalonich – nicht vergeblich war. Diese Formulierung ist theologisch gefüllt. Das Wort „Eingang" (vgl. 1,9) verbindet den passiven und den
aktiven Aspekt: Auftreten und Annahme der Missionare entsprachen einander. Im Ereignis des Wortes sind Ausrichtung und Annahme des Evangeliums
zwei Aspekte desselben Geschehens, d.h. des tatsächlich sich ereignenden
Erwählungshandelns Gottes (vgl. 1,4). Im Wirken der Missionare und ihrer
Aufnahme entschied sich, ob das Handeln Gottes tatsächlich zum Ziel kam,
ob also die Erwählung der Angeredeten sich in ihrem Gläubigwerden realisierte. Paulus erinnert sie daran, daß die Verkündigung nicht ins Leere lief,
sondern – bezieht man 1,4f. ein – sich als von Gott ausgehendes Geschehen in
ihrem Glauben verwirklichte. Ihre eschatologische Hoffnung (vgl. 1,10) und
leidvolle Glaubensexistenz (vgl. 1,6) sind deshalb miteinander im Handeln
Gottes begründet.

V. 2 stellt dieser Feststellung die vorausgegangenen Erfahrungen in Philippi 2
gegenüber und weist die Gemeinde nochmals auf ihr diesbezügliches Wissen
hin. Paulus ist es wichtig, daß seine Darstellung sich mit der Erinnerung der
Angeredeten deckt.

Das Auftreten in Thessalonich war nicht das siegesgewohnter Missionare;
vielmehr fanden sie die zuversichtliche Kraft zur erneuten Evangeliumspredigt
allein in Gott. Das hier verwendete Possessivpronomen hat nicht ausschließenden
Sinn; es verweist vielmehr – in ähnlicher Weise wie in 1,5 (vgl. noch Röm 1,8;
1. Kor 1,4; 2. Kor 12,21; Phil 1,3; 4,19; Phlm 4) – auf die persönliche und intensive
Beziehung des Paulus zu Gott und seinem Evangelium. Zu dem Hinweis auf den
in Gott gründenden Freimut (vgl. 2. Kor 3,12; 7,4; Phil 1,20; Phlm 8; der Verb-
gebrauch findet sich bei Paulus nur an der vorliegenden Stelle), trotz der vorausgegangenen Mißhandlungen das Evangelium Gottes unerschrocken und zuversichtlich zu verkünden, vgl. z. B. Spr 1,20f.; Weish 5,1; Apg 4,29–31; 9,27f. Die
Verkündigung geschah „unter viel Kampf". Diese Aussage bezieht die Erfahrungen in Philippi in die neue Situation ein (vgl. Apg 16,22–24). Phil 1,30 verbindet
die Erinnerung an diesen Kampf, den die Philipper bei der Erstverkündigung
erlebten, und von dem sie im Blick auf die jetzige bedrohte Situation des Paulus
gehört haben, mit ihrer eigenen Erfahrung. Die Wendung zeigt, daß entsprechende Auseinandersetzungen die Glaubensexistenz auch der Angeredeten
prägten: Glauben und Leiden gehören um Christi willen zueinander (Phil 1,29).

Auch in Thessalonich ereignete sich das Evangelium in harter Auseinandersetzung. Der Hinweis auf den „Kampf" in Thessalonich bezieht sich nicht lediglich allgemein auf die Widersprüchlichkeit des Evangeliums zur Welt, sondern
auf die tatsächliche Erfahrung des Paulus in seiner Verkündigungsarbeit. Das
Stichwort dient dazu, den Modus der ersten Verkündigung, an die die Angeredeten sich erinnern, zu charakterisieren. Sie war geprägt von dem in Philippi
erfahrenen Widerstand gegen das Evangelium und der in Gott gefundenen
Zuversicht, die in Thessalonich erneut zur Verkündigung führte.

Die erläuternde Weiterführung verweist auf die lauteren Motive des ergan- 3
genen Zuspruchs. Dabei ist zu beachten, daß dieses Stichwort („Zuspruch") nun

anstelle des eben gebrauchten („Evangelium") steht. Die Weiterführung in V. 4,
die das Stichwort wiederum aufnimmt, bestätigt den Eindruck des annähernd
synonymen Gebrauchs beider Worte an dieser Stelle. Paulus faßt auf diese Weise
die Wirkung der Evangeliumspredigt zusammen. Er stellt fest, daß der apostolische Zuspruch sich nicht Täuschung, Unreinheit oder List verdankt. Damit
sind Motive genannt, deren Annahme das Auftreten in Thessalonich völlig
mißdeuten würde. Ähnliche Beweggründe wurden bisweilen bei popularphi-
losophischen Wanderpredigern vermutet. Berücksichtigt man die biblische
und frühjüdische Geprägtheit des Stichworts „Täuschung", so scheint Paulus
sogar an den Vorwurf des Falschprophetentums zu denken. Der nachlaufende
Kontext bestätigt, wie wichtig Paulus der Ausschluß eines solchen, von ihm
immerhin für möglich gehaltenen Verdachts ist. Da es hier um den Versuch geht,
die überstürzte, fluchtartige Abreise aus Thessalonich zu bearbeiten, ist anzunehmen, daß Paulus darin die Gefahr einer solchen Mißdeutung motiviert sah.
Zudem berichtet Apg 17,5ff. von heftigen Vorwürfen der Juden in Thessalonich
gegenüber den Missionaren. Offenbar vor solchem Hintergrund tritt Paulus dem
Verdacht entgegen, mit seinen Mitarbeitern als Lügenpropheten aufgetreten
zu sein.

Die drei Stichworte sind, überblickt man die alttestamentlich-biblische und
frühjüdische Literatur, religiös geprägt. Die „Täuschung" ist als religiöse Ver-
irrung, als geistiger Trug, zu verstehen. Sie kennzeichnet z. B. Micha 3,5; Jer
23,13.32; Ez 13,10; 14,11; Dt 13,6 falsche Prophetie. Paulus verwendet das Wort
Röm 1,27; vgl. ferner 2. Kor 6,8 (der Apostel als „Verführer") sowie 2.Thess 2,11.
Die „Unreinheit" führt in die Auseinandersetzung mit dem Götzendienst; das
Wort hat im Sinne von „Schamlosigkeit" einen sexuellen Beiklang. Die griechische Bibel spricht von Unreinheit (bzw. z. B. dem unreinen Geist) im Zusammenhang mit Falschprophetie (Sach 13,2–3) und Idolatrie (1. Makk 13,48; 14,7);
Götzendienst und Falschprophetie können mit Zauberei (die z. B. in Lev
20,26f.; Dtn 18,9ff. als Unreinheit verstanden werden konnte) verbunden werden (vgl. Dtn 13,2ff.; 18,9–14; Ez 13,17–19; ferner Jer 27,9f.). Diese Tradition
wird in den Texten der frühjüdischen Gemeinde von Qumran fortgesetzt; vgl.
z. B. die Schilderung der Gegner nach 1 QH 4,5–20. Die Stichworte Verführung
und Unreinheit finden sich im NT in Verbindung mit (z. T. eschatologischer)
Falschprophetie: Mt 24,11.24; Mk 13,22; 2. Pt 2,1–3.15; Judas 11; Offb 2,20;
19,20; 1.Joh 4,1–6.

Das letzte Glied nennt die List (vgl. z. B. Jes 53,9; Ps 31,2; 33,14), nun in
instrumentaler Beziehung („in"), während die beiden vorhergehenden kausal
die vermeintlichen Motive benannten („aus"). Paulus handelte bei seiner Verkündigung nicht aus berechnender Falschheit oder betrügerischer Absicht (vgl.
2. Kor 12,16). Er versuchte nicht, unter dem Vorwand des Gotteswortes
eigennützige Ziele zu verfolgen, den Angeredeten also tatsächlich etwas anderes zu geben, als sie zu erhalten meinten. Die geprägte Bedeutung der drei
Stichworte verdeutlicht, daß das Evangelium nicht als das Wort verführeri-
scher Lügenpropheten gepredigt wurde; vielmehr entsprach die Verkündigung
der durch Gott selbst erfolgten Beauftragung mit dem Evangelium.

Positiv wird dagegengestellt, worauf die Evangeliumsverkündigung des 4
Apostels tatsächlich beruht. Der sachliche Gipfel in der Mitte des Verses wird
gerahmt von dem zweimaligen Gebrauch des Verbs „prüfen, für wert erachten":
„Wir wurden von Gott für wert befunden – Gott, der unsere Herzen prüft." (vgl.
im Wortlaut der Septuaginta Jer 11,20 und dazu die Anklage der Falschprophetie
gegenüber Jeremia im nachlaufenden Kontext; ferner Jer 17,10; Spr 17,3). Es
ist Gott selber, der den Apostel für fähig erachtet hat, diesen Dienst zu tun
(vgl. 1. Kor 15,9f.). Dieser Gedanke kommt in der Entsprechungsaussage „wir
wurden mit dem Evangelium betraut, so daß wir reden" zum Ausdruck. Sie
begründet zugleich die anschließende Opposition „nicht Menschen zu Gefallen,
sondern Gott".

Der Dienst der drei Missionare ist so in einzigartiger Weise auf das Handeln Gottes bezogen. Sie äußern sich als Menschen, die mit dem Inhalt ihrer Verkündigung, dessen Ursprung deutlich hervortritt, betraut wurden. Nur das
bringt sie in dieser Hinsicht zum Reden; und nur so ist bedingt, daß dieses Reden
Gott gefällt – sein Orientierungsrahmen ist nicht Erwartung oder Beifall von
Menschen, sondern die Entsprechung zu dem Gott, der der Beauftragende ist.
Das schließt ein, daß einerseits die Existenz der Verkündiger als ganze sich
durch diesen Auftrag definiert, und daß sie andererseits nicht als solche auftreten, die eine Philosophie oder Glaubenswerbung in eigener Verantwortung,
auf eigene Rechnung, zu bieten hätten. Diese Überzeugung begründet die in
V. 7–8 gekennzeichnete Haltung, die in den V. 9–12 konkretisiert wird.

Die V. 5 und 6 betonen noch einmal nachdrücklich, was deshalb keinesfalls als 5–6
Motivation der Verkündigung in Thessalonich in Frage kommt: Weder Schmeichelwort, versteckte Habgier, noch Ehrsucht – ob nun bei den Angeredeten
oder bei anderen. Wieder (vgl. V. 3) ist die Abweisung in einer – nun ausführ-
licher formulierten – Dreizahl zusammengefaßt. Und wieder (vgl. V. 1 und 2)
wird ausdrücklich auf die bestätigende Erinnerung der Gemeinde abgehoben.
Sie wird ergänzt durch den Hinweis auf die Zeugenschaft Gottes. Paulus weiß,
daß die Bestätigung der Lauterkeit seines Dienstes auf das Urteil Gottes angewiesen bleibt (vgl. V. 10 sowie z. B. 1. Kor 4,1–5). Das „Schmeichelwort" – im
NT nur hier gebraucht – ist Substantiv aus dem im NT nicht belegten Verb
„durch Schmeicheleien anlocken". Paulus weist es – offenbar wiederum vor-
sorglich – ebenso von sich, etwa aus versteckter Habgier gehandelt zu haben. Ein
solcher Vorwurf ist antiken Wanderpredigern nicht selten gemacht worden.
In der Auseinandersetzung mit der korinthischen Gemeinde spielt er eine deut-
liche Rolle (vgl. 2. Kor 12,16–18; dazu 2,17; 7,2). Auch der Vorwurf der Ehrsucht
wurde bisweilen gegenüber Wanderpredigern erhoben. Paulus schließt auch
eine solche Motivation gegenüber den Angeredeten und den übrigen Mis-
sionsgemeinden deutlich aus.

V. 7a setzt – scheinbar paradox – gegen den Gedanken „Ehre vor den Men- 7
schen gewinnen" das Gewicht der Möglichkeit, als Apostel Christi, nicht als
Gesandter einer beliebigen Autorität, auftreten zu können. Dieser Autorisierung gebührt der Sache nach höchste Ehre von allen Menschen (vgl. z. B. Phil
2,11).

Paulus benutzt hier erstmalig den Apostelbegriff. Die Frage, ob er an dieser Stelle die beiden Mitarbeiter eingeschlossen sehen will, ist kaum zu entscheiden. Wir gehen davon aus, daß das „wir" des Briefes regelmäßig dem Autor Paulus gilt und zugleich die beiden Mitabsender in die Botschaft des Schreibens einbezieht (s. Einleitung 3.). Paulus hätte zwar zu einer exklusiven persönlichen Verwendung des Wortes der Gebrauch der singularen Personalform zur Verfügung gestanden (vgl. 2,18; 3,5 a; 5,27). In kollektiven Absenderangaben verwendet er den Titel indessen ausschließlich für sich; vgl. 1. Kor 1,1; 2. Kor 1,1; Gal 1,1–2. Ein nicht-titularer, erweiterter Gebrauch findet sich dort, wo Paulus von Gemeindegesandten spricht; vgl. 2. Kor 8,23; Phil 2,25; vgl. auch Röm 16,7. Es ist folglich zu vermuten, daß Paulus auch an der vorliegenden Stelle den Apostelbegriff exklusiv versteht. Er setzt damit die hohe Autorisierung voraus, die ihm als mit dem Evangelium Betrautem zugewiesen ist. Die Formulierung macht deutlich, daß die Apostelbezeichnung als Bezugsbegriff in argumentativer Funktion verwendet wird; Paulus hat also bereits mündlich seine Identität als Apostel Christi gekennzeichnet.

Der zweite Versteil greift das regierende Verb aus V. 5 f. auf. Die Formulierung umreißt nun positiv, worin das tatsächliche Verhalten des Apostels bestand; sie birgt zugleich das textkritische Problem, ob die ursprüngliche Lesart „freundlich" oder „kindlich" lautete. Eine sichere Entscheidung ist kaum möglich. Entgegen der etwas besseren Bezeugung ist wohl für „freundlich" zu plädieren, weil „kindlich" im vorliegenden Zusammenhang unverständlich bleibt. Diese letzte Lesart kann durch versehentliche Verdopplung des letzten Buchstabens des vorhergehenden Wortes entstanden sein – eine Möglichkeit, die bei der in der Antike gebräuchlichen Schreibweise ohne Leerräume zwischen den Worten, der sogenannten scriptio continua, gut vorstellbar ist. Bis auf diesen Unterschied im Wortbeginn stimmen beide Worte im griechischen Buchstabenbestand überein. Die starke Bezeugung der Lesart „kindlich" mag darauf beruhen, daß einerseits Paulus dieses Wort mehrfach bildhaft verwendet (vgl. Röm 2,20; 1. Kor 3,1; 13,11; Gal 4,1.3), und daß andererseits die Vokabel der wahrscheinlich ursprünglichen Lesart im NT kaum (vgl. 2. Tim 2,24), in der Septuaginta gar nicht bezeugt ist. „Freundlich" ist als Terminus der hellenistischen Popularphilosophie gleichbedeutend mit „menschenfreundlich".

Diese Freundlichkeit wird erläutert durch das Bild der für ihre eigenen Kinder sorgenden und sie stillenden Mutter. Die Wortwahl ist von dem Bild des Ernährens bestimmt. Das verwendete Wort heißt eigentlich „Amme"; zugleich ist aber betont von ihren eigenen Kindern die Rede: Paulus sieht seine Verkündigungsarbeit von einer innigen Zugewandtheit zu den Angeredeten geprägt.

8   V. 8 entnimmt diesem Bild das Stichwort des Anteilgebens. Die unlösbare Verbindung von Verkündigung und eigener Existenz, die in dem Betrautsein mit dem Evangelium bereits anklang (V. 4), ist Voraussetzung dieser Formulierung. Weil auch die Existenz des Apostels eine durch das Evangelium definierte und erfüllte ist, bedeutet die Anteilgabe, die gewährte Teilhabe an der eigenen Existenz, Teilhabe an der lebendigen und lebensverändernden Kraft des

Evangeliums. Hier liegt der Sachgrund für die Rahmung des Gedankens V. 8 durch die Ausdrücke der Zuneigung und Liebe seitens des Paulus. Sie werden begründend genannt; damit ist freilich keine zeitliche Vorordnung gemeint, sondern das Zusammenspiel von liebevoller Fürsorge und ihrer Realisierung in der Verkündigung des Evangeliums.

Dieses Zusammenspiel bestimmte auch die Absicht des Paulus, niemandem 9–10 zur Last zu fallen und stattdessen vom eigenen Verdienst zu leben. Dieser Hinweis ist Paulus wichtig: Er signalisiert damit eine alternative Möglichkeit, auf die er bewußt und entschieden verzichtete: durch die Predigt den eigenen Lebensunterhalt zu finanzieren. Dieser Verzicht kennzeichnet den Modus der Verkündigung: wir haben euch verkündigt (das Evangelium Gottes), *indem* wir Tag und Nacht arbeiteten, um niemanden zu belasten. Es ging Paulus offenbar grundsätzlich (vgl. 1. Kor 9,12.15–18; 2. Kor 11,7) darum, im Gegensatz zur Praxis anderer Wanderprediger keinerlei finanziellen Anspruch gegenüber der entstehenden Gemeinde geltend zu machen. Das mußte eine Unterstützung durch andere Gemeinden nicht ausschließen; vgl. Phil 4,16; 2. Kor 11,8f. Paulus bezieht sich am Beginn von V. 9 auf die Erinnerung der Angeredeten, um das vorher Gesagte zu untermauern. Analog fungiert die beschwörende Formulierung „ihr und Gott seid Zeugen" als Bekräftigung des tatsächlichen Auftretens der Verkündiger (V. 10). Dieses wird mit den drei Adverbien „heilig, gerecht, untadelig" umschrieben. Es handelt sich um generelle, durch die Septuaginta religiös geprägte Kennzeichnungen.

Die V. 11–12 werden mit einem Wort eingeleitet, das eine logische Verbindung 11–12 zum Vorhergehenden signalisiert; es ist mit „so ja auch" oder ähnlich zu übersetzen. Neben Hebr 4,2 wird es nur von Paulus gebraucht (zwölfmal). An der vorliegenden Stelle geht es darum, die Erinnerung der Angeredeten mit der generellen Kennzeichnung in V. 10 zu verbinden und auf die seelsorgerliche Tätigkeit des Apostels in der Gemeinde zu beziehen. Das Bild des Vaters im Umgang mit seinen Kindern (trösten, ermutigen, bezeugen) bildet ein Pendant zu dem Bild der für ihre Kinder sorgenden Mutter V. 8. Offenbar ist die unterschiedliche Gestalt der Zuwendung in beiden Bildern durch die sozialen Rollen veranlaßt, in denen Paulus Väter und Mütter unterschieden weiß. Paulus gebraucht für seine Erinnerung an die Erstverkündigung drei gefüllte Verben, die in ihrer Bedeutung nicht streng gegeneinander abgrenzbar sind. Sie erinnern an die Ermutigung und den Zuspruch, die das Ziel hatten, den Lebenswandel entsprechend der erfolgten Berufung zu führen. Das Stichwort „wandeln" wurzelt im alttestamentlich-biblischen und frühjüdischen Sprachgebrauch; es bezieht sich umfassend auf die ethische Haltung im Lebensvollzug (vgl. die Entfaltung in 4,1–12).

Die Berufung Gottes, die die Grundlage des Lebens der Gemeinde bildet, wird im Präsens-Partizip ausgedrückt (vgl. 5,24; ferner Röm 4,17; 9,12; Gal 5,8). Der Präsensgebrauch weist auf das Anhaltende dieses Handelns Gottes hin; der Brieftext selber wird zum Zuspruch dieses Handelns an der Gemeinde, zum Medium des zu seiner Herrschaft (vgl. z. B. Röm 14,17; 1. Kor 15,24) und Herrlichkeit (vgl. z. B. Röm 5,2; 6,4; Phil 3,21) rufenden Gottes. Der den Glauben hervorbringende und ihn begleitende Ruf Gottes hat das endzeitliche Heil zum Ziel. Die ihm entsprechende Antwort ist Vertrauen und Handeln, und beidem will der Brief dienen. Solcher Glaube bleibt auf die bewahrende Treue des berufenden Gottes und damit auf Fürbitte und Bekräftigung angewiesen. Deshalb stehen Fürbitte und Mahnung in enger Verbindung. Paulus gebraucht die im biblisch-frühjüdischen Bereich wurzelnde Sprache der Berufung (vgl. z. B. Jes 43,1; 49,1; Hos 11,1f.; syrBar 21,4; 48,8; JosAs 8,10), um die Angeredeten in ihrer Situation zu ermutigen: Weil Gott sie erwählt und berufen hat, brauchen sie nicht zu fallen. Eben das erfordert ihre Ausdauer.

3. Deutung von Feindschaftserfahrungen
2,13–16

13 Und deshalb danken auch wir Gott unablässig, daß ihr das Wort der Predigt, das ihr von uns empfangen habt, als von Gott aufgenommen habt: nicht als Wort von Menschen, sondern, was es in Wahrheit ist, als Wort Gottes, das ja auch wirksam ist unter euch, den Glaubenden. 14 Denn ihr seid Nachahmer geworden, Brüder, der Gemeinden Gottes, die in Judäa in Christus Jesus sind, indem ihr auch das Gleiche von den eigenen Landsleuten erlittet, wie auch sie von den Juden, 15 denen, die auch den Herrn Jesus und die Propheten getötet haben und uns verfolgten und Gott nicht gefallen und allen Menschen feind sind, 16 die uns hindern, den Heiden zu deren Rettung zu predigen – damit sie ständig ihre Sünden auffüllen; es ist aber auf sie der Zorn endgültig gekommen.

V. 13: Gal 1,11f.; Röm 1,16

A   Der nähere Sinnzusammenhang reicht von V. 13–16. Paulus geht es um den Dank für das in Thessalonich aufgenommene Gotteswort („nicht als Menschenwort"). Seine Wahrheit zeigt sich, wie V. 14 a+b deutlich machen, im Leiden, das dem der Gemeinden in Judäa gleicht. Der menschliche Widerspruch, der das Leiden der Gemeinde in Thessalonich wie in Judäa verursacht, erweist die Wahrheit des paulinischen Evangeliums. V. 15 a macht anhand der Passionsreihe Jesus – Propheten – Paulus deutlich, daß es der Widerspruch gegen den sich offenbarenden Gott ist, der zur Übereinstimmung der Erfahrungen und so zu ihrem Verstehen führt.

B 13–14   Die Erinnerung an das erwählende Handeln Gottes ist der Sachgrund für Paulus, erneut bei der Danksagung anzuknüpfen und den göttlichen Ursprung des Evangeliums im Blick auf die Leidenserfahrungen der Angeredeten zu bekräftigen. Die Adressaten haben das Wort der Verkündigung (vgl. dazu Röm 10,14–18) nicht als Wort menschlicher Erfindung empfangen (vgl. zum geprägten Gebrauch des Verbs 1. Kor 11,23; 15,1.3; Gal 1,9.12; Phil 4,9), sondern es seinem Ursprung und seiner Wahrheit entsprechend als Gotteswort angenommen. Darauf basiert seine Wirksamkeit in der Gemeinde (vgl. zum wirkenden Wort Gottes z. B. Jes 55,10f.; Jer 23,29).

Dem Wirken Gottes durch sein Wort entspricht das Leiden der Gemeinde (vgl. 1,6). Paulus führt das aus, indem er die Erfahrungen der Angeredeten mit

denen der Gemeinden in Judäa analogisiert: Die Leiden der Angeredeten, die
ihnen von ihren Landsleuten zugefügt wurden, entsprechen denen der judäischen Gemeinden, die ihnen von den dortigen Juden zukamen. Diese Kor-
relation geht von der Voraussetzung aus, daß Christen jeweils von ihren Landsleuten bedrängt werden, Heiden und Juden also in ihrer Feindschaft gegen das
Evangelium übereinstimmen. Paulus verwendet den neutralen Begriff „Lands-
leute" bzw. „Mitbürger"; das Wort grenzt weder auf eine Volksgruppe noch
Religion ein. Das gedankliche Gefälle im vorliegenden Abschnitt läßt vermuten,
daß Paulus Heiden und Juden an den Verfolgungserfahrungen der Angeredeten
– die ja im Brief überwiegend auf ihre nichtjüdische Herkunft angesprochen
werden – beteiligt sieht. Dabei geht er offenbar davon aus, daß die entscheidenden Impulse für das, was die Gemeinde durchzumachen hat, von der Synagoge ausgehen.

Die Schilderung des Lukas Apg 17 (bes. V. 5ff.) stellt solches Vorgehen
anschaulich dar. Es ist auf dem Hintergrund zu verstehen, daß die frühe christliche Predigt ihren Anknüpfungs- und Ausgangspunkt in der Synagoge nahm,
und daß sie folglich gerade da, wo sie Sympathisanten und Randsiedler besonders erfolgreich ansprach, Nutznießer der Arbeit der Synagoge wurde. Auch die
Sprache des Briefes mit ihren jüdischen Traditionen und Vorstellungen zeigt
ja, daß er Menschen anspricht, die bereits über ihre Nähe zur Synagoge imstande waren, so einen Text zu verstehen (s. Einleitung 2.). Aus Sicht der jüdischen
Verantwortlichen mußte die Christuspredigt gehindert werden, weil hiermit für
ihre Überzeugung tatsächlich Schlimmstes geboten wurde (vgl. 1. Kor 1,23). Das
Urteil Gottes über diese Bewegung war ja schon hinsichtlich ihres Begründers
unverrückbar und eindeutig der Tora zu entnehmen (vgl. Gal 3,13).

Der Akzent der Formulierung liegt auf der Analogie der Feindschaftserfah-
rungen der Gemeinden in Judäa (vgl. Gal 1,22) und Thessalonich. Darin wurden
die Adressaten zu Nachahmern der judäischen Gemeinden, in deren Zentrum
die von Jerusalem zu denken ist (vgl. Gal 1,17f.; 2,1f.; Röm 15,30–32). Der Nach-
ahmungsgedanke dient spürbar der Deutung der Erfahrungen in Thessalonich.

In diesem Zusammenhang ist die auf die Juden bezogene Ausführung in   15–16
V. 15 und 16 zu verstehen. Paulus will offenbar die Angeredeten zu einer Schlußfolgerung veranlassen, die sie auf ihre eigene Situation beziehen können. Er
bewertet die Feindschaft gegen die judäischen Gemeinden, um so die Erfahrungen der Thessalonicher bearbeiten zu können. Die feindliche Reaktion seines
eigenen Volkes gegenüber Gott, die einleitend mit der Tötung Jesu Christi
markiert wird, veranlaßte demnach auch die Feindschaft gegenüber dem Evangelium, der sich die Adressaten ausgesetzt sehen. Paulus stellt damit die Erfahrung der Angeredeten in eine Perspektive, die Schlimmeres nicht ausschließen
kann, sondern erwarten läßt.

Die Ablehnung der Christuspredigt bildete für Paulus ein tiefgreifendes
Problem, das insbesondere im Blick auf die Reaktionen seines eigenen Volkes
– und vor dem Hintergrund der Erwählungsgeschichte und -zukunft Israels –
kaum zu lösen war. In Röm 9–11 führt Paulus eine intensive Auseinandersetzung mit dieser Fragestellung, in der er sowohl seine persönliche Betroffen-

heit als auch seine auf das Handeln Gottes gerichtete Hoffnung für Israel zum
Ausdruck bringt.

Die Herkunft der heftigen Vorwürfe gegen sein eigenes Volk, die Paulus
erhebt – er spricht von „den Juden" (vgl. 2. Kor 11,22.24.26) –, ist unterschiedlich. Zur Anklage, daß die Juden Jesus getötet hätten, vgl. z. B. Mk 12,1–9 par
(böse Weingärtner); Apg 2,23.36; 3,15; 4,10; 7,52; zum Vorwurf der Prophe-
tenmorde vgl. Mt 23,37/Lk 13,34; Mt 23,29–36/Lk 11,47–51; Mk 12,1–9; Apg
7,52; Röm 11,3 (Zitat 1. Kön 19,10.14); Hebr 11,32–38. Dieser Vorwurf fand
seinen bekanntesten Niederschlag in den „Prophetenleben" (Vitae Prophe-
tarum); er hat in der frühjüdischen Auseinandersetzung um die Identität Israels eine bedeutende Rolle gespielt. Grammatisch ist es auch möglich, den Vorwurf der Verfolgung auf die Propheten (vgl. Mt 5,12par.; Mt 23,34par.; Apg
7,52) und Paulus zu beziehen. Das würde den Beobachtungen entsprechen, die
auf ein prophetisch geprägtes Selbstverständnis des Apostels hindeuten (s. zu
2,3; 3,4; 4,15). Das Vorgehen gegen ihn (vgl. z. B. 2. Kor 11,23–33) trifft die
apostolische Predigt des Christus. Diejenigen, die diese verfolgen, können Gott
nicht gefallen (vgl. die Verwendung des Verbs 4,1). Der antike antijüdische Vorwurf der Menschenfeindschaft (vgl. z. B. Tacitus, hist. 5,5; Est 3,13 LXX; Jos
c. Ap. 1,310; 2,125.148) wird von Paulus offenbar hier herangezogen, um auf den
Kontrast zwischen der universalen Ausrichtung der Christusverkündigung und
dem Versuch ihrer Unterbindung hinzuweisen. Dieser Vorwurf ist also hier in
den Dienst der Aussage gestellt, daß eine Verhinderung der Christusverkündigung die Rettung der Menschen vereitelt (V. 16 a). Die Wendung „damit sie
gerettet würden" macht deutlich, daß Paulus das letzte, eschatologische Urteil
Gottes über alle Menschen nur für die Christusgläubigen außer Kraft gesetzt
weiß. „Gerettetwerden" ist vor dem Hintergrund des apokalyptischen Zorn-
gerichtes Gottes zu verstehen (vgl. 1,9f.), dem die Juden in dieser Perspektive um
so weniger ausweichen können. Paulus versteht diese Aussage deutlich als prophetisch verantwortet, insofern sie eschatologische Einsicht in Gottes Handeln referiert.

Zur Formulierung „es ist aber auf sie der Zorn endgültig gekommen", die
auch mit „der ganze Zorn ist schon über sie gekommen" übersetzt werden
könnte, gibt es Versuche, die griechische Verbform (Aorist) zeitgeschichtlich zu
deuten (Tod des Agrippa 44, Aufstand des Theudas 46/47, Vertreibung von
Juden aus Rom 49/50, Tod von 20.000 Juden in Jerusalem unter Ventidius
Cumanus 48–51; vgl. Jos ant 20,5,3, Hungersnöte in Rom 49–51 und Griechenland 48/49, der Terror unter Claudius in seinen letzten Regierungsjahren). Wo
der Bezug auf die Zerstörung Jerusalems angenommen wird, ist nachträgliche
Interpolation vorausgesetzt. Aber eine solche ist wegen der engen Verzahnung
mit dem vorlaufenden Kontext nicht aufweisbar, und wenn Paulus sonst von
Gottes Zorn redet, meint er nie ein geschichtliches Ereignis. Andererseits hat die
Formulierung definitiven, abgeschlossenen Charakter. Die Überlegung, daß mit
dem Vollwerden des Sündenmaßes nicht eine beliebige Strafe den Täter trifft,
sondern seine endgültige Vernichtung gemeint ist, hat in der für dieses Vor-
stellungsmotiv wichtigen Stelle 2. Makk 6,12–16 ihren Niederschlag gefunden.

Strafen, die unmittelbar auf die sie veranlassenden Taten folgen, galten als gnädige Zurechtweisungen, als pädagogische Maßnahmen, die letztlich zum Heil
dienten, während die Strafe, die eintritt, wenn das Sündenmaß voll ist, als Unheil
und Vernichtung angesehen wird, der nichts mehr folgt (vgl. Dan 8,23 und
– im Blick auf Israel – LAB 26,13; ferner die annähernd kongruente Wendung
TLev 5,6; 1 QM 3,9; 1 QS 2,15).

Auch der Abschnitt 2,13–16 endet wie 2,1–12; 1,2–10 mit einem gehobenen,
generalisierenden Schluß. Diese Rhytmik ist im ganzen Brief zu beobachten und
als Gliederungsprinzip zu bewerten.

4. Verhinderte Besuchspläne
2,17–20

**17 Wir aber, Brüder, verwaist von euch für eine kurze Zeit – dem Angesicht
nach, nicht dem Herzen –, bemühten uns um so mehr, euer Angesicht zu
sehen, mit großer Sehnsucht. 18 Deswegen wollten wir zu euch kommen, ich
selbst, Paulus, einmal und zweimal, aber es hinderte uns der Satan. 19 Wer
ist denn unsere Hoffnung oder Freude oder Ruhmeskranz, wenn nicht auch
ihr – vor dem Herrn Jesus bei seiner Wiederkunft? 20 Ihr seid wirklich unser
Glanz und unsere Freude!**

V. 19: 1. Kor 9,25; 15,23; 2. Kor 1,14

Dieser Abschnitt knüpft erneut bei der Bestimmung des Verhältnisses zur   A
Gemeinde in Thessalonich an. Vor diesem Hintergrund geht es um die verhin-
derten Besuchspläne des Paulus sowie um die Reise und Rückkehr des Timotheus (2,17–3,13). Als Teiltexte lassen sich 2,17–20; 3,1–5.6–10 und der gehobene, in der Form der Fürbitte gehaltene Schluß 3,11–13 unterscheiden. Es
geht zunächst um die vergeblichen Versuche des Paulus, zu den Angeredeten
zu gelangen, um die Sendung des Timotheus (3,1–5) und um seine Rückkehr
(6–10).

Paulus thematisiert die unfreiwillige Trennung von der Gemeinde, indem   B 17–18
er sie als „Verwaistsein für kurze Zeit" bezeichnet und zwischen innerer und
äußerer Trennung („von Angesicht, nicht von Herzen") unterscheidet. In dieser
Differenzierung liegt die Möglichkeit, die Bemühungen um einen erneuten
Besuch in steigernder Formulierung anzuschließen. Der mehrmalige Versuch
des Paulus, nach Thessalonich zu kommen, wurde durch den Satan verhindert.
Die letzte Wendung bringt einen übermächtigen Widerstand zum Ausdruck.
Paulus kommt es hier nicht auf die konkreten Hinderungsgründe (vgl. in die-
ser Hinsicht Röm 15,22), sondern ihre Urheberschaft an. Er sieht sein eigenes
Wirken als Beauftragter Gottes (vgl. 2,4) der Feindschaft des Widersachers
Gottes ausgesetzt (vgl. in diesem Zusammenhang auch 2. Kor 12,7).

Die rhetorische, die Zustimmung der Adressaten voraussetzende Frage „wer   19–20
denn ist unsere Hoffnung oder Freude oder Ruhmeskranz.." begründet den
dringenden Wunsch zu kommen und stellt zugleich die darüber hinausgehende innige Beziehung zu den Angeredeten heraus. Dem entspricht die als Ant-

wort gestaltete Feststellung in V. 20. Die an dieser Stelle deutlich werdende theologische Bewertung der Gemeindewirklichkeit ist aufschlußreich; sie resultiert
aus der gänzlichen persönlichen Inanspruchnahme des Apostels durch die
Betrauung mit dem Evangelium (vgl. 2,4). Diese unlösbare Verbindung von
„Apostel" und „Person" ist es, die verhindert, die Gemeindewirklichkeit nach
Art eines persönlichen Erfolgs zu bewerten. Zugleich liegt darin begründet,
daß Paulus sein eigenes eschatologisches Geschick mit dem der Gemeinde verbunden weiß (vgl. Phil 2,16; 1. Kor 3,8–15; 4,1–5; 15,31; 2. Kor 1,14; 5,10).

Die bisher im Brieftext erfolgten Äußerungen, an denen das Verhältnis von
Gemeinde und Apostel erkennbar wird, machen deutlich, daß das hier (2,19f.)
angesprochene Verhältnis Ausdruck der Lebenswirklichkeit des Evangeliums
ist. Die Attribute „Hoffnung" (vgl. z. B. 1,3; 5,8; Röm 15,13; 2. Kor 1,7), „Freude" (vgl. z. B. 1,6; 3,9; 2. Kor 2,3) und „Ruhmeskranz" (vgl. zum Begriff, den
Paulus nur hier verwendet, Ez 16,12; 23,42; Spr 16,31; zum Stichwort „Kranz"
Phil 4,1; 1. Kor 9,25; zum Stichwort „Ruhm" Phil 2,16; 1. Kor 15,31; 2. Kor 7,4)
zeichnen dieses Verhältnis aus. Es gilt auch für die anderen paulinischen
Gemeinden, und es findet seine Erfüllung in der Parusie des Kyrios („Herrn")
Jesus. „Parusie" findet sich mit Blick auf die endzeitliche Ankunft des Herrn
viermal in 1. Thess: 2,19; 3,13; 4,15; 5,23; zweimal in 2. Thess: 2,1.8; außerhalb der
Thessalonicherbriefe im paulinischen Schrifttum nur 1. Kor 15,23. Im Zorngericht werden die Glaubenden als Gerettete offenbar werden – sie sind die
Geretteten, weil das Evangelium sie durch Paulus und seine Mitarbeiter erreichte,
und weil sie es als Evangelium von Gott annahmen. Die persönliche Arbeit
des Apostels ist von seiner Beauftragung durch Gott nicht ablösbar.

5. Die Sendung des Timotheus
3,1–5

**1 Deshalb, als wir es nicht länger ertrugen, haben wir beschlossen, allein in
Athen zurückzubleiben 2 und schickten Timotheus, unseren Bruder und Mitarbeiter Gottes im Christus-Evangelium, um euch zu stärken und zu ermutigen in eurem Glauben, 3 daß niemand wankend würde in diesen Bedrängnissen. Ihr wißt ja selbst, daß wir dazu bestimmt sind. 4 Und schließlich, als wir
bei euch waren, haben wir euch vorhergesagt, daß wir werden leiden müssen
– und so ist es gekommen, und ihr wißt es. 5 Deshalb habe ich es auch nicht
mehr ausgehalten und ihn geschickt, um Kenntnis über euren Glauben zu
erlangen, daß nicht etwa der Versucher euch versucht hat und unsere Mühe
umsonst geworden ist.**

V. 2: 1. Kor 3,9; 2. Kor 6,1; V. 4: Röm 8,36

1–2   Die Sendung des Timotheus erfolgte stellvertretend für einen Besuch des Paulus. Dieser blieb allein in Athen, während es Aufgabe des Timotheus sein sollte, die Angeredeten zu stärken und ihnen Glaubenszuversicht zu vermitteln.
Timotheus tritt auch in Korinth (1. Kor 4,17) und Philippi (Phil 2,19.23) als
Beauftragter des Paulus auf. Paulus stellt seine hohe Autorisierung, die die
Einheit stellvertretenden und eigenverantwortlichen Handelns erforderte, an
der vorliegenden Stelle stark heraus. Er bezeichnet ihn als „unseren Bruder"

(vgl. in diesem auszeichnenden Gebrauch Gal 1,2; 1. Kor 1,1; 16,12; 2. Kor 2,13) und Mitarbeiter Gottes im Evangelium Christi (ebenso mögliche Übersetzung: „durch das Christus-Evangelium"). Diese Wendung klingt mißverständlich; sie ist analog zu 1. Kor 3,9 zu verstehen. Diese Stelle (vgl. auch 2. Kor 1,24; 8,23) verweist darauf, daß die Wendung nicht „synergistisch" im Sinne einer Gleichrangigkeit zum Handeln Gottes mißverstanden werden darf. Es geht vielmehr um die im vorliegenden Brief klar zutage tretende Perspektive, daß in der Verkündigungsarbeit der Missionare Gott selber erwählend, berufend und rettend handelt.

Paulus hat im Blick auf die Sendung des Timotheus eine konkrete Aufga- 3–4 benstellung vor Augen. Er läßt deutlich erkennen, daß im Moment der Sendung des Timotheus die Möglichkeit denkbar war, nun könnte nach der überstürzten Abreise der Missionare auch ihr Missionswerk vernichtet werden. Die Wendung „damit nicht jemand wankend würde in diesen Bedrängnissen" meint – rückblickend auf den Zeitpunkt der Sendung des Timotheus bezogen – einerseits die Ereignisse im Zusammenhang der Abreise aus Thessalonich. Feindschaft und Flucht werden in ihrer glaubensgefährdenden Tragweite ernst genommen. Zugleich ist diese Erfahrung aus der jetzigen Situation der Briefniederschrift thematisiert; die Nachrichten des zurückgekehrten Timotheus sind also einbezogen. Das geht aus V.3b.4 hervor. Die Angeredeten sind nicht lediglich im Zusammenhang der Abreise der Missionare und der Ereignisse, die zu dieser führten, mit Bedrängnissen konfrontiert. Sie erleben vielmehr, daß diese mit der Wirklichkeit ihres Glaubenslebens zusammenzudenken sind. Die imperfektische Verbform im Griechischen läßt vermuten, daß Paulus mehrfach auf diesen Zusammenhang hingewiesen hat. In der Kontinuität der Bedrängnisse bewahrheiteten sich die entsprechenden mündlichen Vorhersagen des Paulus, und sie schließen ihn mit der Gemeinde zusammen: Im Evangelium Christi (V. 2) gründen ihre Leidenserfahrungen. Paulus verwendet das Wort „vorhersagen" im allgemeinen (vgl. 2. Kor 7,3; 13,2; Gal 1,9) und im prophetisch verstandenen Sinn (vgl. Röm 9,29; Gal 5,21; auch 1. Thess 4,6; vgl. ferner Mk 13,23par.; Apg 1,16; Jud 17; 2. Pt 3,2). Der vorliegende Zusammenhang ist durch Wendungen geprägt, die auf die im Handeln Gottes gründende innere Notwendigkeit des künftigen Leidens der Glaubenden verweisen (vgl. für „bestimmt sein" 5,9; Lk 2,34; in anderer Formulierung auch 1. Pt 2,8; für „werden müssen" Röm 4,24; 8,13; Gal 3,23; Apg 11,28; vgl. ferner inhaltlich Apg 14,22). Paulus versteht seine Vorhersage als prophetisch verantwortet. Die Erwählung (vgl. 1,4) und Berufung (vgl. 2,12; 4,7; 5,24) der Angeredeten schließt die Bestimmung zum Leid um des Glaubens willen und damit seine äußerste Gefährdung ein (vgl. V. 5b).

V. 5 thematisiert die entsprechende Befürchtung und versieht die Sendung des 5 Timotheus mit dem Anliegen, Kenntnis über den Glaubensstand der Gemeinde zu erhalten. Wieder (vgl. 2,18) wird die beinah übermächtige Kraft des Widerstands gegen das Evangelium in der Autorschaft des Satans, der hier in der Partizipialform „der Versuchende" (vgl. im NT nur noch Mt 4,3) bei einer ihn kennzeichnenden Tätigkeit benannt wird (vgl. 1. Kor 7,5; Mk 1,13parr; Offb

2,10), gesehen. Die Angeredeten haben also nicht weniger als der Apostel mit ihr zu rechnen. Die Stoßkraft des Versuchers realisiert sich in den konkreten Bedrängnissen; ihr Ziel ist, die Missionsarbeit (sie wird traditionell als „Mühe" bezeichnet; vgl. z. B. 1. Kor 3,8; 2. Kor 6,5; 10,15) vergeblich zu machen (vgl. zu dieser Möglichkeit mit ähnlichem Sprachgebrauch Phil 2,16; ferner Jes 49,4). Die Arbeit des Satans käme zum Ziel, wenn die Rettungsarbeit Gottes, die sich im Tun seiner Mitarbeiter (vgl. die Kennzeichnung des Timotheus in V. 2) vollzieht, vernichtet würde.

6. Die Rückkehr des Timotheus
3,6–10

6 Soeben nun kam Timotheus von euch zu uns und hat uns gute Nachricht über euren Glauben und eure Liebe gebracht, und daß ihr immer ein gutes Gedenken an uns habt, und uns zu sehen begehrt, wie auch wir euch – 7 deshalb wurden wir getröstet, Brüder, über euch bei all unserer Not und Bedrängnis, durch euren Glauben, 8 so daß wir nun (auf-)leben, wenn ihr feststeht im Herrn. 9 Denn welchen Dank könnten wir Gott abstatten über euch für alle Freude, mit der wir uns um euretwillen freuen vor unserm Gott, 10 die wir doch nachts und tags inständig bitten, euch zu sehen von Angesicht, und, was eurem Glauben noch fehlt, zu ergänzen?

V. 6: 2. Kor 7,7

6   Diese Worte lassen etwas von der Erleichterung erkennen, die mit der Rückkunft des Timotheus gegeben war. Der Brief gibt keine Auskunft, wo diese stattfand. 3,1 spricht ausdrücklich davon, daß die Sendung des Timotheus von Athen aus erfolgte; V. 6 läßt an die Möglichkeit denken, daß der gegenwärtige Ort ein anderer ist. Apg 18,5 nennt als Ort des Zusammentreffens Korinth, und es ist anzunehmen, daß diese Angabe zutreffend ist (s. Einleitung 2.). Paulus akzentuiert drei gute Nachrichten, die Timotheus mitbrachte (das verwendete Verb läßt anklingen, daß Paulus die überbrachten Nachrichten im Zusammenhang der Wirklichkeit des Evangeliums versteht): Der Glaube der Angeredeten, ihre Liebe und ihr gutes Andenken an Paulus und seine Mitarbeiter. Das letzte Element prägte die vorherige Sorge des Paulus. Es wird durch den Ausdruck der gegenseitigen Sehnsucht erweitert und erhält so zusätzliche Betonung.

7–8   Die V. 7–8 beschreiben, welche Tröstung diese Nachrichten bedeuteten. Es ist der Glaube der Angeredeten, der in aller Not und Bedrängnis, zu der die tiefe Sorge des Paulus um die Angeredeten gehört, Trost brachte. V. 8 bringt die damit sich andeutende Voraussetzung auf den Punkt: Euer Feststehen gibt uns Zuversicht, euer Glaubensmut gibt uns Leben. Der Konditionalsatz V. 8 richtet sich zugleich auf den Zeitpunkt, an dem die Thessalonicher den Brief empfangen; sie hat grundsätzlichen Sinn und ist vor dem Hintergrund des möglichen Scheiterns (V. 5 b) zu verstehen. Paulus bringt zum Ausdruck, daß er sein „Leben", das mit dem Evangelium Gottes beauftragt ist, im Scheitern oder Gelingen davon abhängig weiß, daß die Erwählung Gottes bei den Angeredeten zum Ziel kommt. Damit spricht sich wiederum die Zusammengehörigkeit von Apostel und Gemeinde aus, die zu den Grunddaten des Selbstverständnisses des Apostels gehört (vgl. z. B. 2,8).

Die V. 9–10 bringen den Dank und die Fürbitte vor Gott zum Ausdruck, **9–10** die den Apostel im Blick auf die Gemeinde bewegen. Die Bitte um einen erneuten Besuch bei ihr ist mit der Absicht verbunden, den Glauben der Angeredeten zu ergänzen. Das griechische Stichwort, das der Übersetzung „was eurem Glauben noch fehlt" entspricht, erscheint an sechs weiteren Stellen in Paulusbriefen (1. Kor 16,17; 2. Kor 8,14 [zweimal]; 9,12; 11,9; Phil 2,30). Es geht dabei kaum um den Gedanken, der Festigkeit und Inständigkeit des Glaubens der Angeredeten etwas hinzuzufügen, sondern ihn in sachlicher Hinsicht zu ergänzen und zu kräftigen. Dieser Aufgabe wird sich Paulus ab 4,1 mit dem Ziel einer Stabilisierung des Glaubens (vgl. 4,10.18; 5,11) zuwenden. Er thematisiert folglich den Glauben der Gemeinde an der vorliegenden Stelle unter dem Gesichtspunkt seiner sachlichen Beschaffenheit. Die Glaubenden dürfen sich bereits als die Erwählten und Berufenen Gottes verstehen, die der Rettung im künftigen Zorngericht teilhaftig werden sollen. Die Lebensfähigkeit ihres Glaubens ist zugleich angewiesen auf ergänzende Belehrung.

7. Abschließende Fürbitte
3,11–13

11 Er selbst aber, unser Gott und Vater, und unser Herr Jesus, lenke unsern Weg zu euch. 12 Euch aber lasse der Herr wachsen und zunehmen in der Liebe zueinander und zu allen, wie wir sie auch zu euch haben, 13 damit eure Herzen gestärkt werden, untadelig in Heiligkeit vor unserm Gott und Vater bei der Ankunft unseres Herrn Jesus mit allen seinen Heiligen.

V. 13: Sach 14,5; 1. Kor 1,8

Paulus schließt den ersten Briefteil feierlich ab. Dieser Abschluß ist breiter als **A** die bisherigen; der Gestus der Fürbitte weist ihn als Abschluß der Danksagung aus. Er enthält drei Elemente: Zunächst den Gebetswunsch um einen erneuten Besuch (V. 11); sodann im Blick auf die Gemeinde die Fürbitte um ein Wachsen in der gegenseitigen Liebe (V. 12); zuletzt in finaler Konstruktion die Fürbitte um Stärkung und Untadeligkeit der Angeredeten, die ihr Ziel in der Parusie Christi hat.

Die erste der Bitten nimmt den Inhalt von V. 10 auf; sie ist momentan nicht **B 11–12** erfüllbar. Vor diesem Hintergrund entsteht der vorliegende Brief. War 2,18 der Satan als Verhinderer der Besuchsabsichten genannt, so legt Paulus nun das Gelingen seiner Reisepläne in die Hand Gottes und des Herrn Jesus.

Die Liebe soll nicht nur untereinander, sondern gegenüber allen Menschen wachsen und damit der Liebe entsprechen, die auch Paulus für die Angeredeten hegt. Damit ist ausgeschlossen, daß das Tun der Liebe auf den Binnenraum der Gemeinde eingegrenzt werden könnte (vgl. Gal 6,10, aber auch – vom Tun des Guten – 1. Thess 5,15). Paulus beschreibt seine Liebe zu den Angeredeten nicht in einem zeitlichen Nacheinander zu ihrem Gläubigwerden. Seine Liebe zu ihnen begleitete vielmehr seine Verkündigung (vgl. 2,8). Auch die Liebe

Gottes, die sich in seinem Erwählungshandeln ausdrückt (vgl. 1,4), ist nicht ihrem Gläubigwerden nachgeordnet; sie wird in diesem vielmehr Wirklichkeit. Vor diesem Hintergrund ist auch der Wunsch in der Fürbitte V. 12 zu verstehen. Die Liebe untereinander und gegen jedermann entspricht darin der des Paulus zu den Angeredeten, daß sie voraussetzungs- und bedingungslos wie diese ist; sie versteht sich darin als ein Abbild der Liebe Gottes zu den Menschen.

13   Das Ziel solchen Wachsens ist die Untadeligkeit der Gemeinde in der Parusie. Paulus hat mit der finalen Konstruktion deutlich das Prozeßhafte christlicher Existenz im Blick. Das Wachsen in der Liebe findet seine Entsprechung in der wachsenden inneren Festigkeit, die vom Herrn selbst ausgeht (Subjekt ab V. 12 a), und die als „untadelig" (vgl. 2,10; 5,23; Phil 2,15) und „in Heiligkeit" (vgl. Röm 1,4; 2. Kor 7,1) gekennzeichnet wird. Heiligkeit ist der Zielzustand, zu dessen Erreichung die Angeredeten nicht von sich aus fähig sind (vgl. auch 5,23), der aber ihr Handeln in der Heiligung (4,3 f.7) bestimmt. Es geht um das uneingeschränkte, alles umfassende Ziel, daß mit der Wiederkunft Christi die Gemeinschaft mit Gott verbunden ist. Deshalb ist die Untadeligkeit in der Parusie der Zielpunkt, der der Rettung der Gemeinde im Gericht entsprechen wird. Vor Gott soll sich dann das Innere der Angeredeten in seiner Heiligkeit zeigen können. Paulus formuliert diese Wendung vor dem Hintergrund nicht eines gedankenlosen, realitätsfernen Perfektionismus, sondern im Blick auf die innere Orientierung der Angeredeten. Damit ist die anthropologische Dimension der Haltung, der Gestimmtheit und Motivation angesprochen. Vgl. zur traditionellen Verbindung von „stärken" und „Herz" z. B. Ps 111,8; PsSal 16,12 (Psyche); Dan 7,28. Die Wendung hat ganzheitlichen Bezug; eine Reduktion auf unverbindliche oder folgenlose „Innerlichkeit" ist unsachgemäß.

Die Ankunft des Herrn ist unter Mitwirkung der Engel gedacht (vgl. Sach 14,5; ähnlich Dan 7,18 ff.; grHen 1,9; im NT Mk 13,27; Mt 25,31; 16,27; 24,31; 13,41; 2. Thess 1,7; Mk 8,38par; Lk 12,8 f.). Der Ausdruck „Heilige" für Engel findet sich freilich an den neutestamentlichen Belegen (außer 1. Thess 3,13 und wahrscheinlich 2. Thess 1,10) nicht, sondern nur adjektivisch gebraucht („heilige Engel" o. ä.; vgl. Mk 8,38; Lk 9,26; Jud 14). Das mag damit zusammenhängen, daß die Bezeichnung „Heilige" auf Christen angewendet wurde; vgl. z. B. Röm 15,25 f.31; 16,15; 1. Kor 6,1 f.; 14,33; 2. Kor 1,1; 13,12; Phil 1,1; Kol 1,26. Sie sind es dann auch, die (zumeist neben den Engeln) den Herrn bei seiner Parusie begleiten werden (Did 16,7); vgl. dazu etwa 1. Kor 6,2 f.

ZWEITER BRIEFTEIL 4,1–5,28

1. Ethische Anweisungen
4,1–12

1 Weiter nun, Brüder, bitten und ermahnen wir euch durch den Herrn Jesus, daß ihr, wie ihr es von uns empfangen habt, wie ihr wandeln und Gott gefallen müßt – und so wandelt ihr ja auch –, daß ihr noch vollkommener werdet. 2 Ihr wißt ja, welche Weisungen wir euch durch den Herrn Jesus gege-

ben haben. 3 Denn das ist ja der Wille Gottes, eure Heiligung, daß ihr euch der Unzucht enthaltet, 4 indem jeder von euch sein eigenes Gefäß zu erwerben weiß in Heiligkeit und Ehre, 5 nicht in begehrlicher Leidenschaft, wie auch die Heiden, die Gott nicht kennen; 6 daß nicht jemand beim Geschäft seinen Bruder überliste und übervorteile, denn der Herr ist Rächer aller dieser Dinge, wie wir es euch vorhergesagt und bezeugt haben. 7 Denn Gott hat uns nicht zur Unreinheit, sondern zur Heiligung berufen. 8 Folglich lehnt, wer das ablehnt, nicht einen Menschen ab, sondern Gott, der in euch seinen heiligen Geist gibt. 9 Über die Bruderliebe muß man euch nicht schreiben; ihr seid ja selbst von Gott belehrt, einander zu lieben, 10 und das tut ihr auch gegenüber allen Brüdern in ganz Makedonien. Wir ermahnen euch aber, Brüder, noch vollkommener zu werden 11 und eure Ehre darin zu suchen, still zu leben, das Eigene zu schaffen und mit euren Händen zu arbeiten, wie wir euch geboten haben, 12 damit ihr ehrbar wandelt vor denen draußen und auf niemanden angewiesen seid.

V.1: Röm 12,1–2; V.8: Ez 36,27; 37,14; Jer 31,31

Der mit 4,1 einsetzende paränetische Abschnitt knüpft an die 3,12 formulierte A Fürbitte an und schärft die bereits mündlich ergangenen Anweisungen neu ein (vgl. V.1f.11). Dabei geht es zunächst (V.3–8) um die im Alltagsleben zu bewährende Heiligung, ferner (V.9–12) um die Liebe zu den Brüdern und einen einwandfreien Lebenswandel vor den Außenstehenden. Der Abschnitt 4,1–12 umreißt in grundsätzlicher Weise einen dem Willen Gottes entsprechenden Lebenswandel. Dabei ist eine gewisse unterschiedliche Akzentuierung seiner beiden Teile zu erkennen. Die Paränese der V.1–8 ist in sich geschlossen; sie wird durch die grundsätzlichen Wendungen der V.7–8 beendet. Die positiven Mahnungen der V.9–12 werden nicht mehr unmittelbar als Konkretion der Heiligung (vgl. V.3.7) ausgesagt; sie sind Ausdruck des Belehrtseins durch Gott selbst, das Paulus bei den Angeredeten voraussetzt (vgl. V.9). Auch die Mahnung zu einem ruhigen und arbeitsamen Wandel gehörte offenbar zur Erstbelehrung der Gemeinde (vgl. V.11).

Die Heiligung realisiert sich im sexuellen und geschäftlichen Bereich. Paulus setzt die Enthaltung von den beiden Lastern „Unzucht" und „Habgier" mit dem Willen Gottes gleich; er zeigt damit, welches Gewicht er dieser Mahnung beimißt. Die Aussagen der V.7–8 erhärten diese Feststellung. Paulus erinnert die Gemeinde im Blick auf die ergangenen Mahnungen an ihre Berufung (V.7); er weist entschieden darauf hin, daß mit der Ablehnung dieser Mahnungen nicht ein menschlicher Ratschlag, sondern Gott selbst abgelehnt würde (V.8). Die Erwählung der Thessalonicher erwies sich ja darin, daß sie die Gottesbotschaft nicht als Menschenwort, sondern als Gottes Wort (2,13) angenommen haben. Paulus setzt in 4,8 deutlich voraus, daß die ergangene Paränese der V.1–8 zur Annahme des Evangeliums dazugehört. Er beansprucht für sie dieselbe Geltung als Gotteswort, die dem Evangelium von den Angeredeten bereits zuerkannt wurde. 2,12 macht deutlich, daß schon die Verkündigung des Paulus in Thessalonich mit der Mahnung zu einem dem berufenden Gott würdigen Wandel verknüpft war.

B 1   Die Paränese wird mit der Überleitungspartikel „weiter nun" (oder auch: „im übrigen") eingeleitet; die erneute Anrede der Brüder (vgl. 1,4; 2,1.9.14.17; 3,7), die Umschreibung der Bitte durch die beiden Verben „bitten" und „ermahnen" sowie die Erwähnung der für Paulus und die Gemeinde verbindlichen Autorität des Kyrios („Herrn") Jesus (vgl. zuletzt 3,11.13) prägen die gehobene, eindringliche Gestaltung des Paränesenbeginns. Paulus ruft zunächst die ethische Frage nach dem richtigen Wandel ins Gedächtnis, über deren Beantwortung er die Gemeinde früher unterrichtet hat. Das traditionell geprägte Stichwort „Wandel" (s. zu 2,12) betrifft die sittlich-religiöse Haltung und ihre konkreten Lebensformen; es geht um das Ganze des als Wandel begriffenen Lebensvollzuges (vgl. z. B. 4,12; Röm 6,4; 8,4; 13,13; 1. Kor 3,3; 7,17; 2. Kor 4,2; 5,17; 10,2; 12,18; Gal 5,16.25; Phil 3,17 f.). Die Wendung „wie ihr wandeln *müßt*" (wörtl. „wie es nötig ist") verleiht dem Folgenden den Charakter der unbedingten Verpflichtung. Für den Bezug des Wortes auf einen zugleich ausgesagten Maßstab vgl. Röm 8,26; 12,3; 1. Kor 8,2; Kol 4,4.6; Eph 6,20. Hinter dem Gebrauch des Wortes steht in der griechischen Bibel (z. B. in Lev 5,17; Spr 22,14 a) die Tora als Ausdruck des verpflichtenden Willens Gottes; vgl. ferner epArist 159.227. In Weish 12,19 wird Gottes eigenes Verhalten als begründend genannt. Die Wendung an der vorliegenden Stelle wird in V. 3 mit dem Hinweis auf den Willen Gottes begründet. Verpflichtend sind die apostolischen Mahnungen, weil sie den Willen Gottes aussagen. Ein Wandel, der Gott gefällt, muß sich notwendig so vollziehen, wie es der Apostel zum Ausdruck bringt. Dem entspricht auch der tatsächliche Lebenswandel der Angeredeten. Jede Steigerung kann nur bedeuten, den eingeschlagenen Weg, den sie mit der Annahme der paulinischen Predigt und Mahnung betreten haben – und die ja ihrer Erwählung entspricht (vgl. 1,9f.; 2,12 f.) –, fortzusetzen und weitere Fortschritte zu machen in der Verwirklichung des Gebotenen im konkreten Lebensvollzug. Was die Gemeinde weiß und befolgt, wird ihr mit dieser Paränese neu eingeschärft.

2   Begründend weist Paulus in V. 2 noch einmal (vgl. V. 1) auf seine früheren Weisungen hin, deren Kenntnis die Gemeinde zum richtigen Wandel befähigt. Wieder wird auf die Autorität des Herrn verwiesen, die den apostolischen Weisungen ihre Verbindlichkeit verleiht. Diese Weisungen ergehen und ergingen nicht in menschlicher, sondern in der für Christen höchsten Verbindlichkeit. In den apostolischen Weisungen begegnet den Angeredeten der Wille Gottes, der unter Berufung auf den Kyrios („Herrn") Jesus geltend gemacht wird.

3   Paulus stellt in V. 3 fest, was als Wille Gottes inhaltlich gültig ist. Diese Feststellung ist als Bekräftigung der bereits ergangenen Weisungen zu verstehen. Der Wille Gottes ist das Subjekt des Satzes; vgl. zum Stichwort 5,18; Röm 2,18; 12,2; ferner Kol 1,9; 4,12; Eph 5,17; 6,6. Der frühjüdische Sprachgebrauch zeigt eine elementare Verbindung mit den Forderungen des Gesetzes; vgl. z. B. TestIss 4,2–4 a; TestNapht 3,1; 1 QS 5,9f.; 9,13.15.23 f.; CD 3,15 f.; 4 QpPs 37 2,5 u. ö. Röm 12,2 (vgl. auch Kol 1,9f.; Eph 5,17) redet von der Erkenntnis des Gotteswillens und setzt voraus, daß dieser keine statische, geschichtslose Größe ist, sondern eine solche, nach deren Inhalt immer neu gefragt werden muß.

Vgl. zu diesem Sachverhalt etwa 1 QS 5,9 (vgl. Z 11 f.; ferner CD 6,14 ff.); Weish 9,9 f.17 (die letzte Stelle nennt die Gabe von Weisheit und Geist als unabding-bar für die Erkenntnis des Willens Gottes). Der Wille Gottes ist die Heiligung der Gemeinde (vgl. V. 4.7; Röm 6,19.22; 1. Kor 1,30 sowie die Verwendung des Verbs in 1. Thess 5,23); diese Feststellung wird sogleich akzentuiert in der offen-sichtlich ganz grundsätzlich und umfassend verstandenen Anweisung, sich der Unzucht zu enthalten. Das Gebot zur Enthaltung (vgl. zum Gebrauch des Verbs z. B. 5,22; 1. Pt 2,11; Apg 15,20.29) von der Unzucht wurzelt in biblisch-frühjü-discher Tradition. Es umfaßt den gesamten sexuellen Bereich und hat für Pau-lus zentrales Gewicht (vgl. z. B. 1. Kor 5,1.9 ff.; 6,9.13 ff.; 2. Kor 12,21; Gal 5,19).

Der Warnung vor Unzucht folgt in V. 4 eine positive Erläuterung. Die Wen- 4 dung „sein eigenes Gefäß zu gebrauchen / zu erwerben“ ist nicht unmittelbar verständlich. Nach 2. Kor 4,7 erscheint es als möglich, an das Verhältnis zum eigenen Leib zu denken. Indessen ist die Auffassung besser begründet, daß unter dem „eigenen Gefäß“ die Ehefrau zu verstehen ist; vgl. 1. Pt 3,7. Dies legt sich auch durch den Gebrauch des Verbs „erwerben“ nahe. Es liegt eine euphe-mistische Formulierung vor, die auf die Gestaltung der sexuellen Beziehungen in der Ehe abzielt. Diese Beziehungen sollen in Heiligkeit (vgl. V. 3) und Ehre (vgl. Röm 12,10; 13,7; ferner Est 1,20 sowie die inhaltlich ähnliche Weisung 1. Pt 3,7) gestaltet werden.

Dieser Ausrichtung steht die leidenschaftliche Begierde gegenüber, die die 5 Heiden im Gegensatz zur Gemeinde kennzeichnet (vgl. Röm 1,26). Die Gemeinde soll sich in ihrem Verhalten nicht den Heiden gleichstellen; diese wer-den durch ihre Unkenntnis Gottes gekennzeichnet. Dieses Kennzeichen mar-kiert ihr Unterschiedensein von der Gemeinde (vgl. Gal 4,8; ferner 2. Thess 1,8). Aus V. 2 f. wurde deutlich, daß die Gemeinde den Willen Gottes kennt. Die Heiden werden demgegenüber als solche bezeichnet, die Gott nicht kennen; vgl. zu dieser Wendung im Wortlaut der griechischen Bibel Jer 10,25; Ps 78,6. Diese Unkenntnis findet Ausdruck im Verhalten (vgl. z. B. Weish 14,22 ff.; Jub 25,1). Paulus geht von der biblisch und frühjüdisch bezeugten Voraussetzung aus, daß ethisches Verhalten grundsätzlich an die Kenntnis Gottes gebunden ist. So kann die Rede von Gott nicht von seinem inhaltlich bestimmten Willen getrennt werden, wie andererseits ethische Weisung nicht absehen kann von dem konkret weisenden Gott.

Als zweites Erfordernis der Heiligung (der Beginn von V. 6 schließt an die V. 3 6 geforderte Heiligung zwei weitere Infinitive an) wird das sich am Bruder durch Übergriff und Übervorteilung im geschäftlichen Kontakt (vgl. Röm 16,2) berei-chernde Verhalten verboten; es geht damit in der Sache um eine Warnung vor der Habgier (vgl. 2,5; Röm 1,29). Zum Stichwort „übervorteilen“ vgl. 2. Kor 7,2; 12,17 f.; der „Habgierige“ erscheint in den Lasterkatalogen 1. Kor 5,10 f.; 6,10; vgl. auch Eph 5,5. Mit der Erwähnung des Bruders ist keine Eingrenzung des Habgier-Verbots auf den Gemeindebereich intendiert. Freilich ist die Gemein-de der Ort, an dem der neue Wandel sich verwirklicht. Paulus faßt die War-nung vor Unzucht und Habgier zusammen, indem er begründend auf das Gericht Gottes verweist. In der entsprechenden Wendung klingt Ps 93,1 (Septuaginta) an; vgl. ferner z. B. Dt 32,35 (Röm 12,19; Hebr 10,30); Nah 1,2; TestRub 6,6; TestDan 5,16. Die Wendung „über alle diese Dinge" faßt alles unsittliche Verhalten zusammen, das seinem Wesen nach aus dem Zusammenhang mit Unzucht und Habgier nicht zu lösen ist. Paulus verweist darauf, daß er seine Warnungen den Thessalonichern bereits früher gesagt und bezeugt hat. Die ethische Weisung der paulinischen Missionspredigt (vgl. 2,12) beinhaltete folglich bereits die Warnung vor Unzucht und Habgier. Mit der Ablehnung dieser beiden Laster wird der Wille Gottes schwerpunktartig zur Geltung gebracht.

7   Begründend wird in V. 7 festgestellt: Gott berief uns nicht zur Unreinheit, sondern zur Heiligung. Damit wird der Inhalt der Mahnungen V. 3–6 a zusammengefaßt. Unzucht und Habgier sind Konkretionen der Unreinheit. Der Hinweis auf die Berufung (vgl. 2,12) motiviert hier umfassend die paulinischen Weisungen. Dabei beschreibt der Gegensatz von Unreinheit und Heiligung die Wirklichkeit der vorgläubigen (vgl. Röm 1,24; 6,19; 2. Kor 12,21; ferner Eph 4,19; 5,3.5) bzw. der glaubenden Existenz. Deutlich ist das in den vorangegangenen Weisungen geforderte Verhalten mit dieser Wirklichkeit verbunden.

8   Paulus zieht eine letzte Konsequenz in Hinsicht auf ein gedachtes Gemeindeglied, das sich ablehnend verhalten könnte. „Der Ablehnende" steht absolut; die Formulierung ist im Zusammenhang des Textes auf die ergangenen Weisungen zu beziehen. Vgl. zum Gebrauch des Verbs „ablehnen" 1. Kor 1,19 (vgl. Jes 29,14); Gal 2,21; 3,15. Es geht darum, das Gebotene für ungültig zu erklären, die Weisung als verbindlichen Imperativ nicht anzuerkennen. Eine etwaige Ablehnung der Weisungen bezieht sich nicht auf einen Menschen (also konkret Paulus als Person), sondern auf Gott. Paulus versteht seine Weisungen als konkrete Gestalt des Willens Gottes, so daß ihre Verwerfung Gott für nichtig erklärt. Dabei wird die Identität Gottes mit seinem inhaltlich bestimmten Willen vorausgesetzt, wie er in den V. 3–6 a Ausdruck fand.

Gott wird näher bestimmt als derjenige, „der auch seinen heiligen Geist in euch gibt" (vgl. Ez 36,27; 37,14). Er kommt mit seinem Handeln allem seinem Willen zuwiderlaufenden Verhalten zuvor. Ein Wandel gemäß den göttlichen Weisungen führt nicht zur Erlangung der Geistgabe; hingegen richtet sich ein Wandel in Ablehnung oder Übertretung dieser Weisungen gegen diese Gabe. Deutlich besteht zwischen der Gabe des Geistes und dem konkreten Verhalten eine sachliche Verbindung (vgl. 1. Kor 6,19; Gal 5,16–25; vgl. auch Röm 8,9–11).

9–10   Im Zusammenhang der ethischen Bestärkung (V. 9–12) betont Paulus die bereits im Schlußabsatz des ersten Briefteils (3,12) erwähnte Bruderliebe (vgl. Röm 12,10; Hebr 13,1; 1. Pt 1,22; 2. Pt 1,7). Er kleidet seine Mahnung in die Anerkennung, der Gemeinde in dieser Hinsicht eigentlich nichts schreiben zu müssen (s. zu 5,1–11 A); sie ist ja selbst „von Gott belehrt" (eine Wendung, die aus Jes 54,13 bezogen ist; vgl. auch Jer 31,34) – und sie handelt danach. Die gegenseitige Liebe wird an dieser Stelle in ihrem Gemeindebezug akzentuiert und in diesem Sinne auf „alle Brüder in ganz Makedonien" erweitert (vgl. 1,7 f.). Paulus bestärkt die Gemeinde in der Bruderliebe und fordert zum Wachsen in

ihr auf. Er führt diese Aufforderung mit Blick auf die Ehrbarkeit vor den
Außenstehenden weiter (V. 11–12).

Die inhaltliche Weiterführung basiert auf dem ausdrücklichen Gemeindebe- 11–12
zug der Bruderliebe (in 3,12 ging es um ihre allen Menschen geltende Wesensart,
die aus der Liebe Gottes resultiert). Soll *in* der Gemeinde die Bruderliebe wach-
send Gestalt gewinnen, so im Blick auf die Außenstehenden (vgl. zu diesem
Motiv im NT Kol 4,5a; 1. Pt 2,12; 1. Kor 10,32; Mt 5,16) Ehrbarkeit und Unabhängigkeit (V. 12). Ob der Inhalt dieser speziellen Weisung besondere Veranlassung durch die Nachrichten des zurückgekehrten Timotheus hatte, wissen
wir nicht. Es ist indessen naheliegend, einen Zusammenhang mit der Erwähnung
der „Unordentlichen" in 5,14 anzunehmen. Vielleicht steht das Zusammentreffen der lebensverändernden Begegnung mit dem Evangelium, erfahrener
sozialer Diskriminierung und Ausgrenzung sowie der eschatologischen Orientierung (vgl. die Problemlage im folgenden Abschnitt) im Hintergrund. Aber
das bleibt eine Vermutung. Die Mahnung des Paulus zielt darauf ab, ein zurück-
haltendes Leben in den Ordnungen des Alltags zu führen; vgl. 1. Kor 7,17–21;
14,40; Röm 13,1–7.13.

2. Endzeitliche Gemeinschaft mit Christus
4,13–18

**13 Wir wollen euch aber nicht unwissend lassen, Brüder, über die Entschla-
fenen, damit ihr nicht betrübt seid wie die Übrigen, die keine Hoffnung haben.
14 Wenn wir nämlich glauben, daß Jesus gestorben und auferstanden ist, so
wird Gott auch die Entschlafenen durch Jesus mit ihm (zusammen-)führen. 15
Denn das sagen wir euch mit einem Wort des Herrn, daß wir, die Lebenden, die
wir bis zur Ankunft des Herrn übriggeblieben sind, den Entschlafenen nicht
zuvorkommen werden. 16 Denn er selbst, der Herr – beim Befehlsruf, bei der
Stimme des obersten Engels und beim Posaunen(schall) Gottes wird er herabsteigen vom Himmel, und die Toten in Christus werden auferstehen zuerst,
17 danach werden wir, die Lebenden, die Übriggebliebenen, zusammen mit
ihnen entrückt auf Wolken zur Begegnung mit dem Herrn in der Luft – und
so werden wir immer mit dem Herrn zusammensein. 18 So tröstet einander
mit diesen Worten.**

V. 14: Röm 10,9; 1. Kor 15,1–5

Ein neues Thema wird angeschlagen, eine ermutigende Belehrung, die spürbar A
auf eine entsprechende Frage der Gemeinde eingeht. V. 13 zeigt, daß Paulus die
Gemeinde im Blick auf die Entschlafenen und ihr Geschick bei der endzeitlichen
Ankunft des Herrn neu unterrichten will. Diese Unterrichtung gehört zu dem
„Ergänzungsbedürftigen", von dem er 3,10 sprach. Inhaltlich geht es um das
Schicksal der Gestorbenen bei der Parusie. Dabei ist nicht zu bezweifeln, daß
mit den „Entschlafenen" gestorbene Christen gemeint sind; das eschatologi-
sche Schicksal derer „außerhalb" der Gemeinde (vgl. V. 12) steht nicht in Frage.
Es klingt lediglich in V. 13b an; vgl. V. 5 sowie 1,10; 5,9. Offenbar war ange-
sichts des Todes in der Gemeinde die Frage aufgebrochen, wie sich diese Realität

mit der tatsächlichen Heilserfahrung und -erwartung des Christseins vertragen kann. Daraus ist zu schließen, daß die paulinische Predigt in Thessalonich eine derartige Naherwartung voraussetzte oder immerhin veranlaßte, daß mit dem etwaigen Tod von Gemeindegliedern vor der Parusie nicht gerechnet wurde.

Dem entspricht auch jetzt, in der brieflichen Situation, die deutlich formulierte Erwartung, daß „wir" die Parusie lebend erreichen werden (vgl. V. 15.17); Paulus schließt hier inklusiv sich mit den Angeredeten zusammen. Der Gang der Argumentation zeigt also eine intensive Naherwartung.

Die neue Information wird zunächst als Schlußfolgerung in V. 14 formuliert; Paulus sagt nicht: so wird Gott die Christen auch auferwecken, sondern: „mit Jesus (zusammen-)führen". V. 15 betont, daß die Lebenden bei der Parusie den Gestorbenen nicht zuvorkommen werden. In V. 17 kommt zum Ausdruck, daß erst nach der Auferstehung der Verstorbenen die Lebenden zur Gemeinschaft mit dem Herrn geführt werden. Es geht also nicht grundsätzlich um die Fraglichkeit der Auferstehung bei den Adressaten, sondern um deren Modus. Nicht die Auferstehung als solche war in der Gemeinde zum Problem geworden, sondern die Frage nach ihrem zeitlichen und sachlichen Zusammenhang mit der Parusie. Für den Hintergrund der Problemlage kann man an die frühjüdisch bezeugte Vorstellung denken, daß die Totenauferstehung erst im Anschluß an die Parusie des Messias erfolgen werde (vgl. 4. Esr 7,26–44; syrBar 28–29; 49–51). Entsprechend finden sich Lobpreisungen für die, die bis zum Ende der Zeiten übrigbleiben; vgl. PsSal 17,44; 18,6; 4. Esr 6,25; 9,8; 13,13b–24; Mk 13,13b (vgl. u. zu V. 15). Wieweit entsprechende Überzeugungen in Thessalonich bekannt waren bzw. Paulus sie im vorliegenden Zusammenhang voraussetzt, ist unbekannt.

Die beiden Abschnitte 4,13–18 und 5,1–11 hängen sachlich zusammen: Ihre Themen werden in 4,13 mit „über die Entschlafenen" und in 5,1 mit „über die Zeiten und Fristen" genannt. Beide Abschnitte schließen mit einem Aufruf zur gegenseitigen Ermutigung. Der Zusammenhang beider Ausführungen wird dadurch unterstrichen, daß der entscheidende Gedanke von 4,13–18 in 5,10 wieder aufgenommen wird. Die Verschränkung der beiden Teile, die inhaltlich der Bedeutung der Zukunft gewidmet sind, ist aufschlußreich. Der erste Abschnitt nimmt künftiges Geschehen so in den Blick, daß damit einer gegenwärtigen Sorge in der Gemeinde begegnet werden kann; der zweite ist unter der Frage gestaltet, wie die Gegenwart der Gemeinde von der Realität des Kommenden zu bestimmen ist.

Entscheidend für Struktur und Verständnis des Abschnitts 4,13–18 ist die Frage, was mit dem „Wort des Herrn" gemeint ist. Es wird in V. 15b in der Formulierung geboten: „wir Lebenden und bis zur Parusie des Herrn Übrigbleibenden werden den Entschlafenen nicht zuvorkommen". Diese grundsätzliche Äußerung wird in V. 16 und 17 anschaulich erläutert. Der Charakter der beiden Textstücke V. 15b und V. 16–17 ist also unterschiedlich zu bestimmen. Die Einleitung V. 15a bezieht sich auf das in V. 15b gebotene Herrenwort.

Blickt man auf die anschaulichen Bezüge in V. 16–17, die apokalyptisches Bildmaterial nutzen, so deutet die selbstverständliche Weise, in der Paulus sich auf sie ohne zusätzliche Erläuterung bezieht, darauf hin, daß er die Gemeinde mit diesen Bildern bereits bekannt gemacht hat. Die Thessalonicher wußten offenbar, wovon er redete. Jetzt freilich setzt er neue Akzente: In V. 16 liegt die Betonung darauf, daß zuerst die in Christus Gestorbenen auferstehen werden, und in V. 17 geht es um das differenzierte „Danach" und „Zugleich", das Lebende und Tote in der Parusie verbinden wird. Mit diesen Akzenten wird das Wort V. 15 b auf die den Thessalonichern bekannte Parusievorstellung bezogen und konkretisiert.

Auf Anweisungen des Kyrios („Herrn") bezieht sich Paulus 1. Kor 7,10; 9,14. Röm 14,14 enthält möglicherweise eine entsprechende Anspielung (vgl. Mk 7,15). Paulus unterscheidet zugleich zwischen eigenem, durch den Geist autorisiertem Wort und Herrenwort (1. Kor 7,12.25.40). Es ist zwar möglich, daß Paulus subjektiv in 1. Thess 4,15 ein Jesuswort wiedergibt. Da sich für dieses keine Bezeugung in den Evangelien findet, müßte es sich um ein Agraphon, ein mündlich überliefertes Jesuswort, das keinen Eingang in die Evangelien fand, handeln. Es ist freilich zu bedenken, daß Paulus an den Stellen, wo er tatsächlich ein Herrenwort wiedergibt, er dieses ausdrücklich als Rede („anordnen", „befehlen") des Kyrios kennzeichnet. Sie zeigen zugleich, wie sehr Paulus darauf achtet, dieses von seinem eigenen Sprechen erkennbar zu unterscheiden. An der vorliegenden Stelle aber leitet Paulus nicht die Zitation eines solchen Herrenworts ein, sondern formuliert: *wir* sagen es euch *mit* einem Wort des Herrn". Es handelt sich dabei um die instrumentale Verwendung der Präposition „in" mit Dativ. Das bedeutet, daß Paulus jetzt in der Autorität, die dem Wort des Herrn zukommt, reden wird. Er zitiert weder ein Herren- noch ein Prohetenwort, sondern spricht selber in Anlehnung an prophetische Redeweise. Paulus schließt sich mit der Wendung in dieser Bedeutung biblischem Sprachgebrauch an; 3. Reg (Septuaginta) 21,35; Sir 48,3 zeigen, daß die Wendung „im/mit einem Wort des Herrn" als Kennzeichnung prophetischer Rede gebräuchlich war. In diesem Zusammenhang ist auch der paulinische Sprachgebrauch von „offenbaren", „Offenbarung" (beide Worte nicht im 1. Thess) zu berücksichtigen (vgl. z. B. 1. Kor 2,10; 2. Kor 12,1.7. vgl. V. 9; Gal 1,12.16; 2,2).

1. Kor 15,50–58 weist eine wichtige Strukturanalogie auf: Einleitungswendungen (1. Thess 4,15 a „im Wort des Herrn"; 1. Kor 15,50.51 a „Geheimnis"); kurzes thetisches Wort (1. Thess 4,15 b; 1. Kor 15,51 b.52 a); veranschaulichende Erläuterung (mit Hilfe apokalyptischen Bildmaterials: 1. Thess 4,16 f.; 1. Kor 15,52 b–57); folgernder Hinweis auf die Trostfunktion der gebotenen Unterrichtung (1. Thess 4,18; 1. Kor 15,58). In beiden Texten stehen die Erläuterungen in analogem Verhältnis zu den in besonderer Autorität ergehenden kurzen Worten; dabei ist selbstverständlich zu beachten, daß die inhaltliche Ausrichtung von Wort und Deutung in beiden Fällen verschieden gestaltet sind, weil die Problemlagen in beiden Gemeinden nicht dieselben waren. Die Formulierungen in 1. Thess 4,15 b und 1. Kor 15,51 b.52 a sind als prophetische Worte des Paulus zu verstehen. Sie werden in beiden Fällen mit einem vorausweisenden „dieses" sowie dem Ausdruck des Sprechens des Apostels („wir sagen, ich sage") in einer Weise eingeleitet, die dem Folgenden im laufenden Kontext einen

besonderen Akzent verleiht. Daß auch der Ausdruck „Geheimnis" als Terminus prophetischer Rede zu verstehen ist, geht z. B. aus 1. Kor 13,2 hervor; Paulus weiß darum, daß prophetische Rede die Kenntnis eschatologischer Geheimnisse einschließt. In diesem Zusammenhang ist auch auf Röm 11,25 ff. hinzuweisen. Paulus verweist einleitend V. 25 a auf das „Geheimnis", nennt V. 25 b seinen Inhalt und geht in V. 26 zur Erläuterung dieses Inhalts über. Wieder handelt es sich um die besondere Autorisation eines Wortes, das als prophetisch verantwortetes verstanden werden soll.

B 13   Mit dem Ausdruck „die Entschlafenen" gebraucht Paulus einen griechisch wie jüdisch bekannten Euphemismus für Verstorbene. Es handelt sich nicht um einen speziell durch die christliche Auferstehungshoffnung geprägten Ausdruck. Freilich bezieht Paulus sich in der Sache lediglich auf das Geschick gestorbener Gemeindeglieder; das Schicksal derer, die außerhalb der Gemeinde gestorben sind, steht nicht zur Frage (s. o. A).

Mit den „Übrigen, die keine Hoffnung haben", kommt das für Paulus Unterscheidende zwischen Christen und Nichtchristen in den Blick (vgl. zu den „Übrigen" 5,6; in diesem Sinne auch Lk 8,10; Eph 2,3; zum Gebrauch des Stichwortes „Hoffnung" in der traditionellen Kennzeichnung des Heidentums Eph 2,12). Es handelt sich um konkret in Christus gegründete Hoffnung (vgl. z. B. 1,3; 2,19; Röm 5,2.4 f.; 8,24; 15,13; 2. Kor 1,7; 3,12; Gal 5,5) – eine, die in der Gemeinschaft mit ihm, näherhin in der mit der Parusie verwirklichten Gemeinschaft besteht. Damit sind jüdische wie griechische Gestalten der Hoffnung angesichts des Todes bewertet. Die Formulierung ist unter dem Gesichtspunkt des lebenschaffenden Handelns Gottes an Jesus Christus (vgl. V. 14) gestaltet; nur eine diesem Handeln entsprechende Hoffnung wird als gegründete Hoffnung beurteilt. Paulus setzt sie von den – modern gesprochen – subjektiven Möglichkeiten einer Hoffnung auf ein Leben über den Tod hinaus ab und spricht von ihr als einer verbürgten Gabe, die auf dem gemeinsamen Glauben und dem Herrenwort basiert (V. 14 f.).

14   Diese Grundlage christlicher Lebensgewißheit angesichts des Todes und über ihn hinaus ist, grammatisch gesehen, auffällig gestaltet: Der Vers beginnt begründend als Bedingungssatz („denn wenn", „insofern"), setzt sich sodann aber als Vergleichssatz („so auch") fort. Der Bedingungssatz zielt auf geschehene Wirklichkeit (Indikativ), nicht auf eine vage, letztlich unsicher bleibende Möglichkeit. Die Formulierung schließt Paulus mit den Angeredeten zusammen und weist sie auf die gemeinsame Basis des Bekenntnisses hin. Nicht sicher ist, wieweit Paulus an dieser Stelle ein schon geprägtes Bekenntnis zitiert. Die einleitende Wendung läßt immerhin erwarten, daß Paulus sich an ein solches anlehnt. Dafür spricht auch der differenzierte Sprachgebrauch von „auferstehen" und „auferwecken": Paulus zieht in eigenständigen Formulierungen das letzte vor; „auferstehen" gebraucht er nur in Zitaten (vgl. Röm 15,12; 1. Kor 10,7 sowie hier und V. 16). Möglicherweise spricht dafür auch der absolute Gebrauch des Namens „Jesus" (vgl. 1. Thess 1,10; ferner Röm 8,11; 2. Kor 4,10–15). Die bekenntnishafte Wendung spricht gleichrangig vom Tod und der Auferstehung Jesu ohne erläuternde, sinnerschließende Wendungen. Die Bedeutung

der beiden Glaubensaussagen liegt folglich in ihrer Bezogenheit aufeinander. Im Geschick Jesu, das den Kontrast von Tod und Auferstehung umfaßt, kommt bereits implizit das Handeln Gottes durch Jesus zum Ausdruck, wie es im zweiten Versteil ausdrücklich im Blick auf die Gestorbenen thematisiert wird. Der Akzent der Wendung liegt folglich auf der Auferstehungsaussage (vgl. Röm 8,34; 14,9).

Der zweite Versteil wird nicht mit einer Wendung wie „so glauben wir auch, daß …" o. ä. weitergeführt, sondern folgert mit „so auch" die Gleichartigkeit des Geschehens in beiden Satzteilen. Damit kommt der Bezug zwischen der Wirklichkeit des erwarteten Handelns Gottes und dem gegenwärtigen Glauben zum Ausdruck. Gott wird jetzt ausdrücklich als Subjekt genannt: Er wird die Entschlafenen mit Jesus zusammenführen. Damit wird das im einleitenden Bedingungssatz Gesagte mit dem Tun Gottes verbunden. Im Geschick Jesu vollzieht sich das Handeln Gottes; vgl. im Blick auf den Tod Jesu Gal 1,4; 2,20 (Subj. Christus); Röm 3,25; 8,32 (Subj. Gott); im Blick auf seine Auferstehung 1. Kor 15,13; Röm 14,9; 2. Kor 13,4.

Die in V. 14 b gezogene Folgerung nennt als Inhalt der Auferstehungshoffnung (vgl. V. 16 b) die von Gott erwirkte eschatologische Gemeinschaft der Gestorbenen mit Jesus. Das verwendete Verb (vgl. im Wortlaut der Septuaginta Jes 60,9; 63,14; 66,20 u. ö.) spricht so von dieser Gemeinschaft, daß Gott die Gestorbenen mit Jesus (zusammen-)führen, also zur Teilhabe an seiner Auferstehungswirklichkeit führen wird. Die vorausgesetzte Auferstehung der Gestorbenen durch Gott geschieht „durch Jesus". Ausführlich könnte es heißen: „so wird auch Gott die Entschlafenen durch Jesus erwecken und mit ihm (zusammen-)führen". Das durch Gott erwirkte Geschick Jesu bestimmt das Auferweckungshandeln Gottes an den gestorbenen Christen. Für den grundlegenden Gedanken, der diesen Zusammenhang prägt, vgl. Röm 6,4–11; 8,11; 1. Kor 6,14 (vgl. ferner 1. Thess 5,10; 2. Kor 4,14); er bestimmt sowohl die Argumentation in 1. Kor 15,1–22 als auch die gesamte paulinische Theologie: Wie Christus – so die Christen; weil Jesus Christus gestorben und auferstanden ist, deshalb werden auch sie der Auferstehungswirklichkeit teilhaftig werden.

Der Vers stellt dem ersten Hinweis auf die Gewißheit der Glaubenshoffnung einen zweiten an die Seite, und zwar in Form eines prophetischen Wortes (s. o. A). Es steht im Blick auf seine Aufgabe, eine verläßliche Antwort zu begründen, gleichrangig neben dem Bekenntnis V. 14. 15

Der Inhalt des prophetischen Wortes zielt nicht nur auf die Heilsteilhabe der Gestorbenen, sondern zugleich auf ihre Gleichzeitigkeit mit der Heilsteilhabe der dann Lebenden ab. Wir, „die Lebenden", werden als die „Übriggebliebenen" bezeichnet. Das entsprechende Verb findet sich im NT nur hier und in V. 17. Seine Vorgeschichte wird z. B. an 1. Kön 19,18; Jes 1,8 f.; 28,16; Zeph 3,12 sichtbar. Die Übriggebliebenen sind hier diejenigen, die durch alle Drangsale und Katastrophen hindurch das Ende erreichen und des Heils teilhaftig werden. Dieser Gedanke findet in Texten der frühjüdischen Literatur seine apokalyptische Zuspitzung; vgl. 4. Esra 7,27 f.: „Und jeder, der aus den vorher genannten Plagen errettet wurde, wird meine Wunder schauen. Denn mein

Sohn, der Messias, wird sich mit denen offenbaren, die bei ihm sind, und uns, die Übriggebliebenen, glücklich machen ..."; vgl. 6,25; 9,8; 12,31–34; 13,48f.; v. a. aber 13,24: „Wisse also, daß die Übriggebliebenen weitaus seliger sind als die Gestorbenen!" (vgl. ferner PsSal 17,44; 18,6).

Vor diesem Hintergrund ist damit zu rechnen, daß das Wort in einen Kontext apokalyptischer Enderwartung gehört, die vor der Ankunft des heilbringenden Messias mit Leid, Verfolgung und Not rechnet (vgl. 3,3f.). Es korrigiert eine Vorstellung, als seien die Gestorbenen für das Heil der Parusie verloren. Die dann Lebenden haben ihnen angesichts der lebendigmachenden Tat Gottes nichts voraus. Die sprachliche Gestaltung erweckt den Eindruck, daß Paulus mit weiteren Todesfällen bis zur Parusie kaum rechnet (vgl. auch 1. Kor 15,51f.).

16–17   Paulus beschreibt nun – wiederum mit Hilfe apokalyptischer Tradition – das *Wie* dieses Geschehens. Diese Beschreibung hat erläuternde Funktion. Das verwendete Bildmaterial dient im vorliegenden Kontext dazu, das Herrenwort zu bewahrheiten. Zugleich soll gezeigt werden, was es heißt, daß die Übrigbleibenden vor den Gestorbenen keinen Vorrang haben werden. Beiden gedachten Gruppen bleibt die Zukunft endgültigen Heils eschatologisch vorgeordnet – und damit unverfügbar, freilich auch *gewiß* im gemeinsamen Glauben.

Die betont vorangestellte Wendung „er selbst, der Herr" hebt auf Christus als den Handelnden des weiteren Geschehens ab. Mit dem Parusiegeschehen ist im 1. Thess regelmäßig der Titel „Kyrios" (= „Herr") verbunden (vgl. 2,19; 3,13; 4,15; 5,23; vgl. in diesem Zusammenhang auch 1. Kor 16,22; Offb 22,20: mit „Maranatha" ruft schon die aramäisch-sprachige Gemeinde nach der Ankunft des Herrn). Der Titel Kyrios bezeichnet hier also den vom Himmel herabsteigenden Christus als den, der die Macht im apokalyptischen Geschehen innehat. Die drei inhaltlichen Bestimmungen dieses Geschehens sind als apokalyptische Gestaltungselemente zu verstehen, die der Bebilderung eschatologischen Geschehens, das seiner Art nach ja irdischem Erkennen verschlossen ist (vgl. dazu 1. Kor 13,12; 2. Kor 4,18b; 5,7), dienen. Die dreimalige präpositionale Bestimmung bringt zum Ausdruck, was beim Herabsteigen des Herrn geschieht: „beim Befehlsruf, bei der Stimme des obersten Engels und beim Posaunen(schall) Gottes". Dabei ist nach jüdischer wie paulinischer Überzeugung vorauszusetzen, daß Gottes Befehl dieses Geschehen auslöste: Gott ist es, der – wie die Schöpfung, so auch – die Endereignisse bewirkt (vgl. die Subjektfunktion Gottes in V.14b). Sein Befehlswort mag als Inhalt der Stimme des Erzengels gedacht sein. Diese beiden Glieder sind nicht durch „und" verbunden, sie mögen sich also in enger Bezogenheit gegenseitig interpretieren.

„Posaune" denkt nicht so sehr an das Instrument, sondern mehr an ihren Ton. Der Genitiv „Gottes" bezieht diesen Ton auf den Bereich Gottes, aus dem er herrührt (vgl. z. B. Jes 27,13; Sach 9,14; 4. Esra 6,23; Mt 24,31; 1. Kor 15,52; vgl. ähnlich Offb 15,2 „Harfen Gottes"). Auch das zentrale Geschehen, das Herabsteigen des Herrn (es ist in der Wendung 1,10a vorausgesetzt), wurzelt in biblisch und frühjüdisch bezeugten Vorstellungen, nach denen das eschatologische Gericht mit dem Herabsteigen des Messias bzw. Gottes vom Himmel verbunden ist (vgl. z. B. Mich 1,3; Jes 26,21; AssMos 10,3.7; 12,13; PsSal 18,5;

äthHen 1,3f.; 100,4; Sib 3,286.308; eine ähnliche Vorstellung steht auch hinter Mk 13,26; 14,62). Mit diesem Geschehen ist die Auferstehung der „Toten in Christus" verbunden (vgl. 1. Kor 15,23.52; vgl. für die „Toten in Christus" 1. Kor 15,18; Offb 14,13). Diese grundlegende Aussage, die im ganzen Abschnitt nur hier erwähnt wird, ist für Paulus selbstverständliche Denkmöglichkeit und gewisse Wirklichkeit der eschatologischen Zukunft. Die Aussage zielt darauf ab, daß den Toten in Christus bei seiner Parusie der „Vortritt" gebührt – sie sind also gerade nicht benachteiligt, sie werden vielmehr als erste von dem eschatologischen Geschehen ergriffen. Paulus kommt es darauf an, die Auferstehung der Verstorbenen vor die Zusammenkunft mit dem Herrn (V. 17b) zu rücken.

Das weitere Geschehen umgreift betont das eschatologische Geschick beider Gruppen (s. zu den „Übriggebliebenen" o. zu V. 15). Das Verb „entrücken" verwendet Paulus auch 2. Kor 12,2.4. Wolken erscheinen als Element von Theophanieschilderungen Ex 19,9.16; Joel 2,2; 2. Makk 2,8; Mk 9,7par. Dan 7,13 spricht vom Kommen des Menschensohns in Wolken; vgl. dazu 4. Esra 13,1ff.; Mk 13,26par; 14,62par. Für die vorliegende Vorstellung ist bes. auf Offb 11,12 hinzuweisen (vgl. auch Apg 1,9–10). Das Ziel der gemeinsamen Entrückung der Lebenden und Auferstandenen ist mit dem Stichwort „Begegnung" umrissen. Die Begegnung mit dem Herrn und die damit beginnende eschatologische Gemeinschaft mit ihm (V. 17c) ist der Inhalt des Heils. Die bildliche Vorstellung der „Begegnung" ist möglicherweise aus dem politischen Bereich bezogen (dieser Begriff bzw. ein sehr ähnliches griechisches Wort wird Mt 8,34; 25,1.6; Joh 12,13; Apg 28,15 verwendet). Dabei ist an die besuchsweise Begegnung eines Königs oder anderer hochgestellter Persönlichkeiten mit den Repräsentanten oder der Bevölkerung einer antiken Stadt zu denken (Jos bell 7,100ff. enthält eine entsprechende Schilderung sowie den Terminus). Bei der Parusie werden die Christen, lebende und gestorbene, mit dem Herrn zusammentreffen, wie die Delegation einer Stadt, die einem Herrscher zur Einholung entgegengeht. Das Wort erscheint freilich – wie ähnliche Begriffsbildungen des gleichen Stamms – in der griechischen Bibel (vgl. z. B. Ri 4,18; 14,5; 19,3; 1. Makk 12,41) und JosAs (vgl. 15,10; 19,1; 25,8) auch in breiterer Verwendung. Indessen deutet der vorliegende Zusammenhang darauf hin, daß die Entrückung das Ziel hat, dem Herrn bei seinem Kommen vom Himmel (vgl. V. 16b) zu begegnen und ihn auf seinem Weg zu begleiten; das Stichwort wird folglich in seiner geschärften Bedeutung gebraucht sein.

Mit „und so" (V. 17c) wird zusammenfassend die immerwährende Gemeinschaft mit dem Herrn gefolgert (vgl. für die frühjüdische Verwurzelung dieser Heilserwartung z. B. äthHen 38,2; 39,6f.; 45,4; 62,8.14; 71,16). In dieser Zukunft des Heils wird die – gegenwärtig noch beunruhigende – Grenze zwischen Leben und Tod aufgehoben sein. Das Ziel des Geschilderten liegt einzig in dieser Gemeinschaft mit dem Herrn, die zugleich Teilhabe an seinem Leben bedeutet (vgl. 5,10; Phil 1,23; dazu auch Röm 6,8; 8,17; 2. Kor 13,4).

Der Vers fordert abschließend dazu auf, einander mit diesen Worten zu trösten. Denn diese Aufgabe war ja der Grund für die Belehrung (vgl. auch V. 13). Die eschatologischen Ausführungen sind in den Dienst der Bewältigung der

18

angefochtenen Gegenwart der Angeredeten gestellt. Offenbar war die paulinische Predigt in Thessalonich von solcher Naherwartung geprägt gewesen, daß die Möglichkeit des Sterbens nicht im Blick stand. Der Tod wurde von den Thessalonichern als Bedrohung der in Christus erlangten Rettung (vgl. 1,10) erfahren. Die Antwort des Paulus basiert auf dem gemeinsamen Bekenntnis sowie auf einem prophetischen Wort; sie ist als Folgerung gestaltet und bezieht dabei apokalyptische Vorstellungselemente ein. Dabei ist das Ineinander von Bildhaftigkeit und Unanschaulichkeit besonders zu beachten; es wird dem Aussageziel – der endgültigen Gemeinschaft mit dem Herrn – dienstbar gemacht.

3. Das Kommen der Endzeit
5,1–11

1 Über die Zeiten und Fristen, Brüder, braucht euch nicht geschrieben werden; 2 ihr wißt ja selbst genau, daß der Tag des Herrn so kommt wie ein Dieb in der Nacht. 3 Wenn sie sagen „Friede und Sicherheit!", dann kommt plötzlich über sie Verderben, wie die Wehe über die Schwangere, und sie können nicht entfliehen. 4 Ihr aber, Brüder, seid nicht in Finsternis, so daß der Tag euch wie ein Dieb packen könnte. 5 Denn ihr alle seid Söhne des Lichts und Söhne des Tags. Wir gehören nicht der Nacht und nicht der Finsternis. 6 So laßt uns denn nicht schlafen wie die Übrigen, sondern wachen und nüchtern sein. 7 Denn die Schlafenden schlafen des Nachts und die Trinker trinken des Nachts. 8 Wir aber, die wir dem Tag gehören, wollen nüchtern sein, bekleidet mit dem Panzer des Glaubens und der Liebe und mit dem Helm der Hoffnung auf die Rettung. 9 Denn Gott hat uns nicht bestimmt zum Zorn, sondern zur Erlangung der Rettung durch unsern Herrn Jesus Christus, 10 der (in Vertretung) für uns gestorben ist, damit wir, ob wir wachen oder schlafen, zusammen mit ihm leben werden. 11 Deshalb tröstet einander und erbaut einer den anderen, wie ihr ja auch tut.

V. 3: Jer 6,14; V. 5: Röm 13,12f.; V. 8: 1. Kor 13,13; Jes 59,17

A Der Sachbezug zum vorhergehenden Abschnitt wird durch die überschriftartige Wendung „über die (eschatologischen) Zeiten und Fristen" deutlich; V.2 zeigt die Voraussetzung, daß sie durch die unvorhersehbar hereinbrechende Parusie determiniert sind. Aus diesem Grund beantwortet Paulus die Frage nach dem Zeitpunkt des Kommens nicht; er leitet vielmehr aus dem gemeinsamen Wissen (vgl. V.2a) um die Art des Kommens grundsätzliche Hinweise auf die Gestalt des Lebens in der Erwartung des Kommenden ab. Dem gewählten Vorgehen liegt eine Stilform zugrunde, bei der der Redner sich stellt, als wolle er etwas übergehen, was er dann tatsächlich doch erwähnt (Paraleipsis bzw. Praeteritio); in unserem Fall könnte man sagen: „Über Zeiten und Stunden braucht man euch nicht zu schreiben, ihr wißt ja ganz genau: ..." (vgl. auch 4,9).
     Zur Struktur des Abschnitts: Die V. 1–3 enthalten nach Themenstellung und Paraleipsis die Erinnerung an die Kenntnis der Gemeinde über das unvorhergesehene Kommen des Herrentages; dieses Wissen wird in V. 3 nachdrücklich

unterstrichen. Die V. 4–5 a kennzeichnen mit neuer Anrede die Wirklichkeit der Adressaten unter Aufnahme des Bildes aus V. 2 als lichtvoll. In den V. 5 b–8 wird das dem Sein der Christen entsprechende Verhalten entwickelt; dabei schließt Paulus sich im Pluralgebrauch der ersten Person mit den Angeredeten zusammen. Die V. 9–10 enthalten eine Begründung, die auf die im Geschick Jesu Christi entschiedene Bestimmung der Angeredeten zur eschatologischen Rettung verweist. V. 11 endet mit einer abschließenden Aufforderung zur gegenseitigen Ermutigung (vgl. 4,18).

Ob Paulus auf eine Anfrage der Gemeinde eingeht oder die Fragestellung aus dem vorlaufenden Abschnitt heraus entwickelt, bleibt unklar. Deutlich ist indessen sein Anliegen, daß über der Erwartung des Endes der Geschichte nicht die Verantwortung der Christen für die Geschichte, das Noch-Nicht, das Vorläufige, verschwinden darf: darum der Ruf zur Wachsamkeit. Paulus bleibt nicht bei der Auslegung der Unvorhersehbarkeit des Endes stehen (vgl. V. 2.3.4 b), sondern interpretiert die gegebene, vorletzte Zeit als durch den Tod Jesu bestimmte und auf das Heil hingeordnete Zeit. Das wird zunächst in paränetischer, unterweisender Abzielung deutlich (V. 6 ff.), sodann auch in parakletischer, ermutigender (V. 9 f.). Das bedeutet: Die Frage nach dem „Wann" des Endes wird beantwortet mit der Erschließung der Wirklichkeit der gegebenen Zeit. Diese aber wird in betonter Weise als Zeit, die unsere Bewährung fordert, qualifiziert.

Die geprägte Wendung „Zeiten und Fristen" (vgl. z. B. Dan 7,12; Weish 8,8) 1 B nimmt die frühjüdische Überzeugung auf, daß Gott selbst das Eintreten der Endereignisse bestimmt bzw. schon beschlossen hat (vgl. z. B. syrBar 14,1; 20,6; 1 QS 9,13–15; 1 QpHab 2,9 f.; 7,1 ff.; vgl. im NT auch Apg 1,7; 3,20 f.). Die beiden Worte zielen in ihrer Zusammensetzung und dem Pluralgebrauch auf den Ablauf der Ereignisse vor dem Ende – und zwar gerade in ihrer Hinordnung auf dieses Ende, den Tag des Herrn. Die Frage nach der Zeit vor dem Ende muß ja da lebendig sein, wo das Ende der Geschichte als nah und unausweichlich gesehen wird. Es ist die Frage nach der verbleibenden Zeit. Wie lebendig sie in frühjüdisch-apokalyptischer Tradition war, zeigen z. B. Dan 12,6 ff.; 4. Esra 4,33; 6,7 ff.; syrBar 21,19; 81,3 f.

Paulus kann die scheinbare Überflüssigkeit seiner Belehrung (s. o.) auch des- 2 halb herausstellen, weil die Thessalonicher ihr diesbezügliches Wissen *ihm* verdanken. Das bedeutet, daß wir wiederum einen Hinweis auf die paulinische Missionsarbeit und ihre Inhalte vor uns haben. Der Begriff „Tag des Herrn" verdankt sich biblischer Tradition (vgl. z. B. im Wortlaut der griechischen Bibel Am 5,18.20; Joel 2,1; Jes 13,6.9; Ez 7,10; 13,5). Er ist ein Kennwort für das eschatologische Gericht Gottes. Paulus versteht unter dem „Tag des Herrn" die Parusie des Kyrios Jesus Christus, der als endzeitlicher Richter auftreten wird (vgl. 1. Kor 1,8; 5,5; 2. Kor 1,14; Phil 1,6.10; 2,16; vgl. auch 1. Kor 4,4 f.). Das Bild vom Dieb in der Nacht für das Kommen des Herrentages (V. 2 b) wird als bekannt vorausgesetzt; seine Bezeugung im NT weist darauf hin, daß es in der Jesustradition wurzelt (vgl. Lk 12,39 f./Mt 24,43 f.; 2. Pt 3,10; Offb 3,3; 16,15). Das eschatologische Kommen des Herrn wird damit als ein unvermutet eintreffendes Ereignis gekennzeichnet, vor dem niemand sich absichern kann. Verbunden ist mit dem Bild folgerichtig der Aufruf zur Wachsamkeit (vgl. V. 6 b). Denn es geht dem Bild nicht um die Schutzlosigkeit vor dem Dieb, sondern um das Vorbereitetsein auf ihn.

3   Dieser Absicht dient der Hinweis auf die Gefahr der scheinbaren Sicherheit. Es geht dabei nicht um einen versteckten Hinweis auf einen Zeitabschnitt, in dem das Eintreffen des Endes als wahrscheinlich zu erwarten ist. Die gleichsam prophetische Schärfe der Ansage bekräftigt vielmehr die Bedeutung der tatsächlichen Unkenntnis über den Zeitpunkt des Endes und die damit verbundene Gefahr, seine unverhoffte Nähe zu vergessen. Im Hintergrund der kritischen Aufnahme der Wendung „Friede und Sicherheit" ist die alttestamentliche Auseinandersetzung mit Falschprophetien zu sehen; vgl. Jer 6,14; 8,11; 14,13; Ez 13,10; Mi 3,5. Freilich wird das Stichwort „Sicherheit" in der griechischen Bibel nirgends zur prophetischen Kennzeichnung falscher Sicherheit verwendet, wohl aber in politischem Sinn; vgl. bes. 1. Makk 14,37; 2. Makk 9,21; Lev 26,5; Dt 12,10; Jes 18,4. Paulus benutzt an keiner anderen Stelle den Begriff „Frieden" für die Illusion von Frieden. Das Stichwort „Sicherheit" verwendet er nur an der vorliegenden Stelle. Es ist denkbar, daß die vorliegende Wendung in Aufnahme der biblisch bezeugten Falschprophetie als Anspielung an einen politischen Slogan römischer Propaganda formuliert wurde („pax et securitas" = „Friede und Sicherheit"; vgl. dazu auch PsSal 8,18; Jos ant 14,160).

Das plötzliche Kommen des Verderbens wird mit dem Kommen der Wehen über eine Schwangere verglichen; Plötzlichkeit und Unentrinnbarkeit kennzeichnen sein Eintreffen. Für den Ursprung des verwendeten Bildes ist auf Jes 13,6–8; 26,16–19; Jer 6,22–26; 22,20–23; 50,41–43; Mi 4,9 f.; äthHen 62,1–5; 4.Esra 5,46–48; syrBar 22,7 hinzuweisen. Es wird in anderer Verwendung Röm 8,22; Mk 13,8//Mt 24,8 aufgenommen. Die Aussage begründet die Mahnung zur Wachsamkeit. In apokalyptischer Sprache wird an die Erfahrung erinnert, daß Unglück und Sicherheit bisweilen in unheilvoller Verbindung erscheinen. Die Warnung des Paulus soll die Gemeinde davor schützen, von dem angekündigten Verderben unheilvoll überrascht zu werden. Die folgenden Verse sprechen davon, daß deshalb Wachsamkeit und Nüchternheit (vgl. V. 6 b) – Haltungen, die ja in der Rettung vor der künftigen Wirklichkeit eben dieses Verderbens gründen (vgl. V. 4 ff.) – geboten sind.

4   Mit der unmittelbaren Anrede an die „Brüder" geht Paulus nun dazu über, die Gemeinde in ihrem neuen Sein zu bestärken; sie sind darin von der soeben bezeichneten Gefährdung unterschieden. Die Art dieser Zuwendung zu den Angeredeten ist überraschend, denn sie scheint von einer solchen Sicherheit auszugehen, vor der doch eben gewarnt wurde. Indessen zeichnet sich das Sein der Gemeinde demgegenüber durch ihr Wissen um das Kommen des Herrentages aus. Der Herren-*Tag* kommt wie ein Dieb in der Nacht. Alle, die nicht zu ihm gehören, sind folglich durch die Dunkelheit, die ja die Nacht kennzeichnet, bestimmt. Nicht-Teilhaben am Tag des Herrn heißt: wie von einem Dieb in der Nacht überrascht werden. Die Angeredeten aber werden nun konsequent und gewiß dem „Tag" zugerechnet – nicht eine scheinbare Sicherheit,

sondern gerade ihr Wissen um ihre Gefährdung zeichnet sie als nicht zum Dunkel gehörig aus.

Für die hier vorausgesetzte, in der frühjüdischen Literatur reich bezeugte Licht-Finsternis-Metaphorik vgl. Röm 13,11–14. Die Stelle zeigt unter anderem (s. dort V. 12; vgl. 1. Thess 5,6.8), daß die Wirklichkeit der Finsternis auch für den Glaubenden noch bedrohliche Möglichkeit ist. Die Gefahr des Sich-Verlierens an sie bildet den Hintergrund, vor dem der Zuspruch der tatsächlichen Grundbestimmung der Glaubenden erfolgt: Ihr seid nicht mehr in der Finsternis.

Der Vers begründet („denn") das nun positiv und betont dabei die Gesamtheit 5 der Angeredeten („alle" steht im griechischen Text am Anfang). Damit wird die Ermutigung, die ja schon in V. 4 anklang, verstärkt: Die Gesamtheit der Gemeinde ist des Zuspruchs wie der Forderung, die mit ihrer wirklichen Situation verbunden sind, gewürdigt – ihr seid alle Söhne des Lichts und Söhne des Tags.

Die Wendung „Söhne des Lichts" (vgl. Lk 16,8; Joh 12,36; Eph 5,8) ist auch aus Texten der frühjüdischen Gemeinde von Qumran bekannt (vgl. hier v. a. die der Kennzeichnung der Gemeinde dienenden Formulierungen 1 QS 3,13.24f.; vgl. aber auch TestHiob 43,6). Für die Wendung „Söhne des Tags" ist zu vermuten, daß Paulus sie spontan – mit Blick auf den eschatologischen „Tag" – und in Abwandlung der vorhergehenden Bezeichnung („Söhne des Lichts") gebildet hat. Die bildlich gebrauchten Worte „Tag" und „Licht" sind auf die Wirklichkeit des Kommenden zu beziehen.

Mit dem zweiten Teil des Verses geht Paulus zur ersten Person des Plurals über und schließt sich so mit den Angeredeten zusammen. Er bekräftigt noch einmal, daß der Lebensgrund christlichen Seins nicht „Nacht" oder „Finsternis" ist. Damit wird die ab V. 6 gezogene Folgerung vorbereitet.

Die Unterweisung schließt unmittelbar an das Schlußsätzchen 5 b an. Sie ist 6 mit dem Aufruf zum Nicht-Schlafen aus dem Bildmaterial des vorlaufenden Kontextes heraus entwickelt; auch das Wachen und Nüchternsein entspricht diesem.

Dabei wird deutlich, daß die hier abgelehnte Haltung, die des Schlafens, der vermeintlichen Sicherheit, die in der Parole „Friede und Sicherheit" anklang, entspricht. Das ist die Gefahr der Selbstgewißheit, aus der die Ermahnung folgerichtig abgeleitet ist. Hier wird nun deutlich, daß die Haltung des selbstgewissen Schlafs als Haltung der Menschen außerhalb der Gemeinde (s. zu 4,13) vorausgesetzt ist. Es sind die, von denen die Christen sich in ihrer Haltung wacher Bereitschaft, das in dem Wissen um die Art der Zeit gründet, unterscheiden sollen. Die geforderte Wachsamkeit muß den Gegebenheiten und Notwendigkeiten der Situation vor dem Ende entsprechen.

V. 7 begründet das mit dem Hinweis: Wer schläft, tut das nachts, und wer 7 sich betrinkt, ist nachts betrunken. Damit spielt Paulus auf allgemeine Erfahrung an, die er auch bei den Angeredeten voraussetzt. Inhaltlich zielt der Satz darauf ab, an das für den Tag allgemein gültige Verhalten zu erinnern, nämlich nüchtern und wach zu sein. Diese Metaphorik will die ethische Plausibilität der Tag-Nacht-Polarität erschließen und im Blick auf die eschatologische Mahnung nachvollziehbar machen.

8   Dieser wendet sich Paulus nun zu. Dem Tag zu gehören, heißt nüchtern und
     – nun kommt ein neues Bild hinzu – gerüstet sein. Das Bild von der geistigen
     Waffenrüstung wird aus Jes 59,17 bezogen, ist freilich durch urchristliche Tra-
     dition, die auch Weis 5,18 aufnimmt, vermittelt (vgl. noch Eph 6,11–17; Röm
     13,12; 2. Kor 6,7; 10,4). Glaube, Liebe und Hoffnung (auf das endgültige Heil)
     nennen Grundbestimmtheiten christlichen Seins (vgl. 1,3; auch 1. Kor 13,13); sie
     sind mit zwei Ausrüstungsgegenständen verbunden, die defensiven Charakter
     haben: Brustpanzer und Helm. Die Gestaltung des Satzes zeigt, daß Paulus
     christliches Sein im lebendigen Zusammenwirken von Glaube, Liebe und Hoff-
     nung begreift. Das mit Hilfe von „Brustpanzer" und „Helm" erzeugte Bild zeigt
     die Lebenshaltung der „Kinder des Tags".

9   V. 9 begründet diese Bestimmtheit christlichen Lebens und nimmt den in
     V. 8 genannten letztgültigen Zielpunkt mit dem Stichwort „Rettung" noch ein-
     mal auf. Die „Rettung" steht dem „Zorn" (vgl. 1,10) in endzeitlicher Polarität
     gegenüber. Das Wozu unseres Seins als Christen wird auf diese Polarität bezo-
     gen und zugleich als durch Gottes Handeln entschieden ausgesagt. Dabei ist
     mit dem Stichwort „Erlangung" deutlich vorausgesetzt, daß die „Rettung" nicht
     als Möglichkeit menschlicher Aktivität gedacht ist. Sie verdankt sich vielmehr
     dem Sterben des Kyrios („Herrn") Jesus Christus in Vertretung „für uns"
     (V. 10a). Die Bestimmung der Glaubenden ist von Gott in der Geschichte Jesu
     Christi gesetzt.

10   Diese wird in ihrem entscheidenden Punkt angesprochen: Seinem Sterben
     „(in Vertretung) für" uns. Diese Aussage, die im Brief nur hier erscheint, nimmt
     alte Tradition auf, in der der Straftod Jesu als stellvertretend und befreiend für
     die Menschen bekannt wird (vgl. z. B. Röm 4,25; 1. Kor 15,3). Die Folgerung die-
     ser Aussage wird dahin gezogen, daß nun wir mit ihm leben können. Die grie-
     chische Verbform (Konjunktiv Aorist), in der das Verb „leben" gebraucht
     wird, ist auf die eschatologische Lebensgemeinschaft zu deuten. Dabei bezieht
     Paulus jetzt mit dem Bildmaterial des unmittelbaren Kontextes die Aussage
     des vorhergehenden Abschnitts 4,13–18 mit ein: Ob wir schlafen oder wachen,
     kann hier nur heißen: ob wir leben oder gestorben sind. Nur diese Deutung
     ist hier sinnvoll, obwohl natürlich die Abwandlung des soeben noch im Zusam-
     menhang ethischer Unterweisung gebrauchten Bildmaterials in die Leben-
     Tod-Metaphorik überraschend ist. Es geht jetzt nicht wie V. 6 um die „übri-
     gen" und uns, sondern um die lebenden oder entschlafenen Glieder der
     Gemeinde. Ein Bezug auf den vorhergehenden Abschnitt (vgl. v. a. 4,14.17) ist
     vor allem auch in der Wendung „zusammen mit ihm" gegeben. Offensichtlich
     hat Paulus die 4,13–18 behandelte Problematik auch jetzt noch im Auge. Er
     bestärkt am Ende *dieses* Abschnitts (V. 10) erneut die dort gegebene Antwort.

11   Den Abschluß bildet entsprechend zu 4,18 der Aufruf zur gegenseitigen
     Ermutigung, zum tröstenden Zuspruch untereinander und zum gegenseitigen
     Aufbau, wie es dem gegenwärtigen Tun der Angeredeten bereits entspricht
     (vgl. dazu 4,1.9f.). Das Stichwort „erbauen" ist im Blick auf die Gemeinde-
     wirklichkeit bildlich gebraucht (vgl. z. B. 1. Kor 3,9–14; 8,1; 10,23; 14,4.17; 2. Kor
     10,8; 13,10; 12,19; Röm 14,19); Paulus setzt seine unmittelbare Verständlich-

keit voraus. Die Wendung spricht die Verantwortung der einzelnen Gemeindeglieder für die gegenseitige Stärkung an. Sie nehmen darin das Anliegen des
Paulus auf und kräftigen so die Gemeinde.

4. Anweisungen für das Gemeindeleben
5,12–24

**12 Wir bitten euch, Brüder: Erkennt die an, die sich um euch mühen, und die
euch vorstehen im Herrn, und die euch ermahnen, 13 und achtet sie besonders hoch in der Liebe um ihres Werkes willen. Haltet Frieden untereinander. 14 Wir ermahnen euch aber, Brüder, weist die Unordentlichen zurecht,
ermutigt die Kleinmütigen, nehmt euch der Schwachen an, seid mit allen
geduldig! 15 Achtet darauf, daß niemand einem anderen Schlechtes mit
Schlechtem vergelte, sondern jagt immerzu dem Guten nach, untereinander
und allen gegenüber. 16 Freut euch allezeit, 17 betet ununterbrochen, 18 seid
in allem dankbar; denn das ist der Wille Gottes in Christus Jesus für euch. 19
Löscht nicht den Geist aus. 20 Verachtet nicht prophetische Äußerungen. 21
Alles aber prüft, das Gute haltet fest. 22 Haltet euch fern von jeder Gestalt des
Bösen. 23 Er selbst aber, der Gott des Friedens, heilige euch ganz und gar,
und bewahre unversehrt euren Geist, Seele und Leib untadelig bei der Ankunft
unseres Herrn Jesus Christus. 24 Treu ist, der euch ruft; er wird es auch tun.**

V. 12: 1. Kor 16,16; V. 15: Röm 12,17; V. 24: 1. Kor 1,9

Der erste Teilabschnitt 5,12–15 enthält fundamentale Weisungen, die sich   12–15
zunächst auf die Akzeptanz der kollektiven Gemeindeleitung beziehen; sie
münden aus in die generelle Aufforderung, Frieden untereinander zu bewahren.
Die Arbeit der in V. 12 Genannten wird mit drei Partizipien beschrieben, die
jeweils ausdrücklich auf das „ihr" der Adressaten bezogen sind. Dadurch erhält
die Mahnung eindringliche Lebendigkeit. Es werden nicht feststehende Funktionen oder gar „Ämter", sondern Tätigkeiten benannt. Vgl. für die ganz umfassend verstandene „Mühe" um die Gemeinde Röm 16,6.12; 1. Kor 16,16; für die
fürsorgende Übernahme von Verantwortung in der Gemeinde Röm 12,8; für das
ermahnende Zurechtbringen Röm 15,14, aber auch Kol 3,16. V. 13 mahnt dazu,
das Wirken derer, die sich in der Gemeinde und für sie einsetzen, in Liebe hoch
zu achten und untereinander Frieden zu halten. Paulus setzt sichtlich einen
Zusammenhang zwischen dem inneren Frieden der Gemeinde und ihrem Verhältnis zu denen, die sich in besonderer Weise für sie einsetzen, voraus. Es soll
nicht von formaler Autorität, sondern von Liebe geprägt sein.

V. 14 bezieht sich auf solche Gemeindeglieder, die nicht leitend tätig sind, sondern die Gemeinde durch Unordnung, Mutlosigkeit und Schwäche belasten
(s. zu 4,11f.). Diese Mahnung mündet in die Aufforderung, gegen jedermann
geduldig zu sein. Beide Komponenten werden abschließend in V. 15 verallgemeinernd und überleitend zusammengefaßt. Der Gefahr, gegenseitig Böses
mit Bösem zu vergelten, steht die gemeinsame Orientierung an dem Ziel
gegenüber, Gutes untereinander und gegenüber jedermann zu üben. Die negative Mahnung in V. 15a spielt deutlich auf den Talions-Grundsatz an, Gleiches

mit Gleichem zu vergelten (vgl. z. B. Ex 21,23 f.; Lev 24,19 f.; Dt 19,21; LAB 3,10 [Gen 9,6 f.]; 11,6 ff.; 44,10; vgl. zu seiner kritischen Überbietung z. B. Gen 50,18–20; Spr 20,22; 24,29; Sir 28,1–7; JosAs 23,9; 28,4 f.14; 29,3; 1 QS 10,17 f.; für das Verhältnis Gottes zu seinem Volk LAB 12,10; 19,9; 22,5; 49,7). Die Mahnung selbst findet sich im NT in annähernd übereinstimmender Formulierung Röm 12,17; 1. Pt 3,9. Sie wußte sich durch die Weisung Jesu motiviert und autorisiert (vgl. auch Anwendungen wie 1. Kor 4,12 f.; 1. Pt 2,23); freilich sind uns die entsprechenden traditionsgeschichtlichen Beziehungen verborgen (vgl. Mt 5,38 f.; 5,44//Lk 6,27 f.).

Die Orientierung am Guten ist zielhaft verstanden, weil sie aus der Gewißheit der eschatologischen Rettung resultiert; und sie schafft so Gemeinschaft. Das Böse aber ist noch vorhanden und verkehrt solche Gemeinschaft ins Gegeneinander. Darin liegt seine Destruktivität, zugleich seine schließliche Nichtigkeit.

16–22   Die V. 16–22 enthalten kurze, fundamentale Mahnungen, unterbrochen durch die Bezugnahme auf den der Gemeinde geltenden Willen Gottes in Christus Jesus (V. 18b; vgl. 4,3). Die Mahnungen vor dieser Bezugnahme gelten in dreifacher Weise der Glaubenshaltung: Fröhlichkeit allezeit, Gebet ohne Unterlaß, Dankbarkeit in allen Dingen. Hier geht es nicht um punktuelle Verhaltensweisen, sondern um die Lebenshaltung des Glaubens, die von Freude, Gebet und Dank grundlegend bestimmt ist.

Die Mahnungen in V. 19–21 beziehen sich auf die Wirkungen des Geistes in der Gemeinde; sie münden in die zusammenfassende Schlußmahnung V. 22 „meidet das Böse in jeder Gestalt" aus. Die Mahnung, den Geist nicht auszulöschen, bezieht sich umfassend auf die Bedeutung des Geistes für die Lebenswirklichkeit der Gemeinde (vgl. dazu z. B. Gal 3,5; 1. Kor 12,3). Prophetische Äußerungen sind ein Zeichen dieser Lebenswirklichkeit (vgl. z. B. 1. Kor 12,10.28 f.; 14,1). Die Wirkung des Geistes in prophetischer Rede ist mit ihrer Beurteilung durch die Gemeinde verbunden; an ihr ist es, das Gute zu behalten. Sie lebt ja als ganze aus dem Geist und ist so imstande, die Geister zu unterscheiden (vgl. 1. Kor 12,10; vgl. in diesem Zusammenhang auch 1. Kor 2,12–16). Damit ist ein Differenzierungsprozeß angesprochen, der an Bedeutung für die paulinischen Gemeinden nichts verlieren wird (vgl. 1. Kor 12–14). Nicht Menschen erwirken in dieser Perspektive die Äußerungen des Geistes; es ist indessen Aufgabe der Gemeinde, diese Äußerungen zu prüfen (vgl. zur grundsätzlichen Bedeutung des „Prüfens" Röm 12,2; Phil 1,10). Über das, was nicht behalten werden kann, verliert Paulus kein Wort. Er rechnet damit, daß die Prüfung Brauchbares und Unbrauchbares erweist und trennt.

V. 22 schließt diese Weisungen in ganz grundsätzlicher Weise ab (vgl. Hiob 1,1.8; 1 QS 1,4). Die Mahnung warnt einerseits, auf die prüfende Unterscheidungsarbeit im unmittelbar vorlaufenden Kontext bezogen, vor prophetischen Äußerungen, die dem Willen Gottes zuwiderlaufen könnten (vgl. in dieser Hinsicht z. B. 1. Kor 12,3), und sie unterstellt sich andererseits damit zugleich der grundsätzlich verstandenen Entscheidung für den Willen Gottes (vgl. 4,3), als deren Entfaltung die gesamte Paränese aufzufassen ist.

Auch der zweite Briefteil wird durch eine feierliche Fürbitte abgeschlossen   23–24
(vgl. 3,11–13). Das Ziel ist bleibend die Untadeligkeit bei der Parusie. Die Bitte
bezieht sich ganzheitlich auf die Glaubensexistenz der Angeredeten: Geist,
Seele, Leib bezeichnen in einer im Neuen Testament einmaligen Weise menschliches Sein in Komponenten, die antikem Verstehen geläufig waren. Die Bitte
richtet sich an Gott, der die Gemeinde heiligen möge. Schärfer als beim
Abschluß des ersten Briefteils wird dieses heiligende Handeln Gottes als Voraussetzung der in der Parusie zu erweisenden Untadeligkeit sichtbar. Eine
Unterscheidung zwischen innerlichen und äußerlichen Aspekten ist in dieser
Hinsicht unsachgemäß. Es geht vielmehr um die erwünschte Entsprechung
des Verhaltens der Angeredeten zum heiligenden Handeln Gottes. Hier ist
kein Modell der Komplementarität im Spiel. V. 24 drückt das in einer Weise
aus, die scheinbar alles Gott überläßt. Es ist indessen sein heiligendes Handeln, das das Handeln der Gemeinde in Heiligkeit ermöglicht.

5. Schlußgrüße
5,25–28

**25 Brüder, betet auch für uns. 26 Grüßt alle Brüder mit dem heiligen Kuß.
27 Ich beschwöre euch beim Herrn, den Brief allen Brüdern vorzulesen. 28
Die Gnade unseres Herrn Jesus Christus sei mit euch!**

Die V. 25–28 bilden den Briefschluß, der mit dem Präskript die Klammer für den
Brieftext bildet.
     V. 25 enthält eine Bitte um Fürbitte für die Absender. Die innige, existen-
tielle Verbundenheit des Paulus mit der Gemeinde, die im Brief mehrfach zum
Ausdruck kam, führt zur Gegenseitigkeit der Fürbitte (vgl. ähnlich Röm
15,30–33; 2. Kor 1,11; Phil 1,19; Phlm 22; ferner 2. Thess 3,1; Kol 4,3; Hebr
13,18). Die Lesart, der die vorgeschlagene Übersetzung sich anschließt, ist sehr
gut bezeugt. Sie bringt die den Brief durchziehende Gegenseitigkeit im Verhältnis zwischen Absendern und Adressaten zum Ausdruck (vgl. auch 2. Kor
1,11).
     Mit der Aufforderung zum heiligen Kuß (V. 26) sind nicht die Angeredeten als
Gruppe der Gemeinde gegenübergestellt, sondern die angeredete Gemeinde
wird im Blick auf alle ihre Glieder angesprochen (vgl. V. 14). Angeredet ist
immer die Gemeinde, auch da, wo es um ihr Verhalten gegenüber einzelnen
geht. Paulus akzentuiert das Medium des Grußes in hervorgehobener Weise.
Es ist eine Möglichkeit, Gemeinschaft mit ihm zu vermitteln und in der Gemeinde wirksam werden zu lassen. Vgl. für die Aufforderung Röm 16,16; 1. Kor
16,20; 2. Kor 13,12; ferner 1. Pt 5,14 („Kuß der Liebe"). Sie bezieht sich auf einen
in der Gemeinde bereits geübten Brauch. Seine genaue Herkunft ist nicht sicher
ableitbar; indessen war der Kuß als Zeichen der Gemeinschaft in der Antike
nicht unbekannt.
     Der Brief soll allen Brüdern vorgelesen werden. Paulus hat die Gemeinde-   27–28
versammlung im Blick. Er sieht sein Schreiben als autoritatives, öffentliches
Schreiben. Es ist anzunehmen, daß in der Gemeindeversammlung auch biblische

Texte verlesen wurden. Bereits der älteste Paulusbrief enthält also eine Aufforderung, die zu den Impulsen der Kanonwerdung gehört. Ein Gnadenwunsch
(vgl. Röm 16,20) schließt den Brief ab. Er bildet mit dem Eingangsgruß den Rahmen der brieflichen Kommunikation mit der Gemeinde. Dieser Rahmen ist
durch das in Gott gründende Herrsein Jesu Christi (vgl. 1,1b) inhaltlich
bestimmt.

Der zweite Brief an die Thessalonicher

Übersetzt und erklärt von
Eckart Reinmuth

Einleitung

1. Erste Eindrücke.   Liest man den zweiten Thessalonicherbrief im Anschluß an den ersten, so kann man bemerken, daß einiges variierend wiederholt wird. Beide Briefe stehen in einem eigenartigen Näheverhältnis zueinander; sie teilen sogar übereinstimmende Einzelheiten, für die sich keine Parallelen zu anderen Paulusbriefen aufweisen lassen (s. u. 2. sowie die Einzelauslegung). Thematisch steht im Zentrum des zweiten Briefes ein eschatologisches Problem; im zweiten Teil des ersten Briefes hat eine ähnliche Thematik unter doppelter Fragestellung großes Gewicht (vgl. 1. Thess 4,13–18; 5,1–11). Auf dem entsprechenden Abschnitt 2. Thess 2,1–12 liegt deutlich der Hauptakzent des Briefes. Hier spricht der Autor eine ihn beunruhigende und offenbar die Angeredeten verwirrende Auffassung an, die er mit den Worten „Der Tag des Herrn ist da" kennzeichnet. Er weist diese Parole mit einer apokalyptischen Belehrung zurück, die mit den entsprechenden Ausführungen des ersten Briefes kaum vereinbar ist. Ergingen die beiden Ausführungen im ersten Brief unter der erkennbaren Voraussetzung, daß der Tag des Herrn sehr nahe sei, so weist der zweite Brief einschränkend auf noch ausstehende apokalyptische Ereignisse hin.

Diese Korrektur setzt eine veränderte Perspektive und damit einen größeren zeitlichen Abstand voraus, als die außerordentliche sprachliche und kompositorische Nähe zum ersten Brief nahelegt. Dazu kommt, daß im zweiten Brief Verschiebungen im vorausgesetzten Verhältnis des Apostels zu den Adressaten zu beobachten sind. Es ist nicht mehr so persönlich geprägt wie im ersten Brief; Paulus wird ansatzweise zum Vorbild stilisiert. Zugleich wird mehr Wert auf die apostolischen Überlieferungen und die Schriftlichkeit ihrer Vermittlung gelegt. Diese Eindrücke sprechen gegen eine paulinische Verfasserschaft des zweiten Briefes. Ein uns unbekannter Autor hat auf der Folie des ersten Briefes eine akute eschatologische Problemlage seiner Zeit bearbeitet.

2. Anhaltspunkte für eine nichtpaulinische Verfasserschaft.   Wir überprüfen diese Annahme anhand einiger Beobachtungen. Eine annähernd wörtliche Übernahme aus 1. Thess 2,9 liegt in 2. Thess 3,8 vor („mit Mühe und Plage haben wir Tag und Nacht gearbeitet, um keinem von euch zur Last zu fallen"). Diese Übereinstimmung ist so eng wie sonst zwischen keinen anderen Stellen im Corpus Paulinum. Dazu muß beachtet werden, daß das übernommene Textelement im neuen Kontext eine andersartige Funktion erhält (s. u.). Dieses Phänomen ist mehrfach beobachtbar; in der Einzelauslegung wird darauf verschiedentlich hingewiesen. Der Autor des zweiten Briefes übernimmt Worte oder Wendungen des ersten, führt sie aber einer veränderten Verwendung zu. Zwar wirkt das Vokabular des Brieftextes nicht unpaulinisch, wohl aber der verwendete Stil.

Es sind überdies kompositorische Indizien, die den merkwürdigen Eindruck erwecken, daß der zweite Brief den ersten in Teilen gleichsam „wiederholt". So stimmen die Rahmenteile beider Briefe auffallend überein. Dies gilt für die Präskripte 1. Thess 1,1 und 2. Thess 1,1–2 – obwohl Paulus sonst Präskripte nie uniform gestaltet; aber auch die Schlußgrüße 1. Thess 5,28 und 2. Thess 3,18 decken sich weitgehend. In ihrer Struktur zeigen beide Briefe große Übereinstimmung (vgl. z. B. den Neueinsatz der Danksagung 2. Thess 2,13 mit 1. Thess 2,13 sowie den feierlichen Abschluß des ersten Briefteils 2. Thess 2,16 f. mit 1. Thess 3,12 f.).

Blicken wir indessen auf den zentralen Passus 2. Thess 2,1–12, der ja in den V. 1–2 den Briefanlaß zu erkennen gibt, so zeigt sich, daß diese Ausführungen im Vergleich zum ersten Brief ganz anders und eigenständig wirken (vgl. z. B. 2. Thess 2,7 b. 8 mit 1. Thess 5,2). Eine solche Eigenständigkeit gegenüber dem ersten Brief läßt sich auch in dem zum Thema hinführenden Abschnitt 2. Thess 1,5–10 feststellen.

Auffallend ist – z. B. im Gegenüber zu 1. Thess 2,1–3,10 –, daß der zweite Brief analoge persönliche Passagen kaum enthält. Demgegenüber macht 2. Thess 2,15 die Bedeutung von Überlieferungen für das Glaubensleben der Angeredeten deutlich: „Und haltet fest die Überlieferungen, über die ihr belehrt worden seid, sei es durch ein Wort, sei es durch einen Brief von uns." An der vergleichbaren Stelle 1. Kor 11,2 ist die Funktion und Bedeutung der „Überlieferungen" eine andere. Der Verfasser des 2. Thess geht davon aus, daß die apostolische Autorität nicht mehr als unmittelbare erfahrbar ist, sondern über die Tradition vermittelt wird (vgl. ähnlich 3,6). Das zeigt auch der Vergleich mit dem ersten Brief; er verwendet das entsprechende Stichwort nicht (vgl. hier z. B. 4,1 „wie ihr von uns empfangen habt, sich richtig zu verhalten"). Das „Feststehen" der Angeredeten bezieht sich in 1. Thess 3,8 auf den Glaubensstand im Herrn, in 2. Thess 2,15 auf die Überlieferungen, in denen sie unterichtet worden sind.

Zusätzlich ist zu beobachten, daß die Weisungen des zweiten Briefes verstärkt (vgl. 1. Thess 4,1 f.; 5,14) den Charakter von autoritativen Anordnungen tragen; vgl. z. B. die dreimalige Verwendung des entsprechenden Verbs „anordnen" im Abschnitt 3,6–12 (3,6.10.12; vgl. 3,4). Der Autor stellt betont die apostolische Autorität des Paulus heraus. Dabei bezieht er sich mehrfach auf dessen mündliche Verkündigung (vgl. 1,10 b; 2,5; 3,7 b f. 10), also auf die Missionsarbeit in Thessalonich, an die auch der erste Brief gelegentlich erinnert (vgl. z. B. 2,13; 4,1). Der Autor aktiviert auf diese Weise bei den Angeredeten das Bild von Paulus als Prediger und autorisiert so zusätzlich die eigene Botschaft.

Ähnliches gilt für 2. Thess 3,8 f., wo „Paulus" von sich sagt, er habe von seiner Hände Arbeit gelebt, um dadurch sich selbst der Gemeinde als Vorbild zur Nachahmung zu geben. In 1. Thess 2,9 f. wurde eine solche Abzielung nicht erkennbar; hier ging es darum, die Lauterkeit der Missionsarbeit zu unterstreichen. Das Motiv ist also gegenüber dem ersten Brief verschoben. Im zweiten Brief wird die Lebensform des Paulus den Späteren als Vorbild empfohlen. Damit wird zugleich das tatsächliche, vermittelte Verhältnis der Angeredeten zu „Paulus" angesprochen. Das hier verwendete Wort „Typos" findet sich zwar auch im ersten Brief (1,7); es bezieht sich dort aber auf die Vorbildwirkung der Angeredeten für alle Glaubenden in Mazedonien und Achaia (vgl. für die Verwendung des Wortes ferner Röm 5,14; 6,17; 1. Kor 10,6; Phil 3,17; Joh 20,25; Apg 7,43.44; 23,25). Im Zusammenhang der vorliegenden Mahnung wird zweimal das Wort „nachahmen" in bezug auf die vorbildliche Haltung des Apostels verwendet (V. 7.9); es findet sich im ersten Brief nicht (vgl. ferner Hebr 13,7; 3. Joh 11). Seine Verwendung kann durch 1. Thess 1,6 veranlaßt sein. Hier fordert Paulus die Angeredeten auf, seine und des Herrn Nachahmer zu werden (vgl. ferner 1. Thess 2,14; 1. Kor 4,16; 11,1; Eph 5,1; Hebr 6,12).

3. Zum beabsichtigten Verhältnis zwischen beiden Briefen. Der zweite Brief hält sich einerseits so eng an den ersten, daß sich ein merkwürdiges literarisches Näheverhältnis ergibt, und er bezieht sich andererseits weniger konkret auf die angeredete Gemeinde – da aber, wo er konkret wird, setzt er eine Wandlung in der eschatologischen Abzielung voraus, die nun wieder für einen größeren zeitlichen Abstand spricht. Man ist also zu der Annahme genötigt, den 1. Thess als literarische Vorlage für die Abfassung des 2. Thess anzusehen. Das aber erfordert zwei verschiedene Verfasser. Wir nennen den uns unbekannten Verfasser des zweiten Briefes Pseudo-Paulus oder sprechen von „Paulus" als dem fiktiven Autor dieses Schreibens.

Folglich war der zweite Brief kaum wirklich nach Thessalonich gerichtet; der Autor kennt aber den 1. Thess und kann eine solche Kenntnis prinzipiell auch bei seinen Adressaten voraussetzen. Er bezieht sich auf den ersten Brief, weil er die kritisierte eschatologische Haltung als Wirkung paulinischer Verkündigung erkennt, wie sie im ersten Brief literarisch greifbar wird. Er kennt die Eschatologie des ersten Briefes, akzeptiert ihre Grundaussage, weist aber hinsichtlich falscher Schlußfolgerungen aus ihr korrigierend auf die Ereignisse hin, die der Parusie vorausgehen müssen. Er schreibt in der Tat einen zweiten *Thessalonicherbrief,* weil er die neue eschatologische Unterweisung unter Bezug auf die des ersten verstanden wissen will. Indem er dem ersten Brief als Zeugnis der Kommunikation zwischen Paulus und der Gemeinde der Thessalonicher sein eigenes Schreiben an die Seite stellt, verwandelt er diese vergangene Kommunikationssituation zum literarisch verfaßten Paradigma für die Kirche seiner Gegenwart. Pseudo-Paulus setzt in seinem eigenen Schreiben die Autorität des Paulus voraus, auch im Blick auf dessen Thessalonicherbrief. Er will sie nicht untergraben, sondern in sie korrigierend eintreten und in dieser Hinsicht sein eigenes Schreiben als Leseanweisung für den ersten Brief verstanden wissen. Er wird als „Paulus" erneut zum Briefschreiber, um mit diesem Medium die verwirrende Wirkung eines Paulusbriefes – eben mit der lebendigen Autorität des Paulus – einzugrenzen und zu beenden. Auf diese Weise wurde die Rezeption des ersten Briefes mit der des zweiten verbunden.

In diesem Sinne kann die literarische Arbeit des Pseudo-Paulus als exemplarisch für die Produktion pseudepigrapher Texte im NT angesehen werden. Im vorliegenden Fall bezeugt der 2. Thess zusammen mit dem ersten die Geschichte der Kommunikation des Paulus mit seiner Gemeinde in Thessalonich. Freilich ist das neue Schreiben ein fiktionaler Text, der die vergangene Geschichte in der Perspektive seines Autors aufnimmt, darstellt und fortsetzt. Das aber bedeutet, daß die intendierten Adressaten des zweiten Briefes eine literarisch dargestellte Geschichte wahrnehmen, nämlich die der Kommunikation des „Paulus" mit der Gemeinde in Thessalonich. Wieweit der Verfasser bei ihnen zusätzlich mündlich oder schriftlich vermittelte Kenntnisse, also flankierende Elemente dieser fiktionalen Geschichte voraussetzte, wissen wir nicht (vgl. Apg 17; zu den beiden Mitabsendern z. B. 1. Pt 5,12; Kol 1,1; Hebr 13,23; 1. Tim 1,2.18; 6,20; 2. Tim 1,2).

4. „Brief" als Bezugswort im Text.   2. Thess 2,2 bietet eine Bezugnahme auf den ersten Brief. Gegenüber der weitverbreiteten Übersetzung („noch durch einen Brief, der angeblich von uns geschrieben wurde") wählen wir die ebenso mögliche: „noch durch einen Brief, wie er von uns geschrieben wurde". Alle Übersetzer sind sich einig, daß die griechische Formulierung, die ohne nähere Bestimmung durch ein Verb gestaltet ist, durch „geschrieben wurde" oder analoge Formulierungen aufzufüllen ist. Der Vers bringt zum Ausdruck, daß die eschatologisch irrige Haltung, die anschließend korrigiert wird, sich zu Unrecht auf einen Brief des Paulus berufen würde. Damit kann angesichts der von Pseudo-Paulus gewählten Adresse und der nachahmenden Gestaltung seines Schreibens nur der 1. Thess gemeint sein. Diese Bezugnahme steht in einer Reihe mit „Geistoffenbarung" und „Wortbelehrung"; der Verfasser differenziert deutlich drei mögliche Quellen der kritisierten Haltung (s. u. zu 2,2).

Wahrscheinlich wird auch die nächste Stelle im zweiten Brief, die einen „Brief" erwähnt, den 1. Thess meinen: 2,15 „Steht fest, liebe Brüder, und haltet euch an die Lehre, in der ihr durch uns unterrichtet worden seid, es sei durch Wort oder Brief von uns." Der Vers ist im Kontext der mehrmaligen Bezugnahme des Autors auf die paulinische Erstverkündigung in Thessalonich zu lesen. Insofern der Verfasser sich hier auf die Verkündigung seines „Paulus" in mündlicher und schriftlicher Unterrichtung bezieht, kann – mit den gleichen rahmenden Gründen wie in 2,2 – nur der erste Brief gemeint sein. Im Unterschied zu 2,2 ist der anwendungsbezogene Sinn an der vorliegenden Stelle indessen allgemeinerer Natur: Das Interesse des Autors bezieht sich im Blick auf seine gegenwärtigen Adressaten auf die Schriftlichkeit der Botschaft des Paulus an sich, indem er sie neben die mündliche Tradition stellt. In dieser Hinsicht ist die genannte Wendung kaum auf den ersten Brief einzugrenzen.

Die dritte Stelle, die einen Brief erwähnt, ist 3,14: „Wenn aber jemand unserm Wort in dem Brief nicht gehorsam ist ..." Auch an dieser dritten Stelle sind „Wort" und „Brief" zusammengestellt, nun aber so, daß es ausdrücklich um die brieflich vermittelte Weisung geht. Wurde in 1. Thess 4,8 davon gesprochen, welche Bedeutung die Ablehnung der ergangenen, die Erstverkündigung erneuernden Weisungen (vgl. V. 1–2) hätte, so geht es nun um die Ablehnung der Anordnung, die sich auf das Verhalten der „Unordentlichen" bezieht (2. Thess 3,12). Die Wendung bezieht sich folglich auf den vorliegenden Brief, hat zugleich aber auch allgemeineren Charakter; es geht über den konkreten Fall hinaus um die Maßgeblichkeit der schriftlich vermittelten Weisungen des Paulus und damit um die autoritative Geltung seiner Briefe.

Die vierte und letzte Stelle, an der das Stichwort „Brief" im 2. Thess vorkommt, ist die „eigenhändige" Briefunterschrift. Die Formulierung in 3,17 („Der Gruß mit meiner, des Paulus, Hand. Das ist das Zeichen in allen Briefen, so schreibe ich") ist unter der Voraussetzung der Pseudepigraphie dieses Schreibens als ein fingierter eigenhändiger Gruß zu bewerten. Er unterscheidet sich von den vergleichbaren Wendungen 1. Kor 16,21; Gal 6,11 sowie Kol 4,18 durch seinen ausdrücklichen Hinweis auf „alle" Briefe. Dadurch wird der eigene Brief diesen zugeordnet; zugleich wird der Charakter der Brieflichkeit der paulinischen Botschaft betont. Eine kritische Frage ist im Blick auf diese fingierte Briefunterschrift zu bedenken: Nennt sie nicht zugleich ein Kriterium, das den ersten Brief, der einen solchen Hinweis nicht enthält, als unecht erscheinen lassen muß? Ich gehe davon aus, daß diese Formulierung in Kenntnis der Briefunterschriften anderer Paulusbriefe gewählt wurde, um die Echtheit dieses Briefes zu garantieren, nicht aber, um andere Paulusbriefe, die zwischen den Gemeinden in Umlauf waren, aber dieses Gütesiegel nicht trugen, zu diskreditieren. Der Autor hätte mit dem Versuch, die eigene Fälschung an die Stelle des bekannten 1. Thess zu setzen, kaum erfolgreich sein können.

Auch wäre der 2. Thess das einzige neutestamentliche Schriftstück, das den Verdacht der Fingiertheit eines anderen – und zumal echten – Schreibens äußerte. Die Möglichkeit, daß Pseudo-Paulus einen solchen Eindruck vermitteln wollte, ist zwar nicht völlig auszuschließen. Aber sie bliebe doch für diese Zeit und diesen literarischen Bereich noch ganz singulär. Der Verfasser hat ja neben dem ersten Brief wahrscheinlich Paulusbriefe gekannt, die keine eigenhändige Unterschrift trugen. Es waren ganz überwiegend Abschriften, und er konnte davon ausgehen, daß eigenhändige Unterschriften nicht in jedem Fall kopiert worden waren, oder daß Stellen wie 1. Thess 5, (26–)28; 2. Kor 13, 12–13; Gal 6,11–18; Phil 4,21–23 im jeweiligen Brieforiginal die Handschrift des Paulus aufwiesen.

5. Zu den Problemen, die der Brief anspricht. Der Autor des 2. Thess spricht durch das Medium der Kommunikation des „Paulus" mit seiner Gemeinde in Thessalonich die Kirche seiner Gegenwart an. Sie soll anhand der Unterweisung, die „Paulus" einst seiner Gemeinde gab, zur Bewertung und Bearbeitung eigener Probleme befähigt werden. Wir können dem Brief drei Hinweise entnehmen, um diese zu erschließen. In seinem Zentrum zielt der Brief darauf, eine überspannte Naherwartung zurückzuweisen (2,1–12). Diese Auffassung, die die Gegenwart in dramatischer Nähe der anbrechenden Endzeit begriff, ist als Niederschlag der ausbleibenden Wiederkunft Christi zu bewerten (vgl. z. B. 2. Pt 3,1–13; Hebr 10,37; 1. Clem 23). Die sogenannte Verzögerung der Parusie führte u. a. dazu, daß ihre Erwartung sich intensivierte und verselbständigte.

Dazu kommt verstärkend die Erfahrung von Verfolgung und Leid in den Gemeinden. Der Brief nimmt darauf Bezug (1,4–10) und setzt einen Zusammenhang zwischen den gegenwärtigen Bedrängnissen und ihrer eschatologischen Vergeltung voraus. Er verrät damit etwas von den theologischen Überzeugungen, die er mit den gedachten Lesern teilt. Die gegenwärtigen Verfolgungen sind insofern Teil des eschatologischen Handelns Gottes und des Kyrios („Herrn") Jesus, als dieses im Modell des vergeltenden Ausgleichs gedacht wird. Pseudo-Paulus lehnt indessen eine Identifizierung der gegenwärtigen Situation und ihrer Erfahrungen mit dem eschatologischen Ende ab und eröffnet auf diese Weise für die Angeredeten erneut geschichtliche Zeit und damit zugleich die Möglichkeit, künftige Leidenserfahrungen im Wissen um das eschatologische Handeln des Herrn der Geschichte zu bestehen. Pseudo-Paulus befürchtete offenbar, daß der Verfolgungsdruck die Gemeinde um ihre Nüchternheit und Gewißheit zu bringen drohte.

In diesem Zusammenhang ist auch das dritte Element zu bedenken. Im paränetischen Teil des Briefes (3,1–16) wird lediglich *ein* Thema behandelt: der Umgang mit den „Unordentlichen" (3,6–15). Dabei wird es kaum um „Faulheit" o. ä. gehen – dann wäre die allgemeine und eindringliche Weise, in der die „Anordnungen" (V. 4.6.10.12) gestaltet sind, im Blick auf die gedachten Adressaten nicht schlüssig. Es ist vielmehr zu erwarten, daß auch der dritte Akzent des Briefes in innerem Zusammenhang mit den beiden anderen gedacht ist. Wir gehen deshalb davon aus, daß die Weisungen sich auf Glaubende beziehen, die in der unmittelbaren Erwartung des Endes der Geschichte nicht mehr in geschichtlicher Zeit zu leben glaubten und aus dieser Motivation heraus die Ordnung ihres alltäglichen Lebens, allem voran ihre Arbeit, verließen. Pseudo-Paulus verwendet in diesem Abschnitt mehrfach Worte mit dem Stamm „Ordnung" (griechisch: taxis; vgl. 3,6.7.11), und er konkretisiert die „Un-Ordnung" der Getadelten an ihrer Ablehnung der Arbeit (V. 10–12; vgl. V. 8). Darüberhinaus spricht er in V. 11 davon, daß sie „Unnützes tun" bzw. „überflüssig arbeiten". Das deutet nicht auf Müßiggang, sondern auf falsche, an der vermeintlichen Gegenwart oder unmittelbaren Nähe des Weltendes orientierte Beschäftigung hin, wie sie im Zusammenhang überspannter Naherwartung beobachtbar ist.

Wir setzen für die Abzielung des Briefes einen Zusammenhang der drei im Text behandelten Themen voraus: Verfolgungen, vermeintliche Nähe des Endes, Aufgabe der Arbeit. Der Brief versucht, mit der Bearbeitung der eschatologischen Erwartung Nüchternheit zu vermitteln und so die Leidenserfahrungen seiner Kirche zu deuten sowie ihr Selbstverständnis in der geschichtlichen Zeit und der Ordnung des Alltags zu stärken. Die darin sich andeutende Problematik deutet auf eine relativ späte Abfassungszeit. In der Mitte des zweiten Jahrhunderts war der 2. Thess als ein Brief des Paulus bekannt (Aufnahme in den Kanon des Marcion); vielleicht kannte ihn auch Polykarp am Anfang des Jahrhunderts (Brief des Polykarp an die Philipper 11,3f. – Anspielung auf 2. Thess 3,15f.?). Aber außer diesen vagen terminlichen Angaben, die am ehesten an die Zeit zwischen ausgehendem ersten und frühem zweiten Jahrhundert denken lassen, läßt sich kaum Genaueres sagen – auch nicht über den Abfassungsort, der wohl am wenigsten Makedonien gewesen sein wird. Auch die Frage, wieweit die Adressatenschaft, der der Brief zugedacht war, etwa im Blick auf ihre geographische Lage näher bestimmbar ist, läßt sich kaum sicher beantworten.

6. Fazit. Pseudo-Paulus bearbeitet mit seinem Brief eine beunruhigende Haltung in der Kirche seiner Gegenwart, die aktuelle Verfolgungserfahrungen, eschatologische Ungeduld und eine Aufkündigung des bisherigen Sozialverhaltens miteinander verband. Er setzt die Kommunikation des Paulus mit der Gemeinde in Thessalonich fort, weil er den Zusammenhang dieser Probleme im ersten Brief repräsentiert fand und dessen eschatologische Abschnitte als Belegtexte einer korrekturbedürftigen Naherwartung verstehen konnte. Der unbekannte Autor bediente sich bei seinem Vorgehen einer biblisch und frühjüdisch bezeugten Konvention, die darin bestand, autoritative Texte aktualisierend, modifizierend oder sogar korrigierend weiterzuschreiben. Paulus war als Offenbarungsträger bekannt, der besondere Einsicht in die Geheimnisse Gottes hatte (vgl. z. B. 1. Kor 2,10–16; 2. Kor 12,1–9; Gal 1,12.15f.; 2,2; dazu Röm 11,25; 1. Kor 15,51; 1. Thess 4,15; ferner 1. Tim 4,1; dazu 1,18; 4,14; 2. Tim 3,1ff; 4,3). Die apokalyptischen Szenarien in 2. Thess 1,7b–10; 2,3–12 enthalten keinen Hinweis auf eine eigene Autorität des Verfassers; indessen verweist 2,5 auf die Übereinstimmung mit der Erstverkündigung des Paulus. In ihr ist die eschatologische Belehrung offenbar hinreichend legitimiert (vgl. in ähnlichem Sinn Lk 24,6.44; Mk 13,23/Mt 24,25). Damit, daß lediglich Paulus selbst als (vergangene) Autorität für das dargebotene apokalyptische Wissen angeführt wird, entspricht der Verfasser einer wichtigen Konvention pseudepigrapher Texte. Der Sinn seines Vorgehens liegt in der Bearbeitung der Gegenwart der Adressaten. Das zeigt auch die Erwähnung und Bearbeitung der gegenwärtigen Verfolgungen. 2. Thess 1,4b spricht von der Bewährung der Angeredeten „in allen Verfolgungen und Bedrängnissen, die ihr erduldet", und spielt auslegend auf diese Lage der Angeredeten im nachlaufenden Kontext an: V. 5b.6b.7a. Die Erwähnung der Leiden ist nicht auf eine begrenzte, konkrete Situation in Thessalonich einzuschränken, sondern vom Verfasser offenbar als gültiges Merkmal kirchlicher Existenz seiner Gegenwart verstanden worden (vgl. z. B. 2. Tim 3,12). In 2,9–11 ist von der Verführungskunst Satans die Rede; es handelt sich um eine Deutung der gegenwärtigen Erfahrungen der Kirche. V. 7 spricht davon, daß das Geheimnis der Bosheit schon jetzt wirksam ist, und ab V. 9 wird bis V. 12 zunehmend deutlich, daß aus der eschatologischen Einsicht die Hellsicht fürs Jetzt erwächst – daran schließt folgerichtig der Abschnitt V. 13–17 an: Christliche Existenz zwischen Verführung und Vertrauen. Die Botschaft dieses zentralen Abschnitts ist nicht eine theoretische Belehrung über eschatologische Mysterien, sondern Einweisung ins „Jetzt" – es ist nicht das Jetzt des letzten Tages; es ist aber auch nicht das ungeschärfte Jetzt einer unendlichen Geschichte, sondern das eschatologisch qualifizierte Noch-Nicht, dessen Konturen durch Licht und Schatten des endgültig Kommenden erkennbar und bestehbar werden.

Die Wirkungsgeschichte des Brieftextes, insbesondere seiner apokalyptischen Belehrung, kann bei der vorliegenden Kommentierung nicht berücksichtigt werden. Der Prozeß der Aktualisierung und Fiktionalisierung, für den der 2. Thess selber beispielhaft steht, wurde fortgesetzt: Durch diesen Text wurde der erste Brief seiner ursprünglichen Situation entnommen und mit einer fiktionalen verbunden. In anderer und doch vergleichbarer Weise wurde später die Eschatologie des zweiten Briefes ihrer ursprünglich aktuellen Abzielung entnommen und als dogmatisches oder polemisches Element in den wechselnden Zusammenhängen eschatologischer Entwürfe und geschichtlicher Auseinandersetzungen verwendet.

Der 2. Thess verdankt sich der dringenden Warnung, auf die Identifizierung der eigenen, geschichtlichen Zeit als letzte, eschatologische Zeit zu verzichten. Das Herrsein des Gottes der Geschichte und die Geschichtlichkeit des Menschen werden in solchem Verzicht gewahrt. Es gibt keinen Grund, die irdischen Bezüge, Ordnungen und Aufgaben zu verlassen, auch nicht den scheinbar wichtigsten: die Parusie. Denn sie ist nicht Behauptung, sondern verwandelndes Ereignis.

Literatur siehe Seite 112 ff.

1. Eingangsgruß und Danksagung
1,1–12

1 Paulus und Silvanus und Timotheus an die Gemeinde der Thessalonicher in Gott, unserm Vater, und Herrn Jesus Christus; 2 Gnade sei mit euch und Friede von Gott, unserm Vater, und dem Herrn Jesus Christus.

Das Präskript gleicht im wesentlichen dem des ersten Briefes. Die Namen der Missionare sind nicht mit ergänzenden Titelbezeichnungen versehen (s. zu 1. Thess 1,1). Die Adresse stimmt mit der des ersten Briefes überein und unterscheidet sich mit ihr in der grammatischen Gestaltung (vgl. dazu Kol 4,16; ferner Apg 20,4) von den übrigen Paulusbriefen. In V.1 wird Gott, der Vater, durch das Possessivpronomen „unser" näher bestimmt. Pseudo-Paulus nimmt den ihm vorliegenden Briefanfang auf und erweitert ihn leicht, so daß nun die Gemeinsamkeit von Absendern und Adressaten in ihrer Beziehung zu dem Gott, der sich mit Jesus Christus verbunden hat und ihn Herr sein läßt, hervorgehoben wird. Der Friedensgruß ist um die doppelgliedrige Wendung „von Gott, unserm Vater, und dem Herrn Jesus Christus" erweitert (vgl. ähnlich in der feierlichen Schlußwendung 2,16). Dabei wird die textkritische Frage, ob „von Gott, dem Vater", oder „von Gott, unserm Vater" zu lesen ist, so zu entscheiden sein, daß das Possessivpronomen in V.2 zum ursprünglichen Textbestand gehört. Es ging Pseudo-Paulus mit der Erweiterung des Friedensgrußes deutlich darum, das Präskript seines Briefes im Sinne der paulinischen Briefkonvention zu gestalten, so daß anzunehmen ist, daß er die entsprechende Wendung hier gegenüber der des ersten Briefes vorzog. Sie bietet in Röm 1,7; 1. Kor 1,3; 2. Kor 1,2; Gal 1,3; Phil 1,2; Phlm 3 sowie in Kol 1,2; Eph 1,2 den gleichen Textbestand. Das Präskript dient dazu, im Blick auf die gedachten Adressaten eine dem ersten Brief entsprechende Situation darzustellen und mit dem Friedensgruß die ihnen bekannte paulinische Formel zu bieten. Der Autor unterstellt sein Schreiben dem Wirken des Paulus und führt es für die eigene Adressatenschaft weiter.

1,3–12

3 Wir müssen Gott immerzu für euch danken, Brüder, wie es ja angemessen ist, weil euer Glaube wächst, und bei jedem von euch allen mehrt sich die Liebe zueinander, 4 so daß wir selbst uns eurer unter den Gemeinden Gottes rühmen wegen eurer Geduld und der Treue in all euren Verfolgungen und den Bedrängnissen, die ihr erduldet – 5 ein Erweis des gerechten Urteils Gottes, daß ihr der Herrschaft Gottes gewürdigt werdet, für die ihr auch leidet. 6 Es ist ja gerecht bei Gott, denen, die euch bedrängen, mit Bedrängnis zu vergelten, 7 und euch, den Bedrängten, Ruhe zu geben mit uns: bei der Offenbarung des Herrn Jesus vom Himmel her mit den Engeln seiner Macht, 8 in der Feu-

erflamme, der Vergeltung übt an denen, die Gott nicht kennen, und die dem Evangelium unseres Herrn Jesus nicht gehorchen. 9 Diese werden als Strafe ewiges Verderben vom Angesicht des Herrn und von der Herrlichkeit seiner Kraft erleiden, 10 wenn er kommt, um unter seinen Heiligen verherrlicht zu werden und bewundert zu werden unter allen Glaubenden, an jenem Tag; denn unser Zeugnis hat bei euch Glauben gefunden. 11 Deshalb auch beten wir ständig für euch, daß euch unser Gott der Berufung würdig mache und allen Willen zum Guten und das Werk des Glaubens kräftig vollende, 12 damit der Name unseres Herrn Jesus unter euch verherrlicht werde und ihr in ihm, gemäß der Gnade unseres Gottes und Herrn Jesus Christus.

V. 4: 2. Kor 7,4; V. 6 f.: Phil 1,28; V. 11: Phil 2,13

A   Auch die Danksagung geht von der in Analogie zum ersten Brief dargestellten Situation aus. Pseudo-Paulus verankert seine Botschaft in der dort bezeugten Gesprächslage, in der Paulus die Leidenserfahrungen der Thessalonicher aufnimmt und deutet. Stärker als dort werden jetzt die Bedrängnisse der Angeredeten in den Mittelpunkt gestellt. „Paulus" läßt eigenes Leiden nun unerwähnt. War im ersten Brief die existentielle Beziehung zwischen Paulus und der Gemeinde ausschlaggebend für die Bearbeitung der Leidenserfahrungen der Angeredeten sowie der entsprechenden Befürchtungen des Paulus, so liegt der Akzent jetzt auf dem zu erwartenden Gericht Gottes an den Verfolgern. Diese Ausführungen tragen belehrenden Charakter. In Abwandlung des 1. Thess 1,4 b. 5 vorausgesetzten Zusammenhangs von Berufung und Verkündigung werden nun (V. 5) die angesprochenen Bedrängnisse als Erweis der Heilsteilhabe ausgesagt. Die Danksagung ist – anders als in paulinischen Briefen – überladen konstruiert. Ihr sachliches Zentrum liegt in den V. 5–10. Es wird von den V. 3–4.11–12 (relativischer Anschluß) gerahmt. Die stilistische Gestaltung, die sich z. B. im verstärkten Gebrauch von Substantiven und synonymen Parallelismen zeigt, gibt der Danksagung einen feierlichen Ton.

B 3   Die Danksagung beginnt mit dem Hinweis auf den wachsenden Glauben und die gegenseitige Liebe der Angeredeten (vgl. dazu bes. 1. Thess 4,9 f.). Es ist anzunehmen, daß Pseudo-Paulus sich dazu insbesondere an der Trias 1. Thess 1,3 b orientiert. Dabei fällt auf, daß das Element der Hoffnung im neuen Text nicht erscheint – es wird im Brief lediglich in der formelhaften Wendung 2,16 aufgenommen. Der Autor versucht auf diese Weise vielleicht, die korrigierenden Ausführungen in 2,1–12 vorzubereiten. Dazu paßt, daß er das Stichwort „Geduld" aufnimmt und mit der bedrängten Lage der Angeredeten verbindet (V. 4). Prägte im ersten Brief die Dimension der Hoffnung die Grundstimmung (vgl. 1. Thess 1,3; 2,19; 4,13; 5,8), so werden nun Treue und Geduld herausgestellt.
      Die Wendung „wir müssen danken" wirkt konventionell (vgl. 2,13). Sie findet sich im paulinischen wie neutestamentlichen Schrifttum sonst nicht und verweist auf eine spätere Zeit (vgl. Barn 5,3; 7,1; 1. Clem 38,4; zu der unpersönlichen Wendung „wie es angemessen ist" [vgl. ähnlich V. 6] vgl. Phil 1,7). Die unvermittelte, im Blick auf Christinnen inklusiv zu verstehende Anrede „Brüder" ist der in 1. Thess 1,4 vergleichbar. Sie wird im vorliegenden Brief noch 2,1.13.15;

3,1.6.13 verwendet. Das Verb, das das besondere Wachsen des Glaubens der Angeredeten markiert, ist ein im NT sonst nicht zu findendes Kompositum. Das Simplex wird in Verbindung mit „glauben" 2. Kor 10,15 verwendet – eine Formulierung, die Pseudo-Paulus vorgeschwebt haben kann. Beide Wendungen sind präsentisch formuliert.

War in 1. Thess 1,7–9 davon die Rede, daß die Gemeinde in weitem Umkreis 4–5 zum vorbildhaften Beispiel geworden ist – auch das Auftreten und die Aufnahme des Paulus gehörten dazu (V. 9a) –, so sind ihr Glaube und ihre Geduld nun Gegenstand „seines" Lobes in anderen Gemeinden. Diese Akzentverschiebung wird durch das „wir selbst" unterstützt; an der genannten Stelle des ersten Briefes sind es die Glaubenden, die vom Glauben der Angeredeten berichten. „Unter den Gemeinden Gottes" – eine bei Paulus nicht zu findende Wendung – ist offenbar im Blick auf 1. Thess 1,8 formuliert und verallgemeinert die hier getroffene geographische Näherbestimmung. Gegenstand des Rühmens sind Geduld und Treue (vgl. für diese Bedeutung z. B. 1. Tim 5,12; Tit 2,10) der Angeredeten in Verfolgungen und Bedrängnissen (vgl. z. B. Offb 13,10; Hebr 6,12; 1. Pt 1,7). Damit wird eine Umakzentuierung gegenüber 1. Thess 1,6 sichtbar, wo es um die Annahme des Wortes geht: War dort rückblickend gesprochen (vgl. auch 1. Thess 2,14), so wird jetzt präsentisch formuliert (vgl. auch 2. Thess 1,8). Pseudo-Paulus konnte sich dazu auf 1. Thess 3,3f. beziehen. Diese Stelle ist von den Befürchtungen des Paulus zum Zeitpunkt der Sendung des Timotheus nach Thessalonich geprägt; sie schließt die Möglichkeit gegenwärtiger und künftiger Verfolgung ein. Es ist freilich nicht anzunehmen, daß Pseudo-Paulus die Bedrängnisse lediglich thematisiert, um eine fiktive Folie für seine Botschaft zu erhalten. Er nimmt vielmehr die Situation des ersten Briefes auf, um damit indirekt die Erfahrungen seiner intendierten Adressaten ansprechen zu können.

Im Blick auf den ersten Brief nimmt der Verfasser mit dem Stichwort „rühmen" 1. Thess 2,19 auf. Indessen war die Rede vom Ruhmeskranz dort eschatologisch orientiert. An der vorliegenden Stelle geht es um den Ruhm des Apostels vor dem Kreis der anderen Gemeinden. Die Wendung erinnert in ihrer selbstverständlichen Knappheit an die entsprechenden paulinischen Äußerungen und Reflexionen über das Rühmen (vgl. Röm 5,11; 1. Kor 1,31; 3,21–22; 2. Kor 1,14; 7,14; 9,2; 10,17; Phil 2,16; 3,3; Gal 6,14; 1. Thess 2,19). Sie unterscheidet sich zugleich von diesen in charakteristischer, nach Selbstruhm klingender Weise, wenn auch ihr Bezug auf die eschatologische Orientierung des Kontextes nicht übersehen werden darf. Der Autor spricht mit dieser Formulierung offenbar die – vor allem über den ersten Brief vermittelte – Kenntnis der vorbildlichen Gemeinde in Thessalonich bei seinen intendierten Adressaten an (vgl. in diesem Zusammenhang auch 2. Kor 8,2). Sie können sich mit den in diesem Zusammenhang erwähnten „Gemeinden Gottes" angesprochen fühlen und werden so mit der im Brief dargestellten Situation in Beziehung gebracht. Auf diese Weise gilt seine Botschaft auch ihnen.

Die Geduld und Treue der Angeredeten in allen eschatologischen Verfolgungen und Bedrängnissen ist Erweis der Gerechtigkeit Gottes, die sich in der

Teilhabe der Angeredeten an seinem Reich ausdrücken wird. Der Begriff „Reich Gottes" wird im Brief nicht noch einmal verwendet; vgl. im ersten Brief nur 2,12. Gegenüber dieser Stelle wirkt die vorliegende Verwendung formelhaft (vgl. z. B. Apg 1,3; 8,12; 14,22).

V. 5 bewertet die aktuellen Anfechtungen der Gemeinde als Erweis für die künftige positive Vergeltung Gottes. Paulus verwendet statt des hier gebrauchten Wortes (griechisch: krisis) stets ein anderes (griechisch: krima; vgl. z. B. Röm 3,8; Röm 2,5 verwendet das Wort „dikaiokrisia"). Die gegenwärtigen Bedrängnisse werden in einen endzeitlichen Bezug gestellt und auf diese Weise gekennzeichnet und bewertet (vgl. Mk 13,19.24; Offb 7,14; auch 1. Kor 11,32). Das Gericht Gottes wird gerecht sein. Das bedeutet im Blick auf die Angeredeten, daß sie seines Reiches gewürdigt werden (das entsprechende Verb wird im NT nur noch Lk 20,35; Apg 5,41 verwendet).

Der Begründungsweg geht davon aus, daß die Leiden der Gemeinde als aktueller „Ausweis" des künftigen Rechtschaffens Gottes gewertet werden. Aufschlußreich ist die Verwendung eines verwandten Wortes (griechisch: endeixis) im Begründungszusammenhang Phil 1,27–30: Die unerschrockene Glaubenshaltung der Angeredeten angesichts der Widersacher des Evangeliums ist „Erweis" für deren Untergang und zugleich der Rettung der Adressaten. Beide Worte werden in beiden Texten jeweils analog gebraucht; auch an der vorliegenden Stelle erweist die Standhaftigkeit der Glaubenden, daß Gott tatsächlich im Blick auf sie und die Ungläubigen nach dem Talionsgrundsatz der gerechten Vergeltung handeln wird (vgl. V. 6). Bei Paulus findet sich der Hinweis auf das vergeltende Handeln Gottes als Trost für die gegenwärtige Bedrängnis sonst nicht (vgl. aber z. B. 1. Pt 4,16f.; auch Lk 16,25) – wohl aber die Betonung der Unvergleichlichkeit von Gegenwart und Eschaton (Röm 5,2f.; 8,18; 2. Kor 4,17). Verbindet Phil 1,29 die Rettung der Glaubenden mit ihrem Leiden für Christus, so 2. Thess 1,5 ihre Heilsteilhabe mit dem Leiden für die Gottesherrschaft.

V. 5 b verbindet die Teilhabe am Reich Gottes (vgl. 1. Thess 2,12; 1. Kor 6,9f; Gal 5,21; sie ist an diesen Stellen regelmäßig ethisch begründet) mit dem gegenwärtigen Leiden: Die Angeredeten nehmen ihre Leiden mit dem Ziel der Teilhabe am Reich Gottes auf sich. Ging es im ersten Brief darum, die Tatsächlichkeit der Erwählung zu erweisen, so jetzt um den Erweis, daß Gott recht richten und die Angeredeten seines Reiches würdigen wird. Der auf diese Weise anklingende Zusammenhang von gegenwärtigem Leiden und eschatologischem Handeln Gottes (vgl. auch 1. Thess 2,14; 3,2–4) wurzelt in frühjüdischer Tradition: Dem eschatologischen Ende gehen Leiden für die Frommen bzw. Unheil für die Welt voraus (vgl. Dan 12,1f.; 2 Makk 6,12–16; syrBar 13,3–10; 48,48–50; 52,1–7; 70,2ff.; 78,5; 82,1f.; 4. Esr 5,1ff.; 13,30ff.; PsalSal 13,9f.; 1 QH 3,2–18; Mk 13,7f.; Offb 8.9.11). Gottes Gerechtigkeit ist nach dem Modell ausgleichender bzw. vergeltender Gerechtigkeit gedacht. Das Leiden des Frommen ist mit dieser Gerechtigkeit so in Beziehung gebracht, daß es ihn eschatologischer Freuden würdig macht und ihn als für diese bestimmt erweist. Die leidfreie Gegenwart des Gottlosen wird indessen am Ende in Leid verwandelt werden. Diese Voraussetzungen klingen in 2. Thess 1, 4–10 deutlich an.

Der Begründungssatz V. 6 f. bestätigt diese Bewertung des Leidens. Das Gott   6–7
angemessene Verhalten wird als die Vergeltung beschrieben, die Bedrängnis
mit Bedrängnis beantwortet (vgl. Jes 66,6 im Wortlaut der Septuaginta; Ob 15;
Jer 50,15.29), die Bedrängten aber zur eschatologischen Ruhe führt. Der vorausgesetzte Rechtsgrundsatz vergeltender Gerechtigkeit (ius talionis) prägt die
sprachliche Gestaltung. Diese Erwartung der Wiederherstellung der Gerechtigkeit verbindet Absender und Adressaten. Mit dem Stichwort „Ruhe" wird
diese eschatologische Erwartung bildhaft umschrieben (vgl. anders den nicht-
eschatologischen Gebrauch 1. Esr 4,62 sowie die drei ebenfalls nicht eschatologischen Verwendungen des Wortes für „Ruhe" [griechisch: anesis] im NT:
Apg 24,23; 2. Kor 2,13; 7,5; 8,13). Die vorliegende Wendung zielt auf eine Aussage ab, die analog zu Apg 3,20; Hebr 3,11; 4,9.11 (vgl. auch Offb 14,11) zu
verstehen ist (vgl. dazu LAB 49,6; 4. Esr 7,36.91.95; 10,24; 11,46; syrBar 73 f.; äth
Hen 5,7–9; 25,6; 51,5; 96,3; Jub 23,29; TestLev 18,4; TestJud 24,1).

V. 7 b–10 dienen dazu, den Zeitpunkt dieses Gerechtigkeit schaffenden Handelns Gottes zu schildern. Es ist die Offenbarung des Herrn Jesus vom Himmel her (vgl. 1. Kor 1,7; ferner 1. Pt 1,7.13; 4,13; Lk 17,30). Besonders bezeich-
nend für diesen Abschnitt ist der in V. 8 vollzogene Subjektwandel. War der
Brieftext ab V. 3 von Dank und Erwartung gegenüber Gott bestimmt, so fungiert
dieser ausdrücklich als Subjekt ab V. 6. In V. 8 ist sichtlich (vgl. V. 7 b. 9 b f.) Christus als Subjekt vorausgesetzt. In seinem Strafhandeln wird sich das in V. 6. 7 a
angekündigte Gericht Gottes vollziehen. Die Rolle des Christus ist durch die
biblisch-frühjüdische Prägung des Abschnitts bestimmt. Seine endzeitliche
Offenbarung wird nach Art einer Theophanie vorgestellt. Gott und Christus
werden in dieser Perspektive einander angenähert (vgl. V.12). Ohne explizit zu
zitieren, enthalten die V. 7–10 unter dem Thema des Endgerichts einige biblische
Anspielungen. Stilistisch fällt der mehrmalige Gebrauch des Parallelismus auf.

Die Erwartung der Parusie richtet sich auf den Himmel als Ort der Abkunft
des kommenden Herrn (vgl. bes. 1. Thess 1,10; 4,16; Phil 3,20; vgl. das Kommen Gottes zum Gericht vom Himmel Jes 63,19; Ps 17,10 im Wortlaut der
griechischen Bibel; äthHen 1,4). „Mit den Engeln seiner Macht" spielt möglicherweise auf 1. Thess 3,13 an (vgl. im Blick auf Theophanien Ex 19,13.16.19;
Ps 68,18; Sach 14,5; äthHen 1,4.9; vgl. in Bezug auf das eschatologische Kommen
des Menschensohns Mk 8,38parr.; 13,26 f.; Mt 25,31). Die „Engel seiner Macht"
erscheinen als Beauftragte des letzten Gerichts. Die Ausdrucksweise verrät
Nähe zu hebräischem Sprachempfinden, das Substantivverbindungen adjektivisch verstehen kann. Die „Engel seiner Macht" partizipieren an der Macht
Gottes, sind also in diesem Sinne mächtig.

Zur Wendung „im Feuer der Flamme" vgl. Jes 66,15; Ps 50,3; 97,3 f. Das   8
Gericht wird sich im Feuer offenbaren (vgl. 1. Kor 3,13.15). Das traditionelle
Theophanie-Element begleitet auch das Endgericht (vgl. äthHen 67,4; 4. Esr
13,9 ff.). Das doppelte Ziel der Parusie wird nochmals genannt; dabei hat die
endzeitliche Vergeltung gegenüber den Ungläubigen deutlichen Vorrang. Die
Adressaten dieses Strafhandelns werden im synonymen Parallelismus umschrieben; er ist auf Heiden und Juden, soweit sie in ihrer Ablehnung des Evangeliums

übereinstimmen, zu beziehen. Gemeint sind diejenigen, die die Gemeinde verfolgen und bedrängen (vgl. V. 4–7a). Die Heiden sind durch ihre Unkenntnis Gottes gekennzeichnet (vgl. Jer 10,25; Ps 79,6; Jes 55,5; Gal 4,8; 1. Thess 4,5). Zur Aussage, daß Israel Gott nicht kennt, vgl. Jes 66,4; Jer 4,22; 9,2.5; Hos 5,4. Der Parallelismus kennzeichnet Heidentum nicht mehr lediglich über die Unkenntnis Gottes, sondern zusätzlich über den Ungehorsam (vgl. Röm 6,17; 10,3.16; ferner Röm 1,5; 15,18; 16,19f.; Apg 6,7) gegenüber dem Evangelium „unseres Herrn Jesus" (das Subjekt der Wendung erscheint im Genitiv; sie wird im NT nur hier verwendet). Damit klingt der eschatologische Aspekt der Missionspredigt an (vgl. Mk 13,10).

9   V. 9 stellt als künftige Strafe der Heiden ihr ewiges Verderben fest (vgl. zu dem verwendeten Stichwort im Wortlaut der griechischen Bibel Jer 28 [51],55; 31 [48],3.8.32; 32,31 [25,31]; Ez 6,14; 14,16; auch 4. Makk 10,15; sowie 1. Thess 5,3; 1. Kor 5,5; 1. Tim 6,9). Diese Strafe ist ein Akt der für das Ende der Zeit erwarteten (vgl. V. 7) Herrschaft des Herrn (Kyrios) Jesus bei seiner Wiederkunft. Die Wendung „vom Angesicht des Herrn und von der Herrlichkeit seiner Kraft" spielt auf Jes 2,10.19.21 an; sie ist aus inhaltlichem Grund lediglich um das Wort „Furcht" gekürzt. Die Anspielung spricht dafür, die Präposition „vom" in der Wendung auf die Herkunft der verderbenbringenden Strafe und nicht auf die Trennung von Gott, die das Verderben bedeutet, zu beziehen. Im jetzigen Kontext ist die Parusie Christi gemeint.

10   Die mit der Wiederkunft verbundene umfassende Herrschaft des Kyrios Jesus führt zu seiner unumschränkten Verherrlichung. Dieses Ziel wird im Parallelismus beschrieben (verherrlichen – Heilige; wunderbar erscheinen – Gläubige). Die erste Wendung des Parallelismus spielt auf Ps 88,8 an (nach der Septuaginta: „verherrlicht werden im Rat der Heiligen"); es ist außer der vorliegenden die einzige Schriftstelle, an der „verherrlichtwerden" und „heilig" verbunden sind. Mit den „Heiligen" sind in Ps 88,8 wie 1. Thess 3,13 Engel gemeint (vgl. das Wort „Geheiligte" für einen Bezug auf Menschen 1. Kor 1,2). Mit Blick auf die entsprechende Stelle des ersten Briefes ist zu vermuten, daß der Autor auch an der vorliegenden Stelle an Engel denkt. Die zweite Wendung des Parallelismus („wunderbar unter seinen Gläubigen") spielt auf Ps 67,36 (Septuaginta) an. Zu „an jenem Tag" vgl. Jes 2,10f.17.20. Die Wendung findet sich im paulinischen Schrifttum nicht (vgl. aber Lk 6,23; 10,12; 2. Tim 1,12.18). Sie rahmt mit „in der Offenbarung …" (V. 7b) die Schilderung der Erscheinung Christi bei seiner Wiederkunft.

Die Schlußfloskel „denn unser Zeugnis hat bei euch Glauben gefunden" ist hochbedeutsam (vgl. ähnlich 1. Kor 1,6 „wie ja das Zeugnis Christi unter euch befestigt wurde"). Sie hat die Funktion, die Übereinstimmung zwischen der Gemeinde und „Paulus" im Blick auf den soeben dargelegten Zusammenhang von Leiden, künftiger Vergeltung und Parusie festzustellen. Sie bringt darüberhinaus ins Spiel, daß die Existenz der Angeredeten in Leiden und Hoffnung in dieser Hinsicht exklusiv auf dem Zeugnis des Apostels beruht. Es ist in der Perspektive des Autors in der Tat das Wort des Paulus, das die hoffnungsvolle Perspektive der Gemeinde in der beschriebenen Weise garantiert. Ihr

Vertrauen auf diese Gestalt der Hoffnung und auf ihre eschatologische Rolle, nämlich als die Glaubenden zusammen mit den Heiligen (Engeln) den Herrn zu verherrlichen und hoch zu preisen, verbürgt exklusiv ihre tatsächliche Verbindung mit dem künftigen Heil.

Damit ergibt sich der doppelte Aspekt: Der Glaube und die Rettung der Angeredeten beruhen auf dem geschichtlichen Vorrang, daß sie von der Predigt des Apostels erreicht wurden und ihr Glauben schenkten. Ohne diesen Vorrang würden sie zu den Ungläubigen gehören, die in Ablehnung Gottes oder Unwissenheit ihrem endgültigen Verderben entgegengehen. Folglich haben die Verse auch die Funktion, die Integrität der Gemeinde zu umreißen. Damit ist offenbar zugleich ein Anliegen des Autors erfaßt, implizit die Gefahr anzusprechen, die mit einer Lösung oder einem Ausschluß von der Gemeinde verbunden wäre (vgl. 3,15 die Mahnung, „ungehorsame" Brüder nicht aus der Gemeinde zu stoßen). Ein solcher Aspekt wird im ersten Brief nicht ausgeführt.

Der Gerichtstext 2. Thess 1,5–10 zeigt beispielhaft die Eigentümlichkeit der Christologie dieser kleinen Schrift. 1,5 f. spricht vom Gericht Gottes, das vor allem den Bedrängern der Gemeinde gelten wird. Der nachlaufende Kontext verschiebt den Akzent aber auf den Herrn (Kyrios) Jesus hin; vgl. V. 7 b. Er wird in V. 8 als der vorgestellt, der das Gericht vollziehen wird. Die V. 9–10 illustrieren dieses Handeln, indem sie die Wirkung seiner Parusie bei Nicht-Glaubenden und Glaubenden beschreiben. Der Kyrios – also Jesus Christus als „Herr" – handelt im Gericht anstelle Gottes.

Die Christologie des 2. Thess drückt sich anders als bei Paulus aus: Das für diesen so charakteristische „Jesus Christus" findet sich im vorliegenden Brief insofern nicht, als diese Wendung hier an allen Vorkommen mit „Herr" komplettiert wird; Kyrios wird auch immer da zugesetzt, wo nur der Name Jesus erscheint (insgesamt, auf beide Verbindungen bezogen, sind das 13 Stellen). Kyrios erscheint neunmal in absolutem Gebrauch. Davon sind mindestens sieben Stellen auf Christus zu beziehen; bei 3,3.16 a ist eine Zuweisung kaum alternativ zu entscheiden. Das entspricht der Tendenz des Autors, die Wirklichkeit des Christus theologisch zu bestimmen, sie von seinem Gottesbild geprägt sein zu lassen (s. zu 1,8.12). „Christus" erscheint nur einmal in absolutem Gebrauch: 3,5. Pseudo-Paulus verwendet das Wort „Kyrios" im Brief 22mal. Es kommt – im Gegensatz zum paulinischen Gebrauch des Wortes – nicht zum Ausdruck, daß dieser Kyrios als der Erhöhte zugleich der Gekreuzigte ist. Ebensowenig wird auf ein gegenwärtiges Wirken des Kyrios Bezug genommen. Der vorliegende Abschnitt zeigt vielmehr seine streng eschatologisch gedachte Funktion.

Der lockere relativische Anschluß verbindet die anhaltende Fürbitte des Apostels (vgl. Kol 1,9) mit dem in V. 10 formulierten endzeitlichen Ziel und faßt ihren Inhalt in zwei parallelen, an „würdig machen" bzw. „vollenden" gehängten Wendungen zusammen. Damit wird zugleich an V. 3 f. angeknüpft und der Rahmen um die V. 5–10 geschlossen. Die Fürbitte enthält zunächst den Wunsch, daß Gott selbst die Angeredeten ihrer Berufung würdig mache. Mit „würdig machen" wird dasselbe Verb verwendet, das V. 5 die eschatologische Heilsteil-   11–12 habe der Angeredeten am Reich Gottes in Aussicht stellte. Die Berufung erscheint an der vorliegenden Stelle – anders als im paulinischen Schrifttum – wie ein Heilsgut (ähnlich dem „Reich Gottes" 1,5), das nur durch die Fürbitte des Apostels und mit der Hilfe Gottes tatsächlich zu erlangen ist. Bei Paulus liegt indessen die Berufung immer in der Vergangenheit. Blicken wir auf den ersten Brief, so sehen wir das in 1,4; 2,12. In 1. Thess 5,24 wird der im zweiten Brief ausgeprägte eschatologische Sinn sichtbar: Es geht um einen der erfolgten Berufung entsprechenden, würdigen Wandel (zum Stichwort „Berufung" vgl. noch 1. Kor 1,26; 7,20; Phil 3,14). Das zweite Element der Fürbitte richtet sich darauf, daß Gott in der Gemeinde den Willen zum Guten und das Werk des Glaubens (vgl. 1. Thess 1,3) in Kraft vollende, damit das bereits V. 10 genannte endzeitliche Ziel verwirklicht wird. Das wechselseitige Verherrlichtwerden des Namens Jesu und der Angeredeten in ihm hat im Blick auf den vorlaufenden Kontext V. 10 deutlich antizipierenden Charakter (vgl. zur Formulierung Jes 66,5 [Simplex]). Die Schlußwendung „gemäß der Gnade unseres Gottes und Herrn Jesus Christus" identifiziert anscheinend Gott und Christus (vgl. Röm 9,5; Joh 20,28; Tit 2,13; 2. Pt 1,1). Der Eindruck der Identifikation entsteht, weil die formelhafte Wendung „die Gnade Gottes" (vgl. Röm 5,15; 1. Kor 1,4; *3,10;* 15,10; 2. Kor 1,12; 6,1 u. ö.) mit „(des) Herrn Jesus Christus" (vgl. 1. Thess 1,1; Gal 1,3; Phil 1,2 u. ö. – im griechischen Wortlaut regelmäßig ohne Artikel vor „Herr") lediglich mit „und" ohne Artikel verbunden wird. Freilich liegt nicht darauf das Aussageinteresse. Diese Schlußwendung bezieht das wechselseitige Verherrlichtwerden auf den Horizont und das Maß der sich darin realisierenden Gnade Gottes, die als die Gnade des Auferstandenen und Erwarteten gewußt wird. Darin liegt der Grund und Zielpunkt der Fürbitte des „Paulus". Weil der Lebenszusammenhang von jetzigem Leiden und künftigem Heil einzig durch den Glauben der Gemeinde verbürgt ist, der seinerseits exklusiv auf dem Wort des „Paulus" beruht, zielt seine Fürbitte auf die Tragfähigkeit dieses Glaubens. Es ist an Gott, die Glaubenden ihrer Berufung würdig zu machen und sie trotz ihrer Unvollkommenheit zu vollenden.

2. Belehrung über Endzeitereignisse
2,1–12

1 Wir bitten euch, Brüder, hinsichtlich der Ankunft unseres Herrn Jesus Christus und unserer Zusammenführung mit ihm, 2 daß ihr euch nicht so schnell im Verstand wankend machen oder erschrecken laßt, weder durch eine Geistäußerung noch durch ein Wort noch durch einen Brief, wie er von uns geschrieben wurde – als ob der Tag des Herrn schon gegenwärtig sei. 3 Keiner soll euch täuschen, auf keinerlei Weise. Denn wenn nicht zuerst der Abfall kommt und der Mensch der Gesetzlosigkeit offenbart wird, der Sohn des Verderbens, 4 der Widersacher, der sich erhebt über alles, was Gott oder Heiliges genannt wird, so daß er sich in den Tempel Gottes setzt und sich selbst als Gott ausgibt – 5 Erinnert ihr euch nicht, daß ich euch das sagte, als ich noch bei euch war? 6 Und nun – ihr kennt das Aufhaltende, damit er offenbart wird (erst) zu seiner Zeit. 7 Zwar ist schon das Geheimnis der Gesetzlosigkeit wirksam.

Einzig der bis jetzt Aufhaltende muß entfernt werden. 8 Und dann wird der
Gesetzlose offenbart werden, den der Herr Jesus mit dem Hauch seines Mundes töten und durch die Erscheinung seiner Wiederkunft vernichten wird,
9 (ihn,) dessen Ankunft entsprechend der Wirkkraft des Satans geschieht in
aller Kraft und lügnerischen Zeichen und Wundern, 10 und in aller Verführung zur Ungesetzlichkeit für die Verlorenen, weil sie die Liebe zur Wahrheit nicht angenommen haben, damit sie gerettet würden. 11 Und deswegen
schickt ihnen Gott die Wirkkraft der Verführung, damit sie der Lüge glauben, 12 damit alle gerichtet werden, die der Wahrheit nicht glaubten, sondern an der Ungerechtigkeit Gefallen fanden.

V. 3: Gal 1,6f.

Der Abschnitt bildet das sachliche Zentrum des Briefes. Der Versuch einer Glie-   A
derung ist von den stilistischen Problemen des Textes nicht ablösbar. Die ein-
führenden V. 1–2 sind zwar geschlossen, aber überladen und umständlich konstruiert; sie gipfeln (V. 2c) in der Parole, die im nachlaufenden Kontext
zurückgewiesen und korrigiert wird. V. 3a erneuert knapp und klar den Wunsch,
der die Ausführungen bewegt. Der anschließende Satz (V. 3b. 4) endet indessen offen. Dieser unabgeschlossene Satz (Anakoluth) beginnt als Bedingungssatz, bricht dann aber in der Beschreibung des Widersachers ab. V. 5 unterbricht die Belehrung mit dem Hinweis auf die mündliche Verkündigung des
„Paulus". Die V. 6–7 umschreiben, was der in V. 3b. 4 getroffenen eschatologischen Ankündigung noch entgegensteht. V. 8 umreißt das Gericht des Kyrios
(„Herrn") Jesus an seinem eschatologischen Widersacher. Die V. 9–10 schildern die verführerische Kraft des Anti-Messias (s. u.) vor seiner Vernichtung; die
V. 11–12 bekräftigen die angesprochene Gefährdung, indem sie sie dem gegenwärtigen Handeln Gottes zuordnen. Zu beachten ist der relativ fließende Übergang zum nachlaufenden Kontext der V. 13ff. Hier wird die Danksagung für
die Erwählung der Gemeinde erneuert (V. 13–14) und mit Mahnung und Fürbitte bekräftigt (V. 15–17). Auf diese Weise wird die Gemeinde auf die ihr ver-
heißene Zukunft im Gegenüber zu der in V. 9–12 beschriebenen, in die Gegenwart hineinreichenden Bedrohung angesprochen.

Indem „Paulus" falsche Vorstellungen korrigiert, bearbeitet er die Gefahr des
Verführtwerdens, in der er die Angeredeten sieht. Er nennt drei mögliche Quellen solcher Verunsicherung, so daß er bei Wiederaufnahme des Leitgedankens
V. 3 zunächst mit der erneuerten Warnung wie in V. 2a fortfährt. Als Quellen
werden Geist, Wort oder Brief genannt – es geht um Prophetie, Deutewort
und den ersten Brief an die Thessalonicher. Pseudo-Paulus stellt den ersten Brief
des Paulus in eine Reihe möglicher Ursachen der falschen Annahme, der Tag des
Herrn könnte schon „Gegenwart" sein. V. 5 weist demgegenüber auf den mündlichen „Paulus". Die Übereinstimmung des jetzigen Schreibens mit seiner Verkündigung ergibt das Kriterium, demgegenüber Prophetenwort, Belehrung
oder früherer Paulusbrief keine höhere Autorität bilden können.

Die Erinnerung an die Erstverkündigung soll die gegenwärtige Verwirrung
als Abfall von der älteren, bereits bekannten Wahrheit der paulinischen Pre-

digt aufweisen. Die Erfahrungen der Gegenwart entpuppen sich als Elemente der endzeitlichen Gefährdung, vor der V. 10 und 11 eindringlich warnen. In gleicher Weise kennen die Angeredeten bereits das Aufhaltende, das bis zur Offenbarung des widergöttlichen Menschen wirksam ist. Der zukünftige Zeitpunkt dieser Offenbarung ist festgesetzt. Bereits gegenwärtig ist das Geheimnis der Bosheit wirksam (V. 7). Diese geheimnisvolle Wirksamkeit resultiert aus dem endzeitlichen Drama widerstreitender Kräfte: Der Widergott drängt zu seiner Offenbarung, aber er wird durch eine andere Gestalt aufgehalten. Erst wenn dieser Aufhaltende beseitigt ist, kann der Widergott offenbart werden, um in der Parusie vernichtet zu werden. Der Tag des Herrn kann nämlich nicht kommen, wenn das Zusammenspiel von drei Vorbedingungen nicht abgeschlossen ist: Das Eintreten des Abfalls (V. 3), im Zusammenhang damit das Auftreten des „Menschen der Bosheit", des großen Widersachers, der sich in den Tempel setzt und sich selbst als Gott proklamiert – freilich, sein Erscheinen wird durch das „Aufhaltende" (neutr. V. 6) bzw. den Aufhaltenden (mask. V. 7) noch verzögert. Das ist eine geheimnisvolle Andeutung, die durch den Hinweis auf die persönliche Verkündigung des „Paulus" (V. 5) für uns nicht deutlicher wird.

Die Komponenten dieses Modells haben jüdischen Ursprung und lassen sich in frühjüdischen Texten im wesentlichen belegen. Man ist freilich gewohnt, die Gestalt des Widersachers, des gottlosen Menschen, nach 1. Joh 2,18.22; 4,3; 2. Joh 7 als den Antichristen zu bezeichnen (vgl. auch Mk 13,14 par.; Offb 13 und 17). Indessen wird im vorliegenden Kontext diese Bezeichnung nicht gebraucht; die eschatologische Gestalt wird vielmehr mit verschiedenen Wendungen umschrieben, deren kürzeste „der Gesetzlose" (V.8a) lautet. Obgleich durchaus Analogien zwischen beiden Gestalten vorauszusetzen sind, dürfen ihre unterschiedlichen Ausprägungen nicht übersehen werden. Die hier bisweilen als Arbeitsbegriff verwendete Bezeichnung „Anti-Messias" findet sich nicht im Text; sie versucht freilich, sowohl dem religionsgeschichtlichen Hintergrund – der Gestalt eignen ja keinerlei eigentlich christliche Merkmale – als auch den (anti-)messianischen Attributen im Text gerecht zu werden. In der jüdischen Grundfigur geht es um einen Gegner Gottes von Urzeiten her, der bei der Schöpfung gebunden wurde, in der Endzeit aber erneut gegen Gott auftreten und folglich die eschatologische Drangsal über die Frommen bewirken wird, die die Kehrseite der großen, letzten Gesetzlosigkeit, des Abfalls von Gott ist.

B 1   Die Einleitung des Abschnitts erinnert an die des ethisch unterweisenden Abschnitts 1. Thess 5,12. Das verwendete Verb „bitten" trägt den Beiklang der Ermahnung; vgl. noch 1. Thess 4,1. Hier wird es – ebenfalls in der Einleitung einer ethischen Unterweisung – zusammen mit „ermahnen" gebraucht (vgl. auch Phil 4,2 f.). Weitere Vorkommen finden sich bei Paulus nicht. Die Themaangabe erfolgt mit zwei parallel angeordneten Stichworten: Die „Ankunft (Parusie) unseres Herrn Jesus Christus" und „unsere Zusammenführung mit ihm". Der Gehalt beider Stichworte wird sichtlich als bekannt vorausgesetzt. Im ersten Brief wird das Wort „Parusie" mehrfach verwendet (vgl. 2,19; 3,13; 4,15; 5,23; vgl. in diesem auf Christus bezogenen Sinn bei Paulus nur noch 1. Kor 15,23). Zum Stichwort „Vereinigung, Zusammenführung" vgl. Mk 13,27/Mt

24,31. 2. Makk 2,7 wird das Wort für die messianische Vereinigung des Volkes Israel gebraucht. Die vorliegende Formulierung bezieht sich offenbar auf 1. Thess 4,13–18 (vgl. bes. V. 14 b. 17). Mit den beiden Stichworten „Parusie" und „Zusammenführung" knüpft „Paulus" folglich an die Thematik des eschatologischen Abschnitts 1. Thess 4,13–18 an.

Mit Hilfe von zwei parallel verwendeten Verben wird der Inhalt der eingangs geäußerten Bitte umrissen. „Paulus" warnt davor, vorschnell im Denken verunsichert (vgl. Apg 2,25; Zitat Ps 15,8) bzw. in Furcht versetzt zu werden (vgl. Mk 13,7//Mt 24,6). Er nennt drei mögliche Ursachen, denen sich eine solche Verunsicherung der Gemeinde verdanken kann: eine Geistäußerung, ein Wort oder ein Brief. Zunächst ist zu klären, was mit diesen drei Begriffen gemeint sein kann. Für die erste der drei möglichen Quellen steht lediglich das Wort „Geist". Damit muß eine Äußerung des Geistes, ein Prophetenspruch also, gemeint sein – so, wie das auch für 1. Kor 12,10 im Blick auf die „Unterscheidung der Geister" im Zusammenhang der Gabe des prophetischen Redens vorauszusetzen ist (vgl. zusätzlich 1. Kor 2,13). Das zweite Stichwort heißt „Wort", womit – zwischen Prophetenspruch und Brief – offenbar mündliche Belehrung gemeint ist, ob nun in Form der Predigt (vgl. 1. Thess 1,5.6.8; 2,13; 2. Thess 2,15; 3,1), der Deutung eines Prophetenwortes oder der überliefernden Wiedergabe der paulinischen Predigt. Nähe zur Prophetie wird im Gebrauch des Wortes 1. Thess 4,15 sichtbar. Im gleichen Abschnitt geht es V. 18 um den gegenseitigen Zuspruch mit Worten des Trostes (vgl. ähnlich 2. Thess 2,17). 2. Thess 3,14 spricht vom vorliegenden, brieflich vermittelten „Wort" des Apostels. Das zweite Stichwort in der Aufzählung 2. Thess 2,2 hat also relativ fließende Grenzen zu den beiden benachbarten Begriffen.

Das dritte Stichwort bezieht sich auf den ersten Brief (vgl. Einleitung 4.); dieser wird entweder als Fälschung oder echter Brief aufgefaßt. Mit der Möglichkeit, den ersten Brief in der Perspektive des zweiten als Fälschung zu verstehen, sind erhebliche Probleme verbunden, die diese Annahme in Frage stellen. Ich rechne damit, daß Pseudo-Paulus hier an den ersten Brief erinnert, um in seiner eigenen Gegenwart das Vermächtnis des Paulus gegen Mißdeutung zu schützen (vgl. in diesem Zusammenhang 2. Pt 3,15 f.). Da der erste Thessalonicherbrief für eine übersteigerte Naherwartung in Anspruch genommen werden konnte, bezieht sich Pseudo-Paulus korrigierend im Namen des Paulus auf ihn. Ein weiterer Bezug der Wendung „wie durch uns" auf „Wort" und Geistäußerung ist kaum anzunehmen, weil er nur den drei Quellen gemeinsam gelten könnte – unter denen aber die erste kaum plausibel zu machen wäre.

Den Schluß des Verses bildet die Wiedergabe der verwirrenden Botschaft: „Der Tag des Herrn ist da!" Fraglich ist, ob damit Zutreffendes aufbewahrt ist, oder ob es sich um eine überspitzende Wendung handelt, die bereits durch ihre Gestaltung die Absurdität des Gemeinten aufzeigt. Der Perfektgebrauch des verwendeten Verbs schließt jedenfalls eine abschwächende Übersetzung im Sinne zeitlicher Nähe aus. Es geht tatsächlich um die Ansage der Präsenz des eschatologischen Endes. Die Annahme absurder Überspitzung ist insofern wenig wahrscheinlich, als offenbar vorausgesetzt wird, daß es eben diese

Ansage des jetzt anbrechenden Endes ist, die die in V. 2 a angesprochene Verwirrung auslösen kann. Ihr gegenüber wird es wichtig, erneut die Wissensbestände über eschatologische „Wiederkunft" und „Vereinigung" (V. 1) zu thematisieren.

3–4   V. 3 a erneuert die Sorge um die Angeredeten mit der Warnung, daß niemand sie täuschen möge. Eine ähnliche Warnung findet sich Eph 5,6; Mk 13,5 (vgl. auch Mk 13,22 b.23); zu dem von Pseudo-Paulus verwendeten Verb vgl. Röm 7,11; 16,18; 1. Kor 3,18; 2. Kor 11,3 (Gen 3,13; 1. Tim 2,14); vgl. die Verwendung des Substantivs 2,10. Die mit V. 3 eingeleitete eschatologische Belehrung mündet in den dringlichen Hinweis auf die gefährdende Verführung des „Bösen", der seiner endgültigen Vernichtung entgegengeht, aus. Die einleitende Warnung V.3a erhält auf diese Weise eine hohe, gegenwartsbezogene Dringlichkeit. Auch die frühjüdische Literatur enthält ähnliche Warnungen (vgl. z. B. TestNapht 3,1; Sib 5,405). Die nun einsetzende Belehrung wird als Konditionalsatz eingeleitet („denn wenn nicht zuerst …"); sie endet als unabgeschlossener Satz (Anakoluth). Inhaltlich wird zunächst auf das Kommen des Abfalls und die Offenbarung des Menschen der Widergesetzlichkeit hingewiesen.

Dieser Parallelismus wird durch mehrere Erläuterungen fortgesetzt, mit denen die Gestalt des Anti-Messias eingeführt wird. Das Kommen des – ganz umfassend gedachten – Abfalls als vorausgehende bzw. begleitende Erscheinung des Weltendes gehört zu den Vorstellungselementen frühjüdischen (Dan 11,32; Jub 23,14–21; 4. Esr 5,1–12; äthHen 91,7; 93,9; 1 QpHab 2,1ff.) und frühchristlichen (1. Tim 4,1; 2. Tim 3,1ff.; Jud 17–19; Mk 13,5–23; Mt 24,10–12; Did 16,3 f.) Denkens. Das Wort wird im NT nur noch Apg 21,21 im Sinn des Abfalls vom Judentum verwendet (vgl. dazu z.B. 1. Makk 2,15; 2. Makk 5,8; vgl. die Verwendung des entsprechenden Verbs Lk 8,13; 1. Tim 4,1; Hebr 3,12; vgl. dazu in der griechischen Bibel Dtn 32,15; Jer 3,14 u. ö). Mit dem Kommen des Abfalls ist die Offenbarung (vgl. den Substantivgebrauch 1,7 für das eschatologische Auftreten Christi) einer eschatologischen Gestalt verbunden, die durch mehrere Kennzeichen näher bestimmt, freilich nicht systematisch entfaltet wird. Der erste Begriff „Mensch der Gesetzlosigkeit" ist als personifizierte Spitze jedweder ethischer Verfehlung zu verstehen. Dem entspricht auch die Verwendung des bestimmten Artikels. Dabei klingt die Voraussetzung an, daß jeder Abfall von Gott und seinem Gesetz zu ethischer Verfehlung und Chaos führt (s. zu 1. Thess 4,5; vgl. im Hintergrund der vorliegenden Überzeugung bes. 1. Tim 1,8–11; Tit 2,14; 1. Joh 3,4). Das Stichwort „Gesetzlosigkeit" wird im vorliegenden Zusammenhang noch in V. 7 („Geheimnis der Gesetzlosigkeit"), das substantivierte Adjektiv („der Gesetzlose") V. 8 zur Bezeichnung der in V. 3 eingeführten Gestalt verwendet. Damit geht es deutlich um die Bedrohung der in Gott gründenden Lebensordnung. Die Figur des Widersachers Gottes wurzelt in biblisch-frühjüdischer Tradition (vgl. z. B. Dan 11,36; Jes 14,13 f.; Ez 28,2 ff.6.9; Sib 3,63 ff.; Jub 1,20; TestDan 5,5 ff.). Das zweite Stichwort ist als Beiordnung angefügt; es spricht vom „Sohn des Verderbens". Seine Herkunft umreißt zugleich sein Geschick (vgl. V. 8). Er bringt Verderben, ist aber selber dem Untergang verfallen.

Sein Tun wird im Griechischen mit zwei Partizipien (wörtlich „der wider-
streitet", „der sich überhebt") gekennzeichnet. Dieses Tun richtet sich auf die
Gegenstände frommer Verehrung schlechthin: „Alles, was Gott oder Heiliges
genannt wird", spielt verallgemeinernd auf die eschatologisch verstandene Schilderung Dan 11,36 f. an (der Text bezieht sich ursprünglich auf Antiochus IV.
Epiphanes). Es geht um die Feindschaft gegen alles Religiöse. Diese Feindschaft führt dazu, daß er selber sich in den Tempel setzt und als Gott ausgibt. Mit
dem Folgerungssatz V. 4 b ist abschließend eindringlich der Höhepunkt der
Empörung des „Anti-Messias" gegen Gott benannt. Die Erwähnung des Tempels hat im Kontext des vorliegenden Briefes symbolische Bedeutung; wir haben
damit kein zeitgeschichtliches Indiz vor uns, das auf eine Abfassungszeit des
Briefes vor dem Jahr 70 hindeuten würde (vgl. z. B. Offb 11,1 f.; Mk 13,14/Mt
24,15). Zu dem „sich selbst als Gott ausgeben" vgl. Ez 28,1–10 (über den König
von Tyros); Jes 14,4–20 (über den König von Babylon); Sib 5,33 f. (über Nero;
vgl. ferner syrBar 36–40; 4. Esr 5,6).

„Paulus" erinnert die Gemeinde an seine mündliche Erstverkündigung. Diese   5
Erinnerung soll der Bestätigung dienen, daß die vorliegende Belehrung bereits
Teil seiner Missionspredigt war (Formulierung in der ersten Person Singular wie
sonst im Brief nur noch 3,17). Keiner der Paulusbriefe bietet indessen einen
solchen Lehrinhalt; die dargebotenen Ausführungen stehen vielmehr im NT singulär da. Mit dem Hinweis auf die mündliche Verkündigung des Paulus gelingt
es dem Autor, die eigenen Aussagen als paulinisch auszuweisen und gleichzeitig den ersten Brief nicht zu ersetzen, sondern ebenfalls auf „Paulus" zu beziehen. Der Gebrauch des Imperfekts im griechischen Text („… ich euch das sagte
…") zielt darauf ab, daß das Gesagte kein Einzelfall war, sondern gleichsam zum
Bestand der paulinischen Predigt gehörte.

Die Einleitung des Satzes – „und nun" führt aus der Erinnerung in die gegen-   6
wärtige Fragestellung – nimmt entsprechend auf die Kenntnis der Angeredeten
Bezug (vgl. z. B. 1. Thess 3,3 f.; 5,2; 1. Kor 3,16; 6,2.3.9.15; Gal 4,13; Phil 4,15).
Sie wissen angeblich nicht nur um das zu erwartende Auftreten des Anti-Messias, sondern auch um das, was seine schließliche Offenbarung noch aufhält. Die
Formulierung verrät nicht, was mit dieser Gegenkraft (substantiviertes Partizip Neutrum) gemeint ist.

Begründend wird festgestellt, daß bereits jetzt – im Gegensatz zu der „einst"   7
(V. 6) erfolgenden Offenbarung des Anti-Messias – das Geheimnis der Gesetzlosigkeit wirksam ist. Auch die zweite Feststellung (V. 7 b) ist auf diesen Sachverhalt bezogen: „Einzig muß der bis jetzt Aufhaltende (substantiviertes Partizip Maskulinum) entfernt werden". Dieses Verb (wörtlich „aus der Mitte tun")
steht in der griechischen Bibel für die Entfernung des Bösen, der Götzen, des
Widerstands gegen Gott aus Israel (vgl. Gen 35,2; Ex 31,14; Num 16,33; 19,20;
Dtn 2,15 f.; Mi 5,14[13]; Jes 4,4; Ez 11,7.9; 14,8.9).

Wiederum wird nicht ausgeführt, wer nun gemeint ist, und warum ein Wechsel
zum Maskulinum stattgefunden hat. Der Wechsel vom Neutrum zum Maskulinum in V. 6–7 ist der von Sache (unpersönliche Macht) zu Person (personalisierte
Macht); dieselbe Wirklichkeit wird unter verschiedenen Gesichtspunkten ange-

sprochen. In V. 6 steht die Aktivität im Vordergrund, die die vorzeitige Offenbarung des Menschen der Bosheit verhindert; in V. 7 wird diese Rolle als Objekt der Vernichtung beschrieben. Es scheint, als ob das gegenwärtig Wirkende im Blick auf seine künftige Wirksamkeit in mythisch-metaphorischer Sprache personifiziert wird.

Der bisherige Gedankengang enthält folgende Elemente: Vor dem Ende müssen Abfall und Auftreten des Anti-Messias erfolgen. Indessen steht seiner – von Gott zeitlich bestimmten – eschatologischen Offenbarung noch eine Macht entgegen. Sie ist nach Aussage des Autors ihm und den Adressaten bekannt. Die Wirkung der aufhaltenden Macht wird daran erkennbar (V. 7), daß zwar die Gegenwart bereits von der Gesetzlosigkeit betroffen ist – freilich in verhüllter, nur den Eingeweihten erkennbarer Form. Erst wenn die – jetzt männlich personifizierte – aufhaltende Macht entfernt ist, wird Gott den Anti-Messias offenbaren (V. 8). Aus dieser Übersicht geht hervor, daß das bzw. der Aufhaltende mit keiner Gestalt dieses eschatologischen Dramas identifizierbar ist. Seine Rolle ist durch die Hilfsfunktion bestimmt, das Auftreten des Anti-Messias bis zu dem von Gott verfügten Zeitpunkt (V. 6 c) zu verhindern. Das Aufhaltende in V. 6 kann folglich als Funktion des Herrseins Gottes über Zeit und Geschichte verstanden werden (vgl. dazu z. B. Mk 13,10). Diese Feststellung ist auch im Blick auf seine Personifizierung V. 7 b zu treffen. Die Gegenwart ist in dieser Perspektive in der Dynamik zwischen dem zu seiner endgültigen Erscheinung drängenden Anti-Messias und dem ihn aufhaltenden Funktionsträger Gottes gesehen. Die Erfahrungen der Gegenwart sollen weder als Bestätigungen für die Parole „Der Tag des Herrn ist da!", noch etwa für die Auffassung, der Tag des Anti-Messias und der zugleich letzten Gefährdung der Glaubenden sei bereits angebrochen, verstanden werden; es geht vielmehr darum, die Gegenwart als von Gott gewährte Zeit des Aufschubs zu erkennen und die in ihr gemachten Erfahrungen auf den Widerstreit der in ihr wirkenden eschatologischen Kräfte zu beziehen. Bei dieser Interpretation bleibt eine geschichtsbezogene Interpretation des „Aufhaltenden" (V. 6 a. 7 b) offen. Hier verbietet sich angesichts der Textlage und des Mangels an geeigneten Vergleichstexten jede Spekulation.

In Hab 2,3 lautet die Antwort Gottes auf die beunruhigte Frage nach dem Ausbleiben des Endes: „Denn erst zur bestimmten Zeit tritt ein, was du siehst; aber es drängt zum Ende und ist keine Täuschung; wenn es sich verzögert, so warte darauf, denn es kommt, es kommt und bleibt nicht aus." (vgl. auch Ez 12,21–28; Jes 13,22; sowie die Auslegung der genannten Habakuk-Stelle in 1 QpHab 7,1–14). Das Geheimnis der letzten Gegenwart verdankt sich nach der frühjüdischen Überzeugung, der Pseudo-Paulus hier folgt, dem Handeln Gottes, das ein letztes Umsichgreifen des Widergöttlichen noch verhindert. „Paulus" bezeichnet sein eschatologisches Wissen nicht als Geheimnis, kleidet es aber in geheimnisvolle Gestalt. Dazu zählt vor allem der merkwürdige Wechsel vom Neutrum zum Maskulinum hinsichtlich des „Aufhaltenden". Auf diese Weise umgibt er seine Belehrung mit der Aura des Unbestimmten – sie ist also beabsichtigt, und gerade in dieser Gestalt soll die Belehrung ihre Wirkung entfalten (vgl. z. B. syrBar 81,4; LAB 19,15). Die Unbestimmtheit der endzeitlichen Ereignisse in 2,3 ff. ist offenbar im Zusammenhang der Mitteilungsfunktion dieses Abschnitts zu verstehen. Es handelt sich nicht um eine Termin-Diskussion der Ankunft Christi, sondern um die Bearbeitung gegenwärtiger Erfahrungen, unter denen der Fehlschluß einer Identifikation der Endzeit mit dem Heute und ein durch die Verfolgung drohender Abfall im Mittelpunkt stehen. Die adressatenbezogene Darstellung des eschatologischen Inhalts dient der Deutung der Gegenwart der Angeredeten.

Der Anfang des Verses nennt knapp das Ergebnis des in V. 7b angekündigten Vorgangs. Mit dem Wegfall des Aufhaltenden kommt es zur Offenbarung (vgl. V. 3 b) des Anti-Messias. Sie war in V. 3 b.4 geschildert worden. Die verwendeten Passiva (7b.8 a; vgl. V. 3 b) zeichnen dieses Geschehen als Handeln Gottes aus. Der weitere Verlauf ist durch die abschließende Vernichtung des Anti-Messias in der Parusie Christi entschieden. Diese wird mit dem – im NT in dieser Weise singulären – doppelten und annähernd tautologischen Begriff „Erscheinung seiner Ankunft", „Epiphanie seiner Parusie", umschrieben. Möglicherweise geschieht dies, um dem eschatologischen Auftreten Christi ein größeres Gewicht gegenüber der unmittelbar anschließend erwähnten Parusie des Anti-Messias (V. 9 a; die Bezeichnung wird im Brief nur hier verwendet) zu verleihen. Das Stichwort „Epiphanie" ist im NT nur noch in den Past belegt (1. Tim 6,14; 2. Tim 1,10; 4,1.8; Tit 2,13). Zum Stichwort Parusie vgl. 1. Thess 2,19; 3,13; 4,15; 5,23. Der Kyrios Jesus wird den Anti-Messias „mit dem Hauch seines Mundes" vernichten (vgl. Jes 11,4; 4. Esr 13,9 f.).   8

V. 9 fügt dem geschilderten Geschehen kein neues Ereignis hinzu, sondern illustriert erweiternd, in überraschender relativischer Anknüpfung an V. 8 a, die Tätigkeit des Anti-Messias vor seiner Vernichtung. Das ist insofern wichtig, als damit tendenziell wieder die Deutung der Gegenwart der Gemeinde in den Blick genommen wird. Diese Zielrichtung mündet in den Dank (V. 13 f.), die Mahnung (V. 15) und die Fürbitte (V. 16 f.) aus. Die Angeredeten können folgern, daß die künftigen Gefährdungen durch den Anti-Messias (V. 9–12) bereits als Gefährdungen in ihrer eigenen Gegenwart (vgl. V. 7) spürbar sind. Eben dieser Umstand läßt sie ihre Erfahrungen verstehen und zugleich die Parole vom Anbruch des Eschaton (V. 2 c) als eine solche Gefährdung erkennen. Die Mahnung, sich nicht täuschen zu lassen (V. 3 a), gewinnt vor diesem Hintergrund ihr Profil.   9

Das endzeitliche Auftreten, die Parusie des Anti-Messias, wird der Wirkkraft Satans entsprechen. Damit ist der fünfte Rollenträger des eschatologischen Dramas genannt. Er spielt den Widerpart Gottes, wie der „Mensch der Gesetzlosigkeit" den Widerpart des Kyrios spielt. Auch stehen sich funktional die beiden neutrischen Begriffe des (gegenwärtig) „Aufhaltenden" und des (bereits wirkenden) „Geheimnisses" als unpersönliche Kräfte der feindlichen Mächte gegenüber. Lediglich „der Aufhaltende" bleibt ohne Gegenspieler auf gleicher Ebene, sondern wird zur vorgesehenen Zeit von Gott selbst entfernt. Die Dualität der vorausgesetzten Struktur ist deutlich der eschatologischen Herrschaft Gottes unterstellt und damit entschieden. Auch deshalb tritt Gott implizit (die

Passiv-Formulierungen setzen ihn als Subjekt voraus) und explizit (V. 11) ständig als der eigentlich Handelnde hervor.

Das Tun des Anti-Messias in der Wirkkraft Satans wird in einer Aufzählung beschrieben, die bis V. 10a reicht (vgl. zu den täuschenden Wunderzeichen Mk 13,22; Offb 13,13; Dtn 13,2ff.). Apg 2,22; 2.Kor 12,12 nennen die Trias „Machttaten, Zeichen und Wunder"; an der vorliegenden Stelle ist jedoch das erste Glied im Singular formuliert, so daß es den beiden anderen gegenüber als übergeordnet aufzufassen ist.

10   Sein Tun gipfelt in der „Verführung zur Ungesetzlichkeit für die Verlorenen, weil sie die Liebe zur Wahrheit nicht angenommen haben, damit sie gerettet würden".·Hier wird erneut die vorausgesetzte strenge Dualität, die keinen neutralen Raum zuläßt, deutlich. Es geht um die Menschen, die das Evangelium ablehnen (vgl. 1,6b.8b; vgl. noch 2,12). Das Stichwort „Wahrheit" wird 1.Tim 2,7; 3,15 in vergleichbarem Sinn verwendet. Die Ablehnung der Wahrheit des Evangeliums durch die Menschen verhindert ihre eschatologische Rettung (vgl. 1.Thess 1,10; 2,16a) und bewirkt ihr Verderben (vgl. 1,9). Das Geschick des Anti-Messias wird zu ihrem eigenen (vgl. V. 3c: „Sohn des Verderbens"; es handelt sich im Griechischen bei „verderben" und „verlorengehen" um denselben Wortstamm). Auch Paulus kennt die Bezeichnung im Partizip Präsens; vgl. 1. Kor 1,18; 2. Kor 2,15; 4,3.

11–12   Dieser Passus verstärkt begründend die eben getroffene Aussage in theologischer Perspektive und führt in finaler Form zur nochmaligen Bekräftigung des Gerichts über die Feinde des Evangeliums. Dabei fällt auf, daß die Aussage nun (vgl. bereits das Präsens-Partizip V. 10) im Präsens formuliert ist und zugleich wichtige Stichworte der futurischen Ankündigung des vorlaufenden Kontextes aufnimmt. Daran wird die Tendenz des Abschnitts, die Gegenwart der Angeredeten zum Zielpunkt der Botschaft zu machen, deutlich.

Die jetzt ausdrücklich formulierte Autorschaft Gottes ist biblisch-frühjüdisch geprägt (vgl. 1. Kön 22,23; Jer 4,10; Ez 14,9; LAB 46,1.4; 64,1). Pseudo-Paulus betont auf diese Weise das unbedingte und uneingeschränkte Herrsein Gottes in der eschatologisch bestimmten Gegenwart und ihrer endgültigen Zukunft.

Das endzeitliche Drama, das in diesem Kontext interpretiert wird, hat Gott zum Autor, zum Urheber. Er ist es, der ab V. 3 als implizites Subjekt erscheint (vgl. die passiven Wendungen „offenbart werden" V. 3.6.8a; „entfernt werden" V. 7b; sie setzen Gott als Subjekt voraus) und V. 11 explizites Subjekt ist. Das eschatologische Drama entspricht also dem planvollen Handeln Gottes. Er schafft im endgültigen Strafen oder Retten seine Gerechtigkeit. Das bedeutet im Blick auf sein eschatologisches Rettungshandeln in Jesus Christus, daß die Unterscheidung von Gemeinde und Welt in schärfster Weise vollzogen ist. Im Blick auf die Gemeinde wird der nachlaufende Kontext ihre Identität thematisieren; im Blick auf die „Welt" tat es der vorlaufende (vgl. auch 1,6ff.).

Die Wirklichkeit, an der die Unterscheidung sich vollzieht, ist die Gegenwart des Evangeliums (vgl. V. 14, aber auch V. 10 [„Liebe zur Wahrheit"]; bes. 1,8). Das Evangelium ist in diesem Sinne eschatologische Größe. Zielpunkt der Ausführungen ist die Identität der Gemeinde in der Zeit zwischen dem Handeln Gottes in Jesus Christus und seiner Parusie. Es ist die Zeit des Evangeliums und so der Entscheidung für Rettung oder Verderben.

3. Bestärkung der Gemeinde
2,13–17

13 Wir aber schulden Gott jederzeit Dank euretwegen, vom Herrn geliebte Brüder, daß Gott euch von Anfang an erwählt hat zur Rettung in der Heiligung durch den Geist und im Glauben an die Wahrheit, 14 wozu er euch durch unser Evangelium berufen hat in die Teilhabe der Herrlichkeit unseres Herrn Jesus Christus. 15 Nun also, Brüder, steht fest, und haltet euch an die Überlieferungen, mit denen ihr belehrt wurdet, sei es durch ein Wort, sei es durch einen Brief von uns. 16 Er selbst aber, unser Herr Jesus Christus und Gott, unser Vater, der uns geliebt hat und ewigen Trost und gute Hoffnung in Gnade gegeben hat, 17 der tröste eure Herzen und festige euch in jedem guten Werk und Wort.

V. 13: Röm 8,29 f.

V. 13 setzt erneut wie eine Danksagung ein; die Formulierung gleicht der in 1,3   **13** bis auf das vorangestellte, den Kontrast zum vorlaufenden Kontext markierende „wir aber" und die abgewandelte Wortstellung wörtlich. Offenbar intendiert Pseudo-Paulus mit dieser Wiederaufnahme und ihrer Fortsetzung in V. 15–17 eine zu 1. Thess analoge Struktur (vgl. dort bes. 2,13). Der Abschnitt enthält überdies eine Vielzahl von Anklängen an den ersten Brief.

Der Dank des Apostels beinhaltet die Erwählung der Angeredeten (vgl. dazu bes. 1. Thess 1,4; s. zu 2. Thess 1,3) zur endzeitlichen Rettung. Diese Erwählung – es wird das gleiche Verb wie Dt 26,18 im Wortlaut der Septuaginta verwendet – datiert „von Anfang an" (vgl. auch Jes 63,16; Sir 24,9). Die Bevorzugung dieser Lesart gegenüber der anderen Möglichkeit („Erstlingsgabe") ist eine letztlich inhaltsbezogen entschiedene Ermessensfrage. Die Bezeugung ist annähernd gleichrangig. Die alternative Lesart „Erstlingsgabe" ist im griechischen Erscheinungsbild sehr ähnlich (bei scriptio continua, der in der Antike gebrauchten Schreibweise ohne Leerstellen zwischen den Worten, ist sie nur im letzten Buchstaben different). Sie läßt offen, in welcher Relation die Erstlingsgabe gedacht wäre; vgl. Röm 8,23; 11,16; 16,5; 1. Kor 15,20.23; 16,15 – nur Röm 11,16 verwendet das Wort ohne qualifizierenden Genitiv, setzt ihn jedoch voraus (vgl. ferner Jak 1,18; Offb 14,4 [beide Stellen mit Genitiv]). Die Thessalonicher sind überdies tatsächlich nicht die Erstbekehrten Makedoniens. Die vorgezogene Lesart spricht den Gedanken aus, daß Gottes Erwählung der Angeredeten in Verbindung mit seinem Schöpfungshandeln zu denken ist – in ihm gründet die Wirklichkeit der Gemeinde (vgl. inhaltlich Kol 1,26; Eph 1,4, aber auch Röm 1,1; 8,29 f.; 1. Kor 2,7; Gal 1,15).

Die Weise dieses Erwählungs-Geschehens wird mit den beiden Wendungen „Heiligung durch den Geist" (vgl. 1. Pt 1,2) und „Glaube an die Wahrheit" (vgl. dazu V. 12 sowie die sachlich verwandte Wendung 1. Pt 1,22) ausgedrückt.

14   Die Berufung erfolgte *durch* das paulinische Evangelium (vgl. 1,10). Dieses ist
das unverzichtbare Instrument Gottes gewesen, durch das die Angeredeten
die (künftige) Herrlichkeit des Kyrios („Herrn") Jesus Christus erlangen sollen.
Die im Anfang der Zeit datierende Erwählung der Angeredeten realisierte Gott
in ihrer Berufung durch die Verkündigung des Paulus; sie hat die Teilhabe an der
Herrlichkeit Jesu Christi zum Ziel. Damit hat Pseudo-Paulus nach 1,10; 2,5 wiederum an die mündliche Verkündigung des Paulus erinnert und sie hoch bewertet. Er hat sie zugleich als Mittel der Erwählung Gottes instrumentalisiert; der
Gedanke, daß Gott die Gemeinde „durch unser Evangelium berufen" habe,
scheint aus 1. Thess 1,4–5; 2,2.8; 3,2 gefolgert zu sein; vgl. ferner z. B. Röm
10,14 ff.; 2. Kor 6,1; Gal 3,2.5.
       Die Wendung, mit der analog zu V.13 b („zur Rettung") nun das Ziel der
Berufung benannt wird, erinnert an 1. Thess 2,12; 5,9, ist aber doch in unter-
schiedlicher Weise so formuliert, daß es jetzt um das Erlangen der Herrlichkeit Christi geht (vgl. zum Sprachgebrauch Hebr 10,39).

15   Betont V. 14 die Bedeutung des paulinischen Evangeliums für die Rettung
der Angeredeten, so verstärkt nun die folgernd auf V.13 f. bezogene Mahnung
diesen Akzent: Das Feststehen der Gemeinde ist mit ihrer Treue zur Unterweisung des Apostels verbunden. Dabei fällt auf, daß diese Unterweisung in
merkwürdig verdinglichter Weise benannt wird. Es geht um das Festhalten an
den Lehren, in denen die Gemeinde bereits unterwiesen worden ist. Als Medi-
en dieser Belehrung dienten Wort und Brief des „Paulus". Das Fehlen der Artikel vor beiden Substantiven sowie die Grundsätzlichkeit der Mahnung heben
die weite Bedeutung des vorausgesetzten Zusammenhangs hervor. Im Blick
auf die Adressaten ist anzunehmen, daß auf diese Weise der – mündlich und
schriftlich vermittelte – Überlieferungscharakter des Glaubens herausgestellt
werden soll. Die Treue zur Überlieferung wird so zum wesentlichen Element
des Glaubens (vgl. dazu Jud 3; 2. Pt 2,21). Der vorliegende Brief versteht sich vor
diesem Hintergrund nicht als wirklich „neu"; „Paulus" insistiert vielmehr mit
diesem darauf, daß die Angeredeten nicht von der ihnen bereits bekannten Lehre
abweichen. Sie sollen auf ihrem paulinischen Fundament bekräftigt werden. Die
Belehrung dieses zweiten Briefes dient in dieser Hinsicht ihrer Bestärkung
(vgl. 2,1–2).

16–17   Diese Absicht kommt als erbetenes Ziel des Handelns Jesu Christi und Gottes an den Angeredeten in Ermutigung und Bekräftigung zum Ausdruck (für die
sprachliche Gestaltung vgl. 1. Thess 3,11; 5,23). Nach der Betonung der Bedeutung der eigenen Unterweisung verweist „Paulus" in betontem Anschluß („er
aber …") auf dieses Handeln. V. 16 nennt Gott als unseren Vater, der uns geliebt
und einen ewigen Trost und gute Hoffnung (vgl. ähnlich 1. Pt 1,3; Tit 2,13) durch
Gnade gegeben hat. Auf diese Weise wird zugleich das Verhältnis zwischen
Christus und Gott bestimmt: Liebe Gottes, Trost und Hoffnung verkörpern
sich in Jesus Christus. Der Inhalt der Fürbitte wird mit den Verben „trösten"
und „festigen" ausgedrückt. Die Bitte ist umfassend gemeint; sie bezieht sich auf
die innere („eure Herzen") und äußere („in jedem guten Werk und Wort")
Haltung der Glaubenden.

1. Überleitung zu den Anweisungen
3,1–5

1 Im übrigen, Brüder, betet für uns, daß das Wort des Herrn (so) laufe und verherrlicht werde wie bei euch, 2 und daß wir erlöst werden von den falschen und
bösen Menschen; denn der Glaube ist nicht jedermanns Sache. 3 Der Herr aber
ist treu, der wird euch stärken und bewahren vor dem Bösen. 4 Wir vertrauen im
Herrn auf euch, daß, was wir euch gebieten, ihr auch tut und tun werdet. 5 Der
Herr aber lenke eure Herzen auf die Liebe Gottes und die Geduld Christi.

V.1: Kol 4,3; Eph 6,19f.; V.2: Röm 10,16

Die Gedankenführung des Abschnitts ist widersprüchlich. Die V.1–2 enthal- A
ten die Aufforderung zur Fürbitte an die Gemeinde. V.3 ist als Zuspruch an
sie formuliert. V.4 bringt das Vertrauen auf ihren Gehorsam gegenüber den apostolischen Anweisungen zum Ausdruck. V.5 formuliert einen Gebetswunsch
für ihre Ausrichtung an der Liebe Gottes und Geduld Christi. Pseudo-Paulus
ging es offenbar darum, eine Überleitung zu der ab V.6 gebotenen ethischen
Unterweisung zu schaffen. Dazu orientierte er sich an 1.Thess 4,1–2 und nahm
weitere Wendungen des ersten Briefes variierend auf (vgl. z.B. aus 1,8 „Wort des
Herrn"; 3,11 „ausrichten"; 4,11 „anordnen"; 5,25 „betet für uns").

„Paulus" bittet für seine Missionsarbeit und für die Befreiung von Feindschaft B 1–2
um die Fürbitte der Gemeinde. Pseudo-Paulus bereichert mit diesen beiden
Komponenten zugleich seine Paulusdarstellung. „Laufen" vom Wort des Herrn
wird im NT nur hier gebraucht; vgl. Ps 147,4 im Wortlaut der Septuaginta.
Zum „Verherrlichen" des Wortes vgl. Apg 13,48. Beide Wendungen werden
auf die guten Erfahrungen der Evangeliumsverkündigung in Thessalonich bezogen (vgl. z.B. 1.Thess 1,3.6.8). Die biblisch geprägte Bitte um Rettung ist durch
die Sprache der Psalmen geprägt (vgl. z.B. Ps 6,5; 7,2; 18,4; 31,16; 59,2). Die
„falschen und bösen Menschen" werden durch den Nachsatz als Feinde der paulinischen Missionsarbeit erkennbar. Dieser Nachsatz ist als rhetorische Unter-
treibung formuliert. Dabei ist vor dem Hintergund des bisherigen Brieftextes zu
beachten, daß mit „Glaube" die von „Paulus" vermittelte Glaubensgestalt
gemeint ist. Pseudo-Paulus läßt deutlich die Feindschaft gegen Paulus anklingen,
die der besonderen Ausprägung seiner Theologie gegolten hatte. Dabei setzt
er den inneren Zusammenhang zwischen den Bedrängnissen der Gemeinde
und denen des Paulus (vgl. 1.Thess 2,1f.; 3,5; 2.Kor 1,8–11; 2,4; Röm 15,30f.; Phil
2,25–28) voraus; er klingt in dem Nachsatz V.2c an und ermöglicht die Wendung zu den Angeredeten in V.3.

V.3 nimmt einleitend das letzte Wort aus V.2 adjektivisch auf und stellt dem 3
Unglauben die Treue des Herrn gegenüber. Sie erweist sich darin, daß er die
Angeredeten stärken (vgl. 2,17) und vor dem Bösen (mask. und neutr. Bedeu-
tung sind im griechischen Text nicht unterscheidbar) bewahren wird. Inhalt-

lich ist damit 1. Thess 5,24 aufgenommen; die Wendung dient an der vorliegenden Stelle der Motivation der anschließenden Paränese.

4   V. 4 schärft in Vorbereitung der ethischen Unterweisung den Gehorsam der
Angeredeten gegenüber den Anordnungen des „Paulus" ein. Diese sind vor dem
Hintergrund des vorangehenden Verses als verbindliche Inhalte des stärkenden
und bewahrenden Handelns Gottes zu verstehen. „Paulus" bringt sein Vertrauen
zum Ausdruck, daß die Angeredeten diesen Weisungen nicht nur gegenwärtig,
sondern auch künftig folgen werden (vgl. die allgemeine Voraussetzung 2,15).

5   V. 5 verweist fürbittend auf das Handeln des Herrn, der das Innere der Angeredeten an der Liebe Gottes und der Geduld Christi orientieren möge. Für die
– bei Paulus nicht zu findende – Wendung „die Herzen hinlenken" vgl. in der
griechischen Bibel 1. Chron 29,18; 2. Chron 12,14; 19,3; Sir 49,3. Sprachlich
bleibt offen, wie die beiden als Ziel genannten Genitiv-Verbindungen aufzufassen sind. Von der Gedankenführung des vorlaufenden Kontextes her ist
anzunehmen, daß es sich um die Liebe zu Gott und die Ausdauer gegenüber
Christus handelt.

2. Der Umgang mit den ‚Unordentlichen'
3,6–13

6 Wir gebieten euch, Brüder, durch den Namen unseres Herrn Jesus Christus, daß ihr euch zurückzieht von jedem Bruder, der unordentlich lebt und
nicht nach der Überlieferung, die sie von uns erhalten haben. 7 Ihr selbst wißt
ja, wie man uns nachahmen muß, denn wir haben nicht unordentlich unter
euch gelebt 8 und nicht geschenkweise Brot von irgend jemand gegessen, sondern wir haben mit Mühe und Plage nachts und tags gearbeitet, damit wir
nicht irgend jemandem von euch zur Last fielen. 9 Nicht, daß wir nicht die
Vollmacht dazu gehabt hätten, sondern um uns selbst euch als Vorbild zu
geben, uns nachzuahmen. 10 Denn auch als wir bei euch waren, haben wir
euch das geboten, daß, wer nicht arbeiten will, auch nicht essen soll. 11 Denn
wir hören, daß einige unter euch unordentlich leben, indem sie nicht arbeiten, sondern Unnützes tun. 12 Diesen aber gebieten wir und ermahnen sie
im Herrn Jesus Christus, daß sie mit Ruhe arbeiten und ihr eigenes Brot essen
sollen. 13 Ihr aber, Brüder, laßt euch nicht verdrießen, Gutes zu tun.

V. 9: Phil 3,17; V. 13: Gal 6,9

A Zum Abschnitt V. 6–13 sind als Leittexte 1. Thess 2,9; 4,11 f.; 5,14 zu vergleichen. Diese Beziehung ergibt sich, weil „jemandem zur Last fallen" sowie
„unordentlich" bzw. „unordentlich leben" außerhalb der beiden Thessalonicherbriefe im NT nicht erscheinen. Der vorliegende Abschnitt thematisiert ein
Problem, das in dieser geschärften Weise im ersten Brief noch nicht zu erkennen
ist (vgl. 1. Thess 4,11 f.; 5,14). Es geht um Gemeindeglieder, die nicht (mehr)
arbeiten (vgl. V. 10–12). Sie werden als „unordentlich" bezeichnet (V. 6 f. 11)
und tun „Unnützes" (V. 11). Die entsprechende Mahnung ist gegenüber dem
ersten Brief ausgeweitet und verstärkt. Offenbar lag Pseudo-Paulus daran, die
dortigen Angaben aufzugreifen und das angeschnittene Problem erneut zu thematisieren, um auf diese Weise Fragestellungen seiner eigenen Gegenwart zu

bearbeiten. Aus diesem Grund ist es naheliegend, einen Zusammenhang mit dem Problem der gesteigerten Naherwartung (s. 2,1–12) zu vermuten. Es ist gut vorstellbar, daß die Parole „der Tag des Herrn ist da" (2,2c) zur Aufgabe geregelter Arbeit führen konnte. Dieser Zusammenhang mag auch die Wucht der geforderten Strafmaßnahme (V. 6; vgl. V. 14f.) sowie die Breite und Intensität der Mahnung erklären. Die betroffene Gruppe wird indessen mit moralisch disqualifizierenden Begriffen kaum zutreffend erfaßt (s. Einleitung 5.).

Setzt man voraus, daß Pseudo-Paulus sein tatsächlich an einen weiten Adressatenkreis gerichtetes Schreiben als Thessalonicherbrief gestaltet, dann kann man folgern, daß er die im Brief angesprochene Gemeindesituation im Blick auf die Situation seiner Kirche als exemplarisch versteht. Das gilt zentral für die Frage der Naherwartung, aber auch für das Problem der – für den Autor offenbar damit in Verbindung gedachten – Aufgabe der Arbeit. Der Verfasser verweist in diesem Zusammenhang auf das Vorbild des Apostels und die auf ihn zurückgehende „Überlieferung" V. 6. Sie ist inhaltlich durch die Aufforderung bestimmt, durch eigene Arbeit zu verhindern, daß die Evangeliumsverkündigung zu einer materiellen Belastung für die Gemeinde würde (V. 7–8). Gerade im Verzicht auf ein entsprechendes Vorrecht des Apostels liegt der Vorbildcharakter, den Pseudo-Paulus betont (V. 9). Er referiert als Element der Erstverkündigung des „Paulus" den mahnenden Satz „wer nicht arbeitet, soll auch nicht essen", und begründet diesen Hinweis sogleich als auf die vorausgesetzte Gemeindesituation bezogen (V. 10–11). Der Konditionalsatz V. 10 b beansprucht also keine Allgemeingültigkeit, sondern bezieht sich konkret auf die in V. 6.12 Angesprochenen. Pseudo-Paulus akzentuiert abschließend (V. 12–13) seine Mahnung im Blick auf diejenigen, die nicht mehr arbeiten, und die Gemeinde. Sein Anliegen ist es, die Erwartung der Parusie nicht zur Irritation für den Alltag des Glaubens werden zu lassen. Es geht ihm um die Kontur eines christlichen Lebens, das vor dem Horizont des Endes in der Tradition des Gebotenen bleibt und darin seine Identität bewährt; das schließt die Wachheit, die eschatologische Orientierung der Liebe ein, die sich im Tun des Guten realisiert (V. 13.16; vgl. auch 3,5).

V. 6 enthält die Anordnung, den Kontakt mit „unordentlichen" Gemeindegliedern zu meiden. Die Weisung erfolgt „im Namen unseres Herrn Jesus Christus" und damit in höchster Autorisierung. Das verwendete Verb („gebieten, anordnen") findet sich 1. Thess 4,11 in gleichem inhaltlichen Bezug; es verweist dort auf die mündliche Aufforderung des Paulus (vgl. neben dem vorliegenden Kontext V. 4.10.12 nur noch 1. Kor 7,10; 11,17; für den Gebrauch des Substantivs 1. Thess 4,2). Angesprochen werden die Adressaten des Briefes als „die Brüder", gegenüber denen diejenigen, die unordentlich leben und sich nicht an die von „Paulus" übermittelte Lehre halten, als einzelne erscheinen (vgl. V. 13). Auf sie bezieht sich der Plural der zu bevorzugenden Lesart „die sie von uns empfangen haben". Diese Gemeindeglieder werden hier lediglich durch ihren unordentlichen Lebenswandel gekennzeichnet, der als ihr Ungehorsam gegenüber der bereits früher erfolgten Belehrung des „Paulus" (vgl. V. 10) bewertet wird. Diese Belehrung erfolgte ausdrücklich auch über das Verhal-

B 6

tensbeispiel, das „Paulus" der Gemeinde gegeben hatte. Es wird als Element der empfangenen Belehrungen gekennzeichnet und jetzt brieflich erneuert.

7–9   V. 7 verweist begründend auf das Wissen der Angeredeten (vgl. 2,5), wie sie das Beispiel des Apostels nachzugestalten haben; er selber hatte es ihnen vorgelebt. „Paulus" betont (V. 8), daß er von keinem umsonst versorgt worden sei, vielmehr angestrengt Tag und Nacht gearbeitet habe, um niemandem unter den Angeredeten zur Last zu fallen (zur weitgehend wörtlichen Übereinstimmung mit 1. Thess 2,9 s. Einleitung 2.). Auf diese Weise gelingt es ihm, am eigenen Beispiel eine ethische Relation herzustellen, die der impliziten Kritik an der Motivation der „Unordentlichen" dient. V. 9 erinnert daran, daß die unentgeltliche Versorgung des Missionars zwar sein Recht gewesen sei, er aber auf dieses um der Vorbildwirkung willen verzichtet habe. „Paulus" benutzt an dieser Stelle dasselbe Wort „Vollmacht" wie in der schweren Auseinandersetzung mit der korinthischen Gemeinde um seinen Unterhaltsverzicht (vgl. 1. Kor 9,6). Das Verhalten des Apostels erfolgte in der Darstellung des Verfassers nicht um seiner selbst willen, sondern mit dem Ziel, ein Vorbild christlichen Verhaltens aufzuweisen (vgl. in diesem Zusammenhang 1. Tim 4,12; Tit 2,7; 1. Pt 5,3).

10   „Paulus" nimmt erneut auf die Situation der mündlichen Verkündigung in der Gemeinde Bezug (vgl. 1,10; 2,5). Die jetzt formulierte Regel wird als Element der damaligen Unterweisung herausgestellt (vgl. 1. Thess 4,11). Die Wendung „wer nicht arbeiten will, der soll auch nicht essen" bildet den sachlichen Gipfel der Argumentation. Der Satz stellt Arbeiten und Essen in ein Abhängigkeitsverhältnis und bezieht auf diese Weise den eigenen Erwerb des Lebensnotwendigen auf dessen Nutzung. Dieser wie eine Regel formulierte Satz ist für jede gedankenlose Verallgemeinerung ungeeignet und bietet inhaltlich ein Stück „Allerweltsmoral", so daß seine besondere apostolische Autorisation merkwürdig erscheint. Für den frühjüdischen Kontext, in dem dieser Satz zu verstehen ist, vgl. bes. die Mahnung PsPhok 153 f: Arbeite mit aller Anstrengung, damit du aus eigenen (Mitteln) leben kannst. Denn jeder Mann, der nicht selbst arbeitet, lebt von seiner Hände Diebstahl..

11   V. 11 begründet die erfolgte Mahnung des Apostels mit seinem Wissen um die tatsächlichen Zustände in der Gemeinde. Wieder werden „unordentlich leben" und „nicht arbeiten" gleichsinnig gebraucht. Undeutlich bleibt, wie die herabsetzende Bezeichnung „alles Mögliche, Unnützes treiben" konkret zu füllen ist.

12   V. 12 wendet sich mahnend an die zurechtgewiesenen Gemeindeglieder: sie sollen still ihrer Arbeit nachgehen und ihr so erworbenes Brot essen. Die Mahnung wird mit zwei Verben umschrieben; sie ergeht in der Autorität des Kyrios („Herrn") Jesus Christus. Das Attribut „mit Ruhe" (vgl. den Gebrauch des entsprechenden Verbs 1. Thess 4,11) deutet daraufhin, daß diese Gemeindeglieder möglicherweise ganz ihrer eschatologischen Hoffnung leben wollten und diese im Alltag der Gemeinde auf beunruhigende Weise realisierten. Sie werden durch den Gebrauch der dritten Person Plural in indirekter, über die angeredete Gemeinde vermittelter Weise angesprochen. V. 13 wendet sich abschlie-

ßend dieser zu und fordert die Adressaten auf, sich im Tun des Guten nicht irritieren zu lassen. Diese vorläufige Schlußmahnung enthält mit dem Stichwort „Gutes tun" den Kontrapunkt zu der abgelehnten Haltung des „nicht Arbeitens". Dadurch erhält der gesamte Gedankengang, der in die Aufforderung zu stiller Arbeit und Broterwerb gegenüber den „Unordentlichen" ausmündete (V. 12 b), seine inhaltliche Spitze.

3. Schlußanweisungen und Gruß
3,14–18

14 Wenn aber jemand nicht unserm brieflich ergangenen Wort gehorsam ist, den kennzeichnet, indem ihr keinen Umgang mit ihm habt, damit er sich schämt. 15 Doch behandelt ihn nicht als Feind, sondern weist ihn als Bruder zurecht. 16 Er selbst aber, der Herr des Friedens, gebe euch den Frieden allezeit und auf jede Weise. Der Herr sei mit euch allen. 17 Der Gruß mit meiner, des Paulus, Hand; das ist das Zeichen in jedem Brief: So schreibe ich. 18 Die Gnade unseres Herrn Jesus Christus sei mit euch allen.

V. 14: Röm 16,17; V. 15: Mt 18,15–17

Die angehängte Mahnung in V. 14–15 thematisiert die Möglichkeit, daß Gemeindeglieder die brieflich erfolgte Unterweisung ablehnen könnten (zum Stichwort „Gehorsam" als Element der Beziehung zwischen Apostel und Gemeinde vgl. 2. Kor 7,15; 10,6; Phil 2,12). Der konkrete Bezug der Mahnung bleibt in eigentümlicher Schwebe. Sie kann auf die „Unordentlichen" oder aber auf Gemeindeglieder, die sich dem in V. 6 angeordneten Verhalten zu diesen widersetzen, abzielen. Die Anordnung V. 6 galt dem Verhältnis der Gemeinde zu den „Unordentlichen" in ihr. In V. 12 wurde ihnen gegenüber in feierlichem Stil die Anweisung zur Arbeitsamkeit ausgesprochen. So ist zu erwarten, daß die Adressaten der Strafandrohung V. 14 nochmals (vgl. V. 12) in den „Unordentlichen" zu suchen sind. Dann würde das „brieflich ergangene Wort" die Anweisung V. 12 meinen. Das in V. 6 empfohlene Verhalten der Gemeinde gegenüber den „Unordentlichen" wäre dann im Blick auf diejenigen verschärft, die sich der in V. 12 ergangenen Anordnung widersetzen sollten. Weniger wahrscheinlich ist die alternative Möglichkeit. Bei dieser würde damit gerechnet, daß jemand sich der in V. 6 formulierten Anordnung widersetzt (– den Kontakt mit den „Unordentlichen" also nicht abbricht). Das würde der im unmittelbar vorlaufenden Kontext (V. 13) erfolgten erneuten Anrede der Gemeinde entsprechen und der auf den ersten Blick merkwürdigen Unterschiedlichkeit der Weisungen in V. 6.14 Rechnung tragen. Naheliegender ist es indessen, V. 14 unter der Absicht zu verstehen, die in V. 6 getroffene Anweisung vor dem Hintergrund der feierlichen Mahnung in V. 12 zu konkretisieren und zu verschärfen. Die Aufforderung selbst zielt darauf ab, „ungehorsame" Gemeindeglieder innerhalb der Gemeinde auszugrenzen. Sie sollen einerseits durch verweigerten Kontakt beschämt, andererseits als Gemeindeglieder zurechtgewiesen werden (V. 15). Sie sollen nicht aus der Gemeinschaft entfernt werden, vielmehr über ihre eigene

14–15

Beschämung zu einer Änderung gelangen. V. 15 schärft ein, daß ein solches Gemeindeglied nicht als Feind, sondern als Bruder anzusprechen ist. Wie konkret Pseudo-Paulus sich die Umsetzung dieser Aufforderung dachte, bleibt angesichts der gedachten Adressatenschaft des Briefes offen. Vielleicht hat der Autor einerseits 1. Kor 5,9.11, andererseits eine Regel, wie sie Mt 18,15–17 niedergelegt wurde, vor Augen. Es geht ihm offenbar darum, die Autorität des „Paulus" abschließend zu unterstreichen und mit ihr das angeschnittene Problem zu bearbeiten.

16   Die Schlußbitte resultiert aus der erfolgten Mahnung und schließt diese und das Gesamt des Briefes ab. Es ist ein Friedenswunsch; Christus als der Herr des Friedens möge allezeit und auf jede Weise den Angeredeten Frieden schenken. Während der Leittext 1. Thess 5,23 vom Gott des Friedens spricht (vgl. z. B. Röm 15,33; 2. Kor 13,11; Phil 4,9), nennt der Segenswunsch des Pseudo-Paulus den „Herrn des Friedens". Daran wird wiederum seine Tendenz erkennbar, Christus als Herrn der Rolle Gottes anzunähern (s. zu 1,8.10.12). Das Diktat des Briefes endet mit einem zweiten Wunsch. Seine knappe Formulierung findet sich in keinem Paulusbrief (vgl. dagegen z. B. 1. Thess 5,28; Gal 6,18; Phil 4,23; 2. Kor 13,11; Röm 15,33).

17–18   V. 17a stimmt mit 1. Kor 16,21 wörtlich überein. Der zweite Versteil verwendet diese Anleihe, indem er über sie die Handschrift des Paulus zum Echtheitskriterium erhebt, wie es in jedem seiner Briefe aufzufinden sei. Diese Betonung erweckt den Eindruck, als erwarte der Autor eine Bestreitung der Echtheit des Schreibens; darin unterscheidet sich die Unterschrift von 1. Kor 16,21; Gal 6,11 und – jedenfalls in der Textgestaltung – der in Kol 4,18. Offenbar setzt der Autor voraus, daß die tatsächlichen Leser des Briefes diesen als Abschrift begreifen. Sie müssen so keinen Anstoß daran nehmen, daß die Handschrift des „Paulus" nicht mehr von der des Brieftextes unterscheidbar ist. Pseudo-Paulus will mit seinem Vorgehen nicht die Echtheit anderer Paulusbriefe bestreiten, die den gesetzten Maßstab nicht erfüllen; er will vielmehr das eigene Schreiben als echt ausweisen und so dem ersten Brief an die Seite stellen. V. 18 schließt mit dem Gnadenwunsch, der alle Gemeindeglieder einbezieht (vgl. 1. Thess 5,28; ferner 1. Kor 16,23; Tit 3,15; Hebr 13,25).

Exkurs: Zur neutestamentlichen Paulus-Pseudepigraphie

Drei der in NTD 8,1–2 kommentierten Briefe gehören zu den neutestamentlichen Schriften, deren Verfasserschaft umstritten ist. Die Kommentierungen gehen davon aus, daß der Kolosser-, Epheser- und zweite Thessalonicherbrief nicht ursprüngliche Paulusbriefe sind. Für die Einzelbegründungen, die einleitungswissenschaftlichen Fragestellungen und die jeweils unterschiedlichen Entstehungsbedingungen ist auf die entsprechenden einleitenden Abschnitte zu verweisen. In der nachfolgenden Kommentierung wird der zweite Brief an die Thessalonicher also als paulinisches Pseudepigraphon, als von fremder Hand unter dem Namen des Paulus geschrieben, aufgefaßt. Diese einleitungswissenschaftlich begründete Voraussetzung mündet in weitergehende Fragen. Noch heute ist die Auffassung verbreitet, daß die Einsicht in die pseudonyme Verfasserschaft solcher Texte ihren Wert einschränke. Sie erscheinen als „Fälschungen" mit dem Makel ethischer Bedenklichkeit behaftet.

Es handelt sich bei der Pseudepigraphie dieser Schriften zudem keineswegs um ein Randphänomen. Immerhin kennen wir als zweifelsfrei orthonyme, also mit zutreffender Verfasserangabe versehene Schriften im NT nur die authentischen Paulusbriefe (Röm, 1.2. Kor, Gal, Phil, Phlm, 1. Thess); daneben läßt sich die Gruppe der anonymen Schriften von diesen und den Pseudepigraphen unterscheiden. Der 2. und 3. Johannesbrief tragen als Absenderangabe lediglich die Bezeichnung „der Alte". Als Paulus-Pseudepigraphie sind neben den drei genannten die Pastoralbriefe zu bezeichnen. Daneben ist der Hebr zu nennen, der durch 13,22–25 den Eindruck erwecken soll, von Paulus geschrieben zu sein. Als Petrus-Pseudepigraphen können die beiden Petrusbriefe, als Herrenbruder-Pseudepigraphen Jak und Jud genannt werden. Die Offb ist aus verschiedenen, u.a. gattungseigenen Gründen kaum als authentische Schrift anzusehen. Das Johannesevangelium wird in 21,24f. dem Lieblingsjünger zugeschrieben. Obwohl jede dieser Schriften in ihrer speziellen Ausprägung gesondert betrachtet werden muß, lassen sich doch einige allgemeine literaturtheoretische und -historische Aussagen zum Phänomen der neutestamentlichen Pseudepigraphie treffen und auf die pseudo-paulinischen Texte anwenden.

Zunächst ist die Feststellung wichtig, daß es sich bei diesem Phänomen nicht um einen unvergleichbaren Sonderfall handelt. Wir kennen eine Vielzahl pseudonymer Schriften aus der Antike, und zwar keineswegs nur aus dem frühjüdischen Bereich. So gab es z. B. Briefe des Plato oder des Heraklit, die nicht von diesen selber stammten. Die Wurzel der neutestamentlichen Pseudepigraphie ist indessen vor allem in der frühjüdischen und biblischen Literatur zu erblicken. Hier hatten sich Konventionen gebildet, ohne deren Kenntnis die entsprechenden neutestamentlichen Texte nicht sachgemäß verstanden werden.

Die meisten biblischen Schriften des AT gehen in ihrer heutigen Gestalt auf Wachstumsprozesse zurück, in denen die Botschaften der jeweils älteren Texte gleichsam „weitergeschrieben" wurden. Ein besonders bekanntes Beispiel ist der zweite und dritte Teil des Jesajabuches. Deutero- und Tritojesaja, jeweils anderen geschichtlichen Zeiten geltend als Protojesaja, bilden mit diesem zusammen das Jesajabuch. Auch innerhalb dieser drei Teile (Jes 1–39.40–55. 56–66) sind literarische Wachstumsprozesse zu erkennen. Der Name des Propheten (vgl. 1,1; 2,1 u. ö.) gilt allen diesem Buch integrierten Texten. Ähnlich kann man sagen, daß alle Texte des Pentateuch der Verfasserschaft des Mose (vgl. Lev 1,1; 4,1; 7,38; 26,46; 27,34 u. ö.; Num 1,1; 36,13 u. ö.; Dtn 1,1; 4,44 f.; 5,1 u. ö.) unterstellt wurden. Diese beiden herausragenden Beispiele verweisen auf ein wesentliches Kennzeichen der biblischen Literatur. Mit der Integration späterer Texte wurden diese den Autoren der früheren Texte zugeschrieben und damit im modernen Sinne zu pseudonymen Texten. In der Sache handelte es sich dabei regelmäßig um die interpretierende Fortsetzung der Botschaft der ursprünglichen Autoren, denn diejenigen, die die späteren Texte den älteren angliederten, fanden ja diese in jenen zutreffend ausgelegt, weitergeführt oder auch angewendet. Dabei ging es keineswegs um Fälschung im Sinne unzutreffender Verfasserzuschreibungen; ein kritisch-historisches Verständnis der gewählten Pseudonyme gehört nicht zum Selbstverständnis dieser Interpretationsarbeit (s. u.).

Mit dem Phänomen der Interpretation innerhalb der alttestamentlich-biblischen Überlieferung ist eine entscheidende Voraussetzung für ein sachgerechtes Verständnis frühjüdischer und neutestamentlicher Pseudepigraphie erfaßt. Dabei muß bedacht werden, daß es um die weiterführende Interpretation von Texten ging, denen die verbindliche Autorität des verschriftlichten Gotteswortes eignete (vgl. z. B. 2. Kön 17,37; Hos 8,12; Dtn 17,14–20; 28,58.61; 29,20f.26; 30,10; 31,9–13.19.22.24–26; Jer 25,13; vgl. dazu Mi 3,8; Jer 1,7.9; Ez 11,5; Jes 48,16). Das schriftliche Prophetenwort wurde als Gotteswort aufgefaßt (vgl. z. B. Jer 36; Hab 2,2; Jes 8,16–18; 30,8; Ps 18,29–31); es war das Wort Gottes, „das erging an …" (vgl. z. B. Hos 1,1; Mi 1,1; Zeph 1,1). Von Anfang an bezog sich die innerbiblische Schriftinterpretation auf die zu aktualisierende Autorität der überlieferten Texte. Ihr Geltungsanspruch wurde im Prozeß der Überlieferung interpretierend erneuert, indem sie z. B. kommentiert, erweitert, mit neuen Kontexten versehen wurden. Die innerbiblische Interpretationsarbeit verstand sich folglich nicht als willkürlich, sondern bezog ihre Aufgabe daraus, verbindliche Vergegenwärtigung von Offenbarung zu leisten. Hierin bestand ihre Verantwortung und Autorität. So beziehen sich z. B. Jes 13; 14,3–23 auf den Sturz Babylons – die feindliche Großmacht, die als solche zur Zeit des historischen Jesaja noch unbekannt war. Von ihm stammt indessen das Drohwort gegen die Assyrer in 14,24–27. Die Vorordnung der beiden jüngeren Texte vor diesem Abschnitt zeigt, auf welche Weise man die Worte Jesajas später verstand, bewahrte und interpretierte: Ihre Geltung und Autorität (als Gotteswort; vgl. Jes 14,24 ff.!) wurde nun (vgl. Jes 13,1; 14,3 f.22) auf die neuen Feinde Israels bezogen.

Eine weitere Stufe auf dem Weg zur neutestamentlichen Pseudepigraphie bildet die Hervorbringung eigenständiger Schriften, die dem Namen berühmter biblischer Gestalten zugeschrieben wurden. Die Entwicklung führte dazu, daß neue Schriften unter dem Namen wichtiger Pseudonyme entstanden. Die wichtigsten biblischen Pseudonyme sind Mose, David, Salomo. Stand David für die Psalmen als ihr pseudonymer Autor (vgl. 1. Sam 16,23), so Salomo aufgrund seiner besonderen Nähe zur Weisheit (1. Kön 5,9–14) für die Weisheitsschriften Sprüche/Proverbia, Sapientia Salomonis (vgl. z. B. 7,1–6; 8,9 ff.; 9,7 f.), Hoheslied, Prediger/Kohelet (vgl. 1,1.12). Für gesetzliche Überlieferungen war der Mose-Name das Sammelbecken (vgl. z. B. Ex 24,4; 34,28).

Dieser Prozeß setzte sich in der frühjüdischen Literatur fort. Es entstanden Schriften, die besonderen Offenbarungsträgern der Vergangenheit zugeschrieben wurden. Dabei ging es regelmäßig um Inhalte, die besondere Einsicht in das Handeln Gottes angesichts gegenwärtiger geschichtlicher Erfahrungen voraussetzten. Die Autoren dieser Schriften knüpften an die biblischen Traditionen an und aktualisierten sie auf ihre Weise.

Im Unterschied zur Interpretation innerhalb der biblischen Texte, bei der ihre Botschaft im wesentlichen durch Anreicherung des Textbestandes modifiziert wurde, ist bei der Produktion pseudonymer Schriften zu beachten, daß nun eigenständige Texte unter dem Namen ihrer angeblichen Verfasser geschaffen wurden. Es läßt sich an einer Reihe von Hinweisen zeigen, daß diese Autorenschaft nicht im modernen Sinne der tatsächlichen Urheberschaft gedacht wurde; denn hier steht die Frage im Vordergrund, ob ein Text von einem realen Autor stammt oder nicht. Demgegenüber geht es bei den Pseudepigraphen keineswegs in diesem Sinne um reale, sondern um fiktive Autoren – sie waren lediglich über darstellende Texte in mündlichen und schriftlichen Traditionen erfaßbar (s. z. B. o. die Stellenangaben zu Mose, David, Salomo) und sind insofern nicht mit unserem Begriff des realen Autors zu vergleichen. Die pseudonyme Zuschreibung eines Textes drückte folglich ein bestimmtes Zugehörigkeitsverhältnis zu dem entsprechenden, bei den Adressaten vorausgesetzten Bild des Autors aus.

Pseudonyme biblische Texte sind in dieser Hinsicht als Spezialfall fiktionaler Texte anzusprechen. Wir sprechen von fiktionalen Texten, um die literarische Darstellung bestimmter Sachverhalte oder Ereignisse von ihrer Tatsächlichkeit und unmittelbaren Kommunikation zu unterscheiden. Es geht dabei nicht primär um die Alternative „zutreffend – unzutreffend", sondern darum, aufgrund der Darstellung ein kommunizierbares Bild der thematisierten Inhalte zu entwerfen. Wir gehen hier von der Voraussetzung aus, daß jeder Verschriftungsprozeß dazu führt, daß ein Text sein Eigenleben zu führen beginnt – unabhängig von dem des realen Autors. Ein schriftlicher Text ist als ein Stück literarischer Kommunikation zu begreifen, das nicht mehr – wie ein Sprechtext – den Bedingungen mündlicher Kommunikation, also der Sprechsituation, unterliegt. Der Autor erhält auf diese Weise einen neuen Status; er ist gleichsam nur noch im Text anwesend und wird so zum abstrakten oder impliziten Autor. Wir unterscheiden zwischen dem realen, also tatsächlichen Autor eines Textes, und dem abstrakten Autor eines Textes – also einer lediglich aus den Textsignalen erschlossenen und nur auf sie beziehbaren Autorgestalt. Hierbei handelt es sich um eine abgeleitete Größe, nicht um eine tatsächliche Persönlichkeit. Diese Unterscheidung ist sinnvoll, um die grundsätzliche Unterscheidung zwischen dem Text und seinem Autor begrifflich zu erfassen. Er wird zu einem Produkt des Lesers, allerdings zu einem keineswegs willkürlichen Produkt. Aber es sind der Leser oder Hörer, ja der Rezeptionsvorgang selber, die dem Autor, und zwar seiner über den Text erschließbaren Gestalt, durch den Akt des Lesens zum Leben verhelfen. Damit ist eine – gegenüber der gedachten mündlichen – neue Kommunikationssituation geschaffen.

Im Blick auf pseudepigraphe Texte ist es folglich geboten, zwischen realem, abstraktem und fiktivem Autor zu unterscheiden. Ein uns unbekannter Autor fingiert durch die Wahl eines Pseudonyms eine Verfasserschaft, die nicht der tatsächlichen entspricht. Dabei wird der betreffende Text mit dem gewählten Pseudonym so in Verbindung gebracht, daß er der vorausgesetzten Kenntnis des Pseudonyms bei den Adressaten zugeordnet werden kann (Beispiel: Paulus als angefeindeter Apostel 2. Thess 3,2; s. die Kommentierung z. St.). Soll die beabsichtigte Kommunikation mittels des pseudonymen Textes gelingen, so muß dieser hinreichend mit Signalen versehen sein, die einer solchen Kenntnis entsprechen bzw. sie erweitern. Zugleich verhüllt der Autor weitgehend seine tatsächliche Verfasserschaft. Die Fiktion des pseudepigraphen Textes besteht darin, daß der fiktive Autor in der Rolle des abstrakten erscheint.

Darüber hinaus ist es im Blick auf pseudepigraphe Texte sinnvoll, im Blick auf die Leser- oder Hörerschaft zwischen realen, intendierten und fiktiven Lesern zu unterscheiden. Als intendierte Rezipienten eines Textes erfassen wir die aus ihm erschließbare gedachte Adressatenschaft. In pseudepigraphen Texten übernimmt tendenziell die fiktive Adressatenschaft diese Rolle. So steht z. B. im Fall des zweiten Thessalonicherbriefes die angeredete Gemeinde mittelbar für die tatsächlich vorgestellte Adressatenschaft zur Zeit der Abfassung des Briefes. Sie ist aufgefordert, sich anhand der vom Brief fingierten Kommunikation zwischen Paulus und den Thessalonichern ansprechen zu lassen.

Weder abstrakter und fiktiver Autor noch intendierte und fiktive Adressaten kommen freilich in pseudepigraphen Texten voll zur Deckung. Diese zwar tendenzielle, aber doch nicht restlos vollzogene Übereinstimmung ist vielmehr Voraussetzung ihrer tatsächlichen Wirkung. Denn diese Texte wollen ja die Gegenwart ihrer intendierten Rezipienten, nicht der fiktiven, erreichen. Immer geht es um die Absicht, das „Jetzt" der Angeredeten in autorisierter Form neu zu erfassen.

Um dieser Anrede willen nehmen die Texte Spannungen zwischen der fiktiven und der intendierten Kommunikationssituation in Kauf. Das können Anachronismen sein, oder Textelemente, die von dem als Autor vorausgesetzten Pseudonym in der 3. Person sprechen, widersprüchliche Pseudonyme innerhalb eines Textes und weitere andere Indizien, die auf die adressatenbezogene Wirkabsicht des Textes hinweisen. So datiert z. B. die große Apokalypse, die wir als 4. Esrabuch vom Ende des ersten Jahrhunderts n. Chr. kennen, sich selbst auf das Jahr 557 v. Chr., indem formuliert wird: „Im 30. Jahr nach dem Untergang der Stadt" (3,1; vgl. auch 3,29). Gemeint ist mit dem Zeitpunkt des „Untergangs der Stadt" zweifellos die Zerstörung Jerusalems 587. Aber Esra hat in der Mitte des sechsten Jahrhunderts (also 30 Jahre nach der Zerstörung Jerusalems) noch nicht gelebt; er gehört in die Perserzeit (vgl. Esra 7,1–10). Es ist anzunehmen, daß die Adressaten unter Inkaufnahme der historischen Unstimmigkeit auf die Zeit (30 Jahre) nach der Zerstörung des zweiten Tempels gelenkt werden sollen. Das ist die Zeit um 100 n. Chr. Die Formulierung 3,1 weist also auf eine Zeit nach dem Untergang Jerusalems hin, die mit dem biblisch manifesten Wissen um Esra nicht zu vereinbaren ist, wohl aber mit der Situation des tatsächlichen Autors und seiner Adressaten (eine analoge Datierung ergibt sich aus der Zeitangabe in 14,47a). In der Adlervision 10,60–12,51 erfolgen Anspielungen auf die Kaiser Vespasian, Titus und Domitian, die darauf angelegt sind, von den Rezipienten verstanden zu werden. Für die zeitliche Ansetzung bedeutet das, daß zur Zeit des letzten Kaisers, auf den angespielt wird (Domitian 81–96), oder bald danach 4. Esra entstand. Die Katastrophe von 587 v. Chr. ist zur Folie für das Geschehen 70 n. Chr geworden. Das Buch bearbeitet die Theodizee- und Existenzfragen Israels, die nach dem Untergang Jerusalems und des Tempels (70

n. Chr.) bedrängend geworden waren. An einer einzigen Stelle im Buch (3,1) wird offenbar versucht, den mit dem Namen Esra verbundenen Anachronismus auszugleichen. Hier findet sich eine merkwürdige Angabe über das Autor-Ich dieses Textes: „Ich, Salathiel, der auch Esra heißt, (war) in Babylon". Der Name Salathiel erscheint im 4. Esrabuch nur an dieser Stelle. Er ist identisch mit dem biblischen Sealthiel, der nach 1. Chr 3,17 Sohn des Jojachin (598–597) war. Würde das 4.Esrabuch als Sealtiel-Offenbarung firmieren, wirkte es hinsichtlich seiner angeblichen Verfasserschaft kaum anachronistisch. Es ist indessen Esra, dessen Name als Empfänger der in diesem Buch niedergelegten Offenbarungen mehrfach genannt wird; abgesehen von den beiden Teiltexten, in denen von Esra in der dritten Person gesprochen wird (8,20; 14,47) sind dies die Anreden in 6,10; 7,2.25; 8,2; 14,2.38. Es ist anzunehmen, daß mit der sachlich nicht möglichen Identifizierung Sealtiel = Esra in 3,1 ein Ausgleich im Blick auf den geschichtlichen Anachronismus geschaffen werden sollte, der durch die fiktive Datierung des Buches in das Jahr 557 gegeben war.

In der syrischen Baruchapokalypse heißt es im Brief des Baruch an die Verbannten (85,1.3): „Früher gab es Propheten, die Fürbitte für das sündige Israel hielten – jetzt sind sie gestorben". Damit wird nicht die fiktive Situation angesprochen, die das Buch explizit voraussetzt, und in der Baruch Jeremia warnt (2,1), sondern die tatsächliche spätere. Der Autor spricht nach 70, als ob er nach 587 v.Chr. lebte. Aber er spricht zweimal offen über seine jetzige Situation: 39,3–5; 67,1–72,2. An beiden Stellen ist klar, daß der zugrundegelegte Geschichtsplan bis an die Gegenwart führt, nicht aber wirklich auf 587 zurückprojiziert werden kann (vgl. auch 20,2, dazu 1,4; 4,1; 5,2–3; 6,9; 12,4).

Die fiktiven und – in der Wissenswelt der Adressaten unstimmigen – Datierungen dieser exemplarisch genannten frühjüdischen Schriften erweisen sich in dem Moment als sinnvoll, in dem wir sie unter ihrer Wirkabsicht begreifen, ins geschichtliche „Jetzt" der Angeredeten zu sprechen, also deren tatsächliche Situation und Geschichtserfahrung auf der Folie der vorausgesetzten Situation zu erfassen. Dies aber war nur möglich, wenn entsprechende Hinweise den Rezipienten verständlich waren, also zutreffend entschlüsselt werden konnten.

Diese aktuelle Evidenz zeitgeschichtlicher Anspielungen, die zumeist in die Form prophetischer Zukunftsansage gekleidet waren, ist zugleich ein entscheidendes Moment und Kriterium der modernen Identifikation pseudepigrapher Schriften. Die kritische Wissenschaft erkennt prophetische Ansagen bereits eingetroffener Ereignisse (vaticinia ex eventu) an ihrer Konkretheit. Diese Konkretheit ist textintern eine relative, insofern zumeist die vaticinia ex eventu eingebettet sind in Zukunftsschilderungen, die nicht bei der mit ihnen intendierten Gegenwart stehenbleiben. Textintern ist insofern der Übergang vom Konkreten ins Allgemeine entscheidend. Denn an diesem Umschlag läßt sich die Gegenwarts-Schnittstelle, in der die Rezipienten sich wissen können, erkennen. Ein aufschlußreiches Beispiel bietet das Danielbuch: Die Prophetien in den Kapiteln 10–12 werden, je mehr sie sich der Jetztzeit des Autors nähern, konkreter. Die weiter zurückliegende Geschichte (6.–4. Jh.) wird unvollständig und fehlerhaft wiedergegeben. In 11,3–39 wird die Geschichte seit Alexander dem Großen als Prophetie erzählt, ab V. 21 seit dem Auftreten des Antiochus IV. Epiphanes im Jahr 175. Der Grad der Detaillierung steigert sich hier, ohne daß dafür ein erzählerisch bedingtes Erfordernis ersichtlich wäre. Ab 11,40 aber ist dieser Detaillierungsgrad aufgehoben; wir treffen einen prophetischen Stil an, der in der Tat von Künftigem aus der Perspektive zwischen 167 und 164 redet. Die Erschließung der geschichtlichen Gegenwart der Adressaten ist folglich eine wichtige anwendungsbezogene Funktion des vaticinium ex eventu. Es geht um die Evidenz, die die Zukunftsansage in der Gegenwart der Rezipienten hat – und eben nicht in der, in der sie geschrieben sein will (vgl. z. B. ähnlich innerhalb der Apokalypse Mk 13,5–37 die Funktion der V. 6–13.21–23).

Wir können aus der biblisch-frühjüdischen Herkunft der neutestamentlichen pseudonymen Texte wichtige Hinweise auf eine ihnen sachgemäße Verstehensweise entnehmen. Produktion und Rezeption dieser Texte sind im Rahmen der in diesem Herkunftsbereich gewachsenen literarischen Konventionen zu verstehen, die als Bestandteile des selbstverständlich gültigen hermeneutischen Kontrakts zwischen Autoren und Adressaten vorausgesetzt werden dürfen. Dabei sind freilich auch Unterschiede nicht übersehbar. So beziehen sich die im NT gewählten Pseudonyme regelmäßig auf Personen der jüngsten Vergangenheit, im frühjüdischen Bereich indessen auf solche der ferneren Geschichte. Das kann als Hinweis auf das frühchristliche Selbstverständnis interpretiert werden, Gegenwart und Zukunft in der Vollmacht des eschatologisch wirkenden Geistes zu erfassen. Diese allgemeine Aussage muß indessen differenziert werden. Denn sie enthält noch keine Antwort auf die Frage, warum es überhaupt zur Produktion pseudonymer Schriften im frühen Christentum gekommen ist. Als der ungefähre Zeitraum, in dem dies geschah, kann das letzte Drittel des ersten Jahrhunderts gelten. Es ist anzunehmen, daß die Probleme, die die kirchliche Entwicklung dieser Zeit kennzeichnen, in innerem Zusammenhang mit dem Phänomen der Pseudepigraphie stehen. Sie spiegeln sich in der Themenwahl dieser Texte wider; als Stichworte sind z. B. die Probleme der Parusieverzögerung, der Verfolgungen, des Verhältnisses zum Judentum, der kirchlichen Organisation und der Bekämpfung abweichender Lehren zu nennen. Dabei ist insbesondere die im Bewußtsein der späteren Periode wachsende Bedeutung der Anfangszeit hervorzuheben. Sie wurde repräsentiert durch die Autorität der – inzwischen verstorbenen – Apostel. Mit ihrer Hilfe wurden gegenwärtige Probleme bearbeitet; das kann darauf hindeuten, daß sich neue, hinreichende Autoritätsverhältnisse noch nicht herausgebildet hatten. Die Autoren der neutestamentlichen Pseudepigraphen unterstellten sich der Autorität ihrer Pseudonyme und schrieben diese gleichsam weiter; sie nahmen dabei deren vorausgesetztes Selbstverständnis auf und setzten es mit ihren eigenen Schriften fort.

So galt der Apostel Paulus als besonderer Offenbarungsträger (vgl. z. B. 1. Kor 2,10–16; 2. Kor 12,1–9; Gal 1,12.15 f.; 2,2) der Geheimnisse Gottes (vgl. z. B. Röm 11,25; 1. Kor 15,51); seine prophetische Redeform (vgl. auch 1. Thess 4,15) konnte folglich im pseudo-paulinischen Schrifttum fortgeführt und erweitert werden (vgl. z. B. 1. Tim 4,1; dazu 1,18; 4,14; 2. Tim 3,1 ff.; 4,3). Können wir in 1. Thess 4,13–18 das Beispiel einer gleichsam „prophetischen Revision" erkennen – Pau-

lus bearbeitet hier offenbar seine ursprüngliche Erwartung, die Parusie werde
vor dem Tod von Gemeindegliedern eintreten –, so zeigt uns das Beispiel
2. Thess 2,1–12 die Fortsetzung solcher Tätigkeit durch einen späteren Autor.

Auch für das Verständnis der neutestamentlichen Paulus-Pseudepigraphie ist
die Wahrnehmung der intendierten Rezeption dieser Texte entscheidend. Um
ihretwillen erfolgt die literarische Darstellung des Pseudonyms „Paulus" (in
Andeutungen, vorausgesetzten Situationen, konkreten Einzelheiten u. ä.), um
ihretwillen werden Spannungen oder Unstimmigkeiten in Kauf genommen.
Entscheidend war die Anrede der intendierten Adressaten. Es ist – die jeweiligen einleitungswissenschaftlichen Befunde vorausgesetzt – folglich sinnvoll,
einige Indizien solcher Spannungen, die als Signale der intendierten Rezeption
dieser Briefe gelten können, beispielhaft zu nennen. Es kann dabei lediglich
um wenige knappe Hinweise gehen.

Der Autor des Eph zeichnet sein Schreiben in die Situation der Gefangenschaft des Paulus ein (3,1; 4,1; 6,20; vgl. auch 3,13); zugleich stellt er den Apostel
gleichsam erneut vor: Zwar als „Paulus" (3,1), aber doch seltsam indirekt, als
hätten die Adressaten nicht von ihm selber, also aus der persönlichen Begegnung, Kenntnis von ihm (3,2ff.). 3,5 spricht von den „heiligen Aposteln" (zusammen mit den christlichen Propheten); V. 8 reiht dann unter Verwendung von
1. Kor 15,9 auch „Paulus" unter die Heiligen ein – freilich ohne ihn hier (vgl. aber
1,1) Apostel zu nennen. Die Apostel sind, berücksichtigt man dazu 2,20, bereits
eine nicht mehr gegenwärtige Größe. Offenbar läßt der Verfasser in dieser Formulierung außer acht, daß der tatsächliche Paulus sich in dieser Weise nicht hätte
äußern können. Diese Beobachtungen gelten relativ unabhängig davon, ob
tatsächlich „Ephesus" als die ursprüngliche Adresse des Briefes anzusehen ist
(vgl. 1,1). Es ist gut denkbar, daß diese Adresse wegen der gezeigten Unstimmigkeit später ausfiel bzw. ersetzt wurde.

Kol 1,23 spricht von der weltweiten Evangeliumsverkündigung, deren Diener
Paulus geworden ist (vgl. Röm 15,16–21). Paulus wird zugleich als Leidender eingeführt (vgl. etwa 1,24f.), der durch diese seine Bestimmung als Diener des Evangeliums ins – christologisch interpretierte – Leid gekommen ist. Es ist ein Leiden,
das ihn in besonderer Weise heraushebt. Er ist der Völker- bzw. Heidenapostel
(1,26f.; 4,3f.); Paulus erscheint in einzigartiger, exklusiver Bedeutung. Sein Wort
befähigt die Gemeinde zu dem ihr aufgetragenen Tun. Es geht also um die Funktion der apostolischen Autorität des Paulus, das rechte Evangelium in der Gemeinde zu verbürgen. Diese Absicht wird deutlich in 1,5–8: Der Glaube der
Gemeinde basiert auf dem Wort der Wahrheit, so wie es der Gemeinde in Übereinstimmung mit dem in aller Welt verkündigten Wort zugekommen ist durch
Epaphras, der als „unser lieber Mitknecht" gleichsam eine durch Paulus vermittelte Autorisierung erfährt. 2,1 verallgemeinert die briefliche Kommunikation mit den Gemeinden in Kolossä und Laodizea, indem ausdrücklich auf alle
anderen, „die mich nicht von Angesicht gesehen haben", verwiesen wird (vgl.
auch 2,5). Gleichgültig also, ob man das Schreiben von einem Mitarbeiter zu Leb-
zeiten des Paulus oder später verfaßt sein läßt (vgl. die Einleitung zum Kolosserbrief 4.) – der nicht von Paulus geschriebene Brief umreißt ein mit klaren Strichen

konturiertes Bild des Apostels gegenüber einer Gemeinde, die nicht von ihm gegründet wurde und ihn persönlich nicht kennt. Sein Leiden geschah für sie in Vervollständigung und Analogie des Leidens Christi für die Gemeinde (1,24; vgl. das betonte und exklusive „ich" V. 23.25). In dieser „Apostolizität" weiß sich das Schreiben autorisiert, und mit ihr beansprucht es eine über die konkret angeredete Gemeinde hinausgehende Rezeption (vgl. auch 4,16).

Der 2. Thess ist an dieselbe Gemeinde gerichtet wie der 1. Thess; ein Vergleich beider Schreiben zeigt, daß der zweite Brief einige Verschiebungen im vorausgesetzten Verhältnis des Paulus zur Gemeinde aufweist. Mehrfach wird auf die mündliche Verkündigung des Apostels in Thessalonich hingewiesen (vgl. 1,10b; 2,5; 3,7bf.10), um auf die Übereinstimmung des vorliegenden Schreibens mit ihr hinzuweisen. Gleichzeitig betont der Brief die konstitutive Bedeutung der apostolischen Überlieferungen für den Glauben der Gemeinde (2,15). Das Verhalten des Paulus wird als Vorbild empfohlen (3,9), seine brieflich vermittelte Autorität unterstrichen (3,6; vgl. V. 4.10.12). Die Anrede der intendierten Adressaten wird bes. in 1,4b („Verfolgungen und Bedrängnisse, die ihr erduldet"; vgl. V. 5b.6b.7a) deutlich. Die apokalyptische Belehrung in 2,1–12 führt mit ihren Warnungen ins Jetzt der Angeredeten; sie wird im Abschnitt V. 13–17 folgerichtig aufgenommen.

Die drei Pastoralbriefe stammen vom gleichen Verfasser, der die fiktive Situation voraussetzt, daß Paulus auf seinen Missionsreisen Mitarbeiter zur Weiterführung seiner Arbeit und Gemeindeleitung zurückließ: Den Timotheus in Ephesus (1. Tim 1,3); den Titus auf Kreta (Tit 1,5). Damit hat der Autor sich eine Möglichkeit geschaffen, gegenwärtige Aufgaben von Kirche und Gemeindeleitung in autorisierter Weise anzusprechen und zu bearbeiten. Die entsprechenden Angaben lassen sich indessen nicht mit den uns erschließbaren Sachverhalten ausgleichen. Der erste Timotheusbrief setzt voraus, daß Paulus eine Zeitlang mit seinem Mitarbeiter Timotheus in Ephesus gewirkt hat, nun nach Makedonien weitergereist ist und Timotheus in Ephesus zurückgelassen habe, um dort die Gemeinde zu leiten und gegen Irrlehrer vorzugehen. Vor dieser fiktiven Situation wirkt die angebliche Funktion des Schreibens fragwürdig. Die Mahnungen und Anweisungen des Briefes wirken ja gerade nicht so, als läge eine lange Zeit gemeinsamer Arbeit hinter beiden Briefpartnern. Auch haben die Einlassungen einen derart grundsätzlichen Charakter, daß sie vor der in Aussicht stehenden Rückkehr des Paulus merkwürdig wirken. Es findet sich überdies kein Hinweis auf eine aktuelle Veranlassung des Briefes, etwa im Blick auf eine veränderte Lage in der Gemeinde, die eine entsprechende Intervention des Paulus veranlaßt haben könnte. 1. Tim 1,11–17 wirkt vor der vorausgesetzten Briefsituation gänzlich unverständlich; Paulus spricht hier von sich selbst in einer Weise, die ihn neu als Autor einführt (Mitteilung über seine Berufung zum Herold des Evangeliums, frühere Verfolgertätigkeit, jetzt aber zum Vorbild für Glaubende geworden). Analoges läßt sich am Titusbrief zeigen. Hier ist vorausgesetzt, daß Paulus mit Titus auf Kreta gewirkt und diesen nun dort zurückgelassen hat (vgl. 1,5 ff.). Jetzt erhält er von Paulus schriftliche Anweisungen, wie er die Gemeinden zu leiten und gegen Irrlehrer einzuschreiten hat. Aber die Mitteilungen des Paulus (etwa zum Wesen des Bischofsamtes) können unter dieser Voraussetzung für Titus nicht wirklich neu sein. Auch wirkt – wie in 1. Tim – merkwürdig, daß der abwesende Paulus dem Mitarbeiter vor Ort die Irrlehrer schildert. Der 2. Tim ist als Testament des Paulus in der Erwartung des Todesurteils gestaltet. Paulus schreibt nach 2. Tim 1,12.17 aus seiner Gefangenschaft in Rom und rechnet nach 4,6 ff. 18 mit seiner Hinrichtung. Die Erwähnung des bevorstehenden Todes des Apostels macht das Interesse des Verfassers an der paulinischen Tradition und der Bewahrung ihrer ungebrochenen Kontinuität deutlich (vgl. 1,13 f.; 2,2; 3,14; 4,1–8). 2. Tim 4,13 bittet Paulus darum, daß Timotheus ihm bei seinem Kommen seinen Mantel, Bücher und Pergamente mitbringen möchte, die er in Troas zurückgelassen hat. Offenbar handelt es sich bei diesen Bitten um den Versuch, das fiktionale Paulusbild dieses Textes anschaulich zu machen. Auch die Angaben im unmittelbaren Kontext dieser Stelle haben solchen Sinn. Weitere Beispiele textinterner Spannungen in den Past ließen sich anfügen. Sie weisen darauf hin, daß wir fiktionale Situationselemente vor uns haben, deren Unausgeglichenheit um der Lebendigkeit der Darstellung willen in Kauf genommen wurde. Die vorausgesetzten historischen Sachverhalte sind zudem nicht verifizierbar; sie können mit den entsprechenden Angaben der Apg großenteils nicht in Einklang gebracht werden.

Der Hebräerbrief enthält in 13,18–25 eine implizite Paulus-Zuschreibung, wie sie dem Paulusbild, an dem Autor und intendierte Adressaten partizipieren, entspricht. Hatte der Autor im gesamten Textcorpus vor dem ab 13,18 erfolgenden brieflichen Schluß im „Wir"-Stil gesprochen (vgl. freilich die Ausnahme 11,32), so wird dieses „Wir" zwar in 13,18 noch aufgenommen, erscheint aber durch den Aufruf zur Fürbitte für den Autor nun viel konkreter. Im nachfolgenden V. 19 wird es durch die erste Person Singular ersetzt (vgl. V. 22.23 b). Die Elemente dieses Briefschlusses sind so gestaltet, daß die Adressaten an ihre Paulus-Kenntnis erinnert werden. Die Formulierung V. 19b setzt voraus, daß der Autor unfreiwillig von den Adressaten getrennt ist; sie ist das stärkste Signal im gesamten Text, das die vorausgesetzte Situation des Pseudonyms zu erkennen gibt. Es ist die des gefangenen Paulus, wie sie literarisch in paulinischen und pseudopaulinischen Schriften erscheint. 13,23 spricht davon, daß „unser Bruder Timotheus wieder frei ist" und kündigt einen baldigen Besuch mit ihm an. Zweifellos ist der Timotheus gemeint, der den Adressaten als Mitarbeiter des Paulus bekannt ist (vgl. z. B. Röm 16,21; 1. Thess 3,2). Auch die Situation baldigen Kommens zu den Angeredeten ist „paulinisch" (vgl. Phil 2,19–24; 1. Kor 4,19). V. 24 lautet: „Es grüßen euch die aus Italien". Dieser Gruß weist darauf hin, daß der Hebr am ehesten nach Italien gesandt sein soll, denn die grüßenden Italiener sind doch offenbar im Moment außer Landes. Es ist anzunehmen, daß damit der Eindruck erweckt werden soll, der Hebr sei ein Paulusbrief nach Rom. Der Hebräerbrief bietet die Merkwürdigkeit, ein Text zu sein, der eigentlich nur vom Ende her wirklich als Brief ausgewiesen ist, am Beginn aber die Form des Briefanfangs vermissen läßt. Vielmehr bildet ein kunstvoll aufgebautes Satzgebilde den Anfang dieses Schreibens (vgl. 1,1–4). Diese Gestaltung des Briefbeginns schließt die Annahme aus, daß vielleicht ein ursprüngliches Präskript verloren gegangen sein könnte. Dieser Sachverhalt ist für die Bewertung der impliziten Pseudonymität am Ende des Schreibens wichtig: Der Autor hatte offenbar kein Interesse, seine Pauluszuschreibung restlos durchzuführen; es reichte ihm aus, die Verfasserschaft des Schreibens in einer für uns merkwürdigen Schwebe zu belassen. Zugleich spricht der Text deutlich in eine nachpaulinische Situation hinein (vgl. z. B. 2,1–4; 6,10–12; 10,25. 32–36; 13,7).

Pseudepigraphe Paulusbriefe enthalten also Elemente der Darstellung des Paulus, seiner Situation und Kommunikation mit den fiktiven Adressaten. Seine Lage soll im Akt der Rezeption vorgestellt werden; seine briefliche Kommunikation mit den angegebenen Adressaten soll nachvollziehbar und die entsprechende Botschaft vermittelbar sein. Zugleich enthalten die beobachteten Fiktionalisierungen verschiedenartige Spannungen, die erst dann hinreichend verständlich werden, wenn zwischen den dargestellten und den tatsächlichen Kommunikationen sowie zwischen dem fiktiven und dem realen Autor unterschieden wird. Die Zuschreibung der Texte an bestimmte Kommunikationssituationen des Paulus erfolgte mit dem Ziel, ihre Botschaft in diesen zu verankern und so zu autorisieren.

Der pseudonyme Paulus-Text wurde auf diese Weise überdies zu einem Teil der dem Rezipienten bekannten, über schriftliche oder mündliche Texte vermittelten Geschichte; er sollte als Teil ihrer literarischen Darstellung verstanden werden. Der Text, der sich durch seine Pseudonymität scheinbar zu einem Element vergangener Geschichte macht, tut dies, um die aktuelle Botschaft dieser Geschichte, ihre Bedeutung, zu umreißen und so zu einem Element der Identität der Adressaten zu werden.

Aus diesen Überlegungen ergibt sich, daß wir uns hinsichtlich der neutestamentlichen Pseudepigraphen nicht auf die Frage ihrer tatsächlichen Verfasserschaft beschränken dürfen. Es gilt vielmehr, nach autor- und rezipientenseitig gültigen Konventionen weiterzufragen, die ein angemessenes Verständnis dieser Texte gewährleisteten und folglich von uns als Teil ihrer impliziten Hermeneutik wahrzunehmen sind.

Ausgewählte Literatur

Alexander, P. S.: Retelling the Old Testament, in: It is written: Scripture citing Scripture. Essays in Honour of Barnabas Lindars (Hg. D. A. Carson, H. G. M. Williamson), Cambridge 1988, 99–121

Anderegg, J., Fiktion und Kommunikation. Ein Beitrag zur Theorie der Prosa, Göttingen [2]1977

Assmann, A., Die Legitimität der Fiktion. Ein Beitrag zur Geschichte der literarischen Kommunikation, München 1980

Bauckham, R., Pseudo-Apostolic Letters, JBL 107 1988, 469–494

Brox, N. (Hg.), Pseudepigraphie in der heidnischen und jüdisch-christlichen Antike, WdF 484, Darmstadt 1977

Brox, N., Falsche Verfasserangaben. Zur Erklärung der frühchristlichen Pseudepigraphie, SBS 79, Stuttgart 1979

Collins, R. F., Letters That Paul Did Not Write: The Letter to the Hebrews and the Pauline Pseudepigrapha, GNS 28, Wilmington 1988

Denis, A.-M.: Introduction aux pseudépigraphes grecs d'Ancien Testament, SVTP 1, Leiden 1970

Donelson, L. R., Pseudepigraphy and Ethical Argument in the Pastoral Epistles, HUTh 22, Tübingen 1986

Fishbane, M., Biblical Interpretation in Ancient Israel, Oxford 1985

Fishbane, M., Revelation and Tradition: Aspects of Inner-Biblical Exegesis, JBL 99 1980, 343–361

Gempf, C., Pseudonymity and the New Testament, Themelios 17 1992, 8–10

Hengel, M., Anonymität, Pseudepigraphie und „Literarische Fälschung" in der jüdisch-hellenistischen Literatur, in: Pseudepigrapha, i, ed. K. v. Fritz, Entretiens de la Fondation Hardt 18, Geneva 1972, 231–308

Hengel, M., Judentum und Hellenismus. Studien zu ihrer Begegnung unter besonderer Berücksichtigung Palästinas bis zur Mitte des 2. Jh. v. Chr., WUNT 10, Tübingen ²1973

Henrich, D., Iser, W. (Hgg.), Funktionen des Fiktiven, Poetik und Hermeneutik X, München 1983

Hoops, W., Fiktionalität als pragmatische Kategorie, Poetica 11 1979, 281–317

Iser, W., Das Fiktive und das Imaginäre. Perspektiven literarischer Anthropologie, Frankfurt a. M. 1991

Jauss, H. R.: Der Gebrauch der Fiktion in Formen der Anschauung und Darstellung der Geschichte, in: Formen der Geschichtsschreibung, Hg. R. Koselleck, H. Lutz, J. Rüsen, Beiträge zur Historik Bd. 4, München 1982, 415–451

Kaestli, J.-D., Mémoire et pseudépigraphie dans le christianisme de l'âge post-apostolique, Revue de Théologie et de Philosophie 125, Lausanne 1993, 41–63

Kertelge, K. (Hg.), Paulus in den neutestamentlichen Spätschriften, QD 89, Freiburg 1981

Klijn, A. F. J., Recent Developments in the Study of the Syriac Apocalypse of Baruch, JSP 4 1989, 3–17;

Link, H., Rezeptionsforschung. Eine Einführung in Methoden und Probleme, Stuttgart/Köln/Mainz 1976

Lux, R.: „Ich, Kohelet, bin König …". Die Fiktion als Schlüssel zur Wirklichkeit in Kohelet 1,12–2,26, EvTheol 50 1990, 331–342

Maier, J., Zwischen den Testamenten. Geschichte und Religion in der Zeit des zweiten Tempels, Die Neuer Echter Bibel, Erg.-Bd. z. AT 3, Würzburg 1990

Meade, D. G., Pseudonymity and Canon, WUNT 39, Tübingen 1986

Müller, K., Beobachtungen zum Verhältnis von Tora und Halacha in frühjüdischen Quellen, in: Jesus und das jüdische Gesetz, Hg. I. Broer, Stuttgart/Berlin/Köln 1992, 105–133.

Müller, K., Gesetz und Gesetzeserfüllung im Frühjudentum, in: Das Gesetz im Neuen Testament, Hg. K. Kertelge, QD 108, Freiburg/Basel/Wien 1986, 11–27

Reventlow, H. Graf, Epochen der Bibelauslegung, Bd. 1: Vom Alten Testament bis Origenes, München 1990

Rösler, W., Die Entdeckung der Fiktionalität in der Antike, Poetica 12 1980, 283–319

Schreiner, J., Interpretation innerhalb der schriftlichen Überlieferung, in: Maier, J., Schreiner, J. (Hg.), Literatur und Religion des Frühjudentums, Würzburg/Gütersloh 1973, 19–30,

Smith, M., Pseudepigraphy in the Israelite Literary Tradition, in: Pseudepigrapha, i, ed. K. v. Fritz, Entretiens de la Fondation Hardt 18, Geneva 1972, 191–215

Speyer, W., Die literarische Fälschung im heidnischen und christlichen Altertum, HAW 1.2, München 1971

Steck, O. H., Prophetische Prophetenauslegung, in: Wahrheit der Schrift – Wahrheit der Auslegung, Hgg. H. F. Geißer, H. J. Luibl, W. Mostert, H. Weder, Zürich 1993, 198–244

Stenger, W., Timotheus und Titus als literarische Gestalten, Kairos 16 1974, 252–267

Thoma, C., Auffrischung und Neugestaltung der Offenbarung in biblischer und nachbiblischer Zeit, Theologische Berichte 18, Zürich 1989, 15–29

Trummer, P., Mantel und Schriften (2 Tim 4,13). Zur Interpretation einer persönlichen
    Notiz in den Pastoralbriefen, BZ 18 1974, 193–207.
Vermes, G.: Bible and Midrash: Early Old Testament Exegesis, in: ders., Post-Biblical
    Studies, SJLA 8, Leiden 1975, 59–91
Wolter, M., Die anonymen Schriften des Neuen Testaments, ZNW 79 1988, 1–16
Wolter, M., Die Pastoralbriefe als Paulustradition, FRLANT 146, Göttingen 1988

Der Brief an Philemon

Übersetzt und erklärt von
Peter Lampe

Einleitung

1. Aufbau

Ein *Briefeingang* mit Eingangsgruß (Präskript: 1–3), Danksagung und Fürbitte (Proömium: 4–7) und ein *Schlußteil* mit Reiseplan, Grüßen und Segenswunsch (Eschatokoll: 22–25) rahmen einen *Hauptteil* (8–21), der rhetorisch und psychologisch geschickt mehrere Briefanliegen verfolgt.

2. Situation

2.1. *Paulus* weilte zwischen etwa 53 und 55 n.Chr. in *Ephesus*, verfaßte dort den 1. Korintherbrief, möglicherweise auch Teile des 2. Korintherbriefes (2. Kor 2,14–6,13; 7,2–4; 10–13) und des Philipperbriefes (Phil 1,1–3,1; Teile von Kap. 4) und saß dort zeitweilig zusammen mit dem Kolosser Epaphras gefangen (vgl. 2. Kor 1,8–10; Phil 1,7.13f.17.19–25; 2,23; Kol 4,18; Phlm 23; evtl. 2. Kor 11,23). Aus dieser Haft schrieb er den Philemonbrief.

Die *Adressaten,* Philemon und seine Hausgemeinde, wohnten im phrygischen Lykostal, genauer in Kolossae (Kol 4,9). Paulus hatte bisher keine Gelegenheit gehabt, die Gemeinden des Lykostals zu besuchen (Kol 2,1). Philemon scheint anläßlich eines Besuches in Ephesus bekehrt worden zu sein – vom Apostel Paulus selber (Phlm 19). Die restliche kolossische Gemeinde war vom Kolosser Epaphras, einem Paulusmitarbeiter, gegründet worden (Kol 1,6f.; 4,12f.), vielleicht in Zusammenarbeit mit dem neubekehrten Philemon, der „Mitarbeiter" Pauli genannt wurde (Phlm 1).

Epaphras hatte sich auch um die christlichen Nachbargemeinden im Tal verdient gemacht – sei es als Gemeindegründer oder zumindest als Evangelist (Kol 4,13). In der größeren Nachbarstadt Laodizea beherbergte Nympha eine Hausgemeinde, die mit der rund 17 km flußaufwärts gelegenen Kolosser-Hausgemeinde engen Kontakt pflegte (Kol 4,15–16). Auch im 24 km von Kolossae entfernten Hierapolis lebten Christen (4,13).

Das unausgegrabene *Kolossae* liegt etwa 193 km östlich von Ephesus am Fuß des 2571 m hohen Kadmos. Eine Akropolis und ein Theater sind am Südufer des Lykos, eine Nekropolis und andere Gebäude am Nordufer auszumachen. Einst die Hauptstadt des Tals, wurde Kolossae in der Kaiserzeit vor allem von Laodizea in den Schatten gestellt. Die Städte des Tals florierten durch ihre Lage an einer Haupthandelsroute von der ägäischen Küste ins östliche Hinterland. Vor allem Textilindustrie sorgte für ihren Wohlstand; Kolossae war durch das besondere Purpur seiner Wolle bekannt. Hierapolis zog mit seinen Thermalquellen darüber hinaus Kur-Touristen an; Laodizea beherbergte eine medizinische Akademie. Zur Bevölkerung der Lykostal-Städte zählten mehrere tausend Juden (Cic. Flacc. 68). Nur einige Jahre nach unserer Briefsituation wurden diese Städte im Jahr 60 von einem starken Erdbeben heimgesucht.

2.2. Die *spezielle Briefsituation.* Jeder der drei Hauptakteure trat mit unterschiedlichen Zielsetzungen in die Briefsituation ein (s.u. ausführlich zu den Versen 18–19 und 11). Der Hausherr *Philemon* hatte in seinem Haushalt einen
materiellen Schaden erlitten (eine zerbrochene Vase oder ähnliches?). Seinen
Sklaven Onesimus machte er für den Verlust verantwortlich. Ob er ihn zu Recht
oder zu Unrecht beschuldigte, wissen wir nicht. Jedenfalls suchte Philemon, seinen Ärger an dem Sklaven auszulassen; heftig trug er seinen Schuldvorwurf
vor. Denn nur so erklärt sich, daß *Onesimus* das Haus seines Herrn verließ
und einen Fürsprecher, den Apostel Paulus, aufsuchte, der den Philemon
besänftigen sollte. Onesimus versuchte also nicht zu fliehen, sondern daheim
friedliche Verhältnisse wiederherzustellen.

Der von Onesimus beschrittene Weg war bei Sklaven in solchen Fällen üblich;
Rechtstexte beschreiben ihn. So notierte im mittleren Drittel des 1. Jahrhunderts
n.Chr. der Jurist Proculus: Derjenige Sklave „ist gewißlich kein Flüchtiger,
der, weil er merkt, daß der Herr ihn schlagen will, sich unversehens zu einem
Freund begibt, den er zur Fürsprache bewegt" (Dig. 21,1,17,4). Plinius (ep.
9,21.24) erzählte entsprechend von einem Freigelassenen, der durch ein Delikt
seinen Patron Sabinianus erzürnt hatte und zu einem Freund desselben, zu Plinius nämlich, geeilt war, um diesen reumütig zu bitten, bei Sabinianus ein gutes
Wort einzulegen. Mit Erfolg, wie sich herausstellte. Zur Zeit Trajans schrieb
Vivianus (Dig. 21,1,17,5): Nicht als flüchtig gilt ein Sklave, der, eines Verge-
hens schuldig, sich zu jemandem davonmacht, der für ihn Fürbitte einlegen
kann. Und der Jurist Paulus faßte im 2./3. Jahrhundert n. Chr. zusammen: Wer
als Sklave „zu einem Freund des Herrn (!) seine Zuflucht nimmt, um um Gnade
zu flehen, ist kein Flüchtiger. Selbst wenn er beabsichtigte, im Falle nicht-
erreichten Beistandes nicht nach Hause zurückzukehren, ist er noch kein Ausreißer. Denn nicht schon der Vorsatz allein macht ihn zum Flüchtigen, sondern erst die Tat" (Dig. 21,1,43,1; vgl. auch Dig. 21,1,17,12). Der Weg, sich zu
einem Freund des Herrn zu begeben, der als Vermittler ein gutes Wort für den
Übeltäter einlegen und die Wogen des Ärgers glätten soll, ist psychologisch
geschickt. Denn – in psychologischen Kategorien gesprochen – vor das Objekt
der reaktiven Aggression des Herrn, hier den vermeintlichen Übeltäter Onesimus, soll sich jemand stellen, zu dem das Subjekt der Aggression emotionale
Bande hegt, nämlich ein Freund des Herrn. Der aggressiven Reaktion wird
durch diese Konstellation von vornherein eine Beschränkung auferlegt.

War Onesimus – entgegen langer exegetischer Tradition – *kein* flüchtiger
Sklave, so erklärt sich, warum er sich nicht wie ein flüchtiger Sklave ins Ausland absetzte noch auch bei einer Räuberbande oder in der Großstadt unter-
zutauchen suchte. Hätte er als Ausreißer untertauchen wollen, wären geeigne-
tere Schlupfwinkel als das Gefängnis des Apostels zu finden gewesen. Geflohene
Sklaven wurden gesucht, notfalls mit Steckbriefen oder ausgebildeten Sklaven-
fängern.

Das Zusammentreffen des Philemon-Sklaven mit dem Apostel freilich fügte
der Situation eine überraschend neue Dimension hinzu: *Paulus* bekehrte den
Sklaven zum Christentum und *überbot* damit die Erwartungen der anderen.

Paulus' Ziel war nun nicht nur, daß (a) der häusliche Konflikt in Kolossae beigelegt und Onesimus von Philemon wieder in Frieden aufgenommen wurde. Der Apostel erwartete jetzt weitaus mehr: Er schickte Onesimus mit unserem Philemonbrief nach Kolossae zurück in der Hoffnung, daß (b) Onesimus in Zukunft als *gleichgestellter christlicher Bruder* in Haus und Hausgemeinde des Philemon leben möge. Darüber hinaus hoffte er, daß (c) Philemon ihm den Onesimus zur Bedienung in die Haft zurückschicken würde (V. 13–14). Damit sind die drei Zielrichtungen des Briefes umrissen. Das zweite Ansinnen war das zentrale. Als das weitergehende umschloß es das erste.

Literatur

Ausgewählte wissenschaftliche Kommentare
H. Binder/J. Rohde, Der Brief des Paulus an Philemon (ThHK 11/2), Berlin 1990
F. F. Bruce, The Epistles to the Colossians, to Philemon, and to the Ephesians (NIC), Grand Rapids 1984
A. D. Callahan, Embassy of Onesimus: The Letter of Paul to Philemon (The New Testament in Context), Valley Forge, Penn. 1997
H. M. Carson, The Epistles of Paul to the Colossians and to Philemon (TNTC 9), London [7]1983
J.-F. Collange, L'Épître de Saint Paul à Philémon (CNT 2/11c), Genf 1987
J. D. G. Dunn, The Epistles to the Colossians and to Philemon (NIGTC), Grand Rapids, Mich. 1996
D. Furter, Les Épîtres de Paul aux Colossiens et à Philémon, Vaux-sur-Seine 1988
J. Gnilka, Der Philemonbrief (HThK 10/4), Freiburg u. a. 1982
M. J. Harris, Colossians & Philemon, Grand Rapids 1991
H. Hübner, An Philemon, an die Kolosser, an die Epheser (HNT 12), Tübingen 1997
J. Knox, The Epistle to Philemon (IntB 11), New York/Nashville 1955
E. Lohse, Die Briefe an die Kolosser und an Philemon (KEK 9/2), Göttingen [15]1977
H. D. McDonald, Commentary on Colossians and Philemon, Waco 1980
P. T. O'Brien, Colossians, Philemon (WBC 44), Waco 1982
A. G. Patzia, Ephesians, Colossians, Philemon (NIBC 10), Peabody 1990
P. Stuhlmacher, Der Brief an Philemon (EKK 18), Zürich/Neukirchen-Vluyn [2]1981
M. Wolter, Der Brief an die Kolosser. Der Brief an Philemon (Ökumenischer Taschenbuch-Kommentar zum NT 12), Gütersloh–Würzburg 1993
N. T. Wright, The Epistles of Paul to the Colossians and to Philemon (TNTC 12), Leicester/Grand Rapids 1986.

Allgemeinverständliche Auslegungen
W. Egger, Galaterbrief Philipperbrief Philemonbrief (NEB 9.11.15), Würzburg 1985; J. Ernst, Die Briefe an die Philipper, an Philemon, an die Kolosser, an die Epheser (RNT), Regensburg 1974; G. Friedrich, Der Brief an Philemon, in: J. Becker u. a., Die Briefe an die Galater, Epheser, Philipper, Kolosser, Thessalonicher und Philemon (NTD 8), Göttingen [17]1990; A. Suhl, Der Philemonbrief (ZBK.NT 13), Zürich 1981.

Ausgewählte Abhandlungen und Aufsätze
G. Alföldy, Die Freilassung von Sklaven und die Struktur der Sklaverei in der römischen Kaiserzeit, in G. Schneider, Hg., Sozial- und Wirtschaftsgeschichte der römischen Kaiserzeit (WdF 552), Darmstadt 1981, 336–371; P. Arzt, Brauchbare Sklaven. Ausgewählte Papyrustexte zum Philemonbrief, Protokolle zur Bibel 1, 1992, 44–58; J. M. G. Barclay, Paul, Philemon and the Dilemma of Christian Slave-Ownership, NTS 37, 1991, 161–186;

A.D.Callahan, Paul's Epistle to Philemon: Toward an Alternative *Argumentum*, HThR 86, 1993, 357–376; D. Daube, Onesimos, HThR 79, 1986, 40–43; J. D. M. Derrett, The Functions of the Epistle to Philemon, ZNW 79, 1988, 63–91; J. H. Elliott, Philemon and House Churches, BiTod 22, 1984, 145–150; R. Gayer, Die Stellung des Sklaven in den paulinischen Gemeinden und bei Paulus (EHS.T 78), Bern/Frankfurt 1976; H. Gülzow, Christentum und Sklaverei in den ersten drei Jahrhunderten, Bonn 1969; P. Lampe, Keine „Sklavenflucht" des Onesimus, ZNW 76, 1985, 135–137; F. Laub, Die Begegnung des frühen Christentums mit der antiken Sklaverei (SBS 107), Stuttgart 1982; C. J. Martin, The Rhetorical Function of Commercial Language in Paul's Letter to Philemon (Verse 18), in: Persuasive Artistry, FS G. A. Kennedy (JSNT.SS 50), Sheffield 1991, 321–337; J. G. Nordling, Onesimus Fugitivus, JSNT 41, 1991, 97–119; W.-H. Ollrog, Paulus und seine Mitarbeiter (WMANT 50), Neukirchen 1979; N. R. Petersen, Rediscovering Paul, Philadelphia 1985; B. M. Rapske, The Prisoner Paul in the Eyes of Onesimus, NTS 37, 1991, 187–203; K. Schäfer, Gemeinde als „Bruderschaft" (EHS.T 333), Frankfurt 1989, 248–283; W. Schenk, Der Brief des Paulus an Philemon in der neueren Forschung (1945–1987), ANRW II/25/4, 1987, 3439–3495; M. L. Soards, Some Neglected Theological Dimensions of Paul's Letter to Philemon, PRSt 17, 1990, 209–219; G. Theißen, Wert und Status des Menschen im Urchristentum, HuBi 12, 1988, 61–93; S. B. C. Winter, Paul's Letter to Philemon, NTS 33, 1987, 1–15.

1. Eingangsgruß: Einstimmung auf das Briefkorpus
(Präskript: 1–3)

1 Paulus, Gefangener Christi Jesu, und der Bruder Timotheus an Philemon, unseren Geliebten und Mitarbeiter, 2 sowie an die Schwester Aphia und an Archippus, unseren Mitstreiter, und an die Gemeinde in deinem Haus: 3 Gnade sei euch und Friede von Gott, unserem Vater, und von dem Herrn Jesus Christus.

Vers 1: Phil 1,7; Apg 16,1 Vers 2: Kol 4,17; 2. Tim 2,3; Röm 16,5 Vers 3: Röm 1,7.

Statt wie sonst in seinen Briefeingängen sich „Apostel" zu nennen, kennzeich-   1
net Paulus sich mit der Niedrigkeitsaussage *„Gefangener Christi Jesu":* Einerseits begreift er sich seit seinem Berufungserlebnis bei Damaskus als von Christus in Beschlag Genommener, als „Sklave Christi" (1. Kor 7,22), andererseits
sitzt er um Christi willen in Ephesus in Haft. Der Briefschreiber greift zu dieser Niedrigkeits-Nomenklatur, weil er nicht als befehlender Apostel, sondern
als Bittsteller zu Philemon kommt (s. u. zu V. 8–9) und weil er darüber hinaus
im Briefkorpus bewußt sich auf eine Stufe mit dem Sklaven Onesimus stellen
und sich mit ihm identifizieren wird (s. u. zu V. 6. 12 Ende. 16. 17 Ende. 18).
Auf Paulus' Gefangenschaft wird entsprechend noch fünfmal angespielt werden
(V. 9. 10. 13. 22 b. 23). Im ersten Vers bereitet diese Selbstbezeichnung also wichtige Elemente des Briefkorpus vor.

Ein weiteres Element wird durch die Philemon-Attribute „Geliebter" und
„Mitarbeiter" vorbereitet: Paulus wird sich im Briefkorpus betont auch mit Philemon als Bruder *auf eine Stufe* stellen (s. u. zu V. 3. 4. 6. 7 Ende. 8–9. 17a. 20).
Beide Attribute stehen bereits im Dienste dieser Tendenz, auch das des „Mitarbeiters", das aus Paulus' Perspektive durchaus keine Unterordnung signali-
sieren soll (vgl. z. B. 2. Kor 1,24; 6,1 für Paulus selber; Ollrog) und mit „Diener",
„Gehilfe" oft fehlübersetzt wird (gegen Petersen).

Aphia trägt einen typisch kleinasiatischen, phrygischen Namen, was zur   2
Lokalisation in Kolossae paßt. Ihre Nennung nach Philemon noch vor Archippus läßt vermuten, daß sie Philemons Ehefrau (oder Tochter) ist und/oder eine
besondere Führungsrolle in der kolossischen Hausgemeinde spielt.

Als weiteres Mitglied der kolossischen Hausgemeinde wird Archippus hervorgehoben, der wie Epaphroditus in Phil 2,25 als „Mitstreiter" des Paulus bezeichnet
wird. Wie mit „Bruder" und „Schwester" (V. 1) klingt damit ebenfalls ein die
Gleichheit der Christen heraushebender Begriff an: Aristoteles betont, daß zwischen „Kriegsgenossen" – er benutzt dieselbe Vokabel wie Paulus *(systratiōtēs)*
– eine Gemeinschaft *(koinōnía)* wie zwischen gleichgestellten Freunden und
Brüdern herrscht, die alles teilen (Aristoteles Nik. Eth. VIII,11: 1159b, 25–35).
Durch die Stichwörter „Bruder, Schwester, Mitstreiter" und „Geliebter, Mitarbeiter" wird ein wesentliches Thema des Briefkorpus vorbereitet.

Archippus hat Kol 4,17 zufolge einen besonderen, uns allerdings nicht weiter bekannten Dienst übernommen. Sprachlich könnte das am Ende von V. 2

unmittelbar auf Archippus folgende „Du" auch mit *diesem* identifiziert werden. *Archippus* und nicht Philemon wäre dann der Gastgeber der kolossischen Hausgemeinde (V. 2) sowie der in den Versen 4–23 in zweiter Person angeredete Besitzer des Onesimus (Knox). Dagegen spricht jedoch die Nennung Philemons an erster Stelle in V. 1. Nur er wird darüber hinaus mit *zwei* Attributen im Briefeingangsgruß hervorgehoben. Philemon ist der Adressat des brieflichen „Du".

Die Formulierung „an die Gemeinde in *deinem* Haus" (nicht „eurem" oder „Philemons") überrascht. Paulus springt von der dritten Person der Adresse („an Philemon und …") in die zweite Person Singular und visiert damit den anfangs genannten Philemon direkt an: Philemon ist der Hauptangeredete. Die anderen Mitadressaten, Aphia, Archippus und die übrigen Hausgemeindeglieder, fungieren dagegen nur als Zeugen der folgenden Briefkommunikation. Will Philemon sich nicht vor der Öffentlichkeit der hier in V. 2 benannten Zeugen blamieren, so wird ihm am Ende keine andere Wahl bleiben, als sich im Sinne des Briefes zu verhalten. Mit anderen Worten, die hier in V. 2 geschaffene Öffentlichkeit macht es dem Philemon schwer, anders zu handeln, als Paulus' Brief es ihm nahelegt. Philemon agiert nicht nur im Angesicht Christi (V. 20); auch die Mitadressierten und deshalb um den Briefinhalt Wissenden stellen ein beobachtendes Publikum dar, vor dem sich entscheiden wird, ob Philemon am Ende mit „*honor*" oder „*shame*" („ehrenvoll" oder „blamiert") aus der Angelegenheit hervorgehen wird. Das, was mit den soziologischen Kategorien von *honor* und *shame* bezeichnet wird, existiert nie an sich, sondern immer nur in Zusammenhang mit dem „Resonanzboden" einer sozialen Gruppe, vor der jemand das Gesicht verlieren oder an Ansehen gewinnen kann. Angesichts dieser von Paulus gleich zu Beginn geschaffenen Öffentlichkeit ist der Brief nicht gänzlich ein Privatbrief.

3   Noch einmal (s. V. 1) wird die brüderliche Gleichstellung Philemons mit Paulus vorbereitet: Beide stehen als Kinder unter „Gott unserem Vater" und unter demselben Herrn Jesus Christus.

2. Bericht über Danksagung und Fürbitte
(Proömium: 4–7)

4 Immer wenn ich deiner in meinen Gebeten gedenke, danke ich meinem Gott, 5 denn ich höre (wiederholt) von deiner Liebe zu allen Heiligen und von deinem Glauben an den Herrn Jesus. 6 (Ich gedenke deiner in meinen Gebeten,) damit dein Anteilhaben am Glauben wirksam wird dadurch, daß du alles Gute erkennst, das unter uns in Richtung auf Christus hin geschieht. 7 Viel Freude und Trost hatte ich aufgrund deiner Liebe, denn die Herzen der Heiligen sind durch dich (bis jetzt anhaltend) erquickt worden, Bruder.

Vers 4: 1. Kor 1,4; Kol 1,3 Vers 5: Kol 1,4 Vers 6: 1. Kor 1,9; Gal 5,6; Phil 1,9 Vers 7: 2. Kor 7,4; Phlm 12.20

Das Proömium wird durch eine sogenannte *Inklusion* (Rahmung durch zwei gleichartige Teile) als gerundete Einheit kenntlich gemacht: Sowohl am Anfang („*ich* danke") als auch am Ende („Freude hatte *ich*") greift Paulus zur ersten Person Singular. Beide Ausdrücke, „danke" *(eucharistéō)* und „Freude" *(chará),* weisen zudem eine lautliche Ähnlichkeit *(char-)* auf.

Die Formulierung trifft den Ton eines antiken Freundschaftsbriefes. Freund- 4
schaft zeichnet sich unter anderem dadurch aus, daß bei räumlichem Getrennt-
sein die Freunde einander häufig gedenken und so die Distanz überwinden.
„Gedenke der abwesenden Freunde, bevor sie zurückkehren, damit du nicht den
Anschein erweckst, die abwesenden geringer zu schätzen als die anwesenden"
(Ps.-Isokrates, Demon. 26; vgl. Jos. Ant. 5,95). Die Betonung des Gedenkens
gehört so unweigerlich zum antiken Freundschaftsbrief (z. B. Demetrius, Typ.
Epist. 3,6–8; Pap.Lon. 42,6; syr.Bar. 86,3). Sie signalisiert: Obwohl wir getrennt
sind, stehen wir weiter unverändert als Freunde zueinander.

Wenn Philemon als *Freund* adressiert wird, dann wird wie in V.1 und 3
nochmals die Briefthese von der brüderlichen Gleichheit zwischen Paulus und
Philemon vorbereitet.

Die griechische Formulierung verschränkt die Satzglieder chiastisch, das 5
heißt, diese werden über Kreuz angeordnet: „Liebe (A) und Glaube (B), den
du hast an den Herrn Jesus (B) und die (du hast) zu allen Heiligen (A)". Durch
eine derartige sprachliche Verschränkung wird die Verquickung von Christus-
glaube einerseits und tätiger Liebe auf der zwischenmenschlichen Ebene andererseits betont: Niemand kann an Christus glauben, ohne gleichzeitig zwi-
schenmenschliche Liebe zu üben. Paulus bereitet so seine spätere Empfehlung
vor, Philemon solle gegenüber Onesimus Liebe walten lassen. Würde Philemon dies nicht tun, so stimmte etwas nicht mit seinem Christusglauben. Dies
wäre die Konsequenz aus dem chiastisch verschränkenden Vers.

Die Liebe wird ferner dadurch besonders herausgehoben, daß sie entgegen
sonstiger Gepflogenheit (z. B. Gal 5,6; 1. Kor 16,13–14) *vor* dem Glauben zu stehen kommt. Auch wird noch ein zweiter Chiasmus installiert, der Glaube und
Liebe verschränkt, und zwar in den Versen 5 und 6–7: Liebe, Glaube (5) –
Glaube, Liebe (6–7; auch „Christus" und „die Heiligen" begegnen hier wieder). Wie beim ersten Chiasmus stellt die „Liebe" die *betonten* Außenglieder des
Chiasmus dar. Sie wird als Stichwort entsprechend in den Versen 9 und 16 wieder aufgenommen werden, während vom Glauben im Briefkorpus nicht mehr
die Rede sein wird. Zum Glauben ist Philemon gekommen (6); in der Liebe
nur muß er sich noch vervollkommnen, indem er *auch* dem Onesimus liebevoll begegnet.

Zu „all dem Guten", das in der christlichen Gemeinde geschieht, gehört zum 6
Beispiel, daß bekehrte Christen demjenigen Apostel, der sie ins Christentum
einwies, dankbar sind und dies in entsprechenden Taten beweisen (vgl. V.13–14.
19). Paulus wird sich im Briefhauptteil in der Tat *dieses* „Gute" von Philemon
wünschen (V.13–14, wo „das Gute" wiederbegegnet).

Zu „all dem Guten", das in der christlichen Gemeinde „in Richtung auf
Christus hin" geschieht, gehört ferner, daß christliche Sklaven und Sklavinnen
als Geschwister behandelt werden. In der Welt, die sich nicht „auf Christus hin"
orientiert, ist ein Sklave rechtlich unfrei und oft genug sozial untergeordnet.
In der auf Christus hin ausgerichteten Gemeinde dagegen sollen solche weltlichen Unterschiede das Zusammenleben der Christen und Christinnen nicht
beeinflussen (Gal 3,28). Wenn Philemon auch *dieses* „Gute" erkennt und aner-

kennt, indem er entsprechend an seinem neuen Mitchristen Onesimus liebevoll und brüderlich handelt, dann wird sein christlicher Glaube „wirksam" sein.

Der Koinonia-Begriff als Vorbereitung des brieflichen Hauptgedankengangs
Philemon hat „Anteil" und „Teilhabe" *(koinōnía)* an diesem Glauben. Der griechische Begriff *koinōnía,* der in V. 17 nochmals anklingen wird, bedeutet soviel wie „Gemeinschaft aufgrund gemeinsamer Teilhaberschaft an etwas". Er kann dahin ausgelegt werden, daß die einzelnen „Teilhaber" am Glauben *gleichgestellt* sind (Gal 3,28): Die christliche Glaubensgemeinschaft vereint Geschwister – Männer und Frauen (Phlm 2) – auf derselben Ebene. In Gal 2,9 kommt es Paulus bei der *Koinōnía* zwischen sich und den Jerusalemer „Säulen" gerade darauf an, daß er *gleichberechtigt* neben ihnen und nicht abhängig von ihnen Mission betreibt (Gal 1,11–12.15–22; 2,6–8.11). Paulus wünscht *unterschiedslos „allen"* die „Teilhabe" am Geiste (2. Kor 13,13; vgl. Phil 2,1–2; Röm 15,27). Nach Röm 12,13.10 geht die „Teilhabe" an den Nöten der anderen Christen mit herzlicher wechselseitiger Liebe *zwischen Brüdern und Schwestern (philadelphía)* und *gegenseitiger* Achtung einher.

Für eine den Aspekt der Gleichheit heraushebende Interpretation des *Koinōnía-*Begriffs sprechen neben diesen Paulusbelegen Texte aus der griechisch-römischen Umwelt. Aristoteles zum Beispiel betonte, daß es *Koinōnía* und Freundschaft nicht zwischen Ungleichen geben könne, nicht zwischen Herren und Sklaven (Ethica Eudemia 1241b,12–36; vgl. Plato Leg. VI, 757A. *Isótēs philótēs,* „Freundschaft ist Gleichheit", lautete ein geflügeltes Wort; Arist. ebd.). Zwischen Geschäftspartnern, Brüdern oder Freunden herrscht *Koinōnía* (z. B. Arist. ebd. und Nic. Eth. VIII, 11: 1159b,25–35; Cicero Laelius 17 [61]). Sie ist auf Reziprozität angelegt, basiert also auf wechselseitigem Anteilnehmen und Anteilgeben, auf Teilhaben und Teilgeben (vgl. z. B. Röm 15,27; 12,13; Gal 6,6; Phil 4,15; 2. Kor 9,13; Epiktet Diss. 2,20,6–8; Plato Resp. V, 462B; Philo Omn.Prob.Lib. 84–86, Spec.Leg. II, 107, Virt. 80f.84; Aristot. Nic. Eth. VIII, 11: 1159b,31–32).

Gleichwohl, so muß verbreiteter Meinung entgegengehalten werden, ist der Gleichheitsaspekt weder dem *Koinōnía-* noch dem Freundschaftsbegriff *eo ipso* eigen. Er kann immer nur – freilich sehr häufig – aus dem Kontext erschlossen werden. Aber es gibt auch Beispiele, bei denen dies nicht möglich ist. Im Amherst Papyrus 100,4 erteilt jemand einem Cornelius gemäß dessen Finanzeinlage nur zu einem Sechstel Anteil an einer Liegenschaft. Gleichberechtigte Teilhaber sind vor allem dann nicht gemeint, wenn die *Gemeinschaft von Göttern und Menschen* (z. B. Plato Symp. 188 B; Aelius Aristides Or. 45,27; Epikt. Diss. 1,9,5; vgl. 1. Kor 10,20) oder die *Ehe* (z. B. Plato Leg. IV, 721A) als *Koinōnía* bezeichnet werden. Auch der Freundschaftsbegriff kann auf Ungleiche wie König und Untertan oder Ehemann und Ehefrau angewendet werden (Arist. Nic. Eth. VIII,13: 1161a,10–25, bevor im selben Kapitel auf die Freundschaft zwischen gleichen Bürgern oder Brüdern eingegangen wird: 1161a,25–30).

Für die Interpretation unseres Paulusverses können solche Gegenbeispiele allerdings vernachlässigt werden. Die aufgeführten Belege aus den anderen

Paulusbriefen, aber auch Phlm 1. 3. 4. 7 Ende. 8–9. 17a. 20 sprechen für ein Gleichheit einschließendes *Koinōnía*-Verständnis an unserer Stelle.

Mit dem *Koinōnía*-Begriff bereitet Paulus geschickt seinen Hauptgedankengang vor, der später in drei Stufen entfaltet werden wird. Zum besseren Verständnis empfiehlt es sich, die drei Schritte bereits an dieser Stelle zusammenzufassen:

I Paulus : Philemon

Paulus behauptet erstens eine derartige brüderliche Gleichstellung zwischen sich und Philemon (s. u. zu V. 7 Ende. 8–9. 17a. 20; s. o. zu V. 1. 3. 4). Philemon muß dies froh stimmen, denn eigentlich könnte der Apostel von oben herab über ihn verfügen (V. 8. 19 Ende).

II Paulus : Onesimus

Zweitens behauptet Paulus brüderliche Gleichstellung aber auch zwischen sich und Onesimus; er identifiziert sich geradezu mit diesem (s. u. zu V. 12 Ende. 16. 17 Ende. 18; er betont darüber hinaus in V. 1. 9. 10. 13. 23, daß er ein „Gefangener Christi" ist, was ihn mit einem Sklaven vergleichbar macht). Hier muß Philemon zunächst schlucken, denn für ihn stand Onesimus bisher weit *unter* Paulus.

III Philemon : Onesimus

Die unweigerliche Schlußfolgerung aus der ersten und zweiten Verhältnisbestimmung ist drittens, daß Onesimus nun auch *für Philemon* ein gleichgestellter Bruder wird (V. 16. 17). Philemon dazu zu bewegen, diese neue, dritte Verhältnisbestimmung zu akzeptieren und mit Leben zu füllen, ist das Hauptanliegen des Briefes.

Mit anderen Worten, die von Paulus vorgelebten brüderlichen Verhältnisse *Paulus : Philemon* und *Paulus : Onesimus,* die beide auf Gleichstellung basieren, sollen zum motivierenden Vorbild für das Verhältnis *Philemon : Onesimus* werden. Das erste Vorbildverhältnis muß von Philemon als wohltuende Gunst gegenüber seiner Person empfunden worden sein (vgl. unten zu V. 8. 19b); um so mehr Veranlassung hatte er, solche Gunst auch selbst gegenüber einem *ihm* bisher Untergeordneten zu praktizieren und sie auf diese Weise weiterzugeben (vgl. analog Mt 18,32–33). Niemand kann lieben, ohne vorher geliebt worden zu sein. Das zweite Vorbildverhältnis motiviert auf eine andere Weise: Wenn selbst Paulus, der als Lehrer und Apostel dem Philemon als seinem christlichen Schüler eigentlich übergeordnet sein könnte (V. 8. 19b. 1), zu Onesimus als dem vermeintlich Niedrigsten in der Dreiecksbeziehung ein brüderliches Verhältnis pflegt, um wieviel mehr hat Philemon dann Veranlassung, ein ebenfalls brüderliches Verhältnis zu Onesimus zu beginnen. Diese Art des Schlußfolgerns, wie sie Paulus in V. 16 vorführt, wurde in der antiken Rhetorik als Schluß *a fortiore* bezeichnet: Vom schwerer zu Bewerkstelligenden (Paulus stellt sich mit Onesimus auf eine Stufe) wird auf das leichter zu Realisierende geschlossen.

Die brüderliche Gleichheit, die beide Vorbildverhältnisse charakterisiert, kam dadurch zustande, daß Paulus als der sowohl dem Philemon als auch dem Sklaven Onesimus eigentlich Übergeordnete darauf verzichtete, die Rechte, die aus solcher Überordnung folgten, durchzusetzen. Eben ein solcher Statusverzicht wird von Philemon in seinem neuen Verhältnis zu Onesimus abverlangt. Nur so realisiert sich christliche *Koinōnía*. Im *Koinōnía*-Stichwort des Proömiums wird *in nuce* (in komprimiertester Form) die gesamte spätere Argumentation vorweggenommen.

Die mögliche Überordnungs-Perspektive	Die von Paulus konstruierte neue Perspektive
Paulus ↓ Philemon ↓ Onesimus	Paulus ⟷ Philemon Paulus ⟷ Onesimus Daher: Paulus ⟷ Philemon ⟷ Onesimus als brüderliche Gemeinschaft Gleichgestellter. Derartige *Koinōnía* wird durch Rechtsverzichte seitens der Übergeordneten verwirklicht. Paulus selber wird einen solchen Rechts- und Statusverzicht in V. 8–9 vorleben.

7   Wie in den VV. 4–5 wird noch einmal Philemons bisherige aktive und die Mitchristen und Mitchristinnen erquickende Liebe gelobt. Das Ziel ist zwiefach. Das Lob soll als *captatio benevolentiae* – als Werbung um das Wohlwollen des Lesers – den Philemon motivieren, sich positiv gegenüber dem folgenden Briefansinnen des Paulus einzustellen, genau hinzuhören und gehorsam Folge zu leisten. Zugleich wird Philemon aber auch bei seinem bisherigen positiven Verhalten *behaftet*. Das heißt, faßte er den Onesimus bei dessen Rückkehr hart an, so würde Philemon sich und seiner bisherigen Liebe gegenüber den Mitchristen untreu werden. Da Philemon in der Vergangenheit betont „allen" Heiligen gegenüber Liebe übte (V. 5), träte ein Bruch ein, wenn er dem Mitchristen Onesimus seine Liebe verweigerte. Da er bisher immer „die Herzen der Heiligen erquickte" (V. 7), träte ein Bruch ein, wenn er nicht auch des Paulus „Herz" dadurch „erquickte", daß er den Onesimus liebend empfängt (V. 20).

Die Formulierungen der Danksagung und der Fürbitte sind zwar allgemein gehalten, lassen sich jedoch in der gezeigten Weise leicht auf das konkrete Onesimus-Problem zuspitzen und so als Vorbereitungen auf das folgende Briefproblem interpretieren. Besonders der letzte Halbsatz der Danksagung rechtfertigt durch seine den Versen 12 und 20 parallele Formulierung („das Herz erquicken") dieses Vorgehen. Aber auch zahlreiche andere Begriffe verklammern die Briefeinleitung mit dem Korpus: das Gute (6⟷14); Liebe/geliebt (1.5.7⟷9.16); Teilhabe/Teilhaber (6⟷17); auch Erkennen/Einverständnis (6⟷14) weisen im Griechischen denselben Wortstamm auf und klingen dort ähnlich, was in der Rhetorik als Paronomasie bezeichnet wird.

Die egalitäre Anrede „Bruder", pointiert an das Ende der Danksagung gestellt, bereitet die Verse 8–9 vor, in denen Paulus nicht von oben herab befiehlt, sondern den Philemon bittet.

Hauptteil (8–21)

8 Deshalb, obwohl ich in Christus volle Freiheit habe, dir zu befehlen, was sich ziemt, 9 *bitte* ich (dich) lieber um der Liebe willen als Paulus, als alter Mann, nun aber auch Gefangener Christi, obgleich ich dir eigentlich befehlen dürfte. 10 Ich bitte dich für mein Kind Onesimus, den ich in den Fesseln gezeugt habe, 11 der dir einstmals unnütz war, nun aber dir und mir von gutem Nutzen ist, 12 den ich dir zurückschicke, ihn, das bedeutet, mein eigenes Herz. 13 Ihn wollte ich eigentlich bei mir behalten, damit er an deiner Stelle mir diene, während ich um des Evangeliums willen gefangen bin. 14 Doch ohne dein Einverständnis wollte ich nichts unternehmen, damit deine gute Tat nicht gleichsam erzwungen sei, sondern aus freien Stücken geschehe.

15 Vielleicht nämlich wurde er dazu kurzfristig (von dir) getrennt, damit du ihn für immer behältst 16 nicht mehr wie einen Sklaven, sondern wie jemanden, der besser ist als ein Sklave: als geliebten Bruder, (der er) ganz besonders für mich (ist), um wieviel mehr aber für dich sowohl im Fleische als auch im Herrn. 17 Wenn du mich also als Teilhaber (am Glauben) betrachtest, dann nimm ihn in deine Gemeinschaft auf wie mich selbst! 18 Wenn er dir aber einen Schaden verursacht hat oder (materiell) etwas schuldet (ich äußere mich nicht dazu, ob das stimmt), dann stelle dies mir in Rechnung. 19 Ich, Paulus, schreibe es mit meiner eigenen Hand: Ich werde Schadenersatz zahlen. Ich will dir nicht davon reden, daß auch du dich selbst mir schuldest.

20 Ja, in der Tat, Bruder, ich möchte an dir Freude erleben im Herrn: Erquicke mein Herz in Christus! 21 Weil ich auf deinen Gehorsam vertraue, habe ich dir geschrieben. Denn ich weiß, daß du sogar mehr tun wirst, als was ich sage.

Vers 9: Phil 1,7 Vers 10: 1. Kor 4,14–15; Kol 4,9 Vers 11: 2. Tim 2,21; 4,11 Vers 12: Phlm 7.20 Vers 13: Kol 4,9 Vers 14: 2. Kor 9,7; 1. Petr 5,2 Vers 16: 1. Kor 7,22; 1. Tim 6,2 Vers 17: Röm 15,7 Vers 19: 1. Kor 16,21 Vers 20: Phlm 7.12.

1. Der Bittsteller Paulus; sein partieller Autoritäts- und Statusverzicht als Vorbild für Philemon

Von oben herab zu befehlen, ruft – in psychologischer Sprache gesprochen – „Reaktanz" hervor: Der Angeredete fühlt sich in seiner Freiheit eingeengt, reagiert stur und verhält sich, um seine Freiheit zu behalten, anders, als der Sprecher will. Paulus verzichtet deshalb auf die Befehlsform, zu der er als Apostel eigentlich berechtigt wäre, da Philemon ihm sein Christsein verdankt (V. 19). Nicht nur nach weltlichen Maßstäben, auch nach christlichen („in Christus") stünde ihm als Lehrer und Einweisendem in den neuen Glauben eine Weisungsvollmacht gegenüber Philemon zu (vgl. auch 1. Kor 4,14f; 16,16; 2. Kor 13,10). Doch Paulus verzichtet darauf und wählt eine sanftere Art, seinen Briefpartner zu bewegen: Er verlegt sich „um der Liebe willen" aufs Bitten.

Freilich, indem Paulus seine potentielle Befehlsgewalt, sein Verfügungs-
recht, immerhin ausdrücklich *zur Sprache bringt,* und sei es auch nur in Ver-
zichtsform, läßt er in rhetorisch geschickter Weise gleichwohl einen behutsamen
Druck entstehen, der durch „Samthandschuhe" nur zu spüren ist. Der Apostel verzichtet zwar darauf, sein apostolisches Weisungsrecht zu gebrauchen,
er verzichtet aber *nicht* darauf, dieses als potentielle Vollmacht wenigstens in
Erinnerung zu rufen. (Siehe auch unten zu V. 21.)

9   Als *Bittsteller* legt Paulus die apostolischen Autoritätsattribute, die ihm zuste-
hen könnten, ab. Er kommt nicht als Übergeordneter, sondern als gleichgestellter Bruder zu Philemon (V. 7), persönlich und nicht „amtlich", jedoch als
Bruder, dessen Worte besonderes Gewicht beanspruchen dürfen: Denn Paulus ist ein alter Mann, im Gefängnis gebunden. Beide Attribute bedürfen der
Interpretation:

Einem in Haft und Niedrigkeit Leidenden kann schwerlich eine Bitte aus-
geschlagen werden. Ein guter Redner nutzte das, wenn die Situation es erlaubte.
Auch Ignatius wußte, daß seine Gefangenensituation seinem Mahnen Nachdruck verlieh (Trall. 5; 12; Magn. 12; Eph 3; 11). Bereits im Briefeingang hatte
Paulus den sonst in seinen Briefen üblichen Aposteltitel durch die Niedrigkeitsaussage „Gefangener Christi Jesu" ersetzt.

Mit „alter Mann" will Paulus nicht Mitleid erheischen; Alter bedeutete vielmehr Würde (Inschr. Priene 117,55–56; Plutarch Nicias 15,2; Sir 6,34; 25,4–6;
Weish 2,10; Lev 19,32 u. v. ö.). Die persönliche Ebene der Kommunikation soll
herausgehoben werden, auf der nicht die apostolische Autorität des Paulus zur
Entfaltung kommt, sondern die persönliche Autorität eines Leidenden, die
persönliche Autorität eines älteren Mannes.

Für das Alter des Paulus kann aus dieser Angabe lediglich geschlossen werden, daß er die Fünfzig überschritten hatte. Weiter konkretisieren können wir
nicht, da die antiken Aussagen über die verschiedenen Altersstufen sich zu
sehr widersprechen. – Das „ich bitte" stellt die typische Petitions-Formel antiker Bittbriefe dar, auch solcher offizieller Art. Zu Beginn von V. 10 wird sie
wiederholt werden, so daß sie besonders betont erscheint.

Paulus praktiziert, so lassen sich die Verse 8–9 zusammenfassen, einen par-
tiellen Autoritäts- und Statusverzicht gegenüber Philemon: Er behält als Bittsteller die persönliche Autorität eines Leidenden und eines älteren Mannes;
beiden kann nur mit Mühe etwas abgeschlagen werden. Er verzichtet aber auf
Befehle und auf offenes Durchsetzen seiner apostolischen Autorität. Er kommt
als „Bruder" (V. 7) auf Philemon zu.

Einen ähnlichen Verzicht auf Autoritätsausübung und auf das Durchsetzen
des eigenen Status erwartet Paulus nun aber auch von Philemon in dessen Verhältnis zu Onesimus! Das heißt, Paulus lebt mit seinem Verzicht auf apostolische Autoritätsausübung vor, was er in ähnlicher Form von seinem Adressaten erhofft. Was Philemon an Paulus erlebt, soll er selber an Onesimus
weitergeben, nämlich liebevolles, brüderliches Verhalten und Verzicht auf das
Durchsetzen von Rechten, die ihm aufgrund des eigenen Status eigentlich
zustünden.

Ähnlich präsentiert sich Paulus in 1. Kor 9 mit seinem Verzicht auf eigene Rechte als ein *Vorbild* für das Verhalten der korinthischen Starken, von denen Paulus den Verzicht auf Freiheitsrechte erwartet (1. Kor 8–10). – Einen Rechtsverzicht legt der Apostel ferner auch solchen Korinthern nahe, die von Mitchristen materiell übervorteilt wurden und ihr Recht vor weltlichen Gerichten zu erstreiten suchen: „Warum laßt ihr euch nicht lieber Unrecht tun? Warum laßt ihr euch nicht lieber berauben?" (1. Kor 6,7). Analog soll Philemon den erlittenen Schaden einstecken, nicht weiter zürnen und seine Herrenrolle gegenüber dem Sklaven nicht ausspielen.

2. Paulus stellt sich vor sein fürs Christentum „gezeugtes Kind" Onesimus

Mit Spannung werden die ersten Hörer des Briefes auf den konkreten *Inhalt* 10 der Bitte gewartet haben. Nach zehn Versen endlich wird ein erster Hinweis gegeben, der die Hörer aber zunächst verwirrt: *Paulus hat ein Kind in seiner Gefangenschaft gezeugt.* Daß dies wie in 1. Kor 4,15 metaphorisch geredet ist, wird erst am Ende des Verses klar, an dem der Name des Onesimus fällt. Erst jetzt wird enthüllt: Der Onesimus also, der noch in der Tür als Briefüberbringer (V. 12) steht und auf den Philemon so ärgerlich ist, der ist gemeint! Im griechischen Wortlaut steht „Onesimus" am Schluß. In deutscher Übersetzung läßt sich dieses Spannung erzeugende Zurückhalten nur schwer nachahmen: „Ich bitte dich für mein Kind, den (!) ich in den Fesseln gezeugt habe, den Onesimus". Was mit dem Kind-Zeugen gemeint ist, erfährt der überraschte Philemon spätestens in V. 16: Onesimus hat durch Paulus den Weg zum Christentum gefunden. In seinem Gefängnis gewann Paulus ihn für das Evangelium.

Da Onesimus bisher als *heidnischer* Sklave im Hause des Christen Philemon gelebt hatte, ist zu folgern, daß Philemon seinen Sklaven (möglicherweise zwar zu bekehren versucht, ihn aber) nicht durch Zwang zu dem neuen Glauben gedrängt hatte. Obwohl sich in Philemons Haus eine Christengemeinde traf, hatte Onesimus bisher nicht dazugehört. Das ist bemerkenswert, wenn verglichen wird, daß andernorts ganze Häuser getauft wurden (1. Kor 1,16; 16,15; Apg 16, 15.31–32; 18,8; 11,14; Joh 4,53). Ob letzteres aus Überzeugung, durch sanften Druck der Hausherrschaft oder aufgrund von beidem geschah, sei dahingestellt.

Paulus spielt mit dem Namen des Onesimus, der „nützlich" bedeutet und 11 als häufiger Sklavenname belegt ist. Aus dem paganen Nichtsnutz und Taugenichts, der sich im Hause des Philemon etwas zuschulden hat kommen lassen (V. 18), ist ein Christ geworden, „brauchbar" und „nützlich" für Philemon wie auch für Paulus, dem Onesimus in der Haft zur Hand gehen könnte (V. 13).

Vom Apostel geschickt, hat Onesimus den Brief, der für ihn wirbt, selber 12 überbracht. Damit Philemon nicht seinen Zorn an dem Sklaven ausläßt, stellt sich Paulus vor ihn: Onesimus' Ankunft soll wie eine Ankunft des Paulus selber gewertet werden; mit Onesimus kommt Paulus' eigenes „Herz".

Zugleich wird mit dieser Formulierung ausgedrückt, wieviel Emotionen Paulus in diese Angelegenheit investiert hat. Der griechische Begriff, der am besten mit „Herz" übersetzt wird, bedeutet wörtlich „Eingeweide" und bezeichnet den

Körperbereich, in dem nach antiker Vorstellung die Gefühle sitzen. Es ist Paulus nicht nur verstandes-, sondern auch gefühlsmäßig nicht egal, wie Philemon sich entscheiden wird. Der sanfte Druck auf den Adressaten verstärkt sich.

In V. 7 lobte Paulus, daß Philemon in der Vergangenheit „die Herzen der Heiligen erquickte". Nun soll er sich treu bleiben und auch des Paulus Herz erquicken, das heißt aber, er soll den *Onesimus* erquicken, denn Onesimus *ist* des Paulus „Herz" (s. auch V. 20).

Mit der Identifikation, die Paulus hier (und dann wieder in V. 17) zwischen sich und Onesimus vornimmt, bahnt sich an, was in dem Hauptanliegen des Briefes gipfelt: Wenn Paulus, der sich in einem Statusverzicht in die Rolle des Bittstellers und gleichgestellten Bruders des Philemon begeben hat, sich nun mit Onesimus identifiziert, dann heißt das in der Konsequenz, daß auch Onesimus in die Rolle eines gleichgestellten Bruders des Philemon eintreten soll. Genau dies entspricht dem Hauptanliegen des Briefes (V. 16). Paulus' Statusverzicht dient der Statuserhöhung des Onesimus.

3. Bitte um Rücksendung des Onesimus

13–14   Als von Philemon rechtlich Abhängiger könnte Onesimus *an Stelle seines Herrn* dem Paulus in der Haft zur Hand gehen, sei es durch Botengänge oder sonstige Hilfsdienste. Philemon schuldet dem Apostel durchaus einen solchen Dienst, denn ihm verdankt er seine Einführung ins Christentum (V. 19).

Ohne Philemons Zustimmung allerdings wollte Paulus einen solchen Dienst nicht beanspruchen. *Freiwillig* soll Philemon ihn leisten, indem er Onesimus zu Paulus zurücksendet. Hier zeigt sich ein weiteres Briefanliegen, das aber nur verhalten anklingt (und auf diese Weise viel wirksamer vorgebracht wird): Onesimus soll nicht nur von Philemon in Liebe als nunmehr christlicher Bruder empfangen werden, er soll auch zur Bedienung des Paulus wieder nach Ephesus zurückgeschickt werden.

Kol 4,9 zufolge kam Philemon diesem Anliegen des Paulus in der Tat nach. An dieser wirkungsgeschichtlichen Notiz zu zweifeln, besteht kein Grund. War der Kolosserbrief pseudonym, so konnte er diese Pseudonymität nur dadurch wahren, daß er sich möglichst eng an die historischen Daten der Philemonbrief-Situation anschloß.

In der Wortwahl („deine gute Tat", wörtlich: „das Gute deinerseits") greift V. 14 auf V. 6 zurück: Zu „all dem Guten", das Christen tun, gehört eben unter anderem, daß sie dem Apostel, der sie fürs Christentum gewann, tatkräftig Dank erzeigen, hier durch Abstellung eines Bediensteten.

4. Was bedeutet es, einen Sklaven als Bruder anzunehmen?

15   Onesimus hat in Paulus nicht nur einen Fürsprecher gefunden, sondern – was viel mehr ist – auch einen Lehrer, der ihm den Weg zum Christentum wies. Paulus sieht darin göttliches Führen und Planen (Passivform, Finalsatz). Als

neuen Mitchristen kann Philemon den Onesimus in Empfang nehmen und „für immer" behalten. Diese Formulierung schließt die eschatologische Perspektive ewigen Lebens mit ein (vgl. z. B. Röm 2,7; 5,21; 2. Kor 4,17; 5,1). Den kurzfristigen Verlust des Sklaven während seines Aufenthaltes in Ephesus möge Philemon angesichts der Chance ewiger Verbundenheit mit einem Bruder leichten Herzens verschmerzen.

Der Begriff „du behältst" gehört eigentlich als Fachausdruck der Geschäftssprache an, wie er oft auf Inschriften, Papyri, Tonscherben, aber auch in Mt 6,2.5.16; Phil 4,18 belegt ist: Jemand quittiert den Empfang eines Betrages, um diesen dauerhaft zu *behalten* (die Präsensform drückt Fortdauer aus). Paulus setzt also mit einer profanen Vorstellung ein: Mit unserem Brief wird dem Herrn Philemon der Sachwert „Sklave Onesimus" aus den Händen des Paulus zurückerstattet. Niemand soll sagen, Paulus habe durch seine Missionstätigkeit dem Philemon einen Besitztitel abspenstig machen wollen (s. auch V.13–14).

Freilich, hier bleibt Paulus nicht stehen. Die profanen Kategorien von Sklave/Besitz werden durch das eschatologische „für immer"/„ewig" sehr schnell abgestreift: Nur als Bruder, keineswegs als Sklave kann Onesimus dem Philemon *auf ewig* erhalten bleiben. V.16 durchbricht die profanen Kategorien weiter:

Philemon erhält zwar seinen Sklaven zurück, aber er soll ihn nicht mehr wie einen solchen behandeln. Onesimus ist Christ geworden, und als solchem möge ihm in Zukunft mit geschwisterlicher Liebe begegnet werden. Ein „geliebter Bruder" soll er werden, so wie Philemon dem Paulus ein „geliebter" (V.1) „Bruder" (V.7. 20) ist. Das heißt, das herzliche Verhältnis, das Paulus zu Philemon pflegt, bietet sich als Modellfall für Philemons künftigen Umgang mit Onesimus an (s. ausführlich oben zu V.6). 16

Zugleich dient das Verhältnis *Paulus : Onesimus* als Modell für Philemons zukünftiges Verhalten gegenüber seinem Sklaven. Dem Paulus, der als Apostel statusmäßig eigentlich nicht nur über Onesimus, sondern auch über seinem Schüler Philemon stünde (V.8. 19b), ist Onesimus als „geliebter Bruder ganz besonders" ans Herz gewachsen (V.16b). „*Um wieviel mehr*" hat dann Philemon Grund, Onesimus in der gleichen Weise anzunehmen und auf das Durchsetzen seiner Statusrechte zu verzichten; denn Philemons Statusverzicht gegenüber Onesimus wäre weniger dramatisch als der des Paulus gegenüber Onesimus: Philemon und Onesimus sind immerhin beide von Paulus zum Christentum geführt worden, sie sind beide gemeinsam Schüler des Apostels und stünden eigentlich beide zusammen *unter* Paulus. Angesichts dessen gilt das paulinische „um wieviel mehr". Wie bereits dargelegt, handelt es sich dabei um eine Schlußfolgerung *a fortiore*, wie es die Rhetorik bezeichnete: Vom schwerer zu Bewerkstelligenden – Paulus stellt sich mit Onesimus auf eine Stufe – wird auf das leichter zu Realisierende geschlossen.

Es gäbe noch eine andere Möglichkeit, das „um wieviel mehr für dich" zu verstehen. Philemon ist wesentlich länger als Paulus dem Onesimus persönlich verbunden. Ist gemeint, daß es dem Kolosser vielleicht deshalb noch mehr als dem Apostel anstünde oder leichter fallen dürfte, den Onesimus brüderlich zu behandeln? Kaum, denn die lange bisherige Verbundenheit in der Herr-Sklave-

Beziehung stellt eher ein Hindernis dar, das Verhältnis in geschwisterlicher
Weise neuzugestalten.

Was hieße für Philemon *konkret*, den Sklaven Onesimus als Bruder anzunehmen? „Im Herrn" und „im Fleisch" soll dies geschehen. Ersteres ist leichter zu konkretisieren: In der christlichen Hausgemeinde wird der Sklavenstatus irrelevant. Er beeinflußt nicht mehr das Verhalten innerhalb der sich zu
Gottesdienst und Tischgemeinschaft versammelnden Christengemeinde (vgl.
Gal 3,28). Es gilt nur noch der neue Status des „Bruders" oder der „Schwester".

Aber was passiert, wenn die Ekklesia-Versammlung auseinandergeht und
Philemon und Onesimus im Oikos (Haushalt) zurückbleiben, dem Alltag und
seinen profanen Geschäftigkeiten zurückgegeben? Was passiert in der Sphäre
„des Fleisches"? Wie soll sich Philemon bei der Arbeit oder auf dem Markt
gegenüber Onesimus verhalten? Wie konkretisiert sich da dessen neuer Status?
Was heißt da „brüderlich", wenn der eine der Herr und der andere der Sklave ist
und beide sich diesen weltlichen Rollen *entsprechend* die Arbeit der Hauswirt-
schaft teilen? Was heißt „brüderlich", wenn der eine über Finanzgeschäfte entscheidet und der andere den Boden fegt, weil der erste es ihm befohlen hat? Geht
es im Alltag nur um eine neue *innere* Einstellung gegenüber dem Sklaven?

Die griechischen Sophisten (z. B. bei Aristoteles Polit. I,3: 1253b,20ff.) und
dann die Stoiker formulierten, daß die Sklaven für ihre Herren „Verwandte
und *Brüder* der Natur nach" seien, weil ja auch jene von Zeus abstammten
(Epiktet Diss. 1,13), auch jene aus demselben Samen entstanden seien und am
göttlichen Logos Anteil hätten (Seneca Ep. 47,10). Der göttliche Geist „kann
in einen römischen Ritter wie in einen Freigelassenen wie in einen Sklaven fallen. Was ist nämlich ein römischer Ritter oder ein Freigelassener oder ein Sklave? Namen, aus Ehrgeiz oder Ungerechtigkeit geboren" (Seneca Ep. 31,11; vgl.
Gal 3,28). Der Natur nach gäbe es keinen Unterschied, nur nach gesetzlichem
Brauch. Abstrahiere man von letzterem, sei durchaus „die Möglichkeit eines
Freundschaftsbandes gegeben, insofern der Sklave ja ein Mensch ist" (Aristoteles Nic. Eth. VIII,13: 1161b,5–9). Seneca führt in Epistula 47 aus, es sei klug,
„freundschaftlich *(familiariter)*" mit seinen Sklaven zusammenzuleben. „Menschen", „Hausgenossen", „Freunde von geringem Stand" *(humiles amici)* seien
sie, in übertragenem Sinne sogar „Mitsklaven", denn das Schicksal könne den
Herrn genauso hart treffen wie den Sklaven. (Mit Paulus mag hinzugefügt werden: Darüber hinaus sind weltliche Herren, sofern sie Christen sind, sogar
immer auch Sklaven, nämlich Sklaven Christi; 1. Kor 7,22; vgl. Phlm 1).

Aber geht es nur um eine derartig aufgeklärte innere Einstellung? Eine solche innere Einstellung kann durchaus *konkretere Früchte* zeitigen: „Über diejenigen, die es für entehrend halten, *mit ihrem Sklaven zusammen zu speisen*,
lache ich", so führt Seneca weiter aus. Nur „überaus hoffärtige Gewohnheit
umgibt den Herrn bei der Mahlzeit mit einer Schar stehender Sklaven ... die
ganze Nacht stehen sie nüchtern und stumm da." Sklaven, die sich *beim Essen
mit dem Herrn unterhalten* dürften, seien „bereit, den Nacken für den Herrn
darzubieten, drohende Gefahr auf ihr Haupt abzulenken: Auf den Gastmählern
sprachen sie, aber auf der Folter schweigen sie." Niemand bricht sich einen

Zacken aus der Krone, wenn er „sich an denselben Tisch zusammen mit seinem Sklaven begibt". „Nicht nach ihren Diensten" schätze sie ein, „sondern nach ihrem Charakter ... Manche mögen mit dir speisen, weil sie es wert sind, manche, auf daß sie es seien: Wenn nämlich aufgrund ihres schmutzigen Umgangs an ihnen etwas Sklavenhaftes ist, wird das Zusammensein mit gebildeteren Menschen dieses vertreiben." Lebe so nach der goldenen Regel „mit einem Menschen von niedrigerem Range, wie nach deinem Wunsch einer von höherem Range mit dir leben soll." Das heißt, „lebe mit deinem Sklaven *milde, umgänglich* auch, gewähre ihm *Zugang zum Gespräch, zur Beratung, zur Mahlzeit* ... Es besteht kein Anlaß, daß du deinen *Freund* nur auf dem Forum und in der Kurie suchst. Wenn du aufmerksam darauf achtest, wirst du ihn auch zu Hause finden ... Sehr töricht ist, wer einen Menschen nach seiner Kleidung oder Situation, die nach Art eines Kleidungsstückes uns umgetan ist, einschätzt. ‚Sklave ist er!' – aber vielleicht frei in der Seele. ‚Sklave ist er!' ... – zeig, wer es nicht ist: Einer ist Sklave seiner Sinnlichkeit, ein anderer seiner Habsucht, ein anderer seines Ehrgeizes, alle der Hoffnung, alle der Furcht" (ep. 47).

Zum praktischen Konkretwerden der inneren Einstellung führt Seneca ferner in De beneficiis 3,21–22 aus, daß Herr und Sklave über ihr Diener-Gebieter-Verhältnis punktuell hinauswachsen, wenn sie über das notwendige Maß der Dienstleistung beziehungsweise Fürsorge hinaus „in Zuneigung zum Freund" dem anderen eine Wohltat *(beneficium)* gewähren. Wenn also erstens der Sklave „mehr, als es für einen Sklaven nötig ist", verrichtet: „wenn er etwas Höheres wagt, das auch glücklicher Geborenen zur Zierde gereichte, und wenn er der Hoffnung seines Herrn zuvorkommt", kurz, wenn er etwas leistet, „was nicht zu wollen, ihm freistand". Und wenn zweitens der Herr über die notwendige Gewährung von Kost und Kleidung hinaus *nachsichtig* sich zeigt und *großzügiger als üblich seinen Sklaven ausbildet,* das heißt, ihm Fertigkeiten vermittelt, die normalerweise nur Freigeborene erlernen. In dem Moment, in dem solche Wohltaten erbracht werden, handelt nicht mehr der Sklave an seinem Herrn oder der Herr an seinem Sklaven, sondern ein Mensch an einem anderen Menschen. „Dieselben Anfänge haben alle Menschen, denselben Ursprung. Niemand ist vornehmer als ein anderer, außer wenn er eine geradere und durch gute Charaktereigenschaften bessere Gesinnung besitzt" (3,28,1). „Niemanden achte gering ... Möget ihr Freigelassene vor euch haben oder Sklaven oder Menschen auswärtiger Völker, richtet kühn die Herzen auf. Und was immer Unansehnliches sich mitten im Weg befindet, setzt euch darüber hinweg" (3,28,3).

Viele, aber nicht alle dachten so aufgeklärt wie Seneca, noch weniger handelten entsprechend. Die Position, gegen die er im 47. Brief argumentiert, sieht im Sklaven gerade keinen „Menschen" und möglichen „Freund geringen Standes". „Bist du verrückt? Ist der Sklave ein Mensch?", läßt Juvenal zur Zeit Hadrians eine tyrannische Hausfrau fragen (Sat. 6,222). Auch wenn Juvenal sich über die altmodische Ansicht der Dame lustig macht; solche Denkweise existierte.

Geht es Paulus entsprechend darum, den Sklaven liebevoll, freundschaftlich, human und gütig zu behandeln, eine schützende und großzügige Hand

über ihn zu halten? Ihm „Gutes" zu tun und zum Beispiel auf Drohungen zu
verzichten, wie es Eph 6,8–9 fordert (vgl. auch Kol 4,1)? Oder soll die brüderliche Liebe *noch* konkretere Formen annehmen? *Auch die der Freilassung?*

Das Bemerkenswerte ist, daß Paulus dem Philemon die Freiheit läßt, selber
herauszufinden, wie sich das „im Fleische" konkretisieren könnte. Wie in z. B.
1. Kor 6,1–11.5.7 oder 1. Kor 7,7–9.15.25–26.28.36–40 läßt Paulus seinem Adressaten die Freiheit, über das konkrete Verhalten selbständig zu entscheiden. In
keiner Weise wird durch Phlm 16 die Freilassung des Onesimus ausgeschlossen. Sie wäre im übrigen keine große Tat gewesen, denn ein Sklave konnte im
römischen Reich im *Normalfall* mit Freilassung rechnen, wenn er das dreißigste
Lebensjahr erreichte (Alföldy 359.369). Solches war Paulus bekannt, wie er als
Judenchrist auch um die Toraregelung wußte, daß innerhalb Israels ein Sklave
nach sechs Jahren oder im Jubeljahr freizulassen sei (Ex 21,2; Lev 25,40f.; Dtn
15,12). Noch weniger steht Phlm 13 der Freilassung im Wege, denn Paulus'
Wunsch, den Onesimus künftig an Philemons Stelle zur Bedienung um sich
zu haben, setzt nicht voraus, daß Onesimus sich dann noch im Sklavenstand
befindet: Ein Patron kann genausogut durch seinen Freigelassenen vertreten
werden. Am ehesten deutet vielleicht V. 21 an, daß Paulus sich auch die Freilassung für Onesimus erhofft: „Ich weiß, daß du sogar *mehr,* als was ich sage, tun
wirst". All dies scheint darauf zu deuten, daß Paulus durchaus Onesimus' Freilassung mit im Sinne hat. Und dennoch, selbst dieses letzte Zitat zeigt, daß
Paulus den Freilassungs-Wunsch, wenn er ihn denn hegte, *nicht ausdrücklich*
formuliert. Er bemüht sich nicht sonderlich, deutlich zu machen, daß er in
V. 16 *auch* die Freilassung meinen könnte. Er läßt dem Philemon Entschei-
dungsfreiraum.

Heutige Leser und Leserinnen mag irritieren, daß Paulus im Blick auf das
antike Institut der Sklaverei so wenig Engagement zeigte. Warum schien er so
gleichgültig an diesem Punkt zu sein?

1. Kor 7,17–24 gibt Antwort. Ob jemand in seinen weltlichen Bezügen Sklave
oder Freier ist, stellt ein Adiaphoron (einen sittlich neutralen Wert) dar, das
heißt, es ist aus christlich-eschatologischer Sicht gleichgültig. Angesichts des
nahen Weltendes und Wiederkommens Christi ermutigt Paulus die Christen,
in den ihnen angestammten Rollen des weltlichen Kontextes zu verbleiben,
also nicht nach der Freilassung aus dem Sklavenstand zu streben oder das Ver-
heiratetsein mit einem Heiden zu beenden. Ein jeder soll in dem weltlichen
Status verharren, den er zu dem Zeitpunkt innehatte, als er oder sie getauft
wurde. 1. Kor 7 konkretisiert diese Empfehlung noch weiter: Innerhalb des weltlichen Kontextes, in dem Christen nach ihrer Taufe weiterleben, sollen sie *aktiv*
keine Veränderung ihres Status betreiben, jedoch willig Veränderung akzeptieren, wenn diese *passiv* an sie herangetragen wird: Wenn ein Dominus
beschließt, einen Sklaven freizulassen, soll dieser diesen Beschluß willkom-
men heißen; wenn der heidnische Ehepartner sich unbedingt trennen will, soll
dies akzeptiert werden. Nur wer sich gegen solche von außen herangetragenen
Beschlüsse stemmt, läßt durchblicken, daß der weltliche Status ihm *kein* neutraler, irrelevanter Wert ist.

Angesichts des von ihm für die nahe Zukunft erwarteten Endes der Welt zeigt Paulus sich auf diese Weise gleichgültig gegenüber dem weltlichen Status. Wer heute nicht mehr so sicher auf die unmittelbare Nähe des Eschatons bauen kann, wird entsprechend auch die paulinische Haltung zum weltlichen Status überdenken.

Aus seiner Sicht folgerichtig stellt Paulus den weltlichen Abhängigkeitsstatus des Onesimus auch in Phlm 13–14 nicht in Frage. Im Gegenteil, die weltliche Subordination des Onesimus unter Philemon – sei es als Sklave *oder* als Freigelassener, der als letzterer üblicherweise trotzdem weiter seinem Patron verantwortlich war und ihm Dienste schuldete – wird schlicht als gegeben für die weiteren Pläne des Paulus vorausgesetzt: *An Stelle des Philemon* kann Onesimus nur dienen, wenn dieser dem Philemon weiter untertan ist. Dies verträgt sich damit, ihn gleichwohl als christlichen Bruder herzlich lieb zu haben. Der weltliche Abhängigkeitsstatus bleibt, nur die Art der Behandlung des Abhängigen bekommt eine besondere Qualität. Sie ist gekennzeichnet durch das Wissen, daß vor Gott diese weltlichen Unterschiede nichtig sind und entsprechend in der Gemeinde auch das Verhalten nicht mehr beeinflussen sollen (Gal 3,28). Wer niedrig ist, wird in der Gemeinde gleichwohl geachtet (1. Kor 12,22–24). Und das Dienen steht *allen* zu Gesicht, auch den Patronen (Röm 16,1 von Phoebe), auch Paulus (1. Kor 3,5; Röm 15,25; 2. Kor 3,3; 8,19f.), auch Christus selbst (Röm 15,8), auf keinen Fall nur den Sklaven. Den letzteren allerdings *auch,* sonst wär der weltliche Sklavenstatus gerade *kein* Adiaphoron, gerade *kein* sittlich neutraler Wert in der Gemeinde. Hier liegt der Grund dafür, daß Paulus in Phlm 11.13 nicht das geringste Problem damit hat, sich vom Sklaven – und geliebten christlichen Mitbruder – Onesimus bedienen zu lassen. Ist Paulus doch auch selber ein Diener, ja sogar jemand, der für Christus ins Gefängnis gegangen ist (Phlm 1. 9. 10. 13), so daß sich auch ein christlicher Sklave, der Gal 3,28 im Kopf hat, nicht zu schade vorkommen muß, ihn zu bedienen.

Der Begriff der *Koinōnía* („Gemeinschaft, gemeinsame Teilhaberschaft") von V. 6 wird aufgenommen. Philemon entgegenkommend, macht Paulus sich mit diesem gleich: Er gibt sich nicht als befehlender, übergeordneter Apostel (V. 8), sondern als gleichgeordneter „Teilhaber" am Glauben (s. o. zu V. 6), als „Bruder" (V. 7. 20). 17

Mit „Teilhaber" *(koinōnós)* greift Paulus wie in V. 15 ein Fachwort der Geschäftssprache auf: *Koinōnós* ist der Geschäftspartner in einem gemeinsamen Unternehmen z.B. der Fischerei (Lk 5,10.7) oder der Landwirtschaft (Papiri Florentini 370,2–3); 2. Kor 8,23 stellt Titus als „Teilhaber und Mitarbeiter" am Kollektenwerk vor. Mit den Begriffen aus der Geschäftswelt, wie sie hier sowie in V. 15 und 18 geboten werden, holt Paulus den Philemon dort ab, wo er noch steht: bei dessen materiellem Interesse. Philemon interessierte sich vor der Ankunft des Briefes vor allem für den in seinem Haushalt angerichteten materiellen Schaden und dessen Wiedergutmachung. Aus einer solchen Interessenlage den Philemon herauszuführen zu neuen Zielen, dient der Philemonbrief. Die Fachausdrücke aus der Geschäftswelt werden von Paulus in neue Richtungen umgebogen.

Wie argumentiert V.17? Mit dem Teilhaber-Begriff stellt sich Paulus mit Philemon auf dieselbe Stufe. *Wenn nun aber* Philemon dieses Entgegenkommen des Apostels freudig akzeptiert – Paulus wählt nicht von ungefähr einen Bedingungssatz –, dann muß Philemon unweigerlich auch den zweiten Schritt tun und Onesimus ebenfalls als gleichgeordneten Bruder annehmen. Philemon kann nicht das eine genießen und das andere lassen. Warum? Weil Paulus selber mit Onesimus bereits ein solches brüderliches Verhältnis eingegangen ist (s. o. zu V. 6).

Die brüderliche Aufnahme des Onesimus durch Philemon soll sich so herzlich gestalten, als käme Paulus selber nach Kolossae. Wie in V.12 *identifiziert* Paulus sich mit dem Sklaven, um diesen an seiner Bruder-Rolle partizipieren und auf diese Weise profitieren zu lassen.

5. Die Rhetorik einer Schuldverschreibung; die Briefsituation aus der je verschiedenen Sicht der Beteiligten

18–19 Die Terminologie zielt auf einen materiellen Schaden: „*In Rechnung stellen*" wird als kaufmännischer Fachausdruck in den Papyri benutzt (z.B. Catalogue of the Greek Papyri in the John Rylands Library 243,11), und „*schulden*" hat einen materiellen Sinn auch in z. B. Mt 18,28.30.34; Lk 7,41; 16,5; 16,7; Jos. Ant. 13,56; Appian bell. civ. 2,8 § 26; Corpus Papyrorum Raineri 228,5.

Die Situationsanalyse erledigt sich nicht dadurch, daß mit einigen Kommentaren behauptet wird, Paulus habe lediglich mit der *Möglichkeit* einer Schädigung Philemons durch seinen Sklaven gerechnet. Die Situation kann schärfer analysiert werden; mehrere Ebenen und Elemente sind methodisch zu unterscheiden.

(a) *Philemons Sicht der Situation.* Paulus geht davon aus, daß Philemon erstens einen konkreten materiellen Schaden erlitten hat und zweitens den Onesimus für diesen Schaden verantwortlich macht, diesen also wegen einer konkreten Untat beschuldigt. Fühlte Philemon nicht so, sähe Paulus sich nicht zur Formulierung von V.18–19 bemüßigt; die beiden Verse wären dann aus der Luft gegriffen. Niemand formuliert eine handfeste Schuldverschreibung wie V.18–19, um bloß zu theoretisieren. Ob Philemon den Onesimus *zu Recht oder zu Unrecht* beschuldigte, wäre dagegen eine andere (und von uns nicht mehr zu beantwortende) Frage. Auszugehen ist zunächst nur von einem konkreten Schaden, den Philemon erlitten hat, und von einem konkreten Schuldvorwurf Philemons an die Adresse des Onesimus.

Offenbar trug Philemon seinen Schuldvorwurf sehr heftig (mit Strafandrohungen?) vor. Denn nur so erklärt sich, daß Onesimus das Haus seines Herrn verließ und einen Fürsprecher aufsuchte, der seinen Herrn besänftigen sollte.

(b) *Onesimus' Sicht.* Hier stehen zwei Möglichkeiten offen: Onesimus gab zu oder bestritt, den Philemon mit einer Untat geschädigt zu haben. Zwischen den beiden Möglichkeiten zu entscheiden, haben wir keine Handhabe.

Denn (c) *Paulus' Stellung zu dem Konfliktfall* sieht so aus: Er wählt in dem griechischen Vers 18 die Form eines unbestimmten Bedingungssatzes, durch die der Sprecher distanziert *offenläßt*, wie er *selber* über das Verhältnis des bedingenden Satzes zur Wirklichkeit denkt („Wenn er dir einen Schaden verursacht

hat oder etwas schuldet [ich äußere mich nicht dazu, ob das stimmt], dann ... ").
Wie *Philemon* über dieses Verhältnis des bedingenden Satzes zur Wirklichkeit
denkt, ist klar: Natürlich hat Onesimus einen Schaden angerichtet! Paulus hütet
sich jedoch, Philemon eifrig beizupflichten und damit Wasser auf die Mühlen
des Ärgers zu leiten. Der Apostel tritt einen Schritt zurück; er geht durch sein
Offenlassen auf *Distanz* zu dem Fall und lädt so Philemon ein, dasselbe zu tun.

Ist von einem konkreten materiellen Schaden (einer zerbrochenen Vase oder
ähnlichem?) auszugehen, den Philemon erlitten hatte, und zweitens von einem
Schuldvorwurf an Onesimus, so ist zu folgern, daß Philemon ärgerlich auf Onesimus war und auf Genugtuung aus war; nur so erklärt sich Paulus' Schuldverschreibung, die den Schaden wiedergutmachen könnte. Freilich, so sehr
Philemon sich über seinen Sklaven ärgern mag, er kann sich angesichts der neuen
Sachlage an *Onesimus* nicht mehr schadlos halten: Dieser ist ja jetzt zum geliebten christlichen Bruder geworden, der vom Apostel protegiert wird ("mein
Herz"). An Onesimus kann Philemon deshalb nicht mehr seinen Ärger kühlen
noch auch sich schadlos halten. Eben deshalb bietet Paulus selber sich zur Schadenskompensation an.

Die in V.19 vorliegende Schuldverschreibung entspricht formal – mit Namens-
nennung, Beteuerung der Eigenhändigkeit der Ausfertigung und dem juristi-
schen Fachausdruck "Schadenersatz zahlen" – allen rechtlichen Anforderungen.
Das heißt, Philemon hätte das Original unseres Philemonbriefes als juristische
Verschreibung akzeptieren und mit diesem Dokument in der Hand alle Scha-
denersatzansprüche *gegenüber Paulus* geltend machen und gegebenenfalls ein-
klagen können. Aber es ist deutlich, daß er sich damit lächerlich gemacht hätte:
So etwas tut man nicht gegenüber jemandem, dem man seine christliche Existenz
verdankt. Nicht aus juristischer, wohl aber aus moralischer Sicht ist Paulus
mit dieser Schuldverschreibung dem Philemon *in keinster Weise* verpflichtet,
denn Philemon steht umgekehrt tief in der Schuld des Paulus: Der Apostel hat
ihn zum Christentum geführt (19b). Wäre es dann noch anständig, materielle
Forderungen an ihn zu richten? An ihn, der als Apostel dem Philemon eigentlich befehlen könnte, wenn er wollte (V.8)? An ihn, der ein würdiger älterer
Mann ist und zudem noch um Christi willen im Gefängnis leidet (V.9)? Nein,
so etwas würde sich nicht gehören, weshalb Paulus' Schuldverschreibung, so
juristisch authentisch sie ist, reine – und glänzende – Rhetorik ist.

Unter dem Strich bleibt, daß Philemon seinen Ärger über den erlittenen materiellen Schaden herunterschlucken und auf Schadenersatz verzichten muß, will
er sich nicht vor den Mitadressaten des Briefes und vor den Grüßenden am
Briefende (s. u. zu V.23–24) lächerlich machen. Weder Onesimus noch Paulus
kommen als Objekte in Betracht, an denen er seinen Ärger auslassen oder von
denen er materiellen Schadenersatz einfordern könnte.

Unter dem Strich bleibt auch, daß der materielle Schaden im Haushalt des
Philemon längst abgegolten ist durch die *Evangeliumspredigt,* die Paulus dem
Philemon angedeihen ließ (V.19b). Paulus ließ sich in der Regel nicht für seine
Verkündigung materiell entlöhnen, obwohl er eigentlich Anspruch auf eine
solche Kompensation gehabt hätte (1.Kor 9,4.6–18 parr.). Als "dreschender

Ochse" ließ er sich das Maul verbinden (9,9), als Weinbergpflanzer aß er nicht
vom eigenen Ertrag (9,7). Doch bot sich einmal wie hier die Möglichkeit, gleichsam
im verspäteten Nachhinein einen Lohn für die Evangeliumspredigt einzufordern,
um damit einem Mitchristen zu helfen, so ergriff Paulus freudig diese Gelegenheit:
Was Philemon materiell verloren hatte, entsprach kaum dem, was Philemon dem
Paulus für seine Evangeliumspredigt eigentlich schuldig wäre (V. 19 b). Selbst
wenn Philemon mit seinem Schuldvorwurf an Onesimus Recht hatte, *mit Paulus' Evangeliumspredigt war jegliche Schuld des Onesimus abgegolten.* Ließ Philemon sich auf eine derartige „Buchführung" ein, die in der Weise von V. 19
das Materielle mit der Evangeliumsverkündigung verrechnete, so hatte er immer
noch einen grandiosen Gewinn gemacht: Sich selbst nämlich hatte er durch die
Evangeliumsverkündigung gewonnen! (V. 19) Was war da eine zerbrochene
Vase – oder was immer im Haushalt des Philemon verlustig gegangen war?

Der Schutz, den Paulus dem Onesimus gegenüber seinem Herrn gewährt,
ist umfassend: Mit der Schuldverschreibung stellt sich der Apostel wiederum vor
den Sklaven, sich mit ihm *identifizierend.* Hieß es bisher, daß Philemon den
Onesimus *an Paulus' Statt* aufnehmen und ihn wie Paulus selber behandeln
soll (V. 12. 17), so heißt es nun umgekehrt, daß Philemon den Paulus *an Onesimus' Statt* zur Schadenskompensation akzeptieren soll. Im ersten Fall darf
Onesimus in die positive Rolle des Paulus schlüpfen (und davon profitieren), im
zweiten Fall schlüpft Paulus in die negative Schuldnerrolle des Onesimus (so
daß Onesimus wiederum profitiert) – ein Modellfall christlich-brüderlicher
Stellvertretung, die das, was *Koinōnía* (Gemeinschaft) bedeutet, eindrucksvoll
illustriert. In der *Koinōnía* als der Gemeinschaft Gleichgestellter kann der eine
sich mit dem anderen identifizieren, sich in ihn hineinversetzen und mit ihm
die Rolle tauschen, so daß Stellvertretung möglich wird. „Einer trage des anderen Last" (Gal 6,2), oder anders: Einer bezahle des anderen Schuld.

Daß in der Christologie ein derartiges *Koinōnía*-Verhalten seine Parallele
findet, sei nur am Rande vermerkt. Das *Koinōnía*-Handeln Christi, der die
Schuld anderer auf sich nahm, vermag letztlich des Apostels eigenes Verhalten
zu begründen: Paulus übernimmt die Schuld des Onesimus. Ja, er hat sie bereits
dadurch getilgt, daß er dem Philemon mit dem Evangelium diente. Freilich, Paulus selber zieht in unserem Brief nicht in dieser konkreten Weise die Linie zur
Christologie aus, obwohl das Ausgerichtetsein „auf Christus hin" in stetiger
Wiederholung zur Sprache kommt (V. 6. 1. 3. 5. 8. 9. 20. 23. 25).

6. Die rhetorische Abrundung des Briefkorpus

20 Mit dem die Gleichheit betonenden Anruf „Bruder", mit dem in V. 7 das Proömium bereits endete, leitet Paulus den Schluß des Hauptteils ein. Diese Anrede
wird zu einem Gliederungselement des Briefes.

„Ich möchte an dir Freude erleben" stellt eine literatursprachliche Formel dar,
die den Abschluß des Hauptteils fast feierlich klingen läßt (Paulus wählt in gehobenem Griechisch die zu seiner Zeit seltener gewordene Form des Optativs
und einen vom Verb abhängigen, sog. adverbalen Genitiv ohne Präposition).

Der gehobene Stil hält fest: Philemon hat keinen Grund, das Briefanliegen des Paulus auf die leichte Schulter zu nehmen. – Mit dem bekräftigenden „Ja, in der Tat" wird die Bitte des Briefes eindringlich wiederholt.

Der Ausdruck „Erquicke mein Herz" ist doppeldeutig: Nach V. 12 kann auch Onesimus „das Herz" des Paulus genannt werden. Philemon soll also des Paulus Herz dadurch erquicken, daß er den Onesimus erquickt! – Durch die Wortstellung betont Paulus: „erquicke (auch) *mein* Herz" und nicht nur, wie bisher geschehen, die Herzen der sonstigen Heiligen (V. 7). Tut er letzteren soviel Gutes, um wieviel mehr hat Philemon Grund (V. 19 b), dem Paulus einen Gefallen zu tun. In der Wortwahl („das Herz erquicken") greift V. 20 deutlich auf V. 7 zurück.

Das „Mehr", das Philemon hoffentlich tun wird, könnte einerseits darin 21 bestehen, daß Onesimus freigelassen wird (s. o. zu V. 16), andererseits darin, daß er zum Dienst bei Paulus nach Ephesus zurückgeschickt wird (s. o. zu V. 13–14). Zumindest letzteres geschah (Kol 4,9).

Paulus' Beteuerung, er vertraue auf Philemon, und das vorgreifende Lob, dieser werde sogar noch mehr tun, als was Paulus erbittet, sind letzte rhetorische Mittel, dem Philemon den Weg zu verstellen, anders als im Sinne des Briefanliegens zu handeln. Wer will schon Vertrauen enttäuschen und des vorweggenommenen Lobes sich unwürdig erweisen?

Ein derartiger Ausdruck des Vertrauens, der den Adressaten bei seiner Ehre packt und so einen behutsamen Druck auf ihn ausübt, gehörte zum konventionellen Briefformular. Nicht nur christliche Autoren wie Paulus (Gal 5,10; Röm 15,14; 2. Kor 2,3; 7,16 u. ö.), auch nichtchristliche hellenistische Briefe, vor allem Bitt- und Empfehlungsschreiben bedienten sich ähnlicher Formulierungen: „Ich bin überzeugt, daß du gerne mich dem König vorstellen wirst"; so lautet nur eines der vielen Beispiele (Pap. Flind. Petr. II, 11,1; Epistulae privatae graecae, ed. St. Witkowski, BT, Leipzig 1911, Nr. 3).

Das Stichwort „*Gehorsam*" in V. 21 verstärkt den sanften Druck. Es weckt noch einmal die Erinnerung an V. 8: Eigentlich könnte Paulus befehlen, wenn er wollte! Er verzichtet aber darauf (V. 9), wenngleich er *nicht* darauf verzichtet, wenigstens die *Möglichkeit* seines Befehlens zur Sprache zu bringen (V. 8). Und das ist ja auch bereits etwas – getreu dem Motto, daß sanfte Hilfen des Reiters oft mehr bewirken als die Gerte. Nur höchst behutsam und indirekt also wird die apostolische Autorität eingebracht. Das gilt auch für das hiesige Stichwort „Gehorsam": Von Gehorsam gegenüber *Paulus* ist in V. 21 nicht ausdrücklich die Rede. Geschickt bleibt offen, ob es sich nicht auch um den Gehorsam gegenüber Gott (vgl. Röm 6,16 b; 5,19; 15,18; 16,19) handeln könnte oder gegenüber Christus (2. Kor 10,5), der in V. 20 gleich zweimal apostrophiert wurde als der, in dessen Angesicht Philemon seine Entscheidung zu fällen hat.

Exkurs: Psychologische Randbemerkung zum Briefhauptteil

Die Ausgangssituation des Philemonbriefes war vielschichtig, denn sie konnte aus den Blickwinkeln der Akteure verschieden betrachtet werden (s. o. Abschnitt 2. und bei V. 18–19). Entsprechend bietet der Philemonbrief Lösun-

gen für zwei verschieden gelagerte Probleme. (1) Der heidnische Sklave Onesimus ist Christ geworden; sein Leben kann im christlichen Philemon-Haus in
Kolossae nicht wie bisher weiterlaufen. Wie soll es sich in Zukunft gestalten?
Paulus' Anliegen ist, den Onesimus nach seiner Taufe in veränderte soziale
Verhältnisbestimmungen zu stellen. Er schreibt dem Onesimus die Identität des
gleichgestellten Bruders zu und versucht, dadurch dessen soziale Beziehungen
in Kolossae neu zu regeln. Sein Brief will angestammte Statusdefinitionen ver-
ändern und damit soziales Leben neugestalten. (2) Gleichsam „unter" diesem
einen, durch die Taufe des Onesimus aufgeworfenen Problem lagert aber noch
ein anderes, älteres, das vor Brieferhalt vor allem den Philemon interessierte:
Er war ärgerlich auf Onesimus, weil er diesen für einen Missetäter hielt, der ihm
in einem konkreten Fall materiellen Schaden zugefügt hatte. Onesimus lief zu
Paulus, um den Apostel als Fürsprecher zwischen sich und den aufgebrachten
Herrn zu stellen. Wie kann Philemon besänftigt werden, so daß Onesimus wieder in Frieden mit seinem Herrn unter einem Dach zu leben vermag? Es ist
klar, daß die Lösung dieses zweiten, älteren Problems in der Lösung des ersten
mit *eingeschlossen* ist – wie ein kleiner in einem größeren konzentrischen Kreis.
Und doch hätte es kaum ausgereicht zu sagen: „Philemon, schluck deinen Ärger
herunter, denn Onesimus ist erfreulicherweise Christ geworden und steht als
Bruder mit dir auf einer Stufe!" Paulus' Brief benutzt feinere Mechanismen,
um Philemon beim Abbau seines Ärgers, seiner reaktiven Aggression, zu helfen.
Diese Mechanismen können psychologisch kommentiert werden.

Das im Philemonbrief präsentierte Modell der zwischenmenschlichen Aggres-
sionsbeschränkung ist geradezu klassisch: Aggressionsverzicht durch Objektverschiebung und Internalisation wird nahegelegt. Philemon und Onesimus
wird dadurch geholfen, daß Philemons aggressive Reaktion auf den vermeintlich
durch Onesimus angerichteten Schaden auf ein Ersatzobjekt gerichtet wird. Der
Objektwechsel vollzieht sich in einem Zweierschritt. Paulus lenkt die Aggression von Onesimus weg – *auf sich selbst*, indem er sich vor Onesimus stellt:
Den von Onesimus angerichteten materiellen Schaden „rechne *mir* an" (V.18),
„nimm ihn wie *mich* auf" (V.17), ich sende „ihn, das ist *mein* Herz" (V.12).

Aber es ist klar, daß die Aufforderung „rechne mir an" rein rhetorisch ist.
Einmal von Onesimus weg auf Paulus gelenkt, kann die reaktive Aggression
des Philemon immer noch kein Ventil finden – aus gleich mehreren Gründen,
die ausdrücklich zur Sprache gebracht werden: Paulus ist ein Freund und Bruder
des Philemon (V.1. 7. 17); dieser „schuldet sich selbst" dem Apostel (V.19), ist zu
Dank verpflichtet; als Apostel und Lehrer des Philemon könnte Paulus diesem
eigentlich „befehlen" (V.8), er hat Anrecht auf Philemons Dienst (V.13–14), wenn
nicht gar auf seinen Gehorsam (s.o. zu V.21). Paulus ist ferner ein würdiger „alter
Mann" und „Gefangener" (V.9); auch diese Attribute verunmöglichen es, Aggression gegen *ihn* abzuführen. Paulus kommt als Objekt der reaktiven Aggression folglich ebenfalls nicht in Frage, obwohl er sich selber rhetorisch anbietet.

Wer kommt dann in Frage? Eine zweite Objektverschiebung muß stattfinden. Philemon soll auf jegliche Wiedergutmachung des materiellen Schadens
verzichten (V.19). Er soll also den Schaden selber tragen, den Ärger herunter-

schlucken und sowohl Onesimus (V.16) als auch Paulus (V.22) liebevoll empfangen. In psychologischen Kategorien gesprochen: Durch Objektverschie-
bungen wird die Ärgerreaktion, die nicht gegen die Außenwelt, nicht gegen
Onesimus und Paulus ausgelebt werden kann, verinnerlicht: Sie wird gegen
das eigene Ich gewendet als neuem und endgültigem Objekt. Daß Philemon
den Schaden *selber tragen* und auf Wiedergutmachung *verzichten* soll, heißt
nichts anderes, als daß seine reaktive Aggression gegen das eigene Ich zurück-
gelenkt und internalisiert werden soll.

Wie es vielfach in der psychologischen Literatur beschrieben wird, geht die
Verinnerlichung aggressiver Impulse oftmals dadurch vonstatten, daß das
Aggressionssubjekt äußerst streng gegen sich selber wird, also gegen sich selber dieselbe Aggressionsbereitschaft ausübt, die es gerne an fremden Indivi-
duen befriedigt hätte: Es bürdet sich dann selber strenge ethische Maßstäbe
auf oder wird außergewöhnlich tolerant gegenüber physischen und psychischen
Schmerzen oder legt *große Opferbereitschaft für die Gemeinschaft,* in der es lebt,
an den Tag. Zumindest letzteres ist auch Philemon nach den Versen 5 und 7
zuzutrauen, da er sich bereits vor unserer Briefsituation durch Liebeseifer für
„alle" Mitchristen hervortat.

In 1.Kor 6 erreicht die Korinther, wie bereits bei V.9 angedeutet wurde, die gleiche Empfehlung wie die an Philemon gerichtete: Jemand, der durch einen Mitchristen einen materiellen Schaden erlitten hat, soll seine reaktive Aggression nicht
an diesem auslassen, indem er ihn vor den Richter zerrt und dort mit ihm streitet.
Die von Paulus bevorzugte Lösung – neben der Alternative, christliche Richter
einzusetzen – ist die, daß der Betreffende „sich lieber berauben läßt", „sich lieber
Unrecht zufügen läßt" und es dabei bewenden läßt, also auf sein Recht, auf Vergeltung, auf Aggressionsentladung gegenüber dem Übeltäter verzichtet (6,7).

Ein psychologischer Kommentar konkurriert nicht mit einer Interpretation,
die Philemons erwünschtes Verhalten vor den Hintergrund theologischer Inhalte
stellt, sondern er fügt lediglich eine Ebene hinzu. Das heißt, natürlich bleibt weiterhin auch gültig, daß das Beschränken aggressiver Reaktion und – noch mehr
– das damit zusammenhängende *Vergeben* von Untaten vor dem Hintergrund
dessen geschieht, daß ein Vergebender wie Philemon in dem Bewußtsein lebt,
selber durch Christus Vergebungs-Gnade empfangen zu haben und von einem
liebenden Gott angenommen worden zu sein (vgl. V.19b). Ein solches Bewußtsein motiviert und steuert Verhalten. Entsprechend gilt in den paulinischen
Gemeinden, daß Übeltäter von den Mitchristen nicht abzukanzeln, sondern
„mit dem Geist der Sanftmut" wieder auf den rechten Weg zu bringen sind
und daß die Zurechtweisenden dabei um ihre *eigene* Versuchlichkeit und um ihr
eigenes Angewiesensein auf Vergebung wissen (Gal 6,1–5). Wie Christus nicht
für sich selber lebte, so sollen die Christen einander *aufbauen* und sich gegenseitig beim Tragen ihrer Schwächen helfen (6,2; Röm 15,1–6). In einer solchen
Liebesgemeinschaft ist für das *Aus*leben von Ärgerreaktionen wenig Raum. Solche sind durch die Wendung nach *innen* hin zu verarbeiten, und sie *können* auch
verarbeitet werden – umso leichter, je mehr sich derjenige, der zum Ärger gereizt
wurde, aufopfernd für diese Liebesgemeinschaft einsetzt.

Schlußteil: Reiseplan, Grüße und Segenswunsch
(Eschatokoll: 22–25)

22 Zugleich aber bereite mir auch eine Unterkunft vor, denn ich hoffe, durch eure Gebete euch geschenkt zu werden. 23 Es grüßt dich Epaphras, mein Mitgefangener um Christi willen, 24 (es grüßen dich) Markus, Aristarchus, Demas, Lukas, meine Mitarbeiter. 25 Die Gnade des Herrn Jesus Christus sei mit eurem Geiste.

Vers 22: Phil 1,25 Vers 23: Kol 1,7 Vers 24: Kol 4,10.14; Apg 12,12; 27,2; 2.Tim 4,10 Vers 25: Gal 6,18.

22   Paulus besuchte bisher die Gemeinden des Lykostals nicht. Er hofft, dorthin reisen zu können, und bittet um die Gastfreundschaft Philemons, dem als Gastgeber der Hausgemeinde augenscheinlich auch die Möglichkeiten für eine solche Beherbergung zu Gebote stehen. Philemon wird unter den kolossischen Christen der sozial Arrivierteste gewesen sein.

Eine solche Reise ist freilich nur möglich, wenn Paulus vorher dank der Gebete seiner Mitchristen und Mitchristinnen aus der Haft entlassen wird und so von Gott ihnen gnädig „wiedergeschenkt" wird. Ein Häftling wird, so lautete eine gängige Redensart, durch Freilassung denen *„geschenkt"*, die sich dieses wünschen (Apg 3,14; Diodorus Siculus 13,59,3 u. ö.).

Dadurch, daß Paulus auf Stichworte des Briefbeginns zurückgreift, rahmt und rundet er sein Schreiben. Rahmung entsteht durch das Stichwort „Gebete" sowohl in V. 4 als auch in V. 22 sowie durch die Paronomasie „danken" V. 4/ „geschenkt werden" V. 22 (die entsprechenden griechischen Wörter *eucharistō*/ *charisthēsomai* weisen einen gemeinsamen Wortstamm auf und klingen ähnlich, so daß sich eine sog. Paronomasie ergibt; vgl. auch *cháris* = „Gnade" in V. 3). Ist in V. 4 von *„meinen* Gebeten" die Rede, so hier komplementär von *„euren* Gebeten": Rechte christliche Gemeinschaft *(koinōnía)* manifestiert sich in gegenseitigem Geben und Nehmen (s. o. zu V. 6). Wie Paulus der kolossischen Hausgemeinde in seinen Gebeten gedenkt, so schließt diese den Apostel in ihre Fürbitte ein.

Die Rolle der Zeugen der Briefkommunikation

23–24 Die sechs Grüßenden aus der unmittelbaren Umgebung des Paulus – sie sitzen entweder mit in Haft oder besuchen dort Paulus –, vergrößern noch die bereits durch V. 2 geschaffene Öffentlichkeit unserer Briefkommunikation. Philemon muß davon ausgehen, daß die sechs Grüßenden den Onesimus in Ephesus gesehen haben oder über seinen Fall zumindest unterrichtet sind. Mit anderen Worten, hier schauen zwölf weitere Augenpaare gespannt auf das, was Philemon nach Brieferhalt tun wird. Das halbe Dutzend gehört wie Philemon (V. 1) zu den „Mitarbeitern" der paulinischen Mission. Wird Philemon sich vor diesen „Peers" bewähren oder blamieren (s. o. zu V. 2)? Der sanfte Druck, sich so, wie es der Brief nahelegt, zu verhalten, erfährt eine letzte Steigerung – als wenn Paulus' indirekte Ankündigung, sich persönlich von der Wirkung seines Briefes zu überzeugen (V. 22), nicht bereits genügt hätte!

Der zweite Zeugenkreis in V. 23–24 erfüllt freilich auch noch eine andere Funktion. Er wird von Ephesus aus nicht nur den Philemon, sondern auch die anderen kolossischen Christen beobachten. Sobald Philemon, der Hausvater und Gastgeber der Hausgemeinde, seine Entscheidung über das weitere Verhalten gefällt haben wird, werden die anderen, in V. 2 angesprochenen Kolosser gefordert sein und ihrerseits ihr Verhalten zu Onesimus zu definieren haben. Der neue Status des Onesimus realisiert sich nur, wenn das gesamte Umfeld sich ihm entsprechend verhält. Mit anderen Worten, der in V. 2 angesprochene Kreis tritt nicht nur als Zeuge und Öffentlichkeit für Philemons Entscheidung auf, er wird vielmehr selber zum Akteur werden, dessen Verhalten zu begutachten sein wird. Er selbst wird gefordert sein. Eben deshalb figuriert auch er als – untergeordneter – Mitadressat des Briefes.

Mit „Mitgefangener" wird noch einmal – wie auch in V. 22b – ein indirekter 23 Hinweis auf Paulus' Gefangenensituation gegeben, insgesamt die sechste Erinnerung nach V. 1. 9. 10. 13. 22b: Wer vermag einem um Christi willen Leidenden eine christliche Briefbitte abzuschlagen?

Wörtlich bedeutet das griechische Wort für „Gefangener": „mit dem Speer gefangen", „Kriegsgefangener" (z. B. Thucydides 3,70; Jos. Bell. 4,447.539; LXX Num 31,12, Am 1,15). Paulus greift – wie in V. 2 mit dem Begriff „Mitstreiter" – in das Arsenal der Militärsprache, so daß sich eine weitere briefrundende Inklusion (Rahmung) ergibt. Die Ausbreitung des Christentums stellt eine besondere Art von „Feldzug" dar, der in der Welt gültige Statusrelationen (Herr – Sklave, V. 16; übergeordneter Lehrer – untergeordneter Schüler, V. 8) außer Kraft setzt, so wie auch ein Kriegsrecht die „Normalität" der Welt zunichte macht. Auf der sprachlichen Ebene legen diese *militärischen Metaphern* (V. 2. 23) eine rahmende „Zange" um die Metaphern der *Geschäftssprache* (V. 15. 17. 18). Dem entspricht, daß auf der sachlichen Ebene Paulus' *Missions-Feldzug* das *materielle Interesse* des Philemon und sein Streben nach Schadenskompensation in Frage stellt. Philemons anfängliches – an Materiellem orientiertes – Ansinnen ist nach dem Missionserfolg an seinem Sklaven überholt. Dem kolossischen Herrn wird ein höheres Ziel gesteckt: Das Zusammenleben mit einem neu gewonnenen Bruder soll er gestalten. Paulus wählt die militärischen Metaphern nicht von ungefähr, denn gerade zwischen „Kriegsgenossen" herrscht, wie dargelegt wurde, eine Gemeinschaft *(koinōnia)* wie zwischen gleichgestellten Freunden und Brüdern, die alles teilen (Aristoteles Nik. Eth. VIII,11: 1159b,25–35; s. o. zu V. 2).

„Epaphras" ist Kurzform für in Kolossae auch inschriftlich belegtes „Epaphroditus". Kurznamen wurden entweder von Geburt an geführt oder als Abkürzungen der Vollnamen benutzt. Zur Person, die nicht mit dem Epaphroditus von Phil 2,25; 4,18 zu verwechseln ist, s. o. Abschnitt 2.1. Durch die Stellung zu Beginn der Grußliste, durch das Attribut „Mitgefangener" und durch den Singular des Prädikats wird der kolossische Gemeindegründer Epaphras besonders hervorgehoben.

Markus, „Vetter des Barnabas" (Kol 4,10), ist identisch mit dem missions- 24 aktiven Johannes Markus, dem Sohn einer wohlhabenden judenchristlichen Jerusalemer Familie (Apg 12,12–13; 4,36f). Er hatte Barnabas und Paulus auf deren Missionsreise nach Zypern begleitet, sich dann jedoch von ihnen im südanatolischen Küstengebiet getrennt, so daß Paulus ihn auf späteren Unternehmungen nicht mehr mitnehmen wollte (Apg 12,25; 13,5; 15,37–39). Versöhnt finden wir ihn gleichwohl hier in Paulus' Mitarbeitergruppe wieder (vgl. auch 2.Tim 4,11).

Ein Judenchrist war auch Paulus' treuer Reisebegleiter *Aristarchus* aus Thessalonich. In Ephesus wurde er im Zuge der durch die Silberschmiede angezettelten Unruhe zeitweilig seiner Freiheit beraubt (Apg 19,29; 20,4f.; 27,2; Kol 4,11). Nach Kol 4,10 soll er nicht lange nach unserer Briefsituation zusammen mit Paulus in Haft gesessen haben; Phlm 24 berichtet noch nichts von dieser Gefangenschaft des Aristarch.

Demas (Kol 4,14) gehörte *noch* zum paulinischen Mitarbeiterstab. Nach einer in 2.Tim 4,10 erhaltenen Tradition soll er später „aus Liebe zu dieser Welt" Paulus verlassen haben und nach Thessalonich gezogen sein.

Wie Epaphras und Demas war der Arzt und Paulusmitarbeiter *Lukas* ein Heidenchrist (Kol 4,11.14; 2.Tim 4,11). Daß er mit dem Autor von Lk/Apg identisch war, kann nicht ausgeschlossen werden.

25   Mit „Gnade" *(cháris)* entstehen paronomastische Klammern (zum Begriff s.o. bei V. 7.22) sowohl zum Beginn des Schlußteils *(charisthḗsomai* = „geschenkt werden" V. 22) als auch zum Beginn des Gesamtbriefes *(cháris* = „Gnade" V. 3, *eucharistṓ* = „danken" V. 4). Dieser Wortstamm erweist sich als wichtiges Gliederungselement: Er rundet den Schlußteil (V. 22←→V. 25) sowie den Gesamtbrief (Briefanfang←→Schlußteil: V. 3.4←→V. 22.25) und unterstreicht so einmal mehr, daß alles christliche Leben – auch das neu zu gestaltende Zusammenleben mit Onesimus – auf dem Fundament der Gnade *(cháris)* ruht, einer geschenkten Gnade, die im zwischenmenschlichen Umgang widergespiegelt werden will. – Die Fülle der den gesamten Brief klammernden Inklusionen erstaunt und zeigt, wie sehr der Autor bewußt gefeilt hat: „Mitarbeiter" (V. 1←→V. 24); Gefangenschaftsmotiv (V. 1←→V. 22b.23); Militärsprache (V. 2←→V. 23); „Gebete" (V. 4←→V. 22); chiastisches „Christus Jesus/Jesus Christus" (V. 1←→V. 25; desgleichen als Rundung des Präskripts V. 1←→V. 3); „das Herz erquicken" (V. 7←→V. 20).

„*Paulus*" ist das erste, „*euer*" das letzte Wort des Briefes. Damit ist die Kommunikation zwischen diesen Briefpartnern zum Abschluß gekommen. Jetzt sind die Kolosser gefordert, allen voran ihr Mitbruder Philemon. Er soll Onesimus verzeihen und diesem den Schritt in seine neue Existenz erleichtern, denn auch Philemon selber hat in Christus Vergebung, eine neue Existenz erlangt und sich dadurch selbst gewonnen (V. 19b).